读经典·新时尚

LEVIATHAN

Thomas Hobbes

利维坦

〔英〕霍布斯 著

黎思复 黎廷弼 译

杨昌裕 校

Hobbes
LEVIATHAN
根据伦敦 J.M.登特父子有限公司 1957 年版译出

霍布斯像

出 版 说 明

　　十七世纪的英国资产阶级革命,开辟了人类社会的新时代,把社会推向了近代史的阶段。那个风起云涌、革旧创新的大时代,在欧洲,特别是在英国,造就了一批向旧制度冲击、为新制度呐喊的思想家。托马斯·霍布斯(Thomas Hobbes,1588—1679年)就是其中最早、最重要的一个。

　　霍布斯出生于英国南部威尔特郡(Wiltshire)的马尔麦斯堡镇(Malmesburg)。他的父亲是一个乡村教区牧师,鲁钝不学;母亲是一个普通农妇。由于家境贫穷,霍布斯幼年在本镇读书之后,就依靠伯父抚育。但他生性聪颖,好学深思,十四岁时已经通晓希腊文和拉丁文;十五岁就进入了培养贵族子弟的牛津大学,攻读古典哲学和经院派逻辑。毕业后留校讲授逻辑学。从二十二岁起,经过大学校长的推荐,霍布斯担任了大贵族卡文迪希家的家庭教师。卡文迪希后来成了德芬郡的伯爵,是当时英国一个有权有势的家族。霍布斯从此同这个显贵家族建立了毕生的友谊和联系,并通过这一家族结识了当时英国一批具有学术地位、社会影响和抱有自由主义思想的名流。由此,他虽然出身卑微,却已跻身于上层社会。此外,作为家庭教师,他还曾先后两次伴随贵族子弟周游欧洲大陆许多国家,不仅大开眼界,意识到牛津大学眼下所授各课业已过时,世界正需要重新认识,而且他在意大利结识了著名科学家伽利略等人,深深受到新科学思想的影响,并同伽利略结成莫逆之交。在国内学者中,同他关系最亲密的是培根,他曾一度担任培根的秘书,而且是一个非常善于领会培根的思想,深得培根赏识的秘书。其后,在1640年英国短期国会解散后,霍布斯曾流亡巴黎。在巴黎期间他一方面同英国王党的流亡者保持联系,另一方面又同许多在巴黎的第一流数学家和科学家,包括笛卡尔等人,建立了联系。1646—1648年,他还担任过当时流亡在巴黎的英国威尔士亲王,即后来复辟的英王查理二世的数学教师。所有这些纵横交错的社会联系,同国内外的哲学家、科学家、自由主义者、王党分子乃至国王本人的关系,都不能不对他的政治态度和学术思想产生或深或浅的影响。

霍布斯在他的一本《自传》中说,他是他母亲生的一对孪生子之一,另一个叫做"恐惧"(fear)。论者认为这并非历史事实,毋宁是他行文的一种并不高明的修辞。但这是霍布斯的真情自述:他生性胆怯怕事。从他一生的许多行动中,确有一些事实可资印证。1640年短期国会解散,长期国会尚未召开之前,王权与国会的冲突日趋激化,武装冲突的阴云密布,霍布斯害怕纷争和内战,写了一篇维护王权以求得和平的文章,引起国会派极大不满,霍布斯见势不妙,惧而出亡巴黎。1651年他在巴黎写成《利维坦》一书,其中对君权神授和教会大加挞伐,遭到法国当局和流亡巴黎的英国王党分子的强烈反对,霍布斯又惧而悄悄逃回英国。当时英国正由克伦威尔任护国公,集政治、军事大权于一身,霍布斯则认为如此大权独揽、消弭战乱,是他理想的政治状态,于是他向克伦威尔表示了他的归顺之意。克伦威尔遂邀他出任行政部长，他却婉辞不就。1666—1667年在复辟时期，伦敦流行瘟疫，又遭大火，教会扬言这是霍布斯的渎神言论招致的灾祸，霍布斯于惊惧之中，将手边的文稿仓皇付之一炬。又如，他把人类进入社会，组成国家之前的时期设想为人人自危的普遍争斗的自然状态，因而主张不惜牺牲个人的自由和反抗暴政的权利，去服从绝对君主制的绝对权威，以避免战乱。更有甚者，他认为自然状态的威胁随时存在，只要人们一旦脱离了国家，或国家主权一旦遭到破坏，就立即恢复到自然状态了。所以他声称即使最坏的君主制也比自然状态或无政府状态为好。

显而易见，霍布斯的这些政治主张是很反动的。但是他在哲学上、神学上却是一名勇敢的斗士，在政治理论上也有杰出的贡献。他一身矛盾丛集，唯物主义的自然观和唯心主义的社会观扭结在一起，资产阶级的社会经济要求又包容在封建专制制度的外壳之中，是一个颇有争议、不易理解的思想家。

要对霍布斯作出比较合乎实际和全面的理解，必须结合他的时代来进行分析。假如说洛克是英国资产阶级革命的产儿，那么霍布斯则是资产阶级思想体系形成时期的代表。他思想上的种种矛盾，正是新时代的呼唤和旧时代的烙印的直接反映。十六世纪的欧洲已经开始了轰轰烈烈的文艺复兴运动，科学和技术的发展也促使人们用新的眼光来认识世界，统治了近千年之久的神权摇摇欲坠，"人"正萌发着代替"神"的强烈愿望。而新大陆的发现、新航线的开辟则推动了工、商业的迅速发展，资本主义因素已经在封建制度的腹腔内不可遏制地生长起来，而新生的市民阶级也在悄悄地啃蚀着封建制度的腑脏。尽管一些古老的专制君主国家仍然貌似强大，却已经败絮其中，色厉内荏了。至于英国，它已经经历了残酷的圈地运动和血腥的原始积累阶段，"羊吃人"的风暴席卷农村，中小农民被消灭了，被迫沦为无地的游民无产者，大土地贵族通过土地的资本主义经营一变而为新土地贵族，工商业资产阶级也崛起为一支新的社会力量。看来，英国社会已为新时代的到来准备了更为充足的条件。

霍布斯以其思想家的敏锐感觉到了时代的气息，触摸到历史前进的脉搏，他以严谨的逻辑思维，精辟的论证，从思想上反映了英国新贵族和上层资产阶级的利益与要求，代表着从封建制度向资本主义制度、从中世纪向近代迈进的社会发展趋势。他同格劳秀斯、斯宾诺莎一样，都是早期的启蒙思想家。他的著作颇多，早在1640年以惧怕内战的忡忡忧心写的《保卫在国内维持和平必不可少的国王大权》曾引起国会派舆论哗然，他本人为之出走巴黎。在巴黎期间写了《论公民》(1647年出版)、《论物体》(1655年)以及《论人》(1658年)。而体系最完备、内容最充实、论证最严密、学术价值最高、影响最大的要算这本《利维坦》(Leviathan)，成书于1651年。所谓"利维坦"，是圣经中述及的一种力大无穷的巨兽名字的音译。霍布斯借用以命名本书，意在用以比喻一个强大的国家，这正说明《利维坦》主要是霍布斯的一本关于国家论的专著。此外，1668年还在国外出版了一本关于英国长期国会史的名为《猩希莫司》(Behemoth，神话中的动物名)的书；1688年在阿姆斯特丹出版了《霍布斯著作集》，晚年，到84岁高龄时，他用拉丁文写了一部《自传》；87岁还把荷马的诗译成英文。他一直活到91

岁。

《利维坦》全书分为四部分。第一部分开宗明义宣布了作者的彻底唯物主义自然观和一般的哲学观点,声称宇宙是由物质的微粒构成,物体是独立的客观存在,物质永恒存在,既非人所创造,也非人所能消灭,一切物质都处于运动状态中。接着他从"论人"入手,指出人的生命也不过是四肢的运动;作为一个自然的生物,人的自然本性首先在于求自保、生存,从而是自私自利、恐惧、贪婪、残暴无情,人对人互相防范、敌对、争战不已,像狼和狼一样处于可怕的自然状态中。第二部分是全书的主体,主要描述自然状态中人们在不幸的生活中都享有"生而平等"的自然权利,又都有渴望和平和安定生活的共同要求,于是出于人的理性,人们相互间同意订立契约(信约),放弃各人的自然权利,把它托付给某一个人或一个由多人组成的集体(如议会),这个人或集体能把大家的意志化为一个意志,能把大家的人格统一为一个人格;大家则服从他的意志,服从他的判断。据称,这样订立的契约就叫做社会契约(亦称信约或盟约),这个人或这个集体就是主权者,而像这样通过社会契约而统一在一个人格之中的一群人就组成了国家。霍布斯说:"这就是伟大的利维坦的诞生——用更尊敬的方式来说,这就是活的上帝的诞生。"(见本书第十七章"国家的产生")此外,还论述了主权者的权力——至高无上;国家制度的最佳形式——君主制;人民的义务——绝对服从。主权者或国家的职责有三:一是对外抵御敌人侵略,保障国家安全;二是对内维护社会的和平与安宁;三是保障人民通过合法的劳动生产致富。第三部分"论基督教国家"旨在否认自成一统的教会,抨击教皇掌有超越世俗政权的大权。

他以子之矛攻子之盾，列举《圣经》条文指责教义之荒谬，坚决主张教会必须臣服于世俗政权，并且只能作为政权的一种辅助机构，从而根本否认所谓"教皇无过错"之说。第四部分"论黑暗的王国"，其主要矛头是针对罗马教会，大量揭发了罗马教会的腐败黑暗、剥削贪婪的种种丑行劣迹，从而神的圣洁尊崇，教会的威严神秘，已经在霍布斯的笔下黯然失色。他甚至呼吁教会势力撤出大学，使大学教育摆脱教会的控制和影响，连结婚要履行宗教仪式，也是他所反对的。远在三百多年以前就能提出这些意见，不能不说其具有远见卓识，至今仍有其现实意义。

纵观霍布斯本书内容，其在思想史上的地位和贡献可以从以下几个方面来评价。

第一，霍布斯是近代唯物主义的杰出代表之一。就他的整个哲学体系论，他是一个形而上学的、机械唯物主义者。他占有继往开来、不可否认的重要地位。唯物主义的发展大体可以分为三个阶段：一是古代的朴素唯物主义，产生于古代东方各国和古希腊、古罗马；二是近代唯物主义，或曰唯物主义的复兴，就是十七至十八世纪的机械唯物主义；三是马克思、恩格斯在批判地继承德国古典哲学的基础上创立的辩证唯物主义和历史唯物主义，在这之后，才在人类历史上确立了真正科学的世界观和方法论。霍布斯是继培根之后，同属近代唯物主义的重要代表。培根是近代唯物主义的创始人，是霍布斯唯物主义的先驱。霍布斯继承了他并把他的唯物主义系统化了，同时也把培根唯物主义的机械论倾向发展到极点。而十八世纪的法国唯物论则是继承了十七世纪英国的唯物主义并发挥了它的战斗性的一面。霍布斯虽然把物质视为第一性的，但他认为一切物质都是孤立的、互不联系的，他的机械论则突出地表现在他企图用普遍的机械运动来解释世界的一切现象，而且一切运动都是物体在空间的位置移动。在方法上他特别强调数学方法，尤其是几何学的应用，甚至他把数学方法生搬硬套应用于政治现象中，这就使他对世界的理解不仅陷入狭隘、片面，而且往往堕入迷误之中。在认识论上，霍布斯既属于英国的经验论者，重视感觉、经验作为知识的泉源，也对理性思维在认识过程中的作用给予了足够的估计，从而避免了英国的经验主义者和欧洲大陆的理性主义者各偏一面的缺陷。总体来看，十七、十八世纪的机械唯物主义，乃是科学的发展、封建社会的衰微和新的资本主义生产方式形成的结果，是这些新的社会因素在思想上的反映，也是在唯物主义反对唯心主义和经院哲学的斗争方面，在科学世界观的发展中向前迈出的重要一步。

第二，根本否认神的存在，彻底揭示宗教的实质，摧毁以旧约和新约作为真理的信仰，从而摇撼了整个封建制度的一大精神支柱，这是霍布斯在人类发展史上的又一重大建树。霍布斯恢复并发展了古代的无神论思想而成为一个彻底的无神论者。他论证说，一切物质都是有形体的，而神或上帝既无形体，就没有存在的基础，也不能成为研究的对象。如果有人争辩说"神是无形体的实体"，则纯属胡言，同所谓灵魂不灭、地狱炼火之类说法一样荒谬绝伦。神或上帝不过是为了愚弄人们而由神学家捏造和臆想出来的。因此，上帝既然根本不存在，怎么可能是什么"最终原因"呢？同样，他认为宗教也毫无现实的基础，宗教的根源就在于人们的恐惧和愚昧无知，宗教的创导者也正是利用人们的这些缺陷来进行欺骗和控制人们。霍布斯在猛烈抨击教会的腐败堕落、假仁假义之后，斥责教皇和教士都无异于魔王和恶鬼。他指出，无论国家和教会，其权力都不是来源于上帝，教会绝没有理由掌握独立于国家之外，甚至凌驾于国家之上的权力。反之，教会只能依附于国家，它同道德一样，只在国家存在的条件下才能存在，只有国家容许和赞同的信仰才能成为宗教。在他看来，宗教是为了国家统治的利益，为向人们灌输对权力的畏惧和服从才有存在的价值。由此可以看出，霍布斯毫不留情地把神从天堂拉到了地上，把至尊变成了虚幻，把教会贬为国家的附庸，以人权反对神权，一举砸碎了禁锢人们思想千余年的精神枷锁，启迪新思想、新科学，迎接资本主义新时代的到来。

第三，从政治理论上看，霍布斯更是一个划时代的人物。他的《利维坦》可以同古代亚里士多德的《政治学》遥相匹比。尽管在亚里士多德之前有苏格拉底，在霍布斯之前有马基雅维利，但从理论的系统性以及深度和广泛上说，他们都比各自的前人更胜一筹。因此，如果说亚里士多德是西方古代的第一个政治思想家，那么说霍布斯是近代的第一个政治思想家，他是当之无愧的。古代的政治学始终同伦理、道德糅合在一起，多数思想家都强调人们之所以要在国家中生活是为了求得善的、道德的生活，而且亚里士多德是作为奴隶主的思想家立论的。霍布斯的政治理论则完全摆脱了伦理、道德和宗教的束缚，以一个彻底的唯物主义者和无神论者，代表早期新兴的大资产阶级和贵族发言。

霍布斯同其他早期启蒙思想家一样，摆脱了神学观点之后，开始用人的眼光来观察国家，并企图用自然科学的研究方法来研究社会事物，从理性和经验中提出了某些规律，建立了自己的思想体系。他的全部政治理论是从他的人性观和自然法学说两个出发点推导出来的。

他认为人性是恶的：自私自利、残暴好斗。因此在原始时代还没有社会和国家之前，人们是处在一种充满互相争斗、恐惧不安的自然状态中。自然状态受着自然法的支配。所谓自然法就是一种合乎理性的规律或法则，例如人人都是天生自由的，人人都有保存自己、企求安全的欲望，人人都有大自然赋予的理性和平等的权利等等。既然自然状态如虎狼之境悲惨可怕，出于人的理性驱使，人们要求摆脱它而寻求有组织的和平生活，就互相订立了一种社会契约，甘愿放弃原来享有的自然权利，并把它交托给一个统治者或主权者（一个人或一个集体），从此建立了国家。所以，根据霍布斯的理论，国家不是根据神意创造的，而是人们通过社会契约创造的，君权不是神授的，而是人民转让的、托付的。换句话说，国家不过是一个人工模造的人，主权则是人工模拟的灵魂。创建国家的目的是出于人们的理性和幸福生活的需要。这样一来，霍布斯就彻底推翻了君权神授之说，摧毁了封建专制制度的理论基础。

从上文可以看出，霍布斯在理论上对于封建制度确实进行了釜底抽薪的抨击，作出了不可磨灭的贡献。但是同时也必须看到他的时代和他的阶级属性给予他的局限性，以及他的种种矛盾主张的实质。

他的自然观虽然是唯物主义的，但他的机械论方法却是形而上学的。他把一切物质的运动归结为机械运动或数学运动，甚至用数学（几何学）方法解释一切，包括解释社会政治现象，终于使他的社会观成为唯心主义的。作为他的社会政治理论基础的自然法学说、自然状态说和社会契约论都是违反历史真实的、非科学的论断。

对于神学、宗教与教会，虽然他采取了彻底的批判态度，否定了神的存在，揭露了宗教的实质，指控了教会的罪恶，但是出于维护国家统治利益的考虑，他仍然主张保留宗教和教职人员，使其成为国家从精神上统治人民的辅助工具。他也宣扬宗教自由，但强调必须在国家所赞同的宗教中去自由选择。

霍布斯的人性观和据以所描述的自然状态，尽管他自认为说的是野蛮人和原始时代，但实际上写的是近代人，而且恰恰就是英国资本主义原始积累时期资产阶级疯狂掠夺农民的"羊吃人"的时代，以及当时资产阶级之间相互争夺、损人利己、贪得无厌的丑恶行径，从而霍布斯把资产阶级的阶级性当作了普遍的人性。他在通过订立社会契约来论证国家的起源时，虽然说明主权者的权力是人们同意授予的，但他转而着重说明，人们一旦授权后就不能反悔，否则，在逻辑上是说不通的，在道义上是不义之举，而在法律上是不允许的。同时，主权者一旦获得授权，其权力就是绝对的、至高无上、不可转让的。人民则只有绝对服从的义务。即使对于一个暴君，人民也没有反抗和革命的权利。在政治制度上，他虽然推翻了君权神授说，摧毁了封建专制制度的理论基础，但他又着力地论证了君主制的绝对权威，坚决拥护君主制。这个矛盾如何解释呢？通观他以上各方面所表现出来的鲜明的资产阶级立场，结合他认为克伦威尔当权的政府是他所赞赏的理想政治形式，他并不眷恋于同英国旧王室的关系，不是保王派，而在经济上又主张发展工商业、促进对外贸易、劳动致富，政治上厌恶动乱，特别是当时英国的掘地派已掀起了轰轰烈烈的贫民运动等等各种客观形势来分析，霍布斯所主张的绝对君主制只不过是要以君主制的形式来实行大资产阶级和新贵族的专政而已，形式虽然是旧的，但内容已是新的了。归结起来，霍布斯是英国新兴大资产阶级和新贵族的忠实代言人，他一方面向封建制度展开猛烈攻击，试图进一步巩固资产阶级所已经夺得的政治、经济权利，另一方面又极其害怕被篡夺了革命果实的人民群众，不惜从多方面论证资产阶级应以绝对集中、强大的主权来周密防范、镇压群众运动，以致根本剥夺人民的革命权利。尽管这是资产阶级的本性，当时英国的资产阶级思想家如弥尔顿、哈林顿等人都充分表现了这种两面性，但霍布斯反人民的面目尤其凌厉和裸露，使他的进步的自然观同反动的政治观极不协调地集中于一身。

1985 年 3 月

目 录

引 言 ·· 1

第一部分 论人类

第 一 章　论感觉 ·· 4
第 二 章　论想象 ·· 6
第 三 章　论想象的序列或系列 ································ 12
第 四 章　论语言 ··· 18
第 五 章　论推理与学术 ··· 27
第 六 章　论自觉运动的内在开端——（通称激情）；
　　　　　以及表示这些开端的术语 ························· 35
第 七 章　论讨论的终结或决断 ································ 46
第 八 章　论一般所谓的智慧之德以及其反面的缺陷 ····· 49
第 九 章　论各种知识的主题 ··································· 61
第 十 章　论权势、身价、地位、尊重及资格 ·············· 62
第十一章　论品行的差异 ·· 72
第十二章　论宗教 ··· 79
第十三章　论人类幸福与苦难的自然状况 ··················· 92
第十四章　论第一与第二自然律以及契约法 ················ 97
第十五章　论其他自然法 ······································· 109

第十六章　论人、授权人和由人代表的事物 …………… 123

第二部分　论国家

第十七章　论国家的成因、产生和定义 ………………… 128
第十八章　论按约建立的主权者的权利 ………………… 133
第十九章　论几种不同的按约建立的国家和主权的继承问题 ……………………………………………………… 142
第二十章　论宗法的管辖权与专制的管辖权 …………… 152
第二十一章　论臣民的自由 ……………………………… 162
第二十二章　论臣民的政治团体和私人团体 …………… 174
第二十三章　论主权者的政务大臣 ……………………… 186
第二十四章　论国家的营养与生殖 ……………………… 191
第二十五章　论建议（咨议） …………………………… 197
第二十六章　论民约法（市民法） ……………………… 205
第二十七章　论罪行、宥恕与减罪 ……………………… 226
第二十八章　论赏罚 ……………………………………… 241
第二十九章　论国家致弱或解体的因素 ………………… 249
第三十章　论主权代表者的职责 ………………………… 260
第三十一章　论自然的上帝国（天国） ………………… 277

第三部分　论基督教体系的国家

第三十二章　论基督教体系的政治原理 ………………… 290
第三十三章　论圣经篇章的数目、年代、范围、根据和注疏家 ……………………………………………………… 295

第三十四章	论圣经各章中圣灵、使者和神感的意义 ………	307
第三十五章	天国、圣、圣洁和圣餐在圣经中的意义 ………	321
第三十六章	上帝的道和先知的言辞 ……………………	329
第三十七章	论奇迹和它的用处 …………………………	347
第三十八章	论永生、地狱、得救、来世和赎罪在圣经中的意义 ………………………………………	356
第三十九章	教会一词在圣经中的意义 …………………	372
第四十章	亚伯拉罕、摩西、大祭司和犹太诸王的上帝国的权利 ……………………………………	375
第四十一章	论我们神圣救主的职分 ……………………	386
第四十二章	论教权 ……………………………………	394
第四十三章	论被接受进入天国的必要条件 ……………	474

第四部分 论黑暗的王国

第四十四章	论误解圣经所产生的灵的黑暗 ……………	491
第四十五章	论外邦人的魔鬼学及其他宗教残余 ………	518
第四十六章	空虚的哲学和神怪的传说所造成的黑暗 ……	540
第四十七章	论这种黑暗所产生的利益以及其归属于谁的问题 ………………………………………	560

综述与结论 ……………………………………………… 570

引 言

"大自然",也就是上帝用以创造和治理世界的艺术,也像在许多其他事物上一样,被人的艺术所模仿,从而能够制造出人造的动物。由于生命只是肢体的一种运动,它的起源在于内部的某些主要部分,那么我们为什么不能说,一切像钟表一样用发条和齿轮运行的"自动机械结构"也具有人造的生命呢?是否可以说它们的"心脏"无非就是"发条","神经"只是一些"游丝",而"关节"不过是一些齿轮,这些零件如创造者所意图的那样,使整体得到活动的呢?艺术则更高明一些:它还要模仿有理性的"大自然"最精美的艺术品——"人"。因为号称"国民的整体"或"国家"(拉丁语为Civitas)的这个庞然大物"利维坦"是用艺术造成的,它只是一个"人造的人";虽然它远比自然人身高力大,而是以保护自然人为其目的;在"利维坦"中,"主权"是使整体得到生命和活动的"人造的灵魂";官员和其他司法、行政人员是人造的"关节";用以紧密连接最高主权职位并推动每一关节和成员执行其任务的"赏"和"罚"是"神经",这同自然人身上的情况一样;一切个别成员的"资产"和"财富"是"实力";人民的安全是它的"事业";向它提供必要知识的顾问们是它的"记忆";"公平"和"法律"是人造的"理智"和"意志";"和睦"是它的"健康";"动乱"是它的"疾病",而"内战"是它的"死亡"。最后，用来把这个政治团体的各部分最初建立、联合和组织起来的"公约"和"盟约"也就是上帝在创世时所宣布的"命令"，那命令就是"我们要造人"。

为了论述这个人造人的本质，我们将考虑：

第一，它的制造材料和它的创造者；这二者都是人。

第二，它是怎样和用什么"盟约"组成的；什么是统治者的"权利"、"正当的权力"或"权威"，以及什么是保存它和瓦解它的原因。

关于第一点，有一句近来被滥用的俗话：说是"智慧"不是从"读书"得来的，而是从了解"人"得来的。因此，那些大多数无法显示自己聪明的人就很喜欢背后互相进行恶毒攻击，以显示他们自以为已在人们身上了解到的东西。但另有一句近来尚未为人懂得的俗话则是他们正应该照它来真正学会互相了解，如果他们愿意勉为其难的话；而那就是认识你自己。这句话并不像现在所应用的那样意味着支持有权势者对地位卑微的人的野蛮态度；也不意味着鼓励低下阶层的人对地位高于自己的人的那种不逊举动，而是教导我们，由于一个人的思想感情与别人的相似，所以每个人对自己进行反省时，要考虑当他在"思考"、"构思"、"推理"、"希望"和"害怕"等等的时候，他是在做什么和他是根据什么而这样做的；从而他就可以在类似的情况下了解和知道别人的思想感情。我说的感情相似，是指人人都具有的，如"意愿"、"害怕"、"希望"等等；不是指感情对象的相似，即"所意愿"、"所害怕"和"所希望"等的对象的相似；因为个人的素质和各人所受的教育千差万别，所以被以伪装、欺骗、假造和谬论掩盖并混淆得像现在这样难于被人了解的人心的性质，只有探究人心的人才能了解。虽然有时我们也从人们的行动上看出他们的意向,但那么做而没有把它和我们自己的行动作比较,没有区别可能使情况发生变化的环节,那就只会是抓不住要点的猜测,而且在大多数情况下会由于过于相信或过于猜疑而失误;因为从事了解的人本身可以是好人,也可以是坏人。

让人们不要完全根据别人的行动来了解别人吧,这种办法只能适用于他们所熟识的人,而那是为数不多的。要统治整个国家的人就必须从自己的内心进行了解而不是去了解这个或那个个别的人,而是要了解全人类。这样做起来虽然有困难,难度胜过学任何语言或学科学;但是当我明晰地系统论述了我自己的了解办法后,留下的另一个困难,只须考虑他自己内心是否还不是那么一回事。因为这类理论是不容许有别的验证的。

(付 邦译)

第一部分　论人类

第一章　论感觉

关于人类的思想，我首先要个别地加以研究，然后再根据其序列或其相互依存关系加以研究。个别的来说：每一思想都是我们身外物体的某一种性质或另一种偶性的表象或现象。这种身外物体通称为对象，它对人类身体的眼、耳和其他部分发生作用；由于作用各有不同，所以产生的现象也各自相异。

所有这些现象的根源都是我们所谓的感觉；（因为人类心里的概念没有一种不是首先全部或部分地对感觉器官发生作用时产生的。）其余部分则都是从这根源中派生出来的。

认识感觉的自然原因，对目前的讨论说来并不十分必要，我在其他地方已经著文详加讨论。但为了使我目前的方法每一部分都得到充实起见，在这里还要把这问题简短地提一提。

感觉的原因就是对每一专司感觉的器官施加压力的外界物体或对象。其方式有些是直接的，比如在味觉和触觉等方面便是这样；要不然便是间接的，比如在视觉、听觉和嗅觉等方面便是这样。这种压力通过人身的神经以及其他经络和薄膜的中介作用，继续内传而抵于大脑和心脏,并在这里引起抗力、反压力或心脏自我表达的倾向,这种倾向由于是外向的,所以看来便好像是外在之物。这一假象或幻象就是人们所谓的感觉。对眼睛说来这就是光或成为形状的颜色,对耳朵说来这就是声音,对鼻子说来这就是气味,对舌和腭说来这就是滋味。对于身体的其他部分说来就是冷、热、软、硬和其他各种通过知觉来辨别的性质。一切所谓可感知的性质都存在于造成他们的对象之中,它们不过是对象借以对我们的感官施加不同压力的许多种各自不同的物质运动。在被施加压力的人体中,它们也不是别的,而只是各种不同的运动;(因为运动只能产生运动。)但在我们看来,它们的表象却都是幻象,无论在醒的时候和在梦中都是一样。正好像压、揉或打击眼睛时就会使我们幻觉看到一种亮光、压耳部就会产生鸣声一样,我们所看到或听到的物体通过它们那种虽不可见却很强大的作用,也会产生同样的结果。因为这些颜色和声音如果存在于造成它们的物体或对象之中,它们就不可能像我们通过镜子或者在回声中通过反射那样和原物分离;在这种情形下我们知道自己所见到的东西是在一个地方,其表象却在另一个地方。真正的对象本身虽然在一定的距离之外,但它们似乎具有在我们身上所产生的幻象,不过无论如何,对象始终是一个东西,而映象或幻象则是另一个东西。因此,在一切情形下,感觉都只是原始的幻象;正如我在前面所说的,它们是由压力造成的,也就是由外界物体对我们的眼、耳以及其他专属于这方面的器官发生的运动所造成的。

但基督教世界各大学哲学学派,却根据亚里士多德的某些文句,传授着另一种学说。他们说,视觉的原因是所见的物体向各方散发出一种可见素,用英文说便是散发出可见的形状、幻象、相或被视见的存在;眼睛接受这一切就是视见。至于听觉的原因,则是被听见的东西散发出一种可闻素,也就是一种可闻的相或被感知的可闻存在;它进入耳朵就造成听觉。不仅如此,他们还说,理解的原因也是被理解的东西散发出一种可理解素,也就是一种被感知的可理解存在;它进入悟性中就使我们发生理解。我之所以说这一切,不是为了否定大学的用处,而是因为往后我要谈到它们在共和国中的作用,所以就必须顺便一有机会就让大家看到,他们当中有哪些事情要加以纠正,经常出现无意义的说法就是其中之一。

第二章 论想象

当物体静止时,除非有他物扰动它,否则就将永远静止,这一真理是没有人怀疑的。但物体运动时,除非有他物阻止,否则就将永远运动;这话理由虽然相同(即物体本身不能自变),却不容易令人同意。因为人们不但根据自己衡量别人,而且根据自己衡量一切其他物体。人们自己在运动后发生疲倦和痛苦,于是便认为每一种其他物体都会逐渐厌倦运动,自动寻求休息。他们很少考虑到,人类在自己身上发现的寻求休息的欲望,是不是存在于另一种运动中。因此,经院学派便说:重物体之所以下降,是由于他们有着寻求休息并在最适当的位置上保持其本质的欲望;这样便把怎样才有利于自身的保存这种(连人类也无法具有的)知识与欲望荒谬地赋予无生命的物体了。

物体一旦处于运动之中(除非受到他物阻挡),就将永远运动;

第二章　论想象

不论是什么东西阻挡它，总不能立即完全消失它的运动，而只能逐步地慢慢地将其完全消失。我们在水中见到，风虽止而浪则经久不息；人们看见东西或梦见东西时，其内部各部分所发生的运动也是这样。因为当物体已经移去或自己将眼闭阖时，被看到的物体仍然有一个映象保留下来，不过比看见的时候更模糊而已。这就是拉丁人所谓的想象，这是根据视觉中所得到的映象而来的。他们还把这一名词用于所有其他感觉方面，只是这样用并不正确。但希腊人却称之为幻象，意思就是假象，对哪一种感觉都同样可以适用。因此，想象便不过是渐次衰退的感觉，人和许多其他动物都有，在清醒时和入睡后都存在。

人在清醒时感觉的衰退，原非感觉中所发生的运动在衰退，只不过是被障蔽而已，有如阳光掩盖过星光一样，其实星的可见性质在白天发生的作用绝不比夜间差。然而由于我们的眼、耳和其他感觉器官接受外界物体所发出的多种撞击作用时，只能感受到其中占优势的作用，所以当阳光占优势时，我们便感受不到星的作用。任何对象从我们眼前移开后，它在我们身上留下的印象虽然留存下来了，但由于有其他在时间上更近的对象继之出现，对我们发生作用，使过去的想象变得薄弱模糊，其情形正如同人的声音处在白天的嘈杂声中一样。因此，任何对象被看见或感觉之后，经过的时间愈长，其想象也愈弱。由于人体不断的变化，会使在感觉中活动的部分逐渐归于无效，所以时间和空间的距离对我们便具有相同的作用。正像我们眺望远方，但见一片朦胧，较小的部分无从辨别一样；也像声音愈远愈弱，以至听不清楚一样；我们对过去的想象经过一段长时间以后也会淡薄。（比如）我们曾经见过的城市中许多具体街道以及活动中的许多具体情况便都会被忘掉。这种渐次消失的感觉,当所指的是事物本身(我的意思是幻象本身)时,那我们就像我在前面所说的一样,称之为想象。但如果所指的是衰退的过程,意思是讲感觉的消退、衰老或成为过去时,我们就称之为记忆。因此,想象和记忆就是同一回事,只是由于不同的考虑而具有不同的名称。

记忆多或记住许多事物就谓之经验。同样,想象也只限于以往曾经全部一次或逐步分为若干次被感官感觉的事物;前者是按原先呈现于感觉的状况构想整个客体,称为简单的想象。例如构想以往曾经见过的一个人或一匹马时的情形就是这样。另一种想象则是复合的。例如把某次所见到的一个人和另一次所见到的一匹马在心中合成一个人首马身的怪物时情形就是这样。又如,当人们把自身的映象与他人行动的映象相结合时,就像爱读小说的人往往把自己想象为赫尔克里士或亚历山大那样,都是一种复合想象,确切地说来,这只是心理的虚构。此外,人们虽在清醒中,也会因感觉到了极深的印象而产生其他的想象。例如注视太阳后,其印象经过很长一段时间还会在我们眼前留下一个太阳的映象。又如聚精会神地注视几何图形历时很久以后,虽在清醒中,在黑暗里也会仍觉有线条和角度的映象出现在眼前。这种幻象通常不属讨论范围,所以便没有特定的名称。

睡眠中的想象称为梦,这类的想象和其他的想象一样,也是以往就已经全部或部分地存在于感觉之中。由于在感觉方面大脑和神经等必要的感受器官在睡眠中都是麻木的,不容易被外界物体的作用驱动,所以睡眠时,除开人体内各部分的骚动所引起的现象

第二章 论想象

以外,就不能出现想象,因之也就没有梦。这些体内部分由于和大脑以及其他器官有联系,所以他们骚动不宁时就会使关联部分发生运动,于是过去在这些器官上所形成的想象就会像在清醒时一样出现;只是由于感觉器官这时处于麻木状态,没有新对象以更强烈的印象来支配和遮掩它们;于是,在这种感觉的静止状态中,梦境必然会比我们清醒时的思维更为清晰。因此,感觉与梦境便不容易有严格的区别,许多人甚至以为这种区别是不可能作出的。就我个人说来,自己在做梦时并不像清醒时那样经常想到同一些人、同一些场所、同一些对象和同一些行动;同时在梦中也不像在其他时候一样能记得很长一系列连贯的思想;而且,在清醒时我往往能看出梦境的荒谬,但在做梦时则永远也想不到在清醒时思想的荒谬;当我考虑到这一切时,我对于自己在做梦时虽则自以为清醒,但在清醒时却能知道我没有做梦,就感到满意了。

既然梦境是身体内某些部分的骚动不宁所引起的,不同的不宁状态就必然会引起不同的梦。因此睡时受寒就会做噩梦,产生某种可怕的对象的想象和映象,因为由大脑至体内部分的运动和体内部分至大脑的运动是相互交流的。又如当我们在清醒时,激怒会引起身体的某些部分发热;于是,在睡眠中如果这些部分过度受热,便也会引起怒感,从而在大脑中形成敌人的想象。同样的道理,人类天赋的爱情使我们在清醒时产生欲念,而欲念又使身体的某些其他部分发热;于是这些部分要是在睡眠中过热,便也会在大脑中形成曾经出现过的爱情的想象。总而言之,我们的梦境都是我们清醒时的想象的倒转,当我们在清醒时运动由一端起始,在梦中则由另一端起始。

梦境与清醒时的思想最难区别的是偶然不自知地入睡时的情形。一个人在充满着恐怖思想，良心十分不安时便容易发生这种情况，而且没有上床或解衣就睡着了，就像坐在椅子上打盹那样。因为一个辗转反侧，按住性子入睡的人心中出现什么古怪而不寻常的幻象时，是难于不把它当成梦境的。我们从书上可以看到，玛尔库斯·布鲁图①（生命原为尤利乌斯·恺撒所救，并见宠于恺撒，但却终于谋杀了恺撒）在腓力城与奥古斯都·恺撒②交锋的前夕，怎样看到了一个可怕的鬼魂。历史家一般都说那是幽灵显形，但考虑当时的实际情况，就很容易判断出，那不过是一个短梦而已。当时布鲁图孤坐帐中，郁郁不乐，由于对自己的鲁莽行动感到恐怖而心烦意乱；所以在寒冷中入睡的情况下，是不难梦见使他最感害怕的事情的。这种恐惧既逐渐使之惊醒，就必然会使鬼影次第消失。布鲁图由于不能确信自己已经入睡，因之就无从想到这是梦，也不会想到这是其他事情，而只能认为是幽灵显形。这本来不是什么罕见的偶然现象，因为凡是胆小和迷信的人，平日又被所听到的鬼故事缠迷糊了，即使在完全清醒的时候，如果独自一个人在黑地里，便也会产生同样的幻觉，自以为看见了幽灵和鬼魂在墓地里徘徊；其实这不过是他们的幻觉而已，否则就是有人作奸犯科，利用这种迷信恐惧心理夜晚化装外出，到人家不易识破他们经常出没的地方去捣鬼。

---

① 布鲁图，马克·尤尼乌斯（公元前85—前42年），在前三雄时代原助庞培，后为恺撒所恕，并派任重职。但他后来与卡西乌斯合谋，成为恺撒的主要谋杀者。公元前42年，他在腓力城之役中被屋大维和安托尼乌斯击败，自杀身死。——译注

② 即屋大维，因系恺撒外甥孙，承外家姓而称奥古斯都·恺撒。——译注

第二章　论想象

以往崇拜林神、牧神、女妖等等的异端邪教，绝大部分就是由于不知道怎样把梦境以及其他强烈的幻觉跟视觉和感觉区别开来而产生的。现在一般无知愚民对于神仙、鬼怪、妖魔和女巫的魔力的看法也是这样产生的。谈到女巫，我认为她们那种巫术根本没有什么真正的魔力；但我却认为由于她们自欺欺人地自以为能作这种魔法，再加上她们能蓄意为恶的思想，她们所受到的惩罚是公正的。她们那一行近乎一种新的宗教，而不成其为一种技能或知识。我认为人们是有意灌输或不驳斥有关神仙鬼怪的看法，其目的是为了让别人相信符咒、十字架、圣水以及那些阴险邪恶的人搞出的这类名堂有用。然而毫无疑义，只有上帝才能显示异象。但基督教信仰并没有叫人相信上帝会经常这样做，以致使人们对这种事情的恐惧比对上帝停止和改变自然规律（这也是上帝能做到的）的恐惧更大。但阴险邪恶的人托辞上帝无所不能十分胆大妄为，明知纯属子虚，但只要能达到自己的目的便什么事都编造得出来。聪明人的职责就在于对他们所说的一切只相信到正确的理性能判明其为可信的程度。如果能消除这种鬼怪的迷信恐怖，随之又将占梦术、假预言以及那些狡猾不轨之徒根据这些搞出的愚弄诚朴良民的许多其他事情予以取缔，那么人民就会远比现在更能恪尽服从社会的义务。

这种事情正是经院学派所应做的工作，但他们反而滋长上述邪说。他们由于不知道想象或感觉是什么，只知道人云亦云地传授师说，于是有些人便说：想象是自动产生的，不具有造成的原因，还有一些人则说，想象最常见的是由意志中产生的，善念是上帝吹入（以灵气灌入）人们心中的，恶念则是魔鬼吹入的。或者说，善念是上帝注入（灌入）人们心中的，恶念则是魔鬼灌入的。有些人说，感觉接受事物的感象，然后把它传给一般意识，一般意识又传给幻象，幻象传给记忆，记忆传给判断，就像一手一手地传递东西一样。他们说了一大堆废话，但什么也没有让人听懂。

理解，语言或其他意志符号在人或任何其他有构思能力的动物心中所引起的想象通称为理解，这是人和兽类都具有的。比如狗训练习惯了以后，就能理解主人的呼唤或呵斥，其他许多兽类也能这样。至于人类特有的理解，则不仅是理解对方的意志，而且还能根据事物名称的顺序和前后关系所形成的断言、否定或其他语言形式理解对方的概念和思想。以下所谈的理解就是这种理解。

第三章 论想象的序列或系列

我所理解的**思维序列或系列**就是为了和语言的讨论有所区别，而被称为心理讨论的一系列互相连贯的思想。

当人思考任何一种事物的时候，继之而来的思想并不像表面上所见到的那样完全出于偶然。一种思想和另一种思想并不会随随便便地相连续。但正像我们对于以往不曾全部或部分地具有感觉的东西就不会具有其想象一样，那么由一个想象过渡到另一个想象的过程便也不会出现，除非类似的过程以往曾在我们的感觉中出现过。原因是这样：所有幻象都是我们的内在运动，是感觉中造成的运动的残余。在感觉中一个紧接一个的那些运动，在感觉消失之后仍然会连在一起。由于前面的一个再度出现并占优势地位，后面的一个就由于被驱动的物质的连续性而随着出现，情形就像平桌面上的水,任何部分被手指一引之后就向导引的方向流去一样。但由于感觉中接在同一个被感知的事物后面的,有时是这一事物、有时又是另一事物,到时候就会出现一种情形,也就是说:当我们想象某一事物时,下一步将要想象的事物是什么很难预先肯定;可以肯定的只是,这种事物将是曾经在某一个时候与该事物互相连续的事物。

以上所说的思维系列或心理讨论可以分为两种,一种是无定向的、无目的的和不恒定的。在这种思维序列中,没有任何激情思维把自身当成某种欲望或激情的目标或范围,朝着自身来控制或引导后续思维。这种情形称为思想迷走,看来就像梦境中一样互不相属。独自一个人待着而且不注意任何事物的人的思想一般就是这种思想。他们的思想虽然即使在这时也和其他时候一样紧张,但却失去了和谐;就像任何人去弹一把走了调的琵琶所发出的音调一样,虽然也像不走调但操琴者不善弹奏所发出的声音。然而即使在心境这样狂奔滥驰的时候,人们往往也会找出它的思路和这些思想的相互依存关系。例如在论及我国今天的内战时,如果像以往某个人所做的那样问起一个罗马银币价值多少钱来,试问还有什么事情看来比这更不相干的呢?但对我说来,其间的联系却十分明显。因为关于这次内战的思想就导引出国王被献给敌人的思想,而这一思想又导引出基督被献出的思想,并进一步导引出那次出卖的代价——三十块钱的思想,从这一思想出发就很容易随着提出上述存心不良的问题。这一切都是在顷刻之间出现的,因为思想非常敏捷。

第二种思维系列由于受某种欲望和目的控制,比前者更恒定。

因为我们想望或惧怕的事物所产生的印象是强烈而持久的,如果暂时中断的话,也会很快地恢复。其强烈的程度有时能妨碍睡眠或使我们惊醒。有了欲望,就会想到我们以往看到曾经产生过类似现有目标的某种方法,从这种思想出发,又会想到取得这种方法的方法;这样连续下去,直到我们能力所能及的某一起点为止。这种目的由于印象强烈而常常出现在心中,当我们的思想开始迷走的时候,就立刻会被拉回原来的思路。以往七贤人①中的一贤观察到这种情形后,向人们提出了熟虑终末的格言,这一论点今天已经陈腐了。他的意思是说,在一切行动里,都要经常注意自己所想要的事物,并在达成目的途中用以指导全部思想。

定向思维系列有两种。一种是当我们探寻某种想象的结果的原因或其产生方式时所形成的系列,这是人类和兽类所共有的。另一种是当我们想象任何事物时,探寻其可能产生的一切结果而产生的系列;也就是当我们想象自己具有这种对象以后,可以怎样处理时所形成的系列。这种系列除开在人类身上之外,我在任何时候都没有发现过存在的迹象。原因是这种穷究追溯的心理是只具有饥、渴、怒、情欲等肉体激情的任何生物的天性所无法产生的。总而言之,心理讨论受着某种目的控制时便只能是探寻或发明的能力,拉丁文中称之为洞察力或洞见力。这就是为某种现存或过去的结果追寻出原因的过程;也可能是为某种现存或过去的原因追寻出结果的过程。人们寻找遗失的东西时,他的思想会从发觉

---

① 七贤人为古代希腊七个哲学家,其说不一,一般提出的是泰利斯、毕泰古斯、费阿斯、古利奥布尔、梅逊、齐伦、梭伦。——译注

第三章 论想象的序列或系列

遗失的时间与地点开始,一个地方、一个地方、一段时间、一段时间地追溯自己究竟在什么时候和什么地点还曾有这东西,这也就是找出一个肯定而局限的时间和地点来开始寻找。然后他的思想便从这儿起,循着上面那些时间和地点追寻,以便找出什么动作或其他情况可能使他丢掉了这件东西。这就是我们所谓的记忆或回忆。拉丁文中称之为回想,因为这是对我们以往行为的侦察。

有时人们知道追寻范围之内的一个确定地方,然后他的思想就像清扫一间屋子来寻找珠宝的人,或搜寻一个场地来找出野兽踪迹的猎犬一样,或者像寻遍字母表来找出韵脚的人一样,把所有各部分都找遍。

有时人们想知道的是一种行为的后果,于是他便假定类似的行为会造成类似的后果,然后逐一地思索过去的类似行为及其产生的后果。就像一个预测某罪犯的后果的人追溯他以往见过的类似罪行随后发生了一些什么情形一样,其思想序列是:罪行、法警、看守所、法官和绞架。这种思想就叫预见、慎虑或神虑,有时也称智慧;虽然这种推测由于难得将所有情况观察周全而非常靠不住,名称也是这样。但有一点是肯定的:一个人对过去事物的经验比另一人多多少,他也就比另一人谨慎多少,其预测失算的情形也就少多少。自然界中所存在的只有现实,过去的事物只能在记忆中存在,而未来的事物则根本不存在。未来只是心灵将过去行为的序列应用于现存行为序列而造成的假设;经验最丰富的人所作出的假设最为肯定,但亦并非完全肯定。当后果和我们的预期相符合的时候,它虽然被称为慎虑,然而就其本质而言却只是一种假定。因为预见未来事物的神虑,只有未来事物必须根据其意志而产生的神才有。唯有神才能以超自然的方式发出预言。最好的预言家当然就是最好的预测者,而最好的预测者则是对所推测事物最为精通而又研究最多的人,因为这种人对能用于推测的迹象掌握最多。

事物迹象就是结论的前提。当类似的结论已经事先被观察到时,倒过来说,迹象就是前提的结论。迹象愈是经常被观察到也就愈肯定。因此,在任何一种事务中,经验最多的人用以预测未来的迹象也掌握得最多,因之也最为谨慎;其谨慎超过该项事务中新手的程度,是无法以天资或机智的长处抵消的;虽然也许有不少的青年人持相反的看法,情形也是这样。

然而人之有别于兽类,却不在于慎虑。有些一岁的野兽比十岁的儿童所能观察的事物更多,并能更为谨慎地追踪于己有利的东西。

慎虑是根据过去的经验对未来作出的假定。同样的情形,也有一种根据同属过去而非未来的事物对过去其他事物作出的假定。一个人以往如果看见过一个繁荣的国家曾经经过怎样的过程和步骤从开始发生内战起走向崩溃,那么当他看到任何另一个国家的废墟时,就会推测那儿也发生过类似的战争和类似的过程。但这种推测几乎和关于未来的推测同样不肯定,两者都只是根据经验作出的。

据我所能想到的情形说来,除开以上所述各项之外,人类便再也没有出自天赋、只需生而为人、活而用其五官、更无需他物就可以进行心理活动了。往下马上就要讨论的、而且看来是人类所专有的其他官能,都是后天获得并通过勤勉与学习得到增进的。在

第三章 论想象的序列或系列

大多数人身上，这些都是通过教导和训练得来的，而且全都是由于发明了语言和文字才产生的。原因是人类的心灵除了感觉、思维和思维序列之外便没有其他运动了，虽然这三种官能可以通过语言和后天的方法而提高到一种高度，使人类有别于一切其他生物。

　　我们所想象的任何事物都是有限的。因此，没有任何事物的观念或概念是可以称为无限的。任何人的心中都不可能具有无限大的映象，也不可能想象出无限的速度、无限的时间、无限的外力、无限的力量。当我们说任何事物是无限的时候，意思只是我们无法知道这种事物的终极与范围，所知道的只是自己无能为力。因此，称上帝之名并不是为了让我们去想象上帝，因为上帝是不可思议的，其伟大与力量是无法想象的；称上帝之名只是为了使我尊敬上帝。同时，正如前面所说的，由于我们所能想象的一切都莫不是首先曾经全部一次或部分地经过感官感知，所以我们便不可能具有代表未曾经过感官感知的事物的思想。这样说来，任何人要想象一个事物时就必须想象它是存在于某一个地方，并具有确定的大小，而且也能分成部分。此外，我们不能想象任何事物会全部在某一个地方、而同时又全部在另一个地方；也不能设想两个或更多的事物一次并同时存在于同一个地方。原因是这样的事物没有一件曾经出现在、或可以出现在感觉之中。这些只是利用人们的轻信，从受骗的哲学家以及骗人或被骗的经院学者那里取来的毫无意义的荒唐话。

第四章 论语言

印刷术虽然是很具天才的发明,但和文字的发明比起来则相形见绌。究竟是谁最先发现了文字的用法已经无从得知了。据说首先将文字传入希腊的人是腓尼基王阿基诺尔的儿子卡德谟斯①。这是一项为利至溥的发明,可以延续有关过去时代的记忆,可以使散处于全球为数众多而相距遥远的地区中的人类互相沟通。同时,文字的发明也是很困难的,因为这是细心观察舌头、软腭、嘴唇等等语言器官的各种动作,并根据这种观察造出同样多的字形差异来加以记忆才产生的。但最高贵和最有益处的发明却是语言,它是由名词或名称以及其连接所构成的。人类运用语言把自己的思想记录下来,当思想已成过去时便用语言来加以回忆;并用语言来互相宣布自己的思想,以便互相为用并互相交谈。没有语言,人类之中就不会有国家、社会、契约或和平存在,就像狮子、熊和狼之中没有这一切一样。第一个创造语言的就是上帝本身,他曾教导亚当怎样为他给亚当看的生物取名,圣经在这一问题上只说了这么多。但这就足以指导他在实地和这些生物厮混及使用他们中,遇有必要时起出更多的名称,同时还逐步以一种方式把它们连起来,使自己的意思能被理解,像这样连续经过若干时候以后,他就会获得自己所要用的那么多语言,只是没有讲演家或哲学

---

① 希腊神话中的底比斯开国之神,被尊为贤智的国王。一说字母是由他发明的。——译注

第四章 论语言

家需要的那样丰富。因为我在圣经里还找不出任何根据可以直接或间接地推论出,亚当曾被授以一切图形、数字、度量、颜色、声音、幻想和关系的名称,更没有被授诸如普遍、特殊、肯定、否定、疑问、祈求、无限等很有用的词或语言的名称。实有、意向性、本质以及经院学派所用的其他无意义之词就更谈不到了。

但亚当和他的后裔所获得和扩充的这种语言在巴比塔①又全部失去了;那时由于他的背叛,上帝使每一个人都忽然间忘了自己原先的语言。他们因此而被迫流散到世界各地去,所以现存语言的差异必然是在需要(一切发明之母)教给他们的方式下逐步从他们身上产生的,而且经过一段长时期后在各地愈来愈丰富。

语言的一般用处是将心理讨论转化为口头讨论,或把思维序列转化为语言序列。像这样做有两种用处,一种是记录我们的思维序列。这种序列由于容易遗忘,使我们必须从头进行构思,但通过作为标记的语词就可以重新回忆起来。所以名词的第一个用处就是作为记忆的标记。另一个用处是:当许多人运用同一些语词时,他们可以通过这些语词之间的联系与顺序互相表达自己对每一件事物所想象或想到的是什么,同时也可以表示他们所想望、惧怕或具有其他激情的东西。在这种用处方面,语言被称为符号。至于语言的特殊作用则是:第一,表示我们通过思考所发现的任何现存或过去事物的原因以及我们所发现的现存或过去事物可能产生的结果。总起来说,这就是获得学术知识。第二是:向他人说明

---

① 据《圣经·创世记》第11章第1—9节记载,亚当的后代诺亚的后裔原操同一种语言,后因企图建塔通天,胆大妄为,上帝就使他们的语言变乱了。——译注

我们所获得的知识，也就是商讨和互教。第三是：使别人知道我们的意愿和目的，以便互助。第四是：无害地为了娱乐和炫耀而玩弄语词以自娱和娱悦他人。

相应于这几种用处，语言也有四种滥用。第一是用词意义不准，表达思想错误。他们用这些语词把他们从未构想过的东西表达为自己的概念，因而欺骗了自己。第二是在隐喻的意义下运用语词——也就是不按规定的意义运用，因而欺骗了别人。第三是用语词把并非自己意愿的事物宣称为自己的意愿。第四是用语言来互相伤害。自然既使某些生物具有利齿，另一些具有角，还有一些具有手来伤害敌人，所以除开有义务加以统治的人以外，用舌头来伤害对方便是一种语言的滥用，在有义务加以统治的情形下便不是伤害，而是纠正和改造。

为了记忆原因与结果的序列而应用语言时，其方式在于给这些序列加上名称并把它们连接起来。

名词中有些是专有的，只为某一对象所特有，如彼特、约翰、这个人、这棵树等。还有一些则是许多东西所共有的，如人、马、树等；其中每一个虽然都只是一个名词，但却是许多不同的具体对象的名称。这一切的总和便是普遍。世界上除了名词以外便没有普遍，因为被命名的对象每一个都是一个个体和单一体。

对许多东西加上一个普遍名词是由于它们在某种性质或其他偶性方面类似。专有名词只能使我们心中想起一个对象，普遍名词则使我们想起那许多对象中的任一个。

普遍名词中有些范围大、有些范围小。较大的包含较小的；还有一些则范围相等、互相包容，比方说，身体一词的意义便比人这

第四章　论语言

个词的意义广泛，并包括后者。人和理性两词则范围相等，互相包容。在这儿我们必须指出的是，所谓名词并不能总是像语法里面那样理解为一个词，有时由于曲折的表达方式而指许多词的结合，因为"行为上遵守祖国法律的人"便只是一个名词，相当于公正这一个词。

加上这些意义范围或大或小的名词之后，我们就把心中构想的事物序列的计算变成了名词序列的计算。举个例子来说：一个人如果生来完全聋哑并一直保持这种状况，完全不能运用语言，那么当他把一个三角形摆在眼前，旁边再摆两个直角（如一个正方形的两个角）时，他就可能通过默想加以比较，发现这三角形的三个角等于旁边的两个直角。但如果拿另外一个形状不同的三角形给他看时，他要是不从头想过一次，就不可能知道这个三角形的三个角是不是也等于这两个直角。但一个能运用语词的人，当他观察到这种相等关系不是由于边的长度或他那三角形中的任何其他特殊条件造成的，而只是由于边是直的、角是三个——这正是他把这图形称为三角形的全部条件；这时他就会大胆地作出一个普遍的结论，说这种角的相等关系在所有的三角形中都存在，并且会用以下的普遍词句来表示他的发现："三角形三角之和等于两直角。"于是从一个特殊中所发现的结论便会作为一个普遍法则而被记录和记忆下来，使我们不必在心中计算时间和地点，并且除开第一次以外，也可以使我们免除一切的心理劳动，使我们在当时当地发现为真确的事物对一切时间和地点说来都真确。

但运用语词表达思想最明显的地方是在数数上。一个天生的傻瓜如果从来就记不住一、二、三等数字的次序的话，那么他在敲钟时便会一下一下数，并且一边点着头说：一下、一下、一下，而绝不可能知道钟到底是敲几点了。看来以往曾经有一个时期这些数字的名称还没有通用，人们想计数就不得不用一只手或两只手的手指头来数。因此，现在任何民族的数字名称便都只有十个，有些民族中还只有五个，数完就得从头起。一个能数到十的人，如果不按着顺序背，就会变得糊涂，不知道什么时候数完了这十个数，更不能进行加、减以及其他一切算术运算。所以没有语词是不可能计数的，更不能计算量值、速度、力等等！这类的计算对人类的生存或福利说来却是必需的。

如果把两个名词结合成一个序列或断语（如"人是一种生物"，或"如果他是一个人、他就是一个生物"等等），而后一名词——生物所指的意义又包括了前一名词——人所包括的一切意义，那么这一断语或序列便是真实的，否则就是虚假的。因为真实和虚假只是语言属性，而不是事物的属性。没有语言的地方，便不可能有真实或虚假存在；错误倒是可能有的，比方我们预计某种事情不会发生或怀疑某种事情不曾发生过时便是这样。但在任一种情形下，我们都不可能说这人不真实。

既然真实在于断言中名词的正确排列，所以寻求严格真实性的人就必须记住他所用的每一个名词所代表的是什么，并根据这一点来加以排列。否则他便会发现自己像一只鸟在上了粘鸟胶的树枝上一样，纠缠在语词里，愈挣扎就粘得愈紧。从古到今，几何学是上帝眷顾而赐给人类的唯一科学。人类在几何学中便是从确定语词的定义开始的。这种确定意义的过程被称为定义，是人类进行计算的开端。

根据这一点我们显然可以看出，对于任何一心追求真实知识的人说来，检查以前作者的定义是怎样有必要了；如定义是随随便便定的，就要加以修正或自己重定。因为定义的错误在计算进行时会自行增殖，并且会引导着人们得出荒谬的结论；这些他们最后会看出来，但要是不从荒谬结论的根源所在的开始之处重新算过，他们就不能免于荒谬。于是迷信书本的人就会像有些人一样，只把许多笔小数目加成大数，不考虑这些小数目到底算得对不对；最后发现错误显著了时，还满心相信原先的基础，不知道怎样才能搞得清楚，而只是浪费许多时间在账簿上来回翻找。其情形就好像是一些鸟，从烟筒进来后，发现自己被关在一间屋子里一样，由于没有那样聪明，认不出是从哪条路进来的，于是便对着玻璃窗上那种非真实的光线乱扑。所以语言的首要用处便在于名词的正确定义；这是科学上的一大收获。语言的首要滥用则在于错误的定义或没有定义。一切虚假或无意义的信条都是从这里来的。这也使那些从书本的权威中接受教育，而不运用自己的思考的人赶不上无知无识的人，其程度正与具有真知的人优于无知者是一样的，因为无知是真正学识与谬误学说之间的中点。自然的感觉和映象是不至于荒谬的。自然本身不会发生错误。人们的语言愈丰富，他们就愈加比普通人聪明或癫狂。没有文化的人不可能杰出地聪明；同时他们要不是由于疾病或器官结构发生病态使记忆受了伤害，便也不可能突出地愚笨。因为语词是聪明人的筹码，他们只用来计算；但却是愚笨者的金钱，他们根据亚里士多德、西塞罗、托马斯或任何其他学者——只要是个人就行——的权威来估价这些金钱。

举凡可以列入或进行计算,并可以相加而成为和或相减而留下差的一切都是名词的主体。拉丁人把金钱账目称为理由,把金钱的计算称为推理,我们在票据或账簿中称为项目的,他们都称为名目,也就是名词。看来他们把理知一词推广到其他一切事物的计算能力上去,就是从这儿来的。希腊人对于语言和推理只有一个名词——逻各斯①。他们并不认为没有任何语言不具有推理,而是认为没有任何推理不具有语言。他们把推理的活动称为三段论法,其意义就是言语之间的序列的总结。由于同一种事物可能因不同的偶性而进入计算,为了表示这种差异,其名词便有各种不同的偏离原意的解释和变异。这种名词的变异可以归为四大类。

首先,一种事物可能由于物质或物体而加以考虑;如有生命的、有知觉的、有理性的、热的、冷的、被移动的、静止的等等便属于这一类。物质或物体一词便是通过他们被理解的。所有这类的名词都是物质的名词。

第二,事物也可能由于我们认为存在于它本身之中的某种偶性或性质而被考虑,好比由于"被移动"、"如此之长"、"是热的"等偶性而被考虑时便是这样。在这种情形下,事物本身的名称只要稍加改变或使之稍微偏离原意,就可以成为我们所考虑的偶性的一个名词。比方对于"有生命的",将"生命"列入考虑;对于"被移动的"将"运动"、对于"热的"将"热"、对于"长的"将"长度"列入考

---

① 逻各斯,最先出现在赫拉克利特著作中的一个哲学术语,赫拉克利特把世界的普遍规律性,存在的规律称为逻各斯。而斯多葛派把命运、世界理性称为逻各斯。在新柏拉图派的学说中,和中世纪基督教神学中,逻各斯就是造物主、神的精神实质、上帝。在黑格尔哲学中,逻各斯就是概念、理性、绝对精神。——译注

虑之中等等。所有这些名词都是使一种物体或物质与另一种物质或物体相区别的偶性和特性的名词,人们称之为抽象名词;因为它们不是从物质中抽绎出来的,而是从物质的计算中抽绎出来的。

第三,我们也将自己身体上据以作出上述区别的性质考虑进去;例如当我们看见任何东西时,我们所考虑的不是这东西本身,而是它在幻象中的视见、颜色或观念。当任何东西的声音被我们听见时,我们所考虑的也不是它本身,而只是听闻或声音,这些都只是我们通过耳朵对它所产生的幻象或概念,于是这一类便是幻象名词。

第四,我们还会把名词本身和语言加以考虑并给上名称。因为一般的、普遍的、特殊的、歧义的等等都是名词的名词。而肯定、疑问、命令、叙述、三段论法、说教、讲演等等以及许多其他这类的名词则是语言的名词。

以上所说的便是各种肯定名词的全部。它们被用来表示,(1)自然界中存在的东西,(2)可以由人类心理假想为存在的;或想象出是存在的物体,(3)对物体而言,存在或假想为存在的固有性质,(4)语词与语言。

还有另外一些名词称为否定名词,是表示某一语词不是所说事物的名称的符号,如无物、无人、无限、不可教的、不可能的等等。它们虽然不是任何事物的名词,但由于使我们能否定运用得不正确的名词,所以在计算、纠正计算或回忆以往的思维时仍然有用处。

所有其他的名词都是无意义的声音。共分为两类:一类是新出的名词,意义还没有由定义加以解释。经院学者和陷入迷津的哲学家造出了大量这类名词。

另一类是把两个意义矛盾而不相一致的名词放在一起造成的名词,如无形体的物体或无形体的实体(其实是同一回事)等等以及许多其他这类的名词都是。因为不论何时当任何断言虚假时,构成断言的两个名词放在一起形成一个名词后根本不可能表示任何事物。比方说,如果"四角形是圆的"这一断言是虚假的,那么"圆四角形"这一语词便不可能指任何事物,而只是一个声音。同样的道理,如果说美德可以倾注或吹上吹下这句话是虚假的,那么"倒入的美德"、"吹入的美德"等语词便和"圆四角形"同样荒谬而无意义。因此,我们所见到的无意义的语词便很少不是由某些拉丁或希腊名词组成的。一个法国人很少会听到人家把救世主称为Parole,但却常常听到人家称之为Verbe。但Verbe和Parole根本没有区别,不过一个是拉丁文,另一个是法文而已。

当一个人听到任何一句话而具有这句话的语词以及其连接结构所规定表达的思想时,就谓之理解了这句话。理解只是语言所造成的概念。这样说来,如果语言是人类所特有的(据我所知是这样),那么理解便也是人类所特有的。这样说来,荒谬和虚假的断言如果是普遍的,便不可能有人理解。虽然有许多人自以为能理解,其实他们只是在愚笨地学舌或默默地记诵而已。

关于说明人类心理的欲望、反感、激情等语词以及其用法与滥用等,等到讨论完激情时再谈。

影响感情的事物的名词,也就是使我们感到愉快或不快的事物的名词,由于同一事物不可能使所有的人发生相同的感情,也不可能在所有的时候使同一个人发生同一种感情,所以在人们一般的讨论中,意义便是不固定的。由于所有的名词都是用来表示概念的,而所有情感又都是概念,所以当我们对同一类事物的感受不同时,就很难避免名词方面的分歧。因为我们所感受的事物的本质虽然相同,但由于体质结构的不同和意见的偏执使我们在接受时发生差异,所以便使每一种事物都具有我们自己的不同激情的色彩。因此,一个人在推理时便必须注意语词;它在我们关于事物本质所构想的意义以外还会具有说话的人的本质、倾向与兴趣所赋予的意义,比如德与恶等名词便是这样。因为一个人所谓的惧怕,另一个人会称之为智慧,一个人所谓的公正、另一个人会称之为残酷,一个人所谓的大方、另一个人会称之为靡费,一个人所谓的愚笨,另一个人会称之为庄重等等;所以这类的名词从来就不能用为任何推理的真实基础,比喻或隐喻也是这样;但后者的危险性较小,因为它们已经公开表明本身的意义是不固定的,而前者则不是这样。

第五章　论推理与学术

当一个人进行推理时,他所做的不过是在心中将各部相加求得一个总和,或是在心中将一个数目减去另一个数目求得一个余数。这种过程如果是用语词进行的,他便是在心中把各部分的名词序列连成一个整体的名词或从整体及一个部分的名词求得另一个部分的名词。人们在数字等方面虽然除开加减以外还用乘、除等其他运算法,但这些运算法实际上是同一回事。因为乘法就是把相等的东西加在一起,而除法则是将一个东西能减多少回就减多少回。这些运算法并不限于数字方面,而是所有可以相加减的事物全都适用,因为正像算术家在数字方面讲加减一样,几何学家在线、形(立体与平面)、角、比例、倍数、速度、力与力量等等方面也讲加减,逻辑学家在语词系列、两个名词相加成为一个断言、两个断言相加成为一个三段论法、许多三段论法形成一个证明以及从一个三段论证的总结或结论中减去一个命题以求出另一个命题等等方面,也同样讲加减运算。政治学著作家把契约加起来以便找出人们的义务,法律学家则把法律和事实加起来以便找出私人行为中的是和非。总而言之,不论在什么事物里,用得着加减法的地方就用得着推理,用不着加减法的地方就与推论完全无缘。

根据以上所说的一切,我们就可以界说或确定推理这一词在列为心理官能之一时其意义是什么。因为在这种意义下,推理就是一种计算,也就是将公认为标示或表明思想的普通名词所构成的序列相加减;我所谓的标示是我们自己进行计算时的说法,而所谓表明则是向别人说明或证明我们的计算时的说法。

在算术方面,没有经过锻炼的人必然会出错,其计算靠不住,即使是教授们也会常常出现这种情形。任何其他推理问题也正是这样,最精明、最仔细和最老练的人都可能让自己受骗,作出虚假的结论。然而推理本身却始终是正确的推理,如同算术始终是一门确定不移、颠扑不破的艺学一样。但任何一个人或一定数目的人的推理都不能构成确定不移的标准,正如一种计算并不因为有许多人一致赞同就是算得正确一样。因此,在计算中如果发生争论时,有关双方就必须自动把一个仲裁人或裁定人的推理当成正确的推理。这人的裁决双方都要遵从,否则他们就必然会争论不休而动手打起来，或者是由于没有天生的正确推理而成为悬案。所有各种辩论情形也都是这样。有时一些人认为自己比所有其他人都聪明，喧嚷着要用正确的推理来进行裁定；但他们所追求的却只是不能根据别人的推理来决定事情，而只能根据他们自己的推理来决定；这在人类社会上，就像打桥牌时定了王牌之后，每一回都把他们手里最长的那一副牌来当王牌一样，令人不能容忍。他们所做的，只是当自己的每一种激情在他们身上取得支配地位时就拿来当成正确的推理，从而在他们自己的争论之中由于自称正确而暴露出他们缺乏正确的理性。

推理的用处和目的，不是去找出一个或少数几个跟名词的原始定义和确定含义相去很远的结论的总和与真理，而是从这些定义和确定含义开始，由一个结论推到另一个结论。因为最后的结论，在其自身据以推论出来的一切断言和否定不确定时，不可能是确定的。正像一个家长算账一样，如果他只是结算所有开支账单上的总数，而不管每一张账单的算账人是怎样算出总数来的，也不管付钱买来的东西是什么；他这样做，等于一揽子地把账目整个接受下来，完全相信每一个算账人的技术和诚实是不会给他带来任何好处的。在所有其他事物的推理中也是这样。一个人如果信赖作者，把结论接受下来，而不从每一次计算的原始账目中去取得（这些原始账目就是由定义确定下来的名词含义）；这样他便也像那位家长一样，白费了气力而不会知道任何东西，只能盲信他人而已。

在个别的事物中，推理是可以不用语词进行的。比如我们见到某一事物后，推论它前面所出现的事物是什么，或后面将随着出现什么事物时,情形便是这样。一个人像这样进行推理时,如果他认为可能出现于后的并没有随着出现,而他认为可能出现于前的也没有在前面出现,便叫做发生了错误,这种错误甚至连最谨慎的人也在所难免。但如果我们用一般意义的语词推理而得出一个虚假的一般推论,人们虽然也通称之为错误,实际上却是荒谬或无意义的语言。因为错误只是在假定过去或未来的事物时所发生的迷误。这种事物虽然在过去不存在或在未来没有出现,但却找不出不可能的地方。然而当我们作出一个一般的断言时,那就除非它是真确的,否则其可能性便是无法想象的。那些除了声音外什么也想象不出的语词便是所谓的谬论、无意义或无稽之词。因此,如果有人向我大谈其"圆四角形"、"干酪具有面包的偶性"、"非实质的实体"、"自由臣民"、"自由意志"或不受反对阻挠的自由以外的任何自由时,我都不会说他是发生了错误,而说他的言辞毫无意义,也就是荒谬。

在前面第二章中我已经讲过,人类有一种优于其他动物的能力,这就是当他想象任何事物时,往往会探询其结果,以及可以用它得出什么效果。现在我要补充这一优越性的下一阶段,也就是通过语词将自己所发现的结果变成被称为定理或准则的一般法则。换句话说,他不但能在数字方面推理或计算,而且还能在所有其他可以相加减的事物方面进行推理或计算。

但这种特点却又由于另一种特点而变得逊色,那便是荒谬言辞。这种特点任何其他动物都没有,只有人类才有;而人们之中这种言辞最多的则是教哲学的人。西塞罗在某个地方谈到他们时所说的话再真确也没有了,他说:天下事没有一件是荒谬到在哲学家的书籍里找不出来的。道理很明显,因为他们进行推理时,没有一个是从所用的名词的定义或解释开始的。这种方法只有在几何学中才运用了,其结论也因此而成为无可争辩的。

1.造成荒谬结论的第一种原因,我认为是不讲究方法。在这种情形下,他们的推理不是从定义开始,也就是说,不是从他们的语词的既定意义开始的,就好像他们可以不知道数词一、二、三的值而能算账一样。

所有的物体都可以由于我在前一章中所提到的各种不同的考虑而列入计算。这些考虑既有种种不同的名称,于是在用这些混乱而又联系不恰当的名词来构成论断时便产生了种种不同的荒谬言辞。这样便出现了第二种原因:

2.荒谬断言的第二个原因,我认为是将物体的名词赋予了偶性,或是将偶性的名词赋予了物体。有人说"信仰被灌入或吹入时便是这样",其实除开物体以外没有任何东西可以被灌入或被吹入任何另一种东西。还有人说:"广延就是物体"、"幻影就是精灵"等等也都是这样。

3.我认为第三种原因是把我们身外物体的偶性的名词赋予我们本身的偶性。有人说:"颜色存在于物体之中"、"声音存在于空气之中"等等便是这样。

4.第四种原因是将物体的名词赋予名词或语言。有人说"有些事物是普遍的"、"一个生物是一个种属或一个普遍的东西"等等便是这样。

5.第五种原因是把偶性的名词赋予名词或语言。有人说:"一种事物的性质就是它的定义"、"一个人的命令就是他的意志"等等便是这样。

6.第六种原因是用隐喻、比喻或其他修辞学上的譬喻而不用正式的语词。比方在日常谈话中我们虽然可以合法地说:这条路走到,或通到这里、那里;格言说这个、说那个等等;其实路本身根本不可能走,格言本身也不可能说。但在进行计算或探寻真理时,这种说法是不能容许的。

7.第七种原因是无意义的名词,这些都是用死背的方式从经院学派学来的,例如两位共体①、体位转化②、体位同化③、永恒的现在以及其他经院哲学家的类似流行语都是。

能避免这一切的人,除非是计算太长,否则是不容易陷入任何荒谬之中的;在计算太长时,他可能把前面的东西忘了。因为根据天性说来,所有的人都能同样地推理。而在他们具有良好的原则时,便能很好地推理。试问谁又会笨到一个程度,以致在几何里面弄出错误来以后,有人给他看出错误时,还要坚持错误呢?

根据这一切,显然可以看出,理性不像感觉和记忆那样是与生俱来的,也不像慎虑那样单纯是从经验中得来的,而是通过辛勤努力得来的。其步骤首先是恰当地用名词,其次是从基本元素——名词起,到把一个名词和另一个名词连接起来组成断言为止这一过程中,使用一种良好而又有条不紊的方法;然后再形成三段论

---

① 意指基督的神位与人位共体;亦指被假定为真实存在的观念存在。——译注
② 意指圣餐中面包与酒转化为基督的血与肉,亦指实体转化,但哲学上一般认为实体无所谓转化。——译注
③ 意指圣餐中基督的血与肉实际存在于面包和酒里,与上说不同,亦指实体同化。哲学上一般也认为实体无所谓同化。——译注

证,即一个断言与另一个断言的联合,直到我们获得有关问题所属名词的全部结论为止。这就是人们所谓的学识。感觉和记忆只是关于事实的知识,这是木已成舟不可改变的东西。学识则是关于结果以及一个事实与另一个事实之间的依存关系的知识。通过学识,我们就可以根据目前所能做的事情,推知在自己愿意的时候,怎样做其他的事情,或者怎样在其他的时候做类似的事情;因为当我们看到某一事物是怎样发生的、由于什么原因以及在什么方式之下产生的以后,当类似的原因处于我们能力范围内时,我们就知道怎样使它产生类似的结果。

因此,儿童在不会运用语言以前,是不能推理的,然而却被称为理性动物,因为他们将来显然会能够运用推理。大部分成年人虽然也稍微会一些推理,如在一定程度内进行计数,但在日常生活中却没有多大用处,在这方面,根据经验、记忆的敏捷以及对若干种目的的倾向等方面的不同,他们在管理自己的事情上,有的好些,有的坏些。尤其还要看运气的好坏以及相互间发生的错误而定。至于谈到学识方面,或者他们某些行为的准则方面,他们则与之相差太远,以致根本不知道那是怎么一回事。几何学他们认为是鬼画桃符;至于其他学识,有人是既未发蒙、也未稍事精进,不知道这些学问是怎么产生和得来的;他们在这一点上就像小孩一样,对于人是怎样生出来的完全莫名其妙,于是妇妪们便让他们相信,他们的兄弟姊妹不是生出来的,而是园子里捡来的。

然而没有学识的人,凭借他们的自然慎虑,情况还是比较好,也比较高尚的;更糟的是有些人由于自己推理错误,或由于信赖进行错误推理的人,而堕入了虚假和荒谬的一般法则。因为不懂得原因和法则虽然也使人误入歧途,但其程度与那些信赖虚假的法则,把相反的原因当作自己热心追求的东西的人相比起来,则远远不是那么严重。

总结起来说:人类的心灵之光就是清晰的语词,但首先要用严格的定义去检验,清除它的含混意义;推理就是步伐,学识的增长就是道路,而人类的利益则是目标。反之,隐喻、无意义和含糊不清的语词则像是鬼火,根据这种语词推理就等于在无数的谬论中迷走,其结局是争斗、叛乱或屈辱。

积累许多经验就是慎虑,同样的道理,积累许多学识就是学问。一般对于两者虽然都只用智慧这一个字来表示,但拉丁人对于慎虑和学问却始终是加区别的,他们把前者归于经验,把后者归于学识。为了使他们的区别更加清楚起见,我们不妨假定一个人天生十分善用武器,并且用法也十分熟练;另一人则除开熟练之外,还学得一门学识,知道在一切可能的姿势中,从哪里进攻敌手或被敌手进攻,从哪里防御。前者的能力对于后者而言,就相当于慎虑对学问的关系。两者都有用处,但后者是万无一失的。而只相信书本的权威、闭着眼睛跟着瞎子跑的人就像是信赖击剑师的虚假法则的人一样,他冒冒失失地冲向敌人,要不是被敌人杀死,就是名誉扫地。

学识的证据有些是肯定而不致有误的,有些则不肯定。如果一个人自称对任何一种事物具有学识而又能传授这种学识,也就是能清晰地对其他人说明其中的真谛,那便是肯定的。如果只有某些特殊事情和他自称具有的学识相符,而且他所说的必然要出现的情形,在许多时候也证明是这样的话,那便是不肯定的。所有慎虑的证据都是不肯定的。因为要通过经验观察，并记忆所有对事情成败有影响的条件是不可能的。但在没有万无一失的学识可循的任何事务中，一个人如果放弃天生的判断力不用，而只把权威作家例外重重的普泛词句当作指南，那便是愚蠢的证明，一般都被嘲笑为迂腐。即便那些在共和国的议会中喜欢炫耀政治与历史学识的人中，除了极少数人外在私事上都是足够慎虑的，他们在有关切身利害的家事中，也很少人会像那样炫学。但在公事方面，他们考虑得更多的却是自己才智的声誉，而不是他人事务的成败。

第六章 论自觉运动的内在开端——（通称激情）；以及表示这些开端的术语

动物有两种特有的运动。一种被称为生命运动，从出生起就开始，而且终生不间断；如血液的流通、脉搏、呼吸、消化、营养、排泄等过程便属于这一类。这种运动无需构想帮助。另一种运动是动物运动，又称为自觉运动；按照首先在心中想好的方式行走、说话、移动肢体等便属于这类运动。感觉是人类身体的器官和内在部分中的运动，是由我们所看到或听到的事物的作用引起的。幻象是这类运动在感觉之后所留下的痕迹。这两点在第一章和第二章中已经讲过了。因为行走、说话等自觉运动始终要取决于事先出现的有关"往哪里去"、"走哪条路"和"讲什么话"等的想法，所以构想映象便显然是自觉运动最初的内在开端。当被驱动的东西看不见，或其运动的空间由于太小而无法感知时，无知的人虽然想象不到那里有任何运动存在，却并不妨碍这种运动的实际存在。因为空间即令是小得不能再小,这个小空间也是被驱动的东西移经的较大空间的一部分,它首先必须移经这较小空间。人体中这种运动的微小开端,在没有表现为行走、说话、挥击等等可见的动作以前,一般称之为意向。

当这种意向是朝向引起它的某种事物时,就称为欲望或愿望。后者是一般名词,而前者则往往只限于指对食物的欲望——饥与渴。而当意向避离某种事物时,一般就称之为嫌恶。欲望和嫌恶,这两个名词都来自拉丁文,两者所指的都是运动,一个是接近,另一个是退避。希腊文的这两个字意义也是这样,一个是接近,另一个是退避。自然本身确乎往往是在把某些真理推给人们,事后人们如果超乎自然限度之外去寻求什么东西时,他们就会在这些真理上摔一跤。经院学派在单纯的行走或运动的欲望中完全没有发现实际运动存在,但他们又必须承认其中有某种运动,于是便把这种运动称为隐喻式的行动。其实这不过是一种荒谬的说法,因为语词虽然可以称为隐喻式的,物体和运动却无法称为隐喻式的。

人们所欲求的东西也称为他们所爱的东西,而嫌恶的东西则称为他们所憎的东西。因此,爱与欲望便是一回事,只是欲望指的始终是对象不存在时的情形,而爱则最常见的说法是指对象存在时的情形。同样的道理,嫌恶所指的是对象不存在,而憎所指的则是对象存在时的情形。

欲望与嫌恶有些是与生俱来的,如食物的欲望、排泄和排除的欲望,以及其他几种不多的欲望都是;后二者也可以称为对体内所感到的某种事物的嫌恶,这样称呼更恰当。其余的欲望则是对具体事物的欲望,是由于经验而来的,是由于本人或其他人尝试其效果而来的。因为我们对于自己完全不知道的事物或相信不会有的事物，除开进行尝试以外便不可能有更多的欲望。然而嫌恶则不但是对自己知道曾经有损于本身的事物可以具有，而且对于不知道是否有损于我们的事物也可以具有。

既不欲求又不憎恨谓之轻视；轻视就是心在抵抗某些事物的作用中的无动或不驯从状态；产生这种状态的原因是心已经由于其他更有力的事物而他移，或是由于对被轻视的事物缺乏经验。

由于人体的结构经常不断地在变化中，所以同一类事物便不可能全都在同一个人身上永远引起同一类欲望和嫌恶；而所有的人对任何一个单一对象都具有相同的欲望就更不可能了。

任何人的欲望的对象就他本人说来，他都称为善，而憎恶或嫌恶的对象则称为恶；轻视的对象则称为无价值和无足轻重。因为善、恶和可轻视状况等语词的用法从来就是和使用者相关的，任何事物都不可能单纯地、绝对地是这样。也不可能从对象本身的本质之中得出任何善恶的共同准则，这种准则，在没有国家的地方，只能从各人自己身上得出，有国家存在的地方，则是从代表国家的人身上得出的；也可能是从争议双方同意选定，并以其裁决作为有关事物的准则的仲裁人身上得出的。

拉丁文有两个字的意义接近于善与恶，但却不是完全相同，那便是美与丑。前一个字指的是某种表面迹象预示其为善的事物，后一个字则是指预示其为恶的事物。但我们的语言中，还没有这样普遍的字来表达这两种意义。关于美，在某些事物方面我们称之为姣美，在另一些事物方面则称之为美丽、壮美、漂亮、体面、清秀、可爱等等；至于丑，则称为恶浊、畸陋、难看、卑污、极度可厌等等,用法看问题的需要而定。这一切的语词用得恰当时,所指的都只是预示善或恶的外表。所以善便有三种,一种是预期希望方面的善,谓之美;一种是效果方面的善,就像所欲求的目的那样,谓之令人高兴;还有一种是手段方面的善,谓之有效、有利。恶也有三种,一种是预期希望方面的恶,谓之丑;一种是效果和目的方面的恶,谓之麻烦令人不快或讨厌;一种是手段方面的恶,谓之无益、无利或有害。

正如我在前面所说的,在感觉方面,真正存在于我们体内的,只是外在对象的作用所引起的运动。从外表上说来,在视觉方面,这就是光和颜色;在听觉方面,这就是声音;在嗅觉方面,这就是气味,其余不一一列举。因此,当同一对象的作用,从眼睛、耳朵和其他器官继续内传到心时,其所产生的实际效果只是运动或意向,此外再也没有其他东西可言。这种运动或意向,就是朝向或避离发生运动的对象的欲望或嫌恶。而这种运动的表象或感觉,就是我们所谓的愉快或不愉快心理。

这种被称为欲望的运动,从其表象方面说来就是高兴或愉快,它看来是生命运动的一种加强和辅助。所以引起高兴的事物,由于辅助或加强生命运动而被恰当的称为高兴和辅助;相反的事物则由于阻挠和干扰生命运动而被称为不高兴和烦恼。

这样说来,愉快或高兴便是善的表象或感觉,不高兴或烦恼便是恶的表象或感觉。因此,一切欲望和爱好都多少伴随出现一些高兴,而一切憎恨或嫌恶则多少伴随出现一些不愉快和烦恼。

愉快或高兴有些是由于现实对象的感觉而产生的,可以称为感觉的愉快。("肉欲"一词,由于完全用于贬义,在成为法律以前

第六章 论自觉运动的内在开端——(通称激情);……

是没有使用余地的。)这一类的愉快,包括一切身体的添增与排除①;此外还包括视觉、听觉、嗅觉、味觉和触觉方面的一切愉快事物。另一些愉快则是由于对事物的结局或终结的预见所引起的预期而产生的,不论这些事物在感觉上愉快或不愉快都一样。这类的愉快便是得出这类结论的人的心理愉快,一般称为快乐。同样的情形,不愉快有些是感觉方面的,被称为痛苦;另一些则是对结果的预期方面的,被称为悲伤。

这些被称为欲望、爱好、爱情、嫌恶、憎恨、快乐和悲伤等等单纯的激情,在不同的考虑下,名词也不同。第一,当它们一个接着另一个出现时,便会随着人们对于达到其欲望的可能性的看法而有不同的名称;第二,它们也会由于被爱好或被憎恨的对象而有不同的名称;第三是由于许多激情总在一起考虑,第四则是由于变动或连续状态本身。

当人们具有能达成的看法时,欲望就称为希望。

同样,不具有这种看法时就称为失望。

当人们具有对象将造成伤害的看法时,嫌恶就称为畏惧。

同样具有通过抵抗免除伤害的希望时就称为勇气。

突然上来的勇气称为愤怒。

常存的希望称为自信。

常存的失望就是不自信。

当我们看到他人遭受巨大伤害,并认为是强暴行为所造成的,因而产生的愤怒就称为义愤。

---

① 霍布斯的特殊用语,意指进食与消食。——译注

希望他人好的欲望称为仁慈、善意或慈爱；这种欲望如果是对人类普遍存在的，便称为善良的天性。

对财富的欲望称为贪婪。这一名词永远用于贬责的意义，因为竞求财富的人，在别人取得财富时，是不痛快的。虽然这种欲望本身究竟应当加以谴责，还是可以容许，要看追求财富的方法而定。

地位或优先权的欲望就是野心。这一名词也由于上述理由而用于坏的意义。

对达成目的无大助益的事物的欲望，以及对妨害不大的事物的畏惧，都称为怯懦。

对小助益和小妨害的轻视就称为豪迈。

在死亡或受伤的危机下所表现的豪迈就称勇敢或刚毅。

在财富的使用上所表现的豪迈就称为大方。

在同样卑微情况下表现出来的怯懦，根据是否被人喜欢，而称为可怜或寒酸。

为了交往相处而对人产生的爱称为亲切。

单纯为了愉悦感官而产生的对人的爱称为自然的情欲。

回味、构想过去的愉快而对人产生的爱称为咏味。

专爱一人而又想专其爱的爱情谓之爱的激情。

同样，爱具有施爱而不见答的畏惧心理时，谓之嫉妒。

施害他人，使之谴责自己所做的某种事情的欲望谓之报复。

想要知道为什么及怎么样的欲望谓之好奇心。这种欲望只有人才有，所以人之有别于其他动物还不止是由于他有理性，而且还由于他有这种独特的激情。其他动物身上，对食物的欲望以及其他感觉的愉快占支配地位，使之不注意探知原因。这是一种心灵的欲念，由于对不断和不知疲倦地增加知识坚持不懈地感到快乐，所以便超过了短暂而强烈的肉体愉快。

头脑中假想出的，或根据公开认可的传说构想出的对于不可见的力量的畏惧谓之宗教。

所根据的如果不是公开认可的传说，便是迷信。

当所想象的力量真正如我们所想象的一样时，便是真正的宗教。

不理解原因或状况的畏惧谓之恐慌。据传说这种畏惧是由牧神盘制造出来的，所以便有这一名称。其实，最初发生这种畏惧的人，对于原因总是有一些理解的，只是其余的人一个个都认为旁人知道为什么，于是跟着别人一哄而散罢了。因此，这种激情只存在于一群乌合之众或一大群人中。

因对新奇事物的理解而产生的快乐，称为欣羡，这只有人类才有。因为它激起探知原因的欲望。

因构想自己的权势与能力而产生的快乐就是所谓自荣的欣喜心情。这种心情所根据的，如果是自己以往行为的经验，便与自信相同。但如果仅是根据他人的谀词，或仅是自己假想一套以自得其乐，便是虚荣。这一名称起得很恰当，因为有根据的自信可以产生努力，而自认为有权力则不能，于是称为"虚"就很正确了。

自认为缺乏权力而产生的悲伤谓之沮丧。

假想或自以为具有明明知道在自己身上不存在的能力的虚荣心理是青年人最容易产生的，而且受到英雄人物的历史和故事的助长，这种心理往往会由于年龄和工作而得到纠正。

骤发的自荣是造成笑这种面相的激情，这种现象要不是由于使自己感到高兴的某种本身骤发的动作造成的，便是由于知道别人有什么缺陷，相比之下自己骤然给自己喝彩而造成的。最容易产生这种情形的人，是知道自己能力最小的人。这种人不得不找别人的缺陷以便自我宠爱。因此，多笑别人的缺陷，便是怯懦的征象。因为伟大的人物的本分之一，就是帮助别人，使之免于耻笑，并且只把自己和最贤能的人去相比较。

相反地，骤发的沮丧则是引起哭的激情。这是由于骤然失去一心希望的东西或力量的后盾等意外情形所造成的，主要依靠外界帮助的人，如妇女或儿童等最容易发生这种情形。因此，有人是由于失去友人而哭，有人是由于友人凶暴而哭，还有的人则是由于报复的思想在和解下突然受阻而哭。但在所有这些情形下，笑和哭都是骤发的动作，习惯之后就全都消失了。因为没有人会因为老掉牙的笑话而笑，也没有人会因为过去的灾难而哭。

发现能力上的某种缺陷而悲伤谓之羞愧，也就是表现为赧颜的激情。这种情绪在于理解到有某种不体面的事情存在。在青年人身上，这便是喜爱名誉的征象，是值得称道的。在老年人身上也是同样的征象，但由于来得太晚，所以便不值得称道了。

蔑视名誉谓之厚颜。为他人的苦难而悲伤谓之怜悯，这是想象类似的苦难可能降临在自己身上而引起的，因之便也称为共感，用现代的话来说便是同情。这样说来，对于巨恶元凶所遭受的灾祸，最贤良的人对它最少怜悯。同样，那些认为自己最少可能遭受这种灾难的人，对之也最少怜悯。

轻视他人的灾难或无动于衷，人们称之为残忍，这是由于自己的幸福有保障而产生的。因为任何人对别人的大灾难感到幸灾乐祸，而又不是出于自身其他目的的人，我认为是不可能的。

由于竞争者在财富、名誉或其他好事方面取得成功而感到忧愁，同时又奋力自强以图与对方相匹敌或超过对方，就谓之竞赛；但如果同时力图排挤和妨碍对方，则谓之嫉妒。

一个人心中对某一事物的欲望、嫌恶、希望与畏惧如果交替出现，做或不做这桩事情的各种好坏结果在思想中接连出现，以致有时想望这一事物、有时嫌恶这一事物；有时希望能做，有时又感到失望或害怕尝试；那么一直到这一事物完成或被认为不可能时为止这一过程中的一切欲望、嫌恶、希望和畏惧的总和，便是我们所谓的斟酌。

这样说来，对过去的事物便无所谓斟酌，因它显然已经无法更动了。明知不可能的事情，或被认为不可能的事情也不会有斟酌，因为人们知道或认为这种斟酌是没有用的。但有些不可能的事情被我们认为有可能时，由于不知道这样做没有用处，倒可能斟酌。它之所以被称为斟酌，是因为它使我们不再有自由根据自己的欲望或嫌恶来做或不做某一事物。

这种欲望、嫌恶、希望、畏惧的交相接替的现象，在其他动物身上正和人类身上一样存在；因之兽类便也有斟酌。

当被斟酌的事物已经完成，或已被认为不可能时，任何斟酌便都可谓终止了，因为直到这时以前，我们一直保持着根据自己的欲望或嫌恶去做或不做该事物的自由。

在斟酌之中，直接与行动或不行动相连的最后那种欲望或反感，便是我们所谓的意志。它是意愿的行为，而不是意愿的能力。

兽类具有斟酌，便必然也具有意志。经院学派通常为意志提供的定义是理性的欲望，这个定义不好。因为如果是这样的话，便没有会违背理性的自愿行为了。因为自愿的行为不是别的，而是从意志中产生的行为。但如果我们不说它是合理的欲望，而说它是从前一斟酌中产生出来的欲望，那么定义就会和我在这儿所提出的一样。因此，意志便是斟酌中的最后一个欲望。在一般的讨论中，我们虽然说某人曾经一度有志于做某事，然而又没有做，不过恰当地说，这只是一种倾向，它并不能使任何行为成为自愿的；原因是行为并不取决于它，而只取决于最后的倾向或欲望。如果中途发生的欲望能使任何行为成为自愿的；那么根据同样的理由，一切中途发生的嫌恶便会使同一行为成为非自愿的。这样一来，同一行为便会成为既是自愿的又是非自愿的了。

根据以上所说的就可以显然看出，由于贪婪、野心、情欲或对该事物的其他欲望而开始的行为固然是自愿的行为，由于嫌恶或因惧怕不采取行动的后果而开始的行动也是自愿的行为。

表达激情的语言形式和表达思想的语言形式有一部分相同，有一部分不同。首先，一般说来，所有的激情都可以用直叙式的语言来表达。如"我爱"、"我怕"、"我快乐"、"我斟酌"、"我愿意"、"我命令"等等。但其中有些有其本身特有的表达方式。除非是它们在用来表达本身所根据的激情以外，还用来作出其他推论。否则这种方式便不是断言。斟酌还用假定式的语言来表达。这种表达方式的正式用法是表示假定及其结论，例如："如果做好这一点，那么这一点就会随着出现"等等。这和推理的语言没有区别，只是推理所用的是一般性语词，而斟酌则绝大部分用特定语词。欲望与嫌恶所用语言是命令式的。如"做这个"、"不许做那个"等等。如果对方势在必行或必止，便是命令，否则便是祈求、要不然就是商酌。虚荣、义愤、怜悯和报复等所用的语言则是希求式的。但求知的欲望却有特殊的表达方式，称为疑问式。例如："这是什么？"、"什么时候会？"、"怎样做的？"、"为什么这样？"等等。此外我便没有发现过其他有关激情的语言了；因为诅咒、发誓、辱骂等等并不能像语言那样表达意义，只不过是舌头习惯的动作而已。

我认为这些语言的形式是激情的表达或其自觉的表达，而不是确定的征象。因为运用的人不论有这种激情与否，都可以任意武断地使用。现实激情最好的迹象在于面容、身体的运动、行动以及我们通过其他方式知道这人具有的目的或目标。

由于在斟酌中，欲望与嫌恶是预见了被斟酌的行为的好坏结果与其序列所引起的，其好坏效果需取决于对一个长的结果之链的预见，这种结果之链很少有人能看到尽头。但就一个人所能见到的范围说来，如果这些结果中善多于恶，那么整个的链便是著作家们所谓的表现的或外观的善。反之，当恶超过善时，整个的链便称为表观或外观的恶。因此，由于经验或推理而对于结果具有最远大和最可靠的预见的人本身最善于斟酌。如果他愿意时，也能为旁人提出最好的意见。

一个人对于时常想望的事物能不断取得成功，也就是不断处于繁荣昌盛状态时，就是人们所谓的福祉，我所说的是指今生之福。因为心灵永恒的宁静在今世是不存在的。原因是生活本身就是一种运动，不可能没有欲望，也不可能没有畏惧，正如同不可能没有感觉一样。至于上帝赐予虔诚信神的人的福，据说一个人只要一理解立刻就已经在享受了。这种快乐就像经院哲学家所谓的至福直观一词一样是无法理解的。

人们称述任何事物的善的语言形式谓之赞美；称述其威力与伟大的形式则谓之推尊；表达自己认为某人有福的看法的形式，希腊人称为 μακαρισμός，我们自己的语言中还没有一个与之相当的词。对于目前说来，关于激情的问题，以上所说的已经很充分了。

第七章 论讨论的终结或决断

受求知欲控制的一切讨论，不论是达成了还是放弃了，最后都有一个终结。在讨论的环节之链中，不论是在哪儿中断，中断之时也有一个终结。

这种讨论如果仅仅是心理讨论，那它就是由有关某一事物将存在或将不存在、或者是已存在或尚未存在的思想交替出现而构成的。所以不论你在哪里打断他的讨论之链，给他留下的便是：某事物将存在或将不存在，或者是已存在或尚未存在的假定。这一切都是意见。关于善与恶的斟酌中所存在的是交替出现的欲望，关于过去与未来的真理的探讨中所存在的则是交替出现的意见。正如同斟酌中最后的欲望称为意志一样，过去与未来的真理的探讨中最后的意见就称为讨论者的判断、决断或最后断定。正像在善恶问题方面交替出现的欲望所形成的整个的一连串称为斟酌一样，在真假问题方面交替出现的意见所形成的整个的一连串就称为怀疑。

不论任何讨论都不可能以对过去或未来事实的绝对知识为其

第七章　论讨论的终结或决断

终结。因为有关事实的知识在根源上是感觉,而此后则都是记忆。至于我在前面所说的有关序列的知识则称为学识,这也不是绝对的,而是有条件的。任何人都不可能通过讨论,知道这一事物或那一事物已经存在或将要存在,而这就是绝对地知道。他所能知道的只是:如果这一事物存在,那一事物便也会存在;如果这一事物已经存在,那一事物便也已经存在;如果这一事物将要存在,那一事物便也将存在等等;而这就是有条件地知道。他知道的不是一种事物与另一事物相连所形成的序列,而只是同一事物的一个名词与另一个名词所形成的序列。

因此,当讨论发为语言,并从语词的定义开始,然后将语词的定义连接起来形成一般的断言,再由断言而形成三段论法时,其终结或最后的总和就称为结论。这种结论所表达的思维便是一般称为学识的有条件的知识,或关于语词序列的知识。如果这种讨论最初的基础不是定义,或者定义没有正确地连成三段论证时,其终结或结论便仍然是意见。它是有关谈到的事物的真实状况的意见,虽然所说的话有时是无法理解的荒谬和无意义的语词也是这样。如果两个或更多的人知道了同一桩事实时,便称为互相意识到这一事实,这就等于是共同知道这一事实。由于这种人对于彼此或第三方面的事情都是最好的见证人,所以古往今来最为声名狼藉的恶行便是违背良知意识说话,或是威胁利诱别人这样做;因为良知的要求历来都是人们所凛遵的。后来人们在比喻的意义下,把这个字用于对于自己的私房事或私房思想的认识;所以喜欢用辞藻的人便说良心是众目睽睽的见证人。最后,还有些人执爱本身的新奇意见,不顾其绝顶荒谬,顽固不化地加以坚持;还给自己的这些意见也加上良知意识这一神圣崇高的名称,就好像叫人认为改变或反对这些意见等于犯法一样;他们装作知道这些意见是真确的,其实充其量他们也不过是知道自己认为如此而已。

当一个人的讨论不从定义开始时,那么他要不是从自己的另一种想法开始,便是从另外一个人的话开始,他对这人认识真理的能力以及不行欺诈的正直胸怀都没有怀疑。在前一种情形下仍然称为意见。在后一种情形下,讨论关涉到事情方面的少,而关涉到人的方面多,其决断称为相信和信任。所谓信任是指人而言;而相信则同时涉及人和他所说的话的真实性。因此,"相信"一词之中便包含着两种看法,一种是对这人所说的话的看法,另一种是对这人的品德的看法。信任或信赖相信某人,所指的是同一回事,也就是认为某人诚实的意见。但相信所说的话则只是指关于这一段话是否真实的意见。但应当指出的是"我信"一语,除开在神人著作中,是从来不用的,拉丁文中的相信和希腊文中的信也是这样。在其他著作中都代之以"我相信他"、"我信靠他"、"我信任他"、"我信赖他"等语。在拉丁文中则为相信他、信任他;在希腊文中为相信。教会方面对这种语词的特殊用法,使人们对基督教信仰的正确对象问题发生了许多争论。

但宗教信条方面的"信"所指的不是对人的信赖,而是指教义的明证信仰和确认信仰。因为不但是基督徒、而且连各种各样的人在信神时,都是无论理解与否,完全相信自己听到的神所说的一切是真理。对于任何一个人说来,他所能享有的信任和信赖也就只能止于此而已,但这些人也并不全都是相信信条的教义的。

根据以上所说的,我们就可以作出以下的推论:当我们相信任何说法真确时，所根据的论点如果不是来自事物本身或自然理性的原理，而只是来自说话的人的权威以及自己对他的推崇，那么，我们相信或信靠的便是说话的这个人，我们信任的对象便是他所说出而又被我们接受的话，崇信之荣也就是专归他一人了。因此，当我们没有得到上帝直接的启示，而认为圣经是上帝自己的话时，我们所相信、信任和信赖的便是教会，我们接受并默认的是教会的说法。相信先知以上帝之名对自己所说的话的人，所接受的便是先知的话，所尊敬的也是先知；有关他所说的话是否真实的问题，相信和信赖的也是他，不论他是一个真先知还是一个假先知都一样。在所有其他历史方面，情形也是这样。因为假定我全不相信历史学家所写的有关亚历山大和恺撒的光荣事迹，那么亚历山大和恺撒如果有灵的话，也没有任何正当的理由感到受了冒犯；除开历史家本身之外，其他任何人都没有理由这样。如果李维说上帝有一次使牛作人言，而我们不相信，那么，我们在这一问题上并没有不相信上帝，而只是不相信李维。因此就可以显然看出，当我们相信任何事物时，如果所根据的理由只是作者及其著作的权威，那就无论他们是否是上帝派来的，都只是对这些人的信任而已。

第八章 论一般所谓的智慧之德以及其反面的缺陷

在所有各类事物中，美德一般说来就是以出类拔萃而见贵之物，存在于比较之中。因为如果所有的人的一切都轩轾不分，那就没有可贵的东西了。所谓智慧之德，我们所理解的永远是为人所称道、珍视并希望自身具有的心理能力,通称为良好的智慧;只是智慧这一语词也被用来专指某一种能力,以示有别于其余。

这样的德共分两类,一类是自然的,另一类是习得的。所谓自然的并不是指与生俱来的,因为那就只会是感觉了。在这方面,人与人之间差异很小,而且和禽兽也相去不远,不能视之为德。我所讲的是不用培养、教导和专门的方法,只由习用和经验得来的智慧。这种自然的智慧主要之点有二:第一是构想敏捷,也就是一种思想和另一种思想紧相连接;第二是对准既定目标方向稳定。与此相反,构想缓慢就形成一种心理缺点,一般称之为迟钝或愚笨,有时则用其他意指运动迟缓或难于推动的词来表示。

这种迟速之别,是由于人们的激情不同而产生的,也就是由于爱憎各有不同而产生的。其结果,某些人的思想就驰于一途,而有些人则驰于另一途。继续坚持下去,对于通过构想映象的事物便有不同的看法。在这种思维的连续中,对所思考的事物能观察的只有以下几点:(1)在哪方面相似;(2)在哪方面不相似;(3)有何作用;(4)怎样发生作用。这些相似方面,如果别人很少看到,那么能看到的人就谓之具有良好的智慧,在这种情况下,所指的就是良好的想象。见到其异点与差别谓之在事物之间作出区别、识别与判别;在不容易识别出来的情形下,能够办到的人就谓之具有良好的判别;特别是在谈话与办事中,时间、地点和人物是要加以识别的。这种德就称为明辨。前者(即想象)如不辅以判断,不能誉之为德,而后者(即判断与明辨)则无需得助于想象,本身就值得推崇。除了具有为良好的想象所必需的对时间、地点与人的明辨以外,人们还必需经常把自己的思想应用于其目标,也就是要经常想到它们的某种用途。这一点做到之后，具有这种品德的人就能很容易地掌握许多比喻材料，使他不但会由于在议论中提出大量例证，并用新颖而恰当的隐喻加以美化使人喜闻乐见，同时还会由于心裁独出、罕与伦比而令人倾倒。但如果不能保持对某种目标的恒定方向，长于幻想就是一种狂态了；有些人不论在任何讨论中，思想上每出现一种事物就老是使他们脱离目标、一再岔入旁文、喋喋不休、说话芜杂断续，以至完全莫知所云，那种人就属于这种情形。这种愚拙之事据我所知还没有特别的名称。但其原因有时是缺乏经验，在这种情形下，旁人以为没有什么新奇的地方，他们却会以为新奇；还有的时候原因是卑微琐屑，在这种情形下，旁人以为毫不足道的事，他们却认为了不得。他们认为津津乐道的新奇而重大的事物，会使他们在讨论中渐渐地离题失旨。

在诗歌佳作中，不论是史诗还是剧诗，想象与判断必须兼备，但前者必须更为突出，十四行诗、讽刺诗等也是这样。因为这类文字是以富丽堂皇悦人的，但却不应当以轻率而使人见恶。

历史良籍则必须以判断见长。因为这种著作的好处就在于方法、在于真实、在于所选事件最宜于为人所知。想象在这方面除开修饰文辞以外是不能用的。

在称颂或贬斥的讲词中，占主要地位的是想象。因为这里的目标不是真实情况，而是通过高贵或卑污的比较进行褒贬。判断只能提示什么条件使一种行为成为可赞扬的或可贬斥的。

在劝告或请求中，如果是真情对所具有的目的最为有用，则最需要的是判断；如果是伪饰最为有用，则最需要想象。

论证、商酌以及所有探求真理的严肃文字中，一切都要由判断完成，只是有时要用一些恰当的比喻来启发理解，想象力也就只能在这个时候发挥这么大的作用。但隐喻在这种情况下却完全不能用，这种文辞既然明明出于虚构，把它用于商讨或推理就显然是愚笨了。

不论在任何讨论中，如果明辨显然有缺陷，那么想象不论怎样奔放横溢，整个的讨论都会被人看成缺乏智慧的迹象；而在明辨形于言表时，则想象不论怎样平庸，都绝不致如此。

人们隐秘的思想是无所不包的，无论是神圣的、亵渎的、圣洁的、淫秽的、庄重的、轻佻的事，莫不尽有，既没有羞愧，也没有谴责。宣之于口时，则不能超出判断所能许可的时间、地点和人物。解剖学家或医师可以谈论或写作他们对于污秽之事的判断；因为这是为了于人有利，而不是取悦于人。但如果另一个人在同一事物上大放厥词、驰骋其愉快的想象，那就像是失足污泥之中的人去见贵客一样，其间的差别只在于缺乏明辨。在心境轻松的情况下与熟友闲谈时，一个人不妨玩弄一下字音的把戏、用一用语意双关的字眼，许多时候还可以比赛一下谁的想象奇特。但在布道时，在公开场合下、在陌生人面前或在应当尊敬的人面前，玩弄同音字就没有不被认为是愚笨的，其间的区别也只在于欠缺慎思明辨。所以缺乏智慧并不是缺乏想象，而是缺乏明辨。这样说来，有判断而无想象可以成为智慧，有想象而无判断则不能。

当一个有谋划在胸的人考虑了大量事物以后，如果观察出了这些事物怎样有助于他的谋划，或是对于哪一种计划有用，而其观察又属难能鲜见时，那么他的智慧就称为慎虑。这种智慧有赖于大量的经验以及对类似事物与其后果的记忆。在这方面人与人之

第八章　论一般所谓的智慧之德以及其反面的缺陷

间的差别不如想象和判断方面那样大，因为年龄相等的人经验的多少不会相差很远；其差别在于情况不同，因而各人都有他自己的打算。善于治家和善于治国并不是程度不同的两种慎虑，而是两种不同的事情；正像小于原物、等于原物和大于原物的绘画不是程度不同的艺术一样。一个普通农民对于自己的家务比一个枢密大臣对旁人的家务更能深谋远虑。

如果在慎虑之外，又加上不公正或不诚实的手段，就像恐惧或贫困往往促使人们去干的那样，那就是所谓狡诈的邪恶智慧，这是一种怯懦的象征。因为豪迈就是对不公正或不诚实的帮助的蔑视。拉丁文中的便宜手段译成英文是权宜之计，也就是为了规避眼前的危险和障碍而陷入更大的危险和障碍，正像抢劫一个人来偿付另一个人的债时，只是行使了一种近视的狡诈办法一样。这种情形称为便宜办法，是根据 Versura 一字而来的，意思就是以高利借钱偿还眼前的利息。

至于获得的智慧，我所指的是通过专门的方法和教导获得的智慧，这方面只有推理一项。推理所根据的是语言的正确运用，所产生的是学识。但关于推理和学识，我在第五章和第六章中已经说过了。

智慧的这种差异的原因在于激情，而激情的差异则一部分是由于体质不同，另一部分是由于教养有别而来的。因为如果这种差异是由于大脑或内在与外在感觉器官的性质不同而来的，那么人们在视觉、听觉或其他感觉方面的差别就会不下于想象和明辨了。因此，它是从激情中产生的。激情本身不但会由于人们的体质结构不同而异，同时也会由于习惯与教养不同而有别。

最能引起智慧差异的激情主要是程度不同的权势欲、财富欲、知识欲和名誉欲。这几种欲望可以总括为第一种欲望,也就是权势欲;因为财富、知识和荣誉不过是几种不同的权势而已。

因此,一个人如果对以上种种没有很大的热情,而是抱着一般所说的无所谓的态度;那么他虽然不失为好人,可以不开罪于世,但却不可能具有很大的想象或很多的判断。因为思想对于欲望说来,就像斥候或侦探一样,四出窥探,以发现通向所希望的事物的道路。一切心理运动的稳定和敏捷性都是由这里产生的。正如没有欲望就是死亡,于是激情淡薄就是愚钝。对每一事物都抱着无所谓、漠不关心的情绪,便是轻浮和精神涣散,而对任何一种事物的激情比旁人一般的情形更强和更激烈,便是所谓的癫狂。

因此,癫狂的种类便几乎和激情本身的种类一样多。有时过分而非常的激情是来自身体器官的结构不良或受了伤害,而有时器官受伤或不健康又是由于激情过盛或持续过久而造成的。但在这两种情形之下,癫狂都属于同一种性质。

过盛、过久而产生癫狂的激情要不是极度虚荣,便是心情极度沮丧,前者一般称为骄傲及自负。

傲骄使人易怒,过分时就形成一种癫狂,称为大怒或狂怒。因之,报复的欲望过分而且成为习惯时,就会伤及器官而成为大怒。爱情过分再加上嫉妒,也会成为大怒。一个人在天生灵感、智慧、学识、外表等方面自视过高,便会形成精神涣散和轻浮,再加上嫉妒就会成为大怒。对任何事物的真理的意见过分强烈,遇到别人反对时,也会成为大怒。

沮丧使人发生无原因的畏惧,这便是通称为抑郁的癫狂。其

第八章 论一般所谓的智慧之德以及其反面的缺陷

表现方式也有种种不同，诸如常去荒野、墓地、具有迷信行为以及有些人怕这种东西、有些人怕那种东西等等。

总之，产生奇异和反常行为的一切激情都总称为癫狂。至于癫狂的种类，只要肯下功夫，就可以数出一大批来。如果激情过分就是癫狂，那么毫无疑问，激情本身有坏的倾向时，便是各种程度不同的癫狂了。

举一个例来说：在自以为受到神的启示而且对这种看法着了迷的一群人当中，其愚行的效果常常不能通过这种激情在一个人身上所产生的任何十分过分的行为看出来。但当他们许多人聚谋时，整个一群人的怒狂就十分明显了。如果对我们最好的朋友吼叫、打击、扔石头，那还有什么事情更能说明疯狂状态呢？但这还远比不上那样一群人所能做出的事。他们对于以往一辈子都受其保护、免于伤害的人，也能发出鼓噪，加以打击和杀害。如果这是一群人的狂态，那么在每一个具体人身上便也是这样。因为一个人在海中虽然听不到身旁的水的声音，但他却十分肯定，这一部分水正和同等分量的任何其他部分一样，对构成海涛怒吼是起同等作用的。同样的道理，在一两个人身上虽感觉不出很大的骚动不宁来，但我们却可以确信，他们各自的激情是整个一个发生动乱的国家中煽动性喧嚣的构成部分。如果没有任何其他东西流露他们的疯狂情绪，那么他们狂妄地冒称具有这种神的启示便是十足的证明。如果疯人院里有一个人和你娓娓清谈，条理井然；告别时你想知道他是什么人，以便下次回访，他竟告诉你他是上帝圣父，我想你就无需再等待狂妄过激的行为来说明他的疯狂了。

这种神的启示的看法一般通称为秘启精神。经常是由于幸运地发现了旁人一般通犯的错误而来的。他们由于不知道或忘记了通过怎样一种推理过程得出了这样一种独特的真理（自信如此，其实许多时候他们所见到的往往是非真理），于是马上便沾沾自喜，以为得到了全能的上帝特别的眷顾，通过圣灵以超自然的方式向他们启示了这样一种真理。

狂态不过是激情表露过甚，这一点从酒的效果上也可以推论出来，这种效果和器官失调的效果相同。因为饮酒过量的人的各种行为正和疯狂的人相同。有些人狂怒，有些人狂爱，有些人则狂笑；全都是循着当时支配他们的种种不同的激情狂放地表露出来。因为酒的效果取消了一切伪装，使他们看不到自己激情的丑陋。我相信一个最清醒的人，在悠闲自在、无忧无虑地独自散步时，也是不会愿意让人公开看到他们思想上的浮夸和狂放的；这就等于是坦白地承认，不受规范的激情大部分就是癫狂。

古往今来，世界上关于癫狂的原因的看法共有两种。有些人认为是由激情产生的，另一些人则认为是或善或恶的鬼或精灵造成的，他们认为这种鬼或精灵会进入人体、缠附其身，使他的器官像疯人一般常见的情形一样，发生奇特而怪异的运动。所以前一种人便把这种人称为疯人，而后一种人则有时把他们称为幽灵附体的人，有时又称之为邪气发作的人。在意大利，这种人现在不仅是被称为疯人，而且也被称为幽灵附体的人。

某次希腊城市阿布德拉在一个极热的天气里聚众观看悲剧安德罗米达①。这时有许多观众都发起烧来，这种意外情况是由于

---

① 希腊神话中的埃塞俄比亚的公主，其母因自称比海中神女更美丽而激怒海神

第八章 论一般所谓的智慧之德以及其反面的缺陷

天气热和悲剧的效果共同造成的。这些人旁的全不干,光是把帕修斯和安德罗米达的名字连成长短句念诵,直到冬天来临时,发烧和这种狂态才平息下去。当时人们认为这种癫狂状态是由于悲剧在人们心中印下的激情造成的。还有另一个希腊城市也曾发作过一阵类似的癫狂,那次发癫的只有少女,使其中许多人都自缢而死。当时大多数人认为是妖魔作怪。但有一个人怀疑她们的轻生之见可能是由于心灵的某种激情而产生的,并认为她们不会连自己的名誉也不管不顾;于是便向当政者献策,把自缢的人剥光衣服,赤裸裸地挂在外面示众。据说这样一来就把那种狂态治好了。但另一方面,同是这些希腊人却往往把癫狂症归因于愤怒女神优门妮戴斯①作怪,有时又归因于农神息利斯或光明之神费保斯②以及其他神。那些人当时非常相信这是由于幻象造成的,以致认为它们是无形活体,一般都称之为精灵。罗马人在这方面和希腊人的看法相同,犹太人也是这样;因为他们称疯人为先知,或根据他们认为幽灵是善是恶而把疯人称为幽灵附体的人。其中有些人把先知和幽灵附体的人都称为疯人,有些人则把同一个人既称为幽灵附体的人,又称为疯人。对非犹太人的异教徒说来,这种看法是没有什么可奇怪的,因为健康与疾病、恶行与美德以及许多自然的

波赛顿。于是波赛顿便派遣海妖到该国去作乱,只有牺牲公主才能使他息怒。于是公主安德罗米达便被弃置在岩石上任其死去。后来被帕修斯所救,并与之结婚。——译注

① 希腊神话中复仇或愤怒女神的爱称,意思是爱好的女神,在一般的说法中共有三神,名为米吉拉(嫉妒)、泰息丰妮(报血仇之神)和阿勒克托(不断追捕)。她们追捕罪人,使之发疯,并使之在地狱里受苦。——译注

② 即阿波罗。——译注

偶性他们都称之为命运之神而加以敬拜。所以当时人们便把命运之神看成是一种魔鬼，有时也把疟疾看成是魔鬼。但犹太人具有这种看法就有些奇怪了。因为摩西和亚伯拉罕都不曾自称是因幽灵附体而发出预言，而只说是得自上帝的声音，或得自异象与梦境。在摩西的律法、道德、仪典之中，也没有任何东西教导犹太人说有任何这种激情状态或神附鬼缠之说。人们说上帝从摩西身上取灵分与七十长老（见《民数记》第 xi 章，第 25 节）时，上帝的灵（可认为是上帝的实体）并未分割。圣经上所谓在某人身上的圣灵，所指的就是这人倾向于神性的灵。《出埃及记》第 xxviii 章第 3 节说"我用智慧的灵所充满的、给亚伦作衣服"，这话的意思并不是放进他们身中的灵可以作衣服，而是他们自己在这种工作方面的灵的智慧可以作衣服。在同样的意义下，当人们的灵产生卑污行为时，一般就称之为不洁之灵，其他的灵也是这样；情形虽然不永远如此，但当所称的德或恶非同寻常时，则是这样。旧约中的其他先知也没有自称为神灵所附或上帝在他们体内说话的，而只说上帝以声音、异象或梦境启示他们。所以降圣灵便不是附体而是命令。那么犹太人又怎么会陷入这种鬼神附体的看法中去的呢？除开所有人共有的原因以外，我还想不出其他理由；也就是说，他们缺乏穷究自然原因的好奇心；并且把幸福看作是取得卑陋的肉体之乐以及那些最能直接导致这种快乐的东西。因为发现某人心灵具有任何奇异或不寻常的能力或缺陷的人，除非是同时看出了可能的原因是什么，否则就很难认为这是自然的；如果不是自然的，他们就一定会认为是超自然的；这样说来，要不是神或魔附体又是什么呢？因此，以往就会出现这样的情形：当我们的救世主被

第八章 论一般所谓的智慧之德以及其反面的缺陷

一群人围住了时（见《马可福音》第 iii 章，第 21 节），他的亲属怀疑他疯了，出来就要拉住他。但一个文士却说他是被比西卜①附住了，又说他是靠鬼王赶鬼，意思似乎是大疯人慑服了小疯人。其中还有些人则说：（见《约翰福音》第 x 章，第 20 节）"他是被鬼附着、所以疯了"；而另外一些认为他是一个先知的人则说，"这不是鬼附之人所说的话。"因此，在《旧约》中，给耶户施膏礼②的人虽是一个先知（《列王记下》第 ix 章，第 21 节），但却有一些人向耶户说："这狂妄的人来见你有什么事呢？"总而言之，我们可以显然看出，任何人行为异常时，犹太人都认为是有善鬼灵或恶灵附身。唯有撒都该人③不这样看。他们却在相反的方面背离得很远，以致不相信有任何精灵，这种看法十分接近于直截了当的无神论。因此，当他们把这种人不称为幽灵附体的人，而称为疯人时，也许就更加使人激怒了。

那么救主基督为人医病的时候又为什么把他们看成是鬼附了体、而不把他们看成是疯了呢？关于这一点，我所能提出的答复只是对于那些以同样方式提出圣经反对地动说的人的答复。圣经之作只是向人昭示天国，并使他们准备好做上帝忠顺的子民。至于世界及其哲学则让世人去争论，以便锻炼他们的自然理性。不论白昼与黑夜究竟是由于地球转动造成的，还是由太阳的转动造成的；也不论人们的异常行为是由激情产生的，还是魔鬼造成的，因而使我们便不敬魔鬼；这一切对于我们臣服于全能的主说来完全

---

① 撒旦的别称。这类的名称很多，常被用来称呼较小的神鬼。——译注
② 古代封王时要行膏礼，方式是将油涂在被封的人头上。——译注
③ 犹太教的一派，否认复活、来世、灵魂及天使的存在。——译注

没有区别，而圣经之作却只是为了这一点。至于我们的救世主对疾病讲话就像对人讲话一样的问题，基督所讲的话只是像那些光靠口中念诵来治病的人一般所用的词句。念咒子的人不论是不是对鬼说话，表面上总是要这样做的。不是说耶稣还曾斥责过风么（见《马太福音》第 viii 章，第 26 节）？他岂不是还曾斥责过热病么（见《路加福音》第 iv 章，第 39 节）？但这并不能说明热病就是一种鬼。据说许多魔鬼还曾向基督忏悔。其实这些地方无需另作解释，而只需要解释为那些疯人向他忏悔。耶稣还曾讲到（《马太福音》第 xii 章，第 43 节）一个污鬼离了人身，在无水之地转来转去，寻求安歇之处，却找不着；于是便回到原先那个人那里去，另外还带了七个比自己更恶的鬼去。这显然是一个比喻，讲的是那人稍作努力捐弃情欲后，又被情欲征服了，并且变得比以前更坏了七倍。所以我在圣经里并看不出有任何东西要求我们相信魔鬼附体的人不是疯人而是别的什么。

  有些人在谈论中还有一种毛病也可以列为一种癫狂，那便是我在前面第五章中称之为荒谬的语词滥用。也就是说，当人们说这种话时，连在一起来看根本就没有什么意义。有些人用这类的语词只是由于误解了自己死背下来的话；另一些人则是有意想用晦涩的话来欺骗世人。发生这种情形的人，只有那些谈论不可理解的问题的经院哲学家或谈论玄妙难懂的哲学问题的人。普通人很少会讲无意义的话，因此他们便被那些卓越的人物认为是愚夫。为了确证他们的话在自己心中根本没有相应的根据，还必须举几个例子来看。任何人如果感到有必要的话，不妨找一个经院哲学家来试试，看他是不是能把有关诸如三位体、神性、基督的本质、体位转化、自由意志这类难题的任何一章翻译成任何一种现代语言，使人能懂；或是把它翻译成生活在拉丁文已经通俗化的时代的人所熟习的任何还算过得去的拉丁文。请看下面这些话究竟有什么意义呢："第一因不一定会由于第二因的本质依附而将任何东西流入第二因，它将通过这种依附来帮助它发生作用？"这就是萨勒兹氏《论上帝的神助、运动与协助》①一书第一编第六章的题目的翻译。当人们连篇累牍地写些这样的东西时，他们难道不是发了疯或者想使人家发疯吗？尤其是在体位转化问题方面，他们说了几句开场白之后接着就说：白色性、圆形性、量值、性质、可腐化性等等无形体的东西从圣餐面包中出来进入我们神圣的救世主身中。像这样说，他们岂不是要把这许多"性"、"值"、"质"等等当成缠附耶稣圣体的许多鬼吗？因为他们所谓的鬼永远是指没有形体、然而又能从一个地方转移到另一个地方的东西。所以这类的荒谬言辞可以列为各种癫疯之一而不会失当。他们除了神智清醒的短时间外，凡是受清晰的尘世欲望的想法支配的时候，就会容忍这样的讨论或写作。关于智慧的品德与缺陷就讨论到这里为止。

第九章　论各种知识的主题

知识共分两种，一种是关于事实的知识，另一种是关于断言间

---

① concourse 一字指第一因流人第二因，特指神学中人类堕落前由于上帝的帮助而免于本罪的说法。——译注

推理的知识。前一种知识就是感觉和记忆,是绝对的知识。例如当我们看见某一事物正在进行时所得到的知识,或是回想已完成的事物所得到的知识就是这类的知识。要求证于人的也就是这类的知识。后一种知识被称为学识,是有条件的知识。例如当我们知道"如果所示图形为一圆形,那么通过它的中心点所作的任何直线都会将其分成两等份"时所具有的知识就是这种知识,要求于以推理自命的哲学家的知识也就是这种知识。

关于事实的知识记录下来就称为历史,共分两类:一类是自然史(博物志),这就是不以人的意志为转移的自然事实或结果的历史,如金属史、植物史、动物史、区域地久史等等都属于这一类,另一类历史是人文史,也就是国家人群的自觉行为的历史。

学识的记载是包含断言推理之论证的书籍,一般称为哲学书籍,由于所论事物不同而有许多种。

第十章 论权势、身价、地位、尊重及资格

人的权势普遍讲来就是一个人取得某种未来具体利益的现有手段,一种是原始的,另一种是获得的。

自然权势(原始权势)就是身心官能的优越性,如与众不同的膂力、仪容、慎虑、技艺、口才、慷慨大度和高贵的出身等等都是。获得的权势则是来自上述诸种优越性或来自幸运,并以之作为取得更多优势的手段或工具的权势,如财富、名誉、朋友以及上帝暗中的神助(即人们所谓的好运)等都是。在这方面权势的性质就像

第十章　论权势、身价、地位、尊重及资格

名誉一样，愈发展愈大；也像重物体的运动，愈走得远愈快。

人类权势中最大的，是大多数人根据自愿同意的原则联合起来，把自身的权势总合在一个自然人或社会法人身上的权势；这种自然人或法人有时是根据自己的意志运用全体的权势，如国家的权势等就是这样；有时则是根据各分子的意志运用，如党派或不同党派的联盟就是这样。因此，拥有仆人是权势、拥有朋友也是权势，因为这些都是联合起来的力量。

同样，财富与慷慨大度相结合也是权势，因为这样可以获得朋友和仆人。没有慷慨大度就不然了，因为在这种情形下财富不能保护人，只能受嫉妒而成为被人掠夺的对象。

具有权力的声誉也是一种权势，因为它可以吸引需要保护的人前来皈附。

举国爱戴（亦称得民心）的声誉也是这样，理由与以上相同。

使一个人受到许多人爱戴或畏惧的任何品质或其声誉都是权势，因为这是获得许多人帮助或服务的手段。

成功是权势，因为它可以造成才智或幸运的声誉，使人们不是惧怕他就是依赖他。

当权的人和蔼可亲是权势的增进，因为它可以博得爱戴。

在平时或战时做事精明慎重的声誉是权势，因为我们愿意把自己的管理付托给谨慎的人，而不愿付托给别人。

高贵的出身是权势，但不是在所有的地方都如此，而只是在这种出身具有特权的国家才如此。因为他们的权势就存在于这些特权之中。

口才是权势，因为它是外观的慎虑。

仪容是权势，因为它征兆着善，使妇人与陌生人见爱。

学识是一种微小的权势，因为它在任何人身上都不是很显著，因而也不易被人公认；而且除开在少数人身上以外，连小权势都不是，在这些人身上也只限于少数事物。因为学问的本质规定它除开造诣很深的人以外就很少有人能知道它。

公共事业的技艺，如修筑城堡、制造兵器与其他战争武器的技艺，由于有助于国防与战争胜利，所以便是权势。虽然产生这一切的母亲是一种学术——数学，但由于它们要通过艺人之手才见之于世，世人把接生婆当成产妇了，所以便认为这一切都是由艺人产生的。

人的·价·值·或·身·价正像所有其他东西的价值一样就是他的价格；也就是使用他的力量时，将付与他多少。因之，身价便不是绝对的，而要取决于旁人的需要与评价。善于带兵的人在战时或战争危机紧迫时价格极高，但在平时则不然。学识渊博、廉洁奉公的法官在平时身价极高，在战时就未免逊色。对人来说，也和对其他事物一样，决定行市价格的不是卖者而是买者。即使让一个人（像许多人所做的那样），尽量把自己的身价抬高，但他们真正的价值却不能超过旁人的估价。

互相评价的表示一般称为尊重或轻视。高度评价一个人就是尊重，低度评价则为轻视。但这儿所谓的高低，要以对于一个人对于自己的估价来理解。

一个人在公众中的身价，也就是国家赋予他们的身价，一般称之为地位。这种国家赋予的身价要通过发号施令、裁断诉讼、公共职务等职位来估定，或者是通过专为显示这种身价的称号或名义来估定。

为任何事务而求助于某人就是尊重他,因为这就说明我们认为他有帮助别人的力量。帮助的事情愈困难,尊重就愈大。

服从就是尊重,因为一个人如果认为别人没有力量帮助或伤害自己,就不会服从他。因此,不服从就是轻视。

馈与厚礼就是尊重,因为这是要购求他的保障,并承认他有权势。赠与微物就是轻视,因为这不过是略施小惠,说明自己认为,所需要者只是些小的帮助而已。

尽心为人谋福利就是尊重,阿谀逢迎也是这样,因为这说明我们在寻求他的保障或帮助,反之,无视其福利则是轻视。

在任何便宜事情上对人退让就是尊重,因为这就是承认对方的权势超过自己;反之,擅越占取则是轻视。

对人显示爱或畏惧的任何迹象都是尊重,因为爱或畏惧就是高度评价。轻蔑或爱惧不及所期望的程度便是轻视,因为这是评价不足。

颂扬、推崇或称道其福祉都是尊重,因为除开善、权势和福以外就没有受推崇的东西了。反之,诟骂、嘲笑或怜悯则是轻视。

以尊敬的态度说话或谦恭有礼地对人就是尊重,因为这说明唯恐有所冒犯。反之,以粗鲁的态度说话,以猥亵、孟浪或无礼冒失的方式行事则是轻视。

相信、信靠和信赖他人就是尊重,因为这说明自己重视他的品德和权势。反之,不相信和不信任则是轻视。

倾听对方的任何一种意见或议论就是尊重,因为这说明我们认为对方有卓见、口才或聪明机智。反之,打瞌睡、走开或乱扯就是轻视。

对别人做他以为尊敬或法律与习惯视为尊敬的事就是尊重，因为尊重众人的尊敬，就是承认众人所承认的权势。反之，拒绝这样做就是轻视。

同意别人的意见就是尊重，因为这说明我们赞同他的判断和卓识。反之，不同意则是轻视，和对其错误的谴责；如果不同意的事情很多，那就是谴责他的愚笨了。

仿效就是尊重，因为这就是深表赞同。反之，仿效某人的仇敌，则是轻视他。

尊重别人所尊重的人，就是尊重他本人，因为这说明我们赞成他的判断。反之，尊重他的仇敌，则是轻视他。

和别人商量或请别人解决困难就是尊重，因为这说明我们推崇他的卓识或其他权势。在同样的情形下，如果别人要求帮助，而我们加以拒绝，则是轻视。

所有这些尊重的方式都是自然的，不论是在一个国家之内或在一个国家之外都是一样。但在君主或其他握有最高权力者可以随意把任何事物订为尊重的象征的国家中，便还有其他尊荣的方式存在。

国家的君主用自己当成示宠标志的任何称号、职位、任用或行为来荣宠臣民。

波斯国王对末底改①表示尊荣时，叫他穿上王服、骑上御马、

---

① 波斯王亚哈随鲁的犹太王后以斯帖的叔父和保护人。以斯帖曾因得主宠而挽救犹太民族，文中所说的事见旧约《以斯帖记》第 vi 章，第 9 节。——译注

第十章　论权势、身价、地位、尊重及资格

带上王冠、前面有一个王子开路，遍行街上，并一路上宣告说："王所喜悦尊荣的人就如此待他。"但另一个波斯国王（也可能就是这位国王在另一个时候）遇到一个因功请穿王服的人时，让他穿了之后，却加上一句，说他是作为国王的弄臣来穿王服的，因之便成为一种贬责。所以世俗的荣宠来源于国家的人格，取决于君主的意志；因之便是尘世的，并称为世俗尊荣，如官爵、职位、封号以及某些地方的盾饰和彩袍等都属于这一类，人们把具有这类东西的人认为是多具国宠象征而加以尊敬，这种国宠就是权势。

一切能成为权势的象征和证明的所有物、行为或品质都是令人尊重的事物。

因此，受到许多人的尊敬、爱戴或畏惧便是令人尊重的人，因为这说明了他的权势。很少人或没有人尊敬的便是不令人尊重的人。

统治地位和胜利是令人尊重的，因为这是以权势获得的，迫不得已或出于畏惧而接受的奴役地位则是不令人尊重的。

幸运如果持久的话便是令人尊重的，因为这是神宠的象征。厄运和损失则是不令人尊重的。财富是令人尊重的，因为这就是权势。贫穷则是不令人尊重的。慷慨、大方、希望、勇敢、自信都是令人尊重的，因为它们都来自权势的意识；怯懦、吝啬、畏惧、不自信则是不令人尊重的。

当机立断是令人尊重的，因为这就是藐视微小的困难和危险。犹豫不决则是不令人尊重的，因为这说明对小利小害重视过多。因为当一个人在时间所能允许的限度内长时间权衡事物而不能决断时，那种利害分量的差别就只会是很小的；因此，如果他不能作出决断,那就是过分重视小事,而过分重视小事就是怯懦。

一切出自或看来是出自丰富的经验、学识、明辨或智慧的行为和言辞都是令人尊重的,因为这些都是权势;出自错误、无知或愚蠢的行为或言辞则是不令人尊重的。

沉着如果看来是由于内心别有所思而来的,则是令人尊重的,因为有所用心就是权势的象征;如果看来是故作沉着,那就是不令人尊重的。因为前一种沉着就像是船满载商品而形成的稳重,而后一种沉着则像是船用砂或其他破烂压舱而形成的稳重。

由于财富、职位、伟大的行为或任何杰出的善而闻名,也就是以此而为人所知,则是令人尊重的,因为这是他因之闻名的权势的表现。相反地,湮没无闻则是不令人尊重的。

出自望族是令人尊重的,因为这种人更容易获得先人庇荫和世交。相反地,出身寒门则是不令人尊重的。

出于主持公道而又蒙受损失的行为是令人尊重的,这就是豪迈的象征,而豪迈则是权势的象征。反之,狡诈、蒙骗、不讲公道则是不令人尊重的。

贪得巨富或热衷声名是令人尊重的,因为这是获得这一切的权势的象征。贪得些微之物、热衷细小的升迁则是不令人尊重的。

行为只要是伟大而艰巨的、因而成为巨大权势的象征时,就是令人尊重的,合乎正义与否并不足以改变这一点。原因是尊重只在于权势的推崇。就是由于这一点,古代异教徒在诗中描述诸神的淫、盗及其他奇伟而不义或淫秽行为时,不以为是不尊敬神而以

第十章 论权势、身价、地位、尊重及资格

为正是大大地尊敬神。于是周比特神①最足称道的便是私通淫奔之迹,而墨丘里②之见崇则在于其欺诈与盗窃。荷马在一首称颂他的赞美诗中,对他最伟大的颂扬,就是说他早晨出生、中午发明了音乐,而晚上就从阿波罗③的牧人那里偷走了牛羊。

在大型国家形成以前,人们并不以为海陆行劫是不体面的,反而认为是一种正当的职业,这不但是希腊人如此,所有其他民族都是一样,这一点古代历史说明得很清楚。今天在我们的国家里,私人决斗虽然是非法的,但却是荣誉的;除非有一天正式规定,拒绝决斗的人光荣,而挑起决斗可耻,否则将来会永远如此。因为决斗在许多时候也是出于勇敢,而勇敢的基础则始终是膂力与武术,这些都是权势。当然在大多数时候,决斗却是由于出言不逊,以及决斗的一方或双方怕丢脸而造成的。他们鲁莽性发而不能自持,终于被驱使进行决斗以免有损体面。

世袭的盾饰和纹章,在其具有任何与众不同的特权那些地方,便是令人尊重的,否则就不是,因为它们的权势在于这些特权、财富或在其他人身上同样受到尊重的东西。这种尊荣一般称为门第之荣;来自古日耳曼人,因为没有日耳曼风俗存在的地方就从来没有任何这类东西存在,而日耳曼人没有住过的地方,目前也没有一处通用这种东西。古代希腊将领赴战时,都根据自己所喜爱的形

---

① 罗马民族的最高之神,据说就是奥林匹亚的宙斯神,他是天的统治者、国家的保卫者和人类的裁判者。——译注
② 罗马的商业之神,据说就是希腊的赫米斯。——译注
③ 奥林匹亚光明之神,位仅次于宙斯,是人类的友神,音乐、诗歌、预言的保护者和牧群的保护神,发怒时使人暴死并发生瘟疫。——译注

式将盾牌上画一些花纹；原因是没有画花纹的圆盾是贫穷和普通士兵身份的象征；这种盾牌并不世袭下传。罗马人的家族标志是传袭的，但这种标志是祖先的形象，而不是祖先的纹章。亚洲、非洲和美洲的民族中自来就没有任何这类东西。这种风俗只有日耳曼人才有。英国、法国、西班牙、意大利诸地则是在他们大批出动去帮助罗马人征服或自己去征服这些西方地区时，从他们那里接受过来的。

因为日耳曼地区在古时，也像所有其他地区一样，起初是由无数的小领主或族长割据，彼此征战不已。这些族长或领主，主要是为了自己披甲戴盔时可以被士卒认识，还有一部分原因则是为了装饰，不但把他们的甲胄、盾牌或战袍画上一些野兽等等的图形，同时还在盔顶上加上突出易见的标志。这种甲胄和盔顶上的装饰后来传之于子孙，嫡长如其式，庶幼则略加变化，由族长决定。但当许多这样的家族连成一个大王国时，族长区分盾饰纹章的职责就成了一种独立的非官方职掌。这些领主的后裔就成了古豪门贵族。他们大部分都用勇猛而掠夺成性的动物作征记，或是用城堡、墙垒、带绶、武器、栅栏以及其他战争标志作征记，因为当时尊崇的只有武德。后来不但是国王而且连民主国家也对出征或凯旋的人颁发各种不同的盾饰纹章，作为他们战功的鼓励或酬劳。关于这一切，细心的读者在古代希腊、罗马史籍中提及当时日耳曼民族及其风俗习惯的地方都可以看到。

公爵、伯爵、侯爵、男爵等封号都是令人尊重的，因为这表示了国家主权者赋予他们的身价。这些封号在古时都是职位或管辖权的名称，有些来自罗马人，有些来自日耳曼人与法国人。公爵

第十章 论权势、身价、地位、尊重及资格

在拉丁文中是 Duces，原指战争中的将军。伯爵则是 Comites，原指因友谊伴随将军出征、并留下来治理和防守被征服及平息地区的人。侯爵为 Marchiones，意即管辖帝国边疆的伯爵。公爵、伯爵和侯爵等称号大约在君士坦丁大帝时传入罗马帝国，这是从日耳曼国民兵的风俗中取来的。至于男爵则似乎是一个高卢封号，原指大人，如国王或王子在战争中随身带用的人都是。这字的来源似乎是先从拉丁文士兵(Vir)一字变成 Ber 或 Bar(后面两个字在高卢文中的意义和拉丁文的 Vir 相同)，再从 Ber 和 Bar 变成 Bero 和 Baro，所以这种人便称为 Berons，后改为 Barons(男爵)，在西班牙人中则称为 Varons。想知道封号源流详情的人，可以到锡尔顿先生在这一问题方面最杰出的著作中去找，而我就是这样找来的。经过一个时期以后，这些尊荣的职位，由于造成战乱，为了维持优良承平的统治起见，都变成了虚衔，大部分都用来区别一国中臣民地位的先后和顺序。公爵、伯爵、侯爵、男爵封赐后既不能占有其地，也不能管辖该区，为了同一目的，后来还添设了其他一些封号。

资格既和身价有所不同，它也有别于一个人的优点，或美德。它取决于一个人当之无愧的某种特殊能力。这种特殊能力一般称为胜任性或才能。

因为最有资格当将帅、当法官、担任任何其他职务的人，是最具有能良好地执行这些职务所需的品质的人。最有资格当富翁的人，则是具有善用财富所最需要的品质的人。缺乏任何这种品质时，一个人仍然能成为有资格的人，在其他事物方面有价值。同时，一个人可以有资格具有财富、职位和被任用，然而却不能要求

有权优先于他人获得，因之也就不能称为应当获得。因为应当就事先假定了一种权利，应当获得的东西是由于允诺而成为其应得之分的。这一点在我谈到契约时还要更详细地讨论。

第十一章　论品行的差异

这儿所谓的品行指的不是行为端正有礼，如怎样对人行礼、在旁人面前怎样漱口、怎样剔牙等等细枝末节，而是指有关在团结与和平中共同生活的人类品质。为了这一目的，我们要认识到，今生的幸福不在于心满意足而不求上进。旧道德哲学家所说的那种极终的目的和最高的善根本不存在。欲望终止的人，和感觉与映象停顿的人同样无法生活下去。幸福就是欲望从一个目标到另一个目标不断地发展，达到前一个目标不过是为后一个目标铺平道路。所以如此的原因在于，人类欲望的目的不是在一顷间享受一次就完了，而是要永远确保达到未来欲望的道路。因此，所有的人的自愿行为和倾向便不但是要求得满意的生活，而且要保证这种生活，所不同者只是方式有别而已。这种方式上的差异，一部分是由于不同的人激情各有不同，另一部分则是由于各人对于产生所想望的效果的原因具有不同的认识或看法。

因此，我首先作为全人类共有的普遍倾向提出来的便是，得其一思其二、死而后已、永无休止的权势欲。造成这种情形的原因，并不永远是人们得陇望蜀，希望获得比现已取得的快乐还要更大的快乐，也不是他不满足于一般的权势，而是因为他不事多求就会连现有的权势以及取得美好生活的手段也保不住。因此，

第十一章　论品行的差异

权势至尊的君王便要在国内致力于通过法律、在国外致力于通过战争来保持其权势。办到这一点之后，新的欲望又随之而起。有些人是为求新辟疆土之名，有些人是为求安逸和肉体之乐，还有些人则希望在某些艺术或智能方面出类拔萃，以博得人们的赞扬或阿谀。

财富、荣誉、统治权或其他权势的竞争，使人倾向于争斗、敌对和战争。因为竞争的一方达成其欲望的方式就是杀害、征服、排挤、驱逐另一方。特别是赞誉的竞争使人倾向于厚古而薄今。因为人与生者竞而不与死者争，对死者赋予过当之誉，就可以使生者之荣相形逊色。

追求安逸与肉欲之乐的欲望使人服从一个共同的权力。因为有了这种欲望之后，人们就会放弃那种通过自身勤奋努力可望获得的保障。畏死惧伤也使人产生同样的倾向，其理由也相同。反之，贫困、倔强的人则对他们的现状不满。热衷于兵权的人也是一样，他们都倾向于继续保持造成战争的原因，并为此而挑起事端，制造叛乱。因为战功之荣，除征战以外是无法获得的，而要挽回败局，除了卷土重来，也别无希望。

爱知识以及承平之世的艺术的欲望也使人倾向于服从一个共同的权力，因为这种欲望包含着安闲的欲望，因之也就使人想求得他人权力保障。

好赞誉使人对自己尊重其判断的人作出称颂的行为。因为受到我们轻视的人，其赞誉也不为我们所重。爱身后之名的欲望也有同样的作用。尘世之誉，作为乐事而言，在死后要不是被淹没于天堂上难以言喻的乐趣之中，便会由于地狱极度的痛苦而被消灭，对于一个人说来是没有意义的。但这种声誉却绝非虚设，因为人们从预见这种声誉并预见其后裔将由此而获益之中，就可以感到一种眼前的快慰。这种事情目前虽无法见到，但却可以构想，在感觉方面成为乐事的，在构想映象方面也是乐事。

从自己认为是同等地位的人处获得难望报偿的厚惠，使人表面上敬爱，而实际上则隐恨在心。这就像是使他处于一个绝望的欠债人的状况，由于不愿意见到他的债主，暗地里希望他去到一个再也见不着的地方。因为恩惠使人感恩，感恩就是羁轭，无法报偿的感恩就是永世无法摆脱的羁轭。这对一个同等地位的人说来是令人生恨的。但从我们认为是尊辈的人方面受惠则使人生敬爱之情，因为这时感恩已经不是新的压力，而是愉快的接受。愉快的接受就是人们所谓的感激，这对感恩者说来是这样一种尊荣，以致一般都把它认为就是一种报答。恩惠虽来自平辈或地位较低的人，只要有希望报偿就使人生爱；因为在受惠者心目中，这种感恩是一种相互的帮助和服务，于是就产生一种在施惠上互相超过的竞争。这是一种最高贵和最有益的竞争，它使胜利者对自己的胜利感到高兴，而对方所受到的报复则是承认这一点。

加害他人超过其所能或所愿弥补的程度，将使害人者恨受害者，因为他必须预料到的，不是报复便是怜宥，这两者都是令人生恨的事。

受压迫的恐惧使人先下手或结群以相助。因为除此之外，人们就没有保全性命与自由的方法了。

不自信其智敏的人在动乱中比自以为聪明或有权术的人更能获得胜利。因为后者喜欢商量计议，而前者则将由于怕上圈套而

第十一章　论品行的差异

先下手。动乱中始终在战区内结集并利用部队的一切有利条件的战略,比任何智谋所能策划出的都强。

虚荣心强而又不自以为能力高,但却喜欢假想自己英俊豪侠的人,往往只是虚张声势,而不实际动手,因为一旦出现危险或困难时,他们所能指望的,就只是暴露自己的无能而已。

这种人如果仅从别人的阿谀,或侥幸成功的前事来估计自己的能力,而不能从对自己的真正认识中找出成功希望的可靠根据时,往往会鲁莽行事;而当危险或困难一旦来临时则只要有可能就退却。他们因为找不到安全的道路,于是便宁可拿名誉来冒险,而不愿让生命受危;名誉可以找一个借口来挽救,生命则是任何办法都无以挽救的。

在政治事务方面坚决自信其智慧的人是会有野心的。因为不在议会或行政方面任公职,具有智慧的荣誉就会失去。这样说来,言谈侃侃的人都偏于有野心,原因是口才在他们自己和别人看来都是智慧。

怯懦往往使人犹疑不决而坐失行动的良机。如果一个人遇事斟酌,到采取行动的时刻临近时还看不清怎样做最好,那便说明采用哪种方式在动机上的差别并不大。因此,这时还不决定便是掂斤播两的计较琐事而坐失时机,而这就是怯懦。

节俭在穷人虽然是美德,但却使人不适于完成需要许多人的力量来一起完成的事。因为他们的努力要用报酬来哺育和保持活跃,而这样则减弱了他们的努力。

有口才而又善于逢迎,就会使人相信这人,因为前者是假象的智慧,而后者则是假象的仁爱。如果再加上善于用兵之名,就会使人们去归附和服从具有这两种品质的人，因为前二者保证人们不会受他的伤害，而后者则保证人们不会受外人的伤害。

缺乏学识，也就是对因果关系无知时，就会引导人们或甚至强制人们去依赖旁人的意见和权威。因为所有与事实有关的人，如果不倚靠自己的意见，就必须倚靠自己认为聪明胜过本身而又看不出为什么要欺骗自己的别人的意见。

对语词意义的无知就是缺乏理解，这种情形不但会使人去信赖自己所不知道的真理，而且也会去信赖错误，甚至连自己所信赖的人的荒唐话也会相信，因为不彻底理解语词是既不能识别错误，也不能识别荒唐话的。

由此可见，人们会根据各自激情的不同而对同一事物给予不同的名称，比如赞成某种个人意见的人，称之为意见，而反对的人则称之为异端邪说；然而异端邪说也就是个人意见，只是怒责之意更大而已。

这同一原因还使人们在没有研究和深刻理解的情况下不能区别许多人的统一行动和群众的多头行为。比方说，对于罗马全体元老院议员杀喀提林的统一行动和许多元老院议员杀恺撒的多头行动就不能区别。这样一来，他们就会把一群人的多头行动当成人民的统一行动，而这一群人则可能是为一个人的怂恿所操纵的。

不知道权利、公平、法律与正义的原始结构和成因时，就会使人把习惯和先例当成行为的准则；以致认为习俗所惩罚的事就是非正义的，而对自己能够举出例子或（如像那些横蛮运用这种虚假的公正尺度的法律家所称呼的）先例说明是习俗所不加惩罚或加以称誉的事则认为正义的。这正像小孩一样，除开从父母师长那

第十一章 论品行的差异

里接受来的教训以外便没有其他的善恶行为的准则。所不同的只是儿童坚守其准则，成人则不然。因为长大成人、不像那样听话以后，他们就会忽而讲习惯、忽而讲理性和忽而讲理性、忽而讲习惯，只看怎样对自己合适。当自己的利益需要时，他们会放弃习惯，而一遇到理性对自己不利时，他们又反对理性。这就是为什么是非之说永远争论不休，有时见诸笔墨、有时诉诸刀枪，而关于线与形的学说却不是这样，因为在这一问题上什么是真理人们是不关心的，这种事对人们的野心、欲望和利益并没有妨碍。我毫不怀疑如果"三角形三角之和等于两直角"这一说法和任何人的统治权或具有统治权的一些人的利益相冲突的话，这一说法即使不受到争议，也会由于有关的人在力所能及的情况下采取把所有几何学书籍通通烧掉的办法，而受到镇压。

不知道远因时，人们就会把一切结果都归之于直接因和工具因，因为他们所能认识到的原因就是这些。于是在所有的地方，当人们苦于捐税时，便会向公务人员泄愤，也就是向包税人、税吏和其他管理公共税收的官吏泄愤，并归附于反对官府的人一边。这样一来，当他们弄到没有希望申诉正当理由时，便会由于害怕惩罚或羞于接受宽恕而同时向最高当局进攻。

对自然原因无知时，会使人轻信，以致许多时候对不可能的事情也相信。因为这种人看不出其中的不可能性，所以除了认为这一切都可能真确外再不知道任何相反的情形。由于人们喜欢在众人中让人倾听自己，于是轻信又会使他们撒谎。这样说来，无知本身虽然不带恶意，但却能使人相信谎言而又加以传播，有时还会编造出谎言来。

对未来的关切使人探求事物的原因。因为关于原因的知识使人能更好地以最有利的方式对现在进行安排。

好奇心或对于原因的知识的爱好引导人们从考虑效果而去探索原因,接着又去探求这原因的原因;一直到最后就必然会得出一个想法——某一个原因的前面再没有其他原因存在,它是永恒因,也就是人们所谓的上帝。因此,要深入研究自然原因,就不可能不使人相信有一个永恒的上帝存在;只是他们心中不可能存在符合于神性的任何神的观念。正像一个天生的瞎子一样,听到人家谈烤火取暖而自己也被领去烤火取暖时,他很容易认识并确信有某种东西是人们所谓的火,而且是他所感受到的热的原因,但却想象不出是什么样子;而且他的心中也不可能具有看见过火的人的那种观念。同样的道理,人们根据这个世界上可以目见的事物以及其令人称羡的秩序可能想象到有一个原因存在,这就是人们所谓的上帝,然而他心中对于上帝却没有一个观念或映象。

还有些人很少或根本不探求事物的自然原因,然而由于不知道到底是一种什么力量可以大大地为福为祸,这种无知状态本身所产生的畏惧也使他们设想并自行假定有若干种不可见的力量存在,同时对自己想象出来的东西表示敬畏,急难时求告、称心遂意时感谢,把自己在幻想中创造出来的东西当成神。用这种办法,人们根据其千差万别的幻想,在世界上便创造了无数种不同的神。这种对不可见的事物的畏惧便是每个人自己称作宗教的自然种子;还有些人不用这种方式敬拜或畏惧这种力量,在这种人身上便成为迷信的自然种子。

许多人都看到了这种宗教的种子。其中有些人看到了之后便把它加以培植和装饰使之成为法律，同时还根据自己认为怎样最能统治别人并能最大限度地使用他们的权力的方式，对未来事件的自然原因任便加上自己编造的说法。

第十二章　论宗教

由于除开人类以外便没有任何宗教的迹象或其成果，所以我们就没有理由怀疑宗教的种子也只存在于人类身上；它存在于某种特殊品质之中，这种品质在任何其他生物身上都找不到，至少其突出的程度是在其他生物身上找不到的。

首先，对于所见事件好探究其原因是人类特有的本性，这种特性有的人多些，有的人少些，但在所有的人身上其分量都多得足以使他去穷究本身的好运与厄运的原因。

其次，当人们看到任何事物具有一个起始时，便也会想到有一个原因决定它在那个时候开始，而不是更早或更迟。

兽类由于对未来很少或没有预见，对自己所看到的事物的顺序、后果及其依存关系缺乏观察和记忆，所以除开享受每日的饮食、安逸和肉欲之乐以外便没有其他的幸福可言。人类却能观察一个事件是怎样从另一个事件中产生的，并记住其中的前因和后果。当他自己对事物的真正原因感到没有把握时（因为好运厄运的原因大部分是无形的），他就会根据自己想象的提示、或是信靠自己认为比自己高明的朋友的权威，而设想出一些原因来。

上述的前两项原因使人产生焦灼。因为人们既然相信以往所出现的和未来将要出现的一切事都有其原因存在，所以不断力求免于所惧之祸、得到所望之福的人对于未来就不可能不经常感到担心。于是，每一个人，尤其是过分预虑未来的人便处在类似普罗米修斯①的状况之中。因为就像普罗米修斯（这个名字解释起来就是精明的人）被钉在视野辽阔的高加索山上，有鹰以他的肝为食，白天吃掉多少，夜间又长复多少的情形一样，一个关注未来、看得太远的人的心也是成天地被死亡、贫困或其他灾难的恐惧所蠹蚀，除开在睡梦中以外，总是无休止地焦虑，不得安息。

这种经常存在的恐惧，在人类对原因无知的情况下，就好像在黑暗中一样，是始终伴随着人类的，它必然要以某种事物为其对象。因此，当我们看不见任何东西的时候，无从找出祸福的根源，便只有归之于某种不可见的力量。可能就是在这种意义下，某些旧诗人说，神最初是由人类的恐惧创造出来的。谈到众神、也就是异教徒的诸神时，这一说法是非常正确的。但承认一个永存、无限和全能的上帝这一点却比较更容易从人类想知道自然物体的原因及其各种不同的性质与作用的欲望中导引出来，而不容易从人们对未来将降临在自己身上的事情的恐惧中导引出来。因为一个人如果见到任何结果发生，便从这结果开始推论紧接在它前面的原因、接着再推论原因的原因，以致深深地卷在原因的探求中时，最后他就会得出一个连异教的哲学家也承认的结论，认为必然有一个原始推动者存在；也就是说，有一个万物的初始和永恒的原因存在，这就是人们所谓的上帝这一名称的意义。这一切都并没有联

---

① 希腊神话中的神，因同情人类而触怒宙斯神。当其盗天火与人后，被宙斯惩罚而用链锁在高加索山上，有鹰日食其肝而夜间复生，后为赫丘里所救。——译注

第十二章 论宗教

想到自己的命运。对命运的关切一方面会使人产生恐惧,同时也会妨碍人们探询其他事物的原因。这样就会造成一种情形:有多少人假想,就假想出多少神来。

关于这样想象出来的不可见力量的物质或实体,人们通过自然的思维不可能得出任何其他的概念,而只能认为与人类的灵魂相同,人类灵魂的实体则和睡着后在梦中现显的、或是清醒时在镜中现显的幻影相同。人们不知道这种幻影不过是自己幻想的产物,因而认为是真实和外在的实体,于是便称之为鬼神。拉丁人称之为影像或幻影,并认为它们是精灵,也就是一种虚无缥缈的物体;他们认为自己所惧怕的这种不可见的力量形状和自己相似,只是它们可以随意显形和消失。不过这种把精灵看作无形体或非实体的看法。不可能任何人生来就是这样认为的。因为人们虽然可以把精灵、无形的等意义互相矛盾的语词摆在一起,但却无法想象出任何与它们相对应的东西。因此,根据自己的默想而承认一个无限、全能和永恒的上帝的人便只好承认上帝超出了自己的理解力,是不可思议的,而不用无形的精灵来说明他的性质;这样一来,他们便等于是承认自己的定义是不可理解的了。即使他们给予上帝无形的灵这样一个名称的话,也不是从教义出发,为了使神的性质被人理解,而是虔诚地用某些在意义上尽量远离有形体粗大形象的属性来尊敬神。

关于人们认为这些不可见的力量以什么方式产生作用的问题,也就是它们通过什么直接原因使事物出现的问题,不懂得我们所谓的起因的人们(几乎包括所有的人)都无法根据其他准则加以猜测,而只能观察并记忆以前某次或某几次出现在类似效果之前的是什么，而完全看不到前提事件与后续事件之间的任何依存关系或联系。因此，他们便根据以往的类似事物预期未来会出现类似事物，并以迷信的方式根据与祸福的原因毫无关系的事物来盼求好运或厄运。雅典人在勒般多①之战中要求另一个佛米欧，庞培党人在非洲之战②中要求另一个西庇阿，后来其他的人在许多其他情况下所做的事情都是这样。在同样的方式下，他们还把自己的命运归因于旁观者，归因于地方的吉利与不吉利，归因于如像女巫施法请神时念的咒那样的言辞（当话中包含着上帝的名时尤其如此），以致相信这一切有一种魔力，可以变石头为面包、变面包为人，或者是把任何东西变成任何另一种东西。

第三，人们对这种不可见的力量自然而然地表现出来的敬拜方式只可能是他们对人表示尊敬的那些方式，诸如祭献、祈求、谢恩、献身、祷祝、肃敬、读祭文、称其名宣誓以昭信守等等。除此之外，理性就再也提不出什么，而只能让他们或者到此为止，或者为了发现更多的仪式而去依靠那些自己相信比自己高明的人。

最后，关于这些不可见的力量怎样把未来将要发生的事情、尤其是有关一般祸福或某一事业的成败的事昭示于人的问题，人们自然是无从捉摸。情形只会是这样：他们习惯于根据过去推测未来，于是便极易于不仅把碰到过一两次的偶然事物当作往后类似

---

① 希腊科林斯海湾北面良港，公元前455年时在伯罗奔尼撒战争中被雅典人攻占并作为其据点，雅典海军将领佛米欧曾于此处以少胜多败科林斯舰队。后雅典人于同处作战时，由于迷信心理而要求有另一佛米欧出现。——译注

② 庞培与恺撒决裂并被击败后，逃往非洲并被杀，其党人迷信，看到古罗马大将西庇阿曾于此处以败汉尼拔，所以便希望出现第二个西庇阿来击败对方。——译注

事情的征兆;而且还相信他们曾经一度信任的人的类似预言。

以上四个方面就是宗教的自然种子:(1)对鬼的看法;(2)对第二因的无知;(3)对所畏惧的事物的敬拜;(4)将偶然事物当作预兆。这一切由于不同的人各有不同的想象、判断和激情,形成了千差万别的仪式,以致一个人所用的仪式大部分都被别人认为是荒谬可笑的。

这些种子受到了两种人的培育。一种人根据自己的独创加以栽培和整理,另一种人则是根据上帝的命令与上帝的指示。但这两种人这样做的目的都是要使依附于他们的人更服从、守法、平安相处、互爱、合群。所以前一种宗教便是人类政治的一部分,宣讲尘世君主要求于臣民的一部分义务。后一种宗教则是神的政治,其中所包含的是许身为天国子民的人的戒律。一切异教人的建国者和立法者都属于前一类,而亚伯拉罕、摩西和向我们昭示天国法律的救主基督则属于后一类。

至于有关对不可见的力量的性质的看法这一部分宗教中,几乎只要是有名称的事物,异教人都曾在某一个地方把它当成神或者鬼;或者是被他们的诗人假想为有某种精灵赋灵、附托或缠附。

宇宙未成形的物质被认为是一种神,名为混沌。

天、海、星、火、土、风等等都莫不是神。

男人、女人、鸟、鳄鱼、牛犊、狗、蛇、葱、韭菜都被奉为神。此外,他们几乎认为所有的地方都充满着精灵,名为魔鬼。平原有平原男神与女神盘和盘妮或半人半兽神萨特、森林有牧神和山林女妖、海有海神特里顿和其他女妖、每一条河流和泉水都有同名的水神和妖怪、每一家人家有其家神、每一个人有其护身神、地狱中有小鬼和鬼官如卡隆①、塞伯流斯②和弗里斯③等。夜间则到处充满了怨鬼冤魂④死者的灵魂和一大群男女妖怪。此外,他们对单纯的偶性和性质如时间、晚夜、白天、和平、和谐、爱情、竞争、美德、荣誉、健康、迟钝、热病等等也赋予神性、筑庙祀奉;当他们祈求或祈免这些东西时,就好像有相应名称的鬼在他们头上,可以施与或免除他们所祈祷的祸福。他们还以缪斯⑤之名为自己的智慧祈祷、以福庆⑥之名为自己的愚昧无知祈祷、以丘比特⑦之名为自己的欲望祈祷、以弗里斯之名为自己的愤怒祈祷、以普莱亚帕⑧之名为自己的生殖器祈祷,并将其污秽邪气归之于男女邪魔英科比与萨可布。⑨举凡诗人在诗中予以人格化的一切东西,没有一样他们没有当成神或鬼。

　　这些异端邪教的创立者看到宗教的第二个基础是人们对原因的愚昧无知,以及他们因此而倾向于把幸运归因于一些与之完全没有明显关系的原因,便乘机利用他们的愚昧无知,不提出第二因,而提出第二级掌职之神。他们把受胎归之于维纳斯⑩、把艺术

---

① 地狱迷津驾渡船渡亡魂的鬼。——译注
② 守护地狱入口长着三头蛇尾的鸷犬。——译注
③ 复仇之神。——译注
④ 罗马时代迷信中危害家宅的鬼,有专门仪式驱除,于夜间举行。——译注
⑤ 希腊神话中司学术与艺术的九女神。——译注
⑥ 罗马司命运女神。——译注
⑦ 希腊神话的男爱神。——译注
⑧ 希腊神话中戴奥尼苏与阿芙洛戴特之子,貌奇丑,为男性生殖器崇拜之神。——译注
⑨ 罗马神话中降生女巫与畸形婴儿的男女邪魔。——译注
⑩ 希腊神话中的天上爱神。——译注

归之于阿波罗[①]、把狡诈与阴险归之于墨丘里[②]，把风暴归之于伊阿鲁斯[③]，其他现象则归之于其他的神，以至于在异教徒中，几乎有多少种事物，就有多少种神。

除开人们自然而然地认为适用于神的祀奉方式，如祭献、祈祷、谢神以及前面所举的其他各项之外，这些异教人的立法者又加上了绘画与雕刻的偶像，以便使愚蠢无知的人（也就是大部分人或普通平民）认为这些偶像所代表的神真正在其中，就好像居住在里面一样，因而也就会更加敬畏。此外还为这些偶像分田立庙、设官祠奉，并于人事用途之外拨出专款，也就是将洞穴、林园、森林、山岳以致整个岛屿奉献给这些偶像。他们不仅赋予这些神以人、兽或妖魔的形象，同时还赋予感觉、语言、性、欲望、生育等等人和动物的官能与激情。这种生育不单单是神与神相配降生出神，而且把神与男人和女人相配而生出半人半神；这些半人半神也是居住在天上，如酒神巴咯斯、大力神赫丘里等等都是。除此之外，还赋予这些偶像以愤怒、报复和生物的其他激情，以及由此而生的欺诈、盗窃、通奸、男色和可以认为是权势的结果或享乐的原因的任何恶行；以至一切在人们中间只被认为是犯法，而不被认为是不荣誉的种种行为。

最后，在未来的征兆（从自然的道理上讲它是根据过去的经验

[①] 希腊神话中的光明之神，位仅次于宙斯，为音乐、诗歌、预言与医术的保护神。——译注
[②] 罗马神话中相当于希腊赫米斯之神，以狡诈著称，据传说出生的那天晚上就偷盗了阿波罗的牛羊。——译注
[③] 希腊罗马神话中的风神，藏风于洞中，造成风暴。——译注

所作的猜测；在迷信上讲来则是神的启示）上，这些异教人的宗教创立者一部分根据自称具有的经验，一部分根据自称具有的神启，又加上了许许多多其他迷信的占卜。他们有时让人们相信自己的命运应当从德尔菲①、提洛②、阿蒙③及其他著名神谕所中，那些僧侣们模棱两可或无意义的答复里去寻找。这种答复被故意地弄得模棱两可，以便两头都可以说得通，要不然就被那些场所（往往在硫矿洞中）中令人昏迷的烟雾弄得荒唐可笑。有时候他们又叫别人到西比尔④的书中去寻找。西比尔的预言也许有点像诺斯特拉达谟斯⑤的预言一样，在罗马共和国时代有几本是很著名的，现在存在的断简残篇似乎是后来伪造的。有时他们叫别人到那些据说有神灵附体（称为神托）的疯人们的无意义话语中去找，像这样预言的事件则称为神谕或预言。另一些时候他们叫人到出生地的星象中去找，称为占星术，并被认为是人事星象术的一部分。有时他们叫人到自己的希望与恐惧中去找，称为反身征兆术或预兆术。

---

① 古希腊著名神谕所，对社会与政治生活影响极大，许多城邦的重大事务都取决于这儿的神谕。据传说最初为女神盖娅所创，后属阿波里，冬季则由戴奥尼苏神主宰其地。——译注

② 爱琴海中圣岛，为提洛同盟所在地。据传说为海神波赛顿所浮起，宙斯以锚定之成为阿波罗神的出生地，岛上神庙甚多，以阿波罗庙最为著名，神托所有影响。——译注

③ 古埃及神，其形状说法不一。有的说是羊，有的说是羊首人身，有的说是人。庙在利比亚沙漠绿洲中，希腊人认为就是宙斯神，其高级僧侣由于该庙的财富和权势而地位甚高。——译注

④ 希腊神话中一群著名的女巫，据传其中最著名的一个曾将著名的《西比林书》售与塔昆，后奉于罗马国会堂中，凡重大事件都据此以求神示。——译注

⑤ 著名的法国占星术家兼医师（1503—1566年）其预言集于1555年出版，在当时引起极大注意，并因此而见宠于法国朝廷。——译注

第十二章 论宗教

有时则叫人到自称可以和亡魂交往的女巫的预言中去找，称为关亡术、唤鬼术或巫术，其实都不过是欺骗，和串通作弊而已。有时他们叫人到鸟类无意识的飞翔或啄食中去找，称为灵雀验征术；有时则是到祭祀牺牲的兽肠中去找，称为兽肠验征术；有时叫人圆梦、有时叫人听鸦鸣或鸟叫，有时叫人看面貌特征，称为相面术。还有些时候是看手纹，一般称为手相术。有时叫人从怪异或不常见的现象中去找，如日月食、彗星、罕见的流星、地震、洪水、怪胎等等，称为灾异验征术或灾异征兆术。因为他们认为这些事物预示着将有大难来临。有时则是单纯地看彩头，如扔钱币卜卦，看正反面；数筛眼、用荷马或维吉尔的诗抽签以及其他无数这类毫无用处的、稀奇古怪的想法。人们对得到自己信任的人所做的事情是很容易相信的，因此它可以巧妙地通过温和手段利用他们的无知和恐惧心理。

因此，那些专以使人民服从及和平相处为目的的外邦开国君主们与立法者们在各地都特别注意：首先使人民在头脑中具有一种信念，认为他们提出的宗教信条不是他们自己搞出来的，而是神或其他精灵的指令。要不然就是使人相信他们自己不是凡人，以便使他们的法律更容易被接受。因此，鲁玛·庞贝利乌斯①便假称他自己在罗马人中所制定的仪式是从水神伊吉利娅②那里得来的。秘鲁的开国君主则自称他和皇后是太阳的子女。穆罕默德创教时自称可以和化身为鸽的圣灵交往。其次，他们还留意使人们

---

① 罗马历史传说中的第二个王，为仪式法度的建立者。——译注
② 罗马的送子水神。——译注

相信，法律所禁止的事情就是神灵所不悦的事情。第三，他们还规定仪式、祈祷、祭祀牺牲与节日，使人们相信这一切可以息神怒。并且还使人相信战争失败、大瘟疫、地震以及个人的灾难都是由于神明震怒而来的，而神明震怒则是由于礼拜不勤，或是遗漏了仪式中某些必要之点而来的。在古罗马，虽然并不禁止人们否认寓言家所写的关于来世苦乐的说法，而那个国家有许多伟大的权威人士在他们的演讲中也公开地嘲笑这些说法，然而这种信仰还是比反面的看法更受人珍视。

通过这些以及其他这类的制度，他们达到了为了使国家安宁起见，让一般平民在遭受不幸时归咎于祭仪不谨或有误，或是归咎于自身不服从法律，因而不那样倾向于反抗统治者，此外再加上节日的盛大仪式和娱乐以及敬神时举行的公共竞技，于是便只要有饭给人民吃就可以免除人民的不满、抱怨和叛乱。因此，征服了当时已知世界最大部分土地的罗马人便毫不犹豫地对罗马城中的任何宗教采取宽容态度，除非其中有某种成分和世俗政府不能相容。同时，我们从史籍上也看到，除开犹太教以外也没有任何其他宗教被禁止。犹太人（有其独特的天国之说）认为服从任何尘世的君主和国家都是不合法的。从这里我们就可以看出，异教人的宗教怎样成为他们政策的一部分了。

在上帝亲自以超自然的神启建立宗教的地方，他便也为自己建立了一个特殊的王国。他不但为人与神之间的行为订立了法度，而且也为人与人相互之间的行为订立了法度。因此，在上帝王国中，世俗的政策与法律都是宗教的一部分，于是世俗和宗教统治的区别在这里便不存在。诚然，上帝是全世界之王，但他也可以是一个特殊国家之王,这一点正像指挥全军和指挥自己专辖的一个连和一个团一样并不矛盾。上帝成为全世界之王是根据权力而来的,但他成为选民之王则是根据契约而来的。关于自然的上帝王国和根据契约成立的上帝王国的问题,更详细的情形在下面我还将另辟专章讨论(第三十五章)。

从宗教的传播上看,我们不难理解它分解为最初的那些种子或要素的原因。这些要素或种子只是关于神以及超自然和不可见的力的一种看法,它们绝无法从人性中根除,而将通过在这方面著名人物的培养产生出新的宗教来。

我们看到所有已形成的宗教最初都是根据群众对某一人的信仰创立的。他们不但相信这人是不辞劳苦地为他们谋幸福的贤人,而且认为他是上帝恩准其以超自然的方式宣布神旨的圣者。由此,我们就会得出一个必然的推论说:当掌管宗教的人的智慧、诚笃或仁爱受到怀疑时,或是不能显示任何可能的神启的征象时,他们想要维持的宗教便也必然会见疑于人;如果不用世俗的武力威慑,便会遭到反对和抛弃。

教人相信自相矛盾之说会使创立宗教的人或在已创立的宗教之上增添一些东西的人失去智慧的声誉,因为矛盾的两面不可能同时是真确的;所以教人相信这种说法,便说明自己愚昧无知,使提出这种说法的人在这桩事情上败露原形,而且还会使他宣称为得自神启的一切事物都得不到人们的相信;在上述许多事物中人们诚然可以得到超自然的神启,但违反自然理性的事却一点也不能得到。

本身的言行表现出他们要求别人相信的事自己倒不相信会使

他们失去诚笃之名,所有这种言行因之便都称为声名狼藉的言行,因为它们是使人在宗教的大道上栽斤斗的绊脚石;诸如不公、残暴、渎神、贪婪和奢侈等都属于这一类。一个人如果经常从事来自任何这种根源的行为时,试问谁又会相信他真正信仰自己在别人犯有较小过失时用来吓唬人家的那种不可见的力呢?

暴露自私自利的目标使他们失去仁爱之名。当他们要求别人崇奉的信仰只能促成或似乎只能促成他们自己取得统治权、财富、地位或享乐时,情形就是这样。因为人们认为为自己取得利益的事情是为自己做的,而不是为了爱旁人。

最后,人们能为天意提出的证明便只有奇迹、真实的预言(也是一种奇迹)或异乎寻常的福。因此,在那些从以往曾经做出奇迹的人那里接受过来的教义以外增加上去的教义,如不能以某种奇迹证明其为天意时,他们除了受教育的那些地方的习惯和法律所能产生的信仰以外,是不能得到更大的信仰的。因为正如有判断力的人在自然事物方面要从内心里承认以前要求自然的征象与证据一样,他们在超自然的事物中也会要求超自然的征象,而这就是奇迹。

这一切削弱人们信仰的原因在下述的事例中的确可以明显地看出来。首先要举出来的是以色列的子民的例子。摩西原先曾以奇迹以及逢凶化吉地引导他们出埃及的事实向他们证明了自己所负的天命。但当他离开四十天后,他们就背叛摩西教给他们的真神的信仰,并立金牛犊为神(见《出埃及记》第 xxxii 章,第 1、2 两节),堕落到自己刚刚摆脱其束缚的埃及人的偶像崇拜中去了。此外,当摩西、亚伦、约书亚以及曾在以色列见到过上帝的伟大事业

第十二章　论宗教

的那一代人(见《士师记》第 ii 章,第 11 节)死去以后,便有另外一代人兴起,敬奉巴力①。这就说明奇迹止则信仰终。

此外,撒母耳的儿子在别士巴由撒母耳立为士师以后(见《撒母耳记》上第 viii 章,第 3 节),收受贿赂,枉屈正道;于是以色列的人民便不再要上帝以异于做他国的王的方式做他们的王,因之便向撒母耳申述,要他为他们立一个王治理他们,像列国一样。这就说明公道毁则信仰绝。以至他们废黜上帝,不要上帝做他们的王。

当基督教传入罗马帝国时,各国的神托预言完全绝迹,而基督徒人数则通过使徒和福音书传布者的布道在每一个地方每一天都令人惊讶地猛增。这种成就有一大半可以恰当地说成是由于当时异教僧侣卑污贪婪、在王公中间玩弄诈术引起人们轻视而来的。罗马天主教会的宗教在英国和基督教世界许多其他地方被废除,一部分也是由于同一原因造成的,因为他们的教士道德败坏使人民动摇了信仰。还有另一部分原因则是由于经院学者将亚里士多德的哲学和学说羼入宗教。这样一来就产生了许许多多的矛盾和荒谬之处,为教士们带来了愚昧与欺诈的恶名;并使人民或则违抗着国王的意志背离他们,或则得到国王的同意而背离他们;法国与荷兰属于前一种情形,英格兰则属于后一种情形。

最后,罗马天主教会宣布为得救必备之事中,有许多显然都是为了教皇的利益和居住在各基督教王国的教徒们的利益;这些教义要不是由于国王们互相竞争,他们本来可以像英格兰一样轻而易举地排除外来势力;既无需动干戈,也不致有变乱。罗马教会要

---

① 腓尼基人所信奉的太阳神。——译注

人相信：国王如果不由主教加冕，他的权力就不是来自基督；国王如果是一个教士就不能结婚；王子是否合法婚姻所生要由罗马教廷裁断；国王如果被罗马教廷判定为异教徒，臣民就可以解除效忠的义务；国王可以无缘无故地由教皇废黜，并将其王国交给一个臣民，就像教皇扎加利对法兰西王喜尔普列克所做的那样；教士和修士的刑事案件不论在哪一个国家都不受国王的裁判；试问叫人相信这些事情的时候，谁又看不出到底是为了哪些人的利益呢？试问私人弥撒费、现世炼狱费究竟是归了谁的腰包，此外又还有许多其他营私利的蛛丝马迹；要是像我在上面所说的那样，世俗官员和风俗习惯的支持不超过其对教士的神圣、智慧和正直的估价的话，这一切就足以窒杀最富于生命力的信仰。试问这一点谁又看不出呢？所以我便把世间一切宗教的衰替都归之于同一原因，这便是令人讨厌的教士们。这不单是天主教为然，甚至在自以为主张宗教改革最有力的教会中也是这样。

第十三章 论人类幸福与苦难的自然状况

自然使人在身心两方面的能力都十分相等，以致有时某人的体力虽则显然比另一人强，或是脑力比另一人敏捷；但这一切总加在一起，也不会使人与人之间的差别大到使这人能要求获得人家不能像他一样要求的任何利益，因为就体力而论，最弱的人运用密谋或者与其他处在同一种危险下的人联合起来，就能具有足够的力量来杀死最强的人。

至于智力，除了以语词为基础的文艺，特别是称为科学的根据

第十三章　论人类幸福与苦难的自然状况

普遍和颠扑不破的法则处理问题的技能(这种技能很少人具有,而且也只限于少数事物;它既不是一种天生的能力,也不像慎虑那样是在我们关注其他事物时得到的)。我还发现人与人之间更加平等,因为慎虑就是一种经验,相等的时间就可以使人们在同样从事的事物中获得相等的分量。可能使人不相信这种平等状况的只是对自己智慧的自负而已。在这一方面,几乎所有的人都认为自己比一般人强;也就是说,都认为除开自己和少数因出名或赞同自己的意见而得到自己推崇的人以外,其他所有的人都不如自己。因为根据人类的本性说来,不论他们承认有多少人比自己机灵、比自己口才好、比自己学问好,但却不会相信有很多人能像自己这样聪明。因为人们看自己的智慧时是从近旁看的,而看他人的智慧时则是从远处看的。但这倒是证明人们在这一点上平等而不是不平等。因为一般说来,任何东西分配平均时,最大的证据莫过于人人都满足于自己的一分。

由这种能力上的平等出发,就产生达到目的的希望的平等。因此,任何两个人如果想取得同一东西而又不能同时享用时,彼此就会成为仇敌。他们的目的主要是自我保全,有时则只是为了自己的欢乐;在达到这一目的的过程中,彼此都力图摧毁或征服对方。这样就出现一种情形,当侵犯者所引为畏惧的只是另一人单枪匹马的力量时,如果有一个人培植、建立或具有一个方便的地位,其他人就可能会准备好联合力量前来,不但要剥夺他的劳动成果,而且要剥夺他的生命或自由。而侵犯者本人也面临着来自别人的同样的危险。

由于人们这样互相疑惧,于是自保之道最合理的就是先发制人,也就是用武力或机诈来控制一切他所能控制的人,直到他看到没有其他力量足以危害他为止。这并没有超出他的自我保全所要求的限度,一般是允许的。同时又由于有些人把征服进行得超出了自己的安全所需要的限度之外,以咏味自己在这种征服中的权势为乐;那么其他那些本来乐于安分守己,不愿以侵略扩张其权势的人们,他们也不能长期地单纯只靠防卫而生存下去。其结果是这种统治权的扩张成了人们自我保全的必要条件,应当加以允许。

此外,在没有权力可以使大家全都慑服的地方,人们相处时就不会有快乐存在;相反地他们还会有很大的忧伤。因为每一个人都希望共处的人对自己的估价和自己对自己的估价相同。每当他遇到轻视或估价过低的迹象时,自然就会敢于力图尽自己的胆量(在没有共同权力使大家平安相处的地方,这就足以使彼此互相摧毁)加害于人,强使轻视者作更高的估价,并且以诛一儆百的方式从其他人方面得到同样的结果。

所以在人类的天性中我们便发现:有三种造成争斗的主要原因存在。第一是竞争,第二是猜疑,第三是荣誉。

第一种原因使人为了求利、第二种原因使人为了求安全、第三种原因则使人为了求名誉而进行侵犯。在第一种情形下,人们使用暴力去奴役他人及其妻子儿女与牲畜。在第二种情形下则是为了保全这一切。在第三种情形下,则是由于一些鸡毛蒜皮的小事,如一言一笑、一点意见上的分歧,以及任何其他直接对他们本人的藐视。或是间接对他们的亲友、民族、职业或名誉的藐视。

根据这一切,我们就可以显然看出:在没有一个共同权力使大家慑服的时候,人们便处在所谓的战争状态之下。

第十三章　论人类幸福与苦难的自然状况

这种战争是每一个人对每个人的战争。因为战争不仅存在于战役或战斗行动之中，而且也存在于以战斗进行争夺的意图普遍被人相信的一段时期之中。因此，时间的概念就要考虑到战争的性质中去，就像在考虑气候的性质时那样。因为正如同恶劣气候的性质不在于一两阵暴雨，而在于一连许多天中下雨的倾向一样，战争的性质也不在于实际的战斗，而在于整个没有和平保障的时期中人所共知的战斗意图。所有其他的时期则是和平时期。

因此，在人人相互为敌的战争时期所产生的一切，也会在人们只能依靠自己的体力与创造能力来保障生活的时期中产生。在这种状况下，产业是无法存在的，因为其成果不稳定。这样一来，举凡土地的栽培、航海、外洋进口商品的运用、舒适的建筑、移动与卸除需费巨大力量的物体的工具、地貌的知识、时间的记载、文艺、文学、社会等等都将不存在。最糟糕的是人们不断处于暴力死亡的恐惧和危险中，人的生活孤独、贫困、卑污、残忍而短寿。

人性竟然会使人们如此彼此互相离异、易于互相侵犯摧毁，这在一个没有好好考虑这些事物的人看来是很奇怪的。因此，他也许不会相信根据激情作出的这种推论，而希望用经验加以证实。那么我们不妨让这种人考虑一下自己的情形。当他外出旅行时，他会要带上武器并设法结伴而行；就寝时，他会要把门闩上；甚至就在屋子里面，也要把箱子锁上。他做这一切时，自己分明知道有法律和武装的官员来惩办使他遭受伤害的一切行为。试问他带上武器骑行时对自己的国人是什么看法？把门闩起来的时候对同胞们是什么看法？把箱子锁起来时对自己的子女仆人是什么看法？他在这些地方用行动攻击人类的程度不是正和我用文字攻击的程度相同吗？但我们这样做都没有攻击人类的天性。人类的欲望和其他激情并没有罪。在人们不知道有法律禁止以前，从这些激情中产生的行为也同样是无辜的；法律的禁止在法律没有制定以前他们是无法知道的，而法律的制定在他们同意推定制定者前也是不可能的。

也许会有人认为这种时代和这种战争状态从未存在过，我也相信绝不会整个世界普遍出现这种状况，但有许多地方的人现在却是这样生活的。因为美洲有许多地方的野蛮民族除开小家族以外并无其他政府，而小家族中的协调则又完全取决于自然欲望，他们今天还生活在我在上面所说的那种野蛮残忍的状态中。不论如何，我们从原先在一个和平政府之下生活的人们往往会在一次内战中堕落到什么样的生活方式这种活生生的事实中可以看出，在没有共同权力使人畏惧的地方，会存在什么样的生活方式。

就具体的个人说来，人人相互为战的状态虽然在任何时代都从没有存在过；然而在所有的时代中，国王和最高主权者由于具有独立地位，始终是互相猜忌的，并保持着斗剑的状态和姿势。他们的武器指向对方，他们的目光互相注视；也就是说，他们在国土边境上筑碉堡、派边防部队并架设枪炮；还不断派间谍到邻国刺探，而这就是战争的姿态。但由于他们用这种办法维持了臣民的产业，所以便没有产生伴随个人自由行动而出现的那种悲惨状况。

这种人人相互为战的战争状态，还会产生一种结果，那便是不可能有任何事情是不公道的。是和非以及公正与不公正的观念在这儿都不能存在。没有共同权力的地方就没有法律，而没有法律的地方就无所谓不公正。暴力与欺诈在战争中是两种主要的美德。公正与背义既不是心理官能,也不是体质官能。果然是这种官能的话,那么当一个人独处在世界上的时候,这些官能便也会像感觉和激情一样存在于他的身上。它们是属于群居的人的性质,而不是属于独处者的性质。这样一种状况还是下面情况产生的结果,那便是没有财产,没有统治权,没有"你的"、"我的"之分;每一个人能得到手的东西,在他能保住的时期内便是他的。以上所说的就是单纯的天性使人实际处在的恶劣状况,然而这种状况却有可能超脱。这一方面要靠人们的激情,另一方面则要靠人们的理性。

使人们倾向于和平的激情是对死亡的畏惧,对舒适生活所必需的事物的欲望,以及通过自己的勤劳取得这一切的希望。于是理智便提示出可以使人同意的方便易行的和平条件。这种和平条件在其他场合下也称为自然律,在往下的两章中我将更详细地加以讨论。

第十四章 论第一与第二自然律以及契约法

著作家们一般称之为自然权利的,就是每一个人按照自己所愿意的方式运用自己的力量保全自己的天性——也就是保全自己的生命——的自由。因此,这种自由就是用他自己的判断和理性认为最适合的手段去做任何事情的自由。

自由这一语词,按照其确切的意义说来,就是外界障碍不存在的状态。这种障碍往往会使人们失去一部分做自己所要做的事情的力量，但却不能妨碍按照自己的判断和理性所指出的方式运用剩下的力量。

自然律是理性所发现的戒条或一般法则。这种戒条或一般法则禁止人们去做损毁自己的生命或剥夺保全自己生命的手段的事情，并禁止人们不去做自己认为最有利于生命保全的事情。

谈论这一问题的人虽然往往把权与律混为一谈，但却应当加以区别。因为权在于做或者不做的自由，而律则决定并约束人们采取其中之一。所以律与权的区别就像义务与自由的区别一样，两者在同一事物中是不相一致的。

因为人们的状况正像上一章所讲的一样，是每一个人对每一个人交战的状况；在这种状况下，人人都受自己的理性控制。凡是他所能利用的东西，没有一种不能帮助他抵抗敌人，保全生命。这样说来，在这种情况下，每一个人对每一种事物都具有权利，甚至对彼此的身体也是这样。因此，当每一个人对每一事物的这种自然权利继续存在时，任何人不论如何强悍或聪明，都不可能获得保障，完全活完大自然通常允许人们生活的时间。于是，以下的话就成了理性的戒条或一般法则：每一个人只要有获得和平的希望时，就应当力求和平；在不能得到和平时，他就可以寻求并利用战争的一切有利条件和助力。

这条法则的第一部分包含着第一个同时也是基本的自然律——寻求和平、信守和平。第二部分则是自然权利的概括——利用一切可能的办法来保卫我们自己。

这条基本自然律规定人们力求和平，从这里又引申出以下的第二自然律：在别人也愿意这样做的条件下，当一个人为了和平与

第十四章　论第一与第二自然律以及契约法

自卫的目的认为必要时，会自愿放弃这种对一切事物的权利；而在对他人的自由权方面满足于相当于自己让他人对自己所具有的自由权利。因为只要每个人都保有凭自己想好做任何事情的权利，所有的人就永远处在战争状态之中。但是如果别人都不像他那样放弃自己的权利，那么任何人就都没有理由剥夺自己的权利，因为那样就等于自取灭亡（没有人必须如此），而不是选取和平。这就是福音书上那条戒律"你们愿意别人怎样待你们，你们也要怎样待人"，也就是那条一切人的准则，"己所不欲，勿施于人"。……

一个人停使对任何事物的权利便是捐弃自己妨碍他人对同一事物享有权益的自由。一个人放弃或让出自己的权利时，并不是给予任何其他人以他原先本来没有的权利，因为每一个人对任何事物没有一件是不具有自然权利的。他像这样做不过是退让开来，让这人不受他的妨碍享受其原有的权利而已，这并不指不受其他人的妨碍。所以一人消失权利使另一人得到的效果只不过是相应地减少了这人运用自己原有权利的障碍而已。

让出权利可以是单纯的放弃，也可以是转让给另一个人。当让出的人不管其中的权益归于谁时就是单纯的放弃，当他要把其中的权益赋予某一个或某一些人时就是转让。

一个人不论在哪一种方式之下捐弃或让出其权利之后，就谓之有义务或受约束不得妨害接受他所捐弃或允诺让出的权利的人享有该项权益。

他应当不使自己出于自愿的行为归于无效，这是他的责任。由于权利事先已经放弃或转让，所以这种妨碍便由于不具有权利而成为不公正或损害。因此，世人关于不公正或损害的争论就有些像经院哲学家的争论中所谓的荒谬。因为在这种争论中所谓的荒谬就是反对自己开始时的主张，而在世人之中，所谓的背义或伤害则是自动毁弃本人自开始以后自愿做成的事。单纯的放弃或转让权利的方式，是以某种自愿而充分的表示对接受者宣布或表明就此放弃或转让或是已经放弃了或转让了该项权利。这种表示有时光是言辞、有时光是行为，而最常见的情形则是既有言辞又有行为。使人们受约束或担负义务的契约也是这样。这种契约之所以有约束力，并不是由于其本质，（因为最容易破坏的莫过于人们的言辞）而不过是由于畏惧毁约后所产生的某种有害后果而来的。

当一个人转让他的权利或放弃他的权利时，那总是由于考虑到对方将某种权利回让给他，要不然就是因为他希望由此得到某种别的好处。因为这是一种自愿行为，而任何人的自愿行为目的都是为了某种对自己的好处。所以有些权利不论凭什么言辞或其他表示都不能认为人家已经捐弃或转让。首先，如果有人以武力攻击一个人，要夺去他的生命，他就不能放弃抵抗的权利，因为这样就不能认为他的目的是为了他自己的任何好处。同样的道理也适用于伤害、枷锁或监禁。一方面因为忍受这类事情并得不到好处，正像让其他人受伤害或受监禁没有好处一样。另一方面，也因为当一个人看见人们以暴力对待他时，不能预先估定他们是不是要置自己于死地。最后，像这样放弃权利、转让权利的动机与目的，无非是保障一个人使他的生命得到安全；并且保障他拥有既能保全生命，而又不对生命感觉厌倦的手段。因此，如果一个人由于他的言辞或其他表示，似乎使自己放弃了上述目的，而他的表示其实是为了达到那个目的，那就不能认为他好像真是那样想，或者那就是他的意愿;而只能认为他对这种言辞或行为会怎样被人解释是茫然无知的。

权利的互相转让就是人们所谓的契约。

某物权利的转让和该物本身的转让、即交付是有所不同的。因为后者可以像现钱交易、物物交换或土地交换一样,随权利的转移一起交付;但也可以过一些时候再交付。

此外,立约一方可以将约定之物先自交付,而让对方在往后某确定时期履行其义务,在此期中先行托管,此时契约在他这一方面便称为期约或信约。双方也可以都在目前立约而在往后履行。在这类情形下,到将来再履行的人便是受到信任,他如果履行,就称为践约或守信;不履行时,如果是出自其本意,则是失信。

如果权利的转让不是相互的;而是一方转让,其目的是希望因此获得他方或其友人的友谊或服务、博得慈善或豪爽之名、免除其内心的同情之苦、获得天国之报等等,便不是契约,而是赠与、无偿赠与或恩惠;这几个语词所指的是同一回事。

契约的表示有些是明确的,有些是推测的。明确的表示是所说的言辞具有其本意的理解。这些言辞有些是属于现在时的,有些是属于过去时的,如我给予、我允许、我已给予、我已允许、我愿意将此物归与你等等。还有些则是属于将来时的,如我将给予、我将允许等等。这种将来时的语词称为允诺。

推测的表示有时是语言的结果;有时是沉默的结果;有时是行为的结果,有时是不行为的结果。一般说来,任何契约的推测表示法就是足以充分说明立约者的意愿的任何事物。

光是包含单纯允诺的将来时语词并不是无偿赠与的充分表

示,因之也就没有约束力。因为这种语词如果是将来时的,如明日我将给予等,就表示我还没有给予,因之我的权利便还没有转让,在我没有以某种其他行为转让以前仍然留归于我。但如果语词属于现在时或过去时,如我已给予,或我给予并将于明日交付等等,那便是把我明天的权利在今天让给别人了;虽然没有其他证据说明我的意愿,但这点已经由我的语词的性质肯定了。

我愿意把它在明天送归于你和我将在明天把它给予你这两句话之间区别是很大的。因为 I will 一语在前一种说法下是"我愿意",表示一种现在意志的行动,而在后一种说法下则是我将,表示对未来意志的行动的一种允诺。这样说来,前一种语词,由于是现在时的,所以便转让了一种未来的权利;后一种语词,由于是将来时的,所以便没有转让什么东西。但如果除开语词以外,还有其他征候表示转让权利的意愿,那么赠与虽然是无偿的,却可以理解为已由将来时的语词转让了。好比如果一个人为赛跑的第一名悬奖时,其赠与便是无偿的;他的语词虽然属于未来时,但权利却已转让了。因为他如果不愿意让他的语词作那样的理解的话,他就不应让他们赛跑了。

在契约中,权利不但是在所用语词为现在时或过去时的地方可转让,而且在用未来时语词的地方也可转让。因为所有的契约都是权利的相互转让或交换。因此,仅由于已经得到了允诺所交换的利益而作出允诺的人,应理解为打算转让权利。因为除非他原先甘愿让他的语词作这种理解,否则对方就不会首先履行他的义务。由于这一原因,在交易以及其他契约行为中,允诺就相当于信约,因之便是有约束力的。

第十四章　论第一与第二自然律以及契约法

首先履行契约的一方被称为应得因他方履行契约时而收受的东西，他是作为应得之份来收受的。对许多人悬奖而仅给予获胜者时，或是在许多人中投下钱币而让取得者享有时，虽然也是一种无偿赠与，但如此获胜膺奖或取得钱币也是应得，并应当作为应得之份而保有。因为权利在悬奖和投钱时虽然还没有决定归谁，而要根据竞争的结果决定，但却已经转让了。不过这两种应得之间却有这样一种区别存在：在契约中，我之所以应得是由于我的权利和订约对方的需要而来的；但在自由赠与的情形下，我之所以应得则是由于赠与者的善意。在契约中我使立约对方放弃权利是理所当然，而在这种赠与的情形下，我并不理所当然地使赠与者放弃权利，而只是当他放弃赠与物时就理应归我而不应当归别人。我认为这就是经院学派在相宜的应得和相称的应得之间所作区别的意义。因为，全能的主允许受肉体欲望蒙蔽而又能遵从他所规定的戒律与限制从尘世中走过来的人进入天堂；根据他们的说法，像这样从尘世中走过来的人将由于相宜而应当进入天堂。鉴于任何人都只能由于上帝普被世人的仁慈，而不能由于自己本身的正义之德或任何其他权势而要求有权进入天堂，根据他们的说法，便没有任何人能根据相称条件而应当进入天堂。关于这一点，我只说"我认为这是那种区别的意义所在"。但由于争论者只在对自己有利时才同意他们本身的术语的意义，所以我便不准备对它们的意义予以任何肯定，我所要说的只是，当赠与像竞赛争取的奖品那样以不确定的方式颁发时，膺奖者就应当得到，并有权要求将奖品当作他的应得之份。

如果信约订立之后双方都不立即履行，而是互相信赖，那么在单纯的自然状态下(也就是在每一个人对每一个人的战争状态下)只要出现任何合理的怀疑,这契约就成为无效。但如果在双方之上有一个共同的并具有强制履行契约的充分权利与力量时,这契约便不是无效的。这是因为,语词的约束过于软弱无力,如果没有对某种强制力量的畏惧心理存在时,就不足以束缚人们的野心、贪欲、愤怒和其他激情。在单纯的自然状态下,由于所有的人都互相平等,而且都自行判断其恐惧失约的心理是否有正当理由,这种强制性权力是不可能设想的。因此,首先践约的人便无法保证对方往后将履行契约,便是违反了他不能放弃的防护生命与生存手段的权利而自弃于敌人。

但在世俗国家中,由于建立了一种共同权力来约束在其他情形下失信的人,这种恐惧失约的心理就没有理由了。由于这一原因,根据信约应首先践约的人便是有义务这样做。

使这种信约失效的恐惧心理,其原因必然总是在订约之后出现的某种事物,诸如足以说明不履行契约之意向的某种新事实或其他迹象等,否则它就不能使信约失效。因为一种事物既不能妨碍提出允诺于前,便也不应当允许它妨碍履行契约于后。

一个人转让任何权利时,就是将他权力范围内的享受权利的手段转让了。比如卖地的人就把地面上所生长的牧草和其他一切都转让了。出售水磨的人也不能将推磨的溪流引走。将政府主权给予他人的人就是让他有权征税养兵、设官司法。

和野兽订立信约是不可能的。它们不懂我们的语言,因之便既不能理解、也不能接受任何权利的让与,同时也不能将任何权利让给他人。没有相互间的接受就没有信约。

第十四章　论第一与第二自然律以及契约法

除开上帝以超自然的神启，或是通过他的助手以他的名义传话给中间代理人的方式之外，就不可能和上帝立约。因为除此以外，我们就无法知道自己的信约是否被接受。这样说来，违反任何自然法发誓愿的人，他的誓愿就是无效的，因为使这种誓愿得到报偿是不公正的。如果这种事情是自然律所指令的，那么发生束缚力的便不是誓愿，而是自然律。

信约的内容或主题始终是深思熟虑中的事物，因为订立信约就是一种意志的行为；它是一种行为而且是通过深思熟虑所决定的最后一次行为。因之，这种内容便经常被理解为未来的事情，同时也是立约的人判断为可以履行的事情。

于是，对已知其为不可能的事情的允诺便不是信约。但如果原先认为可能的事，后来证明不可能时，信约仍然是有效的，而且具有约束力，这种约束力虽然不及于该事物本身，但却及于其价值。如果这样仍然不可能，就只能约束这人以诚实无欺的努力尽可能履行契约，因为超过这个限度以外，任何人便都不可能负担义务了。

解除信约的方式有两种，一种是履行，另一种是宽免。因为履行是义务的自然终结，宽免则是通过对义务所依据的权利的再转让而恢复其自由。

在单纯的自然状态下，因恐怖而订立的契约是有约束力的。比方说，当我约许向敌人付出赎金或劳务以赎生命时，我就受到这种信约的约束。因为这是一种契约。其中一方得到的利益是生命，另一方则将为此而获得金钱或劳务。因此，像在单纯的自然状况那类情形下，没有其他法律禁止其履行时，这类信约便是有效的，因此，战争中的俘虏如果受人信赖将付还赎金时，就有义务付还。如果一个弱国的国王由于畏惧而和一个强国的国王订立了于己不利的和约时，他就有义务要遵守，除非是像前面所说的一样，因出现了引起恐惧的新的正当理由而重新开战。甚至是在一个国家之中，如果我被迫允诺付与赎金而从强盗那里赎身出来，在民法没有为我解约以前，我就必需付与。因为我在没有义务时可以合法地从事的事情，也可以出于畏惧而合法地订立信约去做。合法约定的事情，违约就不合法了。

前约可使后约无效。因为一个人在今天把权利转让给某人之后，在明天就不再有这种权利可以拿来转让给另一个人。因此，后来的允诺便因不能转让任何权利，而是无效的。

不以强力防卫强力的信约永远是无效的。因为正像我在前面已经说明的，任何人都不能让出或放弃自救于死、伤或监禁的权利，避免这类的事情是放弃任何权利的唯一目的。因此，不抵抗强力的允诺在任何信约中都不能转让任何权利，而且也没有约束力。因为一个人虽然可以像这样订立信约——"除非我做某某事，否则杀我"，他却不能订立这样的信约——"除非我做某某事，否则你来杀我的时候我不抵抗你。"因为进行抵抗而死的危险是小害；不进行抵抗目前就肯定地要死则是大害，人类根据天性会"两害相权，取其轻者"。这是大家都承认的一条真理。只要看一看囚犯判罪后虽已服法，但解赴刑场或送进监狱时还是要用武装人员，就可以知道。

没有获得赦免的保证而控告自己的信约同样是无效的。因为在自然状态下，人人都是法官，根本无所谓控告，而在文明国家中，紧跟着控告而来的就是惩罚,惩罚既是强力,人们就没有义务不抵抗;控告父亲、妻子或恩人等使之判刑后本人会陷入痛苦之境时,情形也是这样。因为这种控告者的证据,如果不是自愿提供的,在本质上就应当认为是不可靠的,因而也就是不足为据的;而当一个人的证据不可信时,他就没有义务提供。刑讯逼出的控告不能当作证据。因为刑讯只能在进一步查究和探寻真实状况时作为一种推测与指引的手段。在那种情形下坦白的事情只能给受刑者减轻痛苦,而不能给施刑者提供材料,所以不能当作充分的证据来相信。因为一个人不论是用真实的或虚假的控诉来解脱自己,他都是从保全自己的生命这种权利出发的。

前面已经指出,语词之力太弱,不足以使人履行其信约,人的本性之中,可以想象得到的只有两种助力足以加强语词的力量:一种是对食言所产生的后果的恐惧,另一种是因表现得无需食言所感到的光荣或骄傲。后者是一种极其少见而不能作为依据的豪爽之感,在追求财富、统治权和肉欲之乐的人中尤其罕见,偏偏这种人却占人类的绝大部分。可以指靠的激情是畏惧。这种激情有两种十分普遍的对象,一种是不可见的神鬼力量,另一种是失约时将触犯的人的力量。在这两种力量中,前一种力量虽然较大,但就畏惧感讲来,则一般是对后一种的畏惧较大。对前者的畏惧在每一个人身上讲来就是他自己的宗教,在文明社会出现以前就在人类的本性之中占有其地位;后者则没有这种地位,至少其地位之大不足以使人信守其诺言。因为在单纯的自然状况中,权力的不平等除了在战争的情况以外是无法看出的。所以在文明社会的时代以前,或在战争使文明社会状态中断时,除开各人对自己崇拜如神并看作在背信弃义时会对自己进行报复的那种不可见的力量所感到的畏惧以外，就没有其他东西可以加强通过协议订立的和平条约，使之不为贪婪、野心、肉欲或其他强烈欲望的引诱所危害。因此，不受世俗权力管辖的两造之间所能做的一切，便是彼此相约到所畏惧的神面前去发誓。这种发誓或誓言是附加在诺言之上的一种语言形式。提出诺言的人通过这种语言形式表示，除非他履行诺言，否则就将自绝于神的慈悲，并请求神对自己进行报复。异教徒的誓言形式是这样："不如约就请周彼特神像我杀这兽一样杀死我。"而我们的誓言形式则是这样："我将怎样怎样做，愿上帝佑我。"像这样发誓，再加上各人在自己的宗教中习用的各种仪式，其作用便是使人对背信的恐惧越发来得强烈。

根据这一点就可以显然看出，除了根据发誓者所用的形式或仪式作出的誓言以外，任何其他誓言都是无效的，都不算是誓言，而且对发誓者不认为是神的任何事物也不能发誓。因为人们有时虽然出于畏惧或阿谀而往往用国王之名起誓，通过这种方式他们就是向人表示，他们将神的尊荣赋予国王了。因之，不必要地向神起誓便是亵渎神名，而像人们在一般谈话中所作的那样用其他事物起誓则根本不是起誓，而是由于说话太激烈所养成的一种不虔诚的习惯。

同时也可以显然看出，誓言不能增加约束力。因为信约如果合法的话，就不论有没有誓言，在神的眼中都是有约束力的；如果不合法的话，则纵有海誓山盟，也完全没有约束力。

第十五章 论其他自然法

根据人们有义务将那些保留起来就会妨碍人类和平的权利转让给其他人的自然法就产生了第三自然法——"所订信约必须履行"。没有这一条自然法，信约就会无用，徒具虚文，而所有的人对一切事物的权利也会仍然存在，我们也就会仍然处在战争状态中。

这一自然法中，就包含着**正义**的泉源。因为事先没有信约出现的地方就没有权利的转让，每一个人也就对一切事物都具有权利，于是也就没有任何行为是**不义**的。在订立信约之后，失约就成为不义，而非正义的定义就是**不履行信约**。任何事物不是不义的，就是**正义**的。

但正像前一章所说的，互相信赖的信约当立约的任何一方有恐怕对方失约的畏惧存在时，便是无效的；所以正义的来源虽然在于信约的订立，但当这种畏惧的原因没有消除以前，实际上不可能有不义存在；而当人们处在自然的战争状态中时，畏惧的原因是无法消除的。这样说来，在正义与不义等名称出现以前，就必须先有某种强制的权力存在，以使人们所受惩罚比破坏信约所能期望的利益更大的恐惧来强制人们对等地履行其信约，并强制人们以对等的方式来维持通过相互约定、作为放弃普遍权利之补偿而获得的所有权。这种共同权力在国家成立以前是不存在的。这一点也可以从经院学派关于正义的一般定义中推论出来，因为他们说："正义就是将每人自己所有的东西给予自己的恒定意志。"这样说来，没有所有（即没有所有权）的地方就没有不义存在；而强制权力没有建立的地方（也就是没有国家的地方）就没有所有权存在；在那种地方所有的人对一切的东西都具有权利；因之，没有国家存在的地方就没有不义的事情存在。由此看来，正义的性质在于遵守有效的信约，而信约的有效性则要在足以强制人们守约的社会权力建立以后才会开始，所有权也就是在这个时候开始。

愚昧之徒心里认为根本没有所谓正义存在，有时还宣之于口。他们郑重其事地断言，每一个人的自我保存与满足交给各人自己照管以后，大家就没有理由不按照他认为有助于这一方面的方式行动。因此，立约与不立约，守约与不守约，只要有助于个人利益，就不违反理性。在这些话里面他并没有否认有信约存在，也没有否认信约有时被破坏、有时被遵守，以及破坏可以称为不义，遵守可以称为正义。但他们的问题是：不义在去掉对神的畏惧（这些愚夫心里也认为没有神）以后，有时是不是不能和指使人们为自己谋利益的理性相一致；尤其是当这种不义能导致一种利益、并因而使人处于一种不但不顾谴责和辱骂，而且不顾他人的权势的情况之中时，它是不是不能和这种理性相一致。神的王国是凭暴力得来的，如果能用不义的暴力获得，那又怎么样呢？当我们像这样获得神的王国而又不可能受到伤害时，难道是违反理性的吗？不违反理性就不违反正义，否则正义便永远不值得推崇了。根据这种推理，获得成功的恶便得到了美德之名，有些人在所有其他方面都不曾容许背信的事情，但却容许背信以窃国。异教徒相信萨顿是被他的儿子周彼特废黜的，然而又相信这位周彼特神是惩罚不义之神,这种情形倒有一点像寇克所编的《利特顿氏著作评注》①一书中的一条法律,其中说:法定王位继承人以叛逆罪丧失公权时,王位仍得传与;并自得位之时起,公权丧失即无效。根据这种主张,人们很容易作出一个推论说:在位之王虽是父亲,当然王位继承人弑父时虽然可以称为不义或加以任何其他恶名,但却绝不能说是违反理性;因为人们所有出于意志的行为都是为了自己的利益,而最有助于达成其目的行为则是最合理性的行为。不过,无论如何这种似是而非的推理却是站不住脚的。

这里的问题不是像在没有建立世俗权力以管辖作出允诺的两方、因而其中任何一方都没有履行诺言的保证时那样,是一个互相允诺的问题,因为这种诺言根本不是信约。这里的问题是在或者立约一方已经履行契约,或者已有一个使他履行的权力的情况下,履行信约究竟是否违反理性,也就是说,这样是否违反对方的利益。我认为这并不违反理性。为了说明这一问题,我们应当考虑以下几点:第一,不管一个人对任何事情能怎样地预计到并能有多大的把握性,当他去做一件足以导致他自身毁灭的事情时,那么不论会有什么他所不能预计的偶然事物出现使之有利于他,这种情况都不能使他做上述事情成为合理的或明智的。其次,在战争状态下,由于没有一个共同的权力使大家畏服,每一个人对每一个其他的人都是敌人。任何人要是没有联盟的帮助便都难望依靠自己的力量或智慧防卫本身,免于毁灭之祸;在这种联盟中,每一个人

---

① 利特顿(Litleton)是英国有名的法律家,其最著名的著作是《论保有权》,讨论封建土地保有权。——译注

都和别人一样指望通过联合得到相同的防卫；这样说来，要是有一个人宣称他认为欺骗那些帮助他的人们是合理的行为，那么，他有理由能够期待的保障安全的手段便只是从他一个人单独的力量中所能获得的手段。因此，破坏信约之后又宣称自己认为这样做合理的人，便不可能有任何结群谋求和平与自保的社会会接纳他，除非是接纳他的人看错了人。当他被接纳并被收留时，他也不可能不看到错误中所蕴藏着的危机；因为按理说来，一个人不能指靠别人的错误作为保障自身安全的手段。因此，如果他被遗弃或驱逐出这一社会时，他就会毁灭；而他要是在这社会中生活下去，则只是由于别人的错误；但别人的错误他是既不能预见，也不能指靠的，因之便是违反他自我保全的理性的。这样看来，既然说大家都没有促使他遭到毁灭，那么这种情形便只是由于没有弄明白怎样于自己有利才把他容忍下来了。

谈到以任何方式获得天国巩固而永恒至福的例子，这是靠不住的说法。可以想象得出的道路只有一条，那便是不破坏信约而遵守信约。

至于以叛乱取得主权的另一例子则可以显然看出：虽然可以得到这种结局，但由于按照常理无法预期，而只能预计出现与之相反的情形；同时，像这样获得国权以后，其他的人就会起而效尤，所以这种举动便是违反理性的。这样说来，正义（即遵守信约）是一条理性的通则，这种通则禁止我们做出任何摧毁自己生命的事情，因之便是一条自然法。

有些人比这更进一步，不把自然法看成是有助于保全人们尘世生命的法则，而看成是有助于死后获得永恒至福的法则。他们

第十五章 论其他自然法

认为破坏信约有助于获得永恒至福，因而便是合乎正义和理性的。这种人就是那些把杀戮、废黜或反抗经过自己同意建立起来管辖自己的主权者认为是一种功德的人。但我们对于人们死后的状况并不具有任何根据自然之理得来的知识，更谈不到那时对失信会给予什么报偿的知识，这种信念所根据的不过是听到人家说他们以超自然的方式知道了这一点；或者是说他们知道有人了解到别人知道旁人以超自然的方式知道了这一点。因此，背信便不能称为理性或自然的准则。

另外有些人承认守信是一条自然法，但却认为对某些人可以例外，诸如异教徒以及一贯不履行信约的人等都是，这种说法也是违反理性的。因为人们的任何过错如果足以使我们解除已订立的信约的话，那么这种过错理所当然地、便应当足以使我们不去订立信约。

正义与不义这两个名称用于人的方面时所表示的是一回事，用于行为方面时所表示的是另一回事。用于人时，所表示的是他的品行是否合乎理性；而用于行为时，所表示的则不是品行或生活方式，而是某些具体行为是否合乎理性。因此，义士便是尽最大可能注意，使他的行为完全合乎正义的人；不义之徒则是不顾正义的人。在我们的语言中，把这两种人称为有正义感与无正义感，比之称为正义与不义更为常见，只是意义并没有两样。因此，义士便不会由于一两次因感情冲动或是弄错了人或事所做出的不义行为而失去义士的称号；一个不义之徒也不会由于出自畏惧而做出或不做的行为而失去不义的品质，因为他的意志不是根据正义、而是根据他所要做的事情的明显利益形成的。使人们的行为具有正义色彩的是一种罕见的高贵品质或侠义的勇敢精神，在这种精神下，人们耻于让人看到自己为了生活的满足而进行欺诈或背信。这种品行上的正义就是以正义为德、以不义为恶的地方所指的那种正义。

但行为正义并不能使人获得正义之名，而只能说是无罪。行为的不义（也称为侵害），则只能使人获得有罪之名。

此外，品行的不义指的是进行侵害的倾向或居心，它在没有变成行动以前，而且也无需假定有任何人受了侵害，就已经是不义的。但行为的不义（也就是侵害）则假定有一个受了侵害的人存在，这就是与之立信约的人；于是有许多时候受侵害的是一个人，而损失则落在另一个人身上。比如当主人令仆人把一笔钱送给一个陌生人而仆人没有送时，受侵害的便是仆人原先立约要服从的主人，但损失却落在这个陌生人身上；仆人对他并没有义务，所以也就不得谓之侵害了他。同样的道理，在一个国家之中，平民可以互相免除债务，但却不能宽免使他们受损失的抢劫或其他暴行。因为不偿债时受侵害的是他们自己，而抢劫和暴行所侵害的却是国家的人格。

对一个人所受到的任何行为，如果符合于他向行为者所表示的本身意愿，对他说来就不能构成侵害。因为如果做这事的人没有由于事先订立的信约而放弃他任意行为的原始权利，那就没有破坏信约的事情存在，于是也就没有对他进行侵害。如果他订立了这种信约，那么他让做这事的意愿一经表示之后就算是解除了这一信约，因而便也没有对他造成侵害。

著作家们把行为的正义分成两种，一种是交换的，另一种是分配的。他们说前者成算术比例，而后者则成几何比例。因此，他们便认为交换的正义在于立约的东西价值相等，而分配的正义则在于对条件相等的人分配相等的利益。意思好像是说贱买贵卖是不义，给予一个人多于其应得的东西也是不义。一切立约议价的东西其价值是由立约者的欲求来测量的，因之其公正的价值便是他们满意付与的价值。条件不是根据正义应该得到多少，其报酬只是来自恩惠。但有信约规定的条件则不在此例；在此种情形下，立约一方履行信约就成为使另一方应履行信约的条件，于是便属于交换性的正义而不属于分配性的正义。这样说来，上述区别在一般通行的意义下便是不正确的。正确地说，交换的正义是立约者的正义，也就是在买卖、雇佣、借贷、交换、物物交易以及其他契约行为中履行契约。

分配的正义则是公断人的正义，也就是确定"什么合乎正义"的行为。在这种事情中，一个人受到人们推为公断人的信托后，如果履行了他的信托事项，就谓之将各人的本份额分配给了每一个人。这的确是一种合乎正义的分配，可以称之为分配的正义，更确切的说法是公道。这也是一种自然法。我在下面适当的地方将要说明。

正义取决于事先存在的契约，感恩则取决于事先存在的恩惠，也就是取决于事先存在的自由赠与；这就是第四自然法，可以用下面的方式加以表述："接受他人单纯根据恩惠施与的利益时，应努力使施惠者没有合理的原因对自己的善意感到后悔。"因为要不是为了自己的好处就没有人施惠。道理是这样：赠与是自愿的，而一切自愿行为，对每一个人说来，目的都是为了自己的好处。人们如果看到自己将在这方面吃亏，恩惠或信任也就不会开始了，从而互助和人与人之间相互的协调也就不会开始了。这样一来,人们便会仍旧处在战争状态当中,这跟第一和基本自然法所主张的寻求和平是背道而驰的。违反这条自然法就称为忘恩,它对恩惠的关系就像不义对信约义务的关系一样。

第五自然法是顺应也就是说:每一个人都应当力图使自己适应其余的人。为了理解这一点起见,我们不妨这样来看问题,人们的社会倾向由于感情不同而有本质上的差异存在,情形有些像砌在一起建筑大厦的石头。如果有一块石头凹凸不平,形状不规则,安下去时要多占其他石块的地方,同时又坚硬难平,有碍建筑,这种石头便会被建筑者认为不好用而又麻烦,因而把它扔掉。同样的道理,一个人如果性格乖张,力图保持对自己没有必要、而对他人又必不可缺的东西;同时他又性情顽固,无法使之改正,这种人就会被认为妨碍社会而被抛弃或驱除。我们既然看到每一个人不但是根据权利,而且是根据必然的本性,都应当尽一切可能力求取得自我保全所必需的一切,所以为了不必要的东西而违反这一点的人便应当对因此而造成的战争负责;他所做的事情也就违反了规定人们寻求和平的基本自然法。遵守这条自然法的就可以称为合群,拉丁文称之为和顺,相反的情形就称为顽固、不合群、刚愎自用和桀骜不驯等等。

第六自然法是:当悔过的人保证将来不再重犯,并要求恕宥时,就应当恕宥他们过去的罪过。因为恕宥就是允许取和。虽然对坚持抱敌意的人,允许取和不能算是取和而是畏惧,但对保证将来的人不允许取和则是不愿和平的表示,因之便是违反自然法。

第七自然法是:在报复中,也就是在以怨报怨的过程中,人们

第十五章　论其他自然法

所应当看到的不是过去的恶大，而是将来的益处多。

这一自然法规定除了为使触犯者改过自新和对其他人昭示警戒之外，禁止以其他任何目的施加惩罚。这一自然法是上一自然法——要求人们在保证将来的条件下进行宽恕——的必然结论。此外，不考虑警戒和未来的利益而进行的报复便是对于无目的地伤害他人感到得意或光荣。因为目的总是未来的事情，而无目的的光荣便是违反理性的虚荣。没有理由地进行伤害就会造成战争，这就违犯自然法，一般都称之为残忍。

一切仇恨与轻视的表示都足以引起争斗，因为大部分人都宁愿冒生命的危险而不愿忍辱含垢。于是，我们便定下这样一条戒条：作为自然法的第八条：任何人都不得以行为、言语、表情、姿态表现仇恨或蔑视他人。违犯这一自然法的人一般称之为侮辱。

在单纯的自然状态下，正像前面所说明的一样，所有的人都是平等的，根本没有谁比较好的问题存在。现今所存在的不平等状态是由于市民法引起的。我知道，亚里士多德在他的《政治学》第一篇中将以下说法当成他学说的基础：人类根据天性说来，有些人更宜于"治人"，这就是较为贤明的一类人（他本人认为自己由于他的哲学就属于这一类人）。另一类人则以"役于人"为相宜，这种人就是身体强壮而不属于他那种哲学家之列的人。他的意思好像是说：主仆之分不是由于人们同意而产生的，乃是由于智力的差别而产生的。这种说法不但违反理性，而且也违反经验；因为世间很少人会愚蠢到不愿意自己管自己的事而宁愿受制于人的。当智者满心自傲地和不相信自己智慧的人以力相争时，并不能始终或经常获胜，甚至几乎在任何时候都不能获胜。因此，如果人生而平等，那么这种平等就应当予以承认。如果人生而不平等，那也由于人们认为自己平等，除了在平等的条件下不愿意进入和平状态！因而同样必须承认这种平等。因此，我便制定第九自然法如下：每一个人都应当承认他人与自己生而平等，违反这一准则的就是自傲。

下一自然法是根据上一自然法而来的：进入和平状态时，任何人都不应要求为自己保留任何他不赞成其余每一个人要为自己保留的权利。正如所有寻求和平的人都必须放弃某些自然权利，也就是不具有为所欲为的自由；人们也必须为了自己的生命而保留某些权利，如支配自己的身体的权利，享受空气、水的权利，运动的权利，通过从一个地方到另一个地方的道路的权利，以及一切其他缺了就不能生活或生活不好的东西的权利等等。在这个问题上，如果人们在建立和平时为自己本身要求不许诺给予别人的东西，他便违反了前一法则——规定人们承认天生的平等的法则，因之也就违反了自然法。遵守这种法则的人谓之谦谨，违反这种法则的人谓之骄纵，希腊人把破坏这一法则的事称为超过本分的欲求。

同时，一个人如果受人信托在人与人之间进行裁断时，那么自然法就有一条戒条要求他秉公处理。因为没有这一点人们的争端就只有凭战争决定。这样说来，裁断偏袒的人便是滥用职权来阻止人们任用公正的裁判者和公断人，因之也就违反了基本自然法而成为战争的原因。

这一自然法是根据将按理应属于各人的东西平等地分配给每一个人的法则而来的。遵守这一自然法就谓之公道。正像我在前面所说的，这也称为分配的正义。违犯这一自然法就称为偏袒。

第十五章 论其他自然法

根据这一法则又可以推论出另一法则——不能分割之物如能共享,就应当共享,数量允许时,应不加限制;否则就应当根据有权分享的人数按比例分享。因为不像这样分配就会不平均,与公道相违。

但有些东西既不能分割,又不能共享。那么规定公道之理的自然法便要求全部权利以抽签方式决定。要不然就轮流使用,让第一次占有权以抽签方式决定。因为公平分配是一条自然法,而我们又想不出其他的公平分配的方法。

抽签的方式有两种,一种是凭人意决断的,另一种是自然的。前者是由竞争者协议同意。后者要不是根据嫡长继承权决定(希腊人称之为按命运应得之分给予)便是以原占有权决定。

因此,不能共享也不能分割的东西就应当断与第一占有者;在某些情形下则应当作为按命运应得之分取得而断与长子。

以下的一点也是一条自然法:凡斡旋和平的人都应当给予安全通行的保证①。因为规定人们应以和平为目的的自然法,也规定人们应以调解为手段,而安全通行则是达到调解的手段。

人们虽然极愿遵守这些自然法,但涉及个人的行为时仍然可能发生问题。第一个问题是到底实行了没有。第二个问题是如果实行了的话,究竟是合法还是违法。前者谓之事实问题。后者谓之权利问题。因此,除非有关方面相互立约服从其他方面的裁断,否则他们仍然会和以往一样不能得到和平。其裁断受到服从的其他方面称为公断人。因此,自然法便规定:争议各方应将其权利交

---

① 原文 Safe-conduct 原指战时通行证或护照,此处从原意引申而来。——译注

付公断人裁断。

我们既然假设每一个人所做的一切都是为了自己的利益,所以任何人在自己的争讼案件中充当公断人都不相宜。即使是他十分相宜,但由于公平的原则允许双方利益均沾,如果一方被接受为裁断人,那么另一方便也应当被接受;这样一来,争端(即战争的原因)就会违反自然法而继续存在。

同样的道理,任何人如果在一方胜诉时所获利益、荣誉或快乐显然比另一方获胜时大,那么他在任何争讼案件中便都不应当被接受为公断人;因为他虽然只是无以避免地接受了一笔贿赂,但却仍然是一笔贿赂,任何人都没有义务相信他。像那样做的话,争端和战争状态便仍然存在,与自然法相违。

在有关事实的争执中,裁断者由于对一方的信任不能比另一方大,如果他没有其他证据时,就必须信任第三方面,或第三与第四方面,或者是更多的人,否则问题就会悬而不决,并将听任以武力解决,那样就违反自然法了。

以上各条都是规定人们以和平为手段在社群中保全自己的自然法,它只是与文明社会有关的原理。此外还有其他的事情对个人有损害,如醉酒和其他一切放纵行为都属于这一类,因之便也可以列为自然法所禁止的事情。但这些都无需提出,也不十分宜于在这里讨论。

由于人们之中大部分都忙于糊口,其余的人则因过于疏忽而无法理解以上关于自然法的微妙推演。然而为了使所有的人都无法找到借口起见,这些法则已被精简为一条简易的总则,甚至最平庸的人也能理解,这就是:己所不欲,勿施于人。这条总则说明,认识自然法时所要办到的只是以下一点：当一个人把他人的行为和自己的行为放在天平里加以权衡，发现他人的行为总显得太重时，就要把他人的行为换到另一边，再把自己的行为换到他人行为的位置上去，以便使自己的激情与自重感不在里面增加重量，这时前述的自然法就没有一条在他看来不是十分合理的了。

自然法在内心范畴中是有约束力的。也就是说，它们只要出现时便对一种欲望有约束力。但在外部范畴中，也就是把它们付诸行动时，就不永远如此。因为一个人如果持身谦恭温良，在其他人都不履行诺言的时候与地方履行自己的一切诺言，那么这人便只是让自己作了旁人的牺牲品，必然会使自己受到摧毁，这与一切使人保全本性的自然法的基础都相违背。从另一方面说来，一个人如果有足够的保证，知道旁人对他会遵守这些自然法，而他自己却不遵守时，他所寻求的便不是和平而是战争，结果便是让暴力毁灭自己的本性。

在内心范畴中发生约束力的任何自然法，不仅可能由于与之相违的事实而遭到破坏，当与之相符的事实被人认为相违时也可能由于这相符的事实而遭到破坏。因为人在这种情形下的行为虽然和该法相符，但他的目的则与之相违；当约束是内心范畴的约束时，这便是破坏其约束。

自然法是永恒不变的。不义、忘恩、骄纵、自傲、不公道、偏袒等等都绝不可能成为合乎自然法的。因为绝不会有战争可以全生而和平反足杀人的道理。

这些自然法由于只对欲望和主观努力具有约束力，我所指的是真诚与持久的努力，所以便易于遵行。因为既然，自然法所要求于人的只是努力,努力履行这些自然律的人就是实现了它们,而实现了自然法的人就是正义的。

研究这些自然法的科学是唯一真正的道德哲学,因为道德哲学就是研究人类相互谈论与交往中的善与恶的科学。善与恶是表示我们的欲望与嫌恶的名词,欲望与嫌恶在人们不同的气质、习惯和学说之中是互不相同的。不同的人非但是在味觉、嗅觉、听觉、触觉和视觉的判断中好恶不同,而且对共同生活的行为是否合理的判断也彼此迥异。甚至同一个人在不同的时候也是前后不一样的。在一个时候贬斥而称之为恶的,在另一个时候就可能赞扬而称之为善。这样就产生了争论和争执,最后就会酿成战争。因此,当个人的欲望就是善恶的尺度时,人们便处在单纯的自然状况(即战争状况)下。于是所有的人便都同意这样一点:和平是善,因而达成和平的方式或手段,如我在前面所说的正义、感恩、谦谨、公道、仁慈以及其他自然法也是善;换句话说,它们都是美德,而其反面的恶行则是恶。由于研究美德与恶行的科学是道德哲学,所以有关自然法的真正学说便是真正的道德哲学。道德哲学方面的著作家虽然也承认同样的美德与恶行,但由于他们没有看到这些美德的善何在,也没有看到它们是作为取得和平、友善和舒适的生活的手段而被称誉的,于是便认为美德在于激情的适度。意思好像是说:毅勇不在于勇敢无畏的动机,而在其程度;慷慨大度不在于馈赠的动机,而在于赠物的数量一样。

这些理性的规定人们一向称之为法,但却是不恰当的,因为它们只不过是有关哪些事物有助于人们的自我保全和自卫的结论或法则而已。正式说来,所谓法律是有权管辖他人的人所说的话。

但我们如果认为这些法则是以有权支配万事万物的上帝的话宣布的，那么它们也就可以恰当地被称为法。

第十六章　论人、授权人和由人代表的事物

所谓人要不是言语或行为被认为发自其本身的个人，便是其言语和行为被认为代表着别人或（以实际或虚拟的方式归之于他的）任何其他事物的言语和行为的个人。

言语和行为被认为发自其本身的个人就称为自然人，被认为代表他人的言语与行为时就是拟人或虚拟人。

人这个字原来是拉丁文。希腊文不作人而作面貌讲，正像人字在拉丁文中指人在舞台上装扮成的某人的化装或外表一样，有时则更加具体地专指装扮脸部的面具或面甲。后来这字从舞台用语转而变成指法庭和剧院中的任何行动与言论的代表。所以在舞台上和普通谈话中，人的意义便和演员的意义相同。代表就是扮演或代表他自己或其他人。代表某人就是承当他的人格或以他的名义行事。西塞罗说：我承当着三重人格——我自己、我的对手和裁判者，他所用的意义就是这种意义。这种代理人在不同的时候有不同的名称，如代表、代表者、副手、副牧师、代诉人、代理人、公诉人扮演者等等都是。

有些拟人的言行得到被代表者的承认，于是他便称为代理人，承认他的言行的人就是授权人。在这种情形下，代理人是根据授权而行动的。这种授权者，在货物与财产方面称为所有者。指行

为方面的情形时就称为授权人。正像占有权称为所有权一样，做出任何行动的权利就称为授权。因此，授权便始终是指做出任何行为的权利，根据授权行事便是根据具有这种权利的人的委托或准许行事。

由此可以推论，当一个代理人根据授权订立了一项信约时，他就可以使授权者因此而要像亲自订约一样受到约束，同时也使他同样要对该约的一切后果负责。因此，前面第十四章中所说的一切关于人与人之间以其自然人的资格订立的契约的性质，对于从授权人方面获得授权的代理人、代表者或代诉人在不逾越其委托的范围内所订立的信约也同样适用。

因此，一个人如果和代理人或代表订约而不知道他有多大授权的话，那么发生危险时就要由自己负责。因为任何人本人不是授权人时，就不会受所订信约的约束。因之，违反其所赋予的授权或在这种授权范围之外订立的信约，他也是不受约束的。

当代理人受原先订立的信约的约束要服从授权人时，如果根据授权人的指令而做了任何违反自然法的事情的话，那么破坏自然法的便不是他而是授权人。因为这行为虽违反自然法，但却不是他的行为。相反地，拒绝这样做时，他却违反了禁止破坏信约的自然法。

一个人如果通过代理人的居间作用和授权人订约而不知道代理人所具有的权威时，所凭据的：便只是这人所说的话而已；当他提出要求而这种授权不能向他证明时，他就不再受约束，因为和授权者订立的信约没有他的相应保证时是无效的。但如此订立信约的人如果事先知道他所能希望取得的保证只有代理人的言辞时，

第十六章　论人、授权人和由人代表的事物

那么信约便仍然是有效的，因为代理人在这种情形下使自己成了授权人。由此看来，如果授权是明确的，那么信约便对授权者而不对代理人发生约束力，如果授权是假托的，便只能约束代理者，因为除开他本人以外并没有其他授权人。

不能通过拟代的方式予以代表的事物是很少见的。如教堂、医院、桥梁等无生命物都可以由教区长、主人或监督者代表。无生命物不能成为授权者，因之也就不能将权授予代理人，但代理人仍然可以根据这些东西的主人或管理人授予他的权来加以维护和保养。这样说来，在具有世俗政府的国家成立以前，它们是不可能由人代表的。

同样的道理，不能运用理智的儿童、白痴和癫狂者可以由监护人或管理人加以代表，但除开他们恢复理知并由监护人或管理人判断为理智的人的时期以外，不能成为监护人或管理人所作出的任何行为的授权人。然而在不能运用理智的期间，有权管理他们的人却可以将权授予监护人。但这种事情除开在世俗国家中以外，也是不可能有的，因为在这以前没有对人的管辖权存在。

偶像或单纯由人们心中虚构出来的东西也可以由人代表，如异教的神就是这样。这种神由国家指定的官员代表，人们不时奉献的财产与其他财物、权利等都由他保有。但偶像，根本不是什么东西，不能成为授权者。这种授权来自国家，所以在世俗国家成立以前，异教的神也不能由人代表。

真神也可以由人代表。上帝首先是由摩西代表，摩西所治理的以色列人不是他自己的子民而是上帝的子民；他不用"摩西说"这样的说法以自己的名进行治理，而是用"神说"这样的说法以神

的名进行治理。其次,上帝便是由降临人世、教化犹太人并引导所有的民族归向圣父天国的人子、他自己的儿子、我们神圣的救世主耶稣基督代表;基督不是自己来的,而是由圣父那里派来的。第三,他便由使徒身上说话和推动使徒的圣灵或保惠师代表;这圣灵不是自己降临人世的保惠师,而是同时由圣父圣子那里派遣前来的。

一群人经本群中每一个人个别地同意、由一个人代表时,就成了单一人格;因为这人格之所以成为单一,是由于代表者的统一性而不是被代表者的统一性。承当这一人格而且是唯一人格的是代表者,在一群人中,统一性没法作其他理解。

因为一群人天然地不是一个人而是许多人。对于他们的代表者以他们的名义所说的每一句话或所做的每一件事都不能理解为一个授权人,而只能理解为许多授权人。每一个人都以个人的身份对共同的代表者授权。当授予代表者的权无限制时,他们便要承认他一切的行为。如果不是这样,而限制他在什么问题上和在什么程度内可以代表自己时,他们之中就没有任何人承认了代表者超出委托代行范围以外的事情。

如果代表者是许多人组成的,那就必须把多数人的意见当作全体的意见。比方说,如果少数人表示赞成而多数人表示反对时,那么反对票在抵消赞成票之后就还会有多;于是多余的反对票便会没有人反对,这样就成了代表者唯一的意见。

由偶数组成的代表者,特别是在人数不多时,操相反意见的人往往会相等,因之意见也就往往会提不出来,也无法采取行动。但在某些情形下,操相反意见的人数相等时,也能决定问题。比如在

第十六章　论人、授权人和由人代表的事物

判罪还是宣告无罪的问题上，票数相等时便正好是因为法官们不能进行判罪，所以就宣告无罪了；但却不能反过来说，因为法官们不能宣告无罪，所以就判了罪。其道理是一个案子在听审之后，不判罪就是宣告无罪；但如果反过来说不宣告无罪就是判罪，那就不正确了。在审议立即施行还是延缓施行的问题时，情形也是这样。因为当两种意见的人数相等而不宣告施行时，就是宣告了延缓。

要不然如果数目是三个或更多的人或集团这类的奇数的话，其中每一个人通过一票反对票都有权力取消所有其他人的赞成票的效力，这一数目不是代表性的。因为在许多情况下和在遇见最重大的事件时，往往会由于人们意见分歧和利益不一致而不能形成意见；因之便像不适于管理许多其他事情一样，也不适于掌管群众的政府，在战时尤其如此。

授权者有两类：第一类是单纯的授权者，我在前面已经作出定义，说明这就是绝对地承认另一人的行为的授权者；第二类则是有条件地承认另一人的行为或信约的授权者，也就是担保当另一人在某时或某时以前不做某事时，他就是承认授权者。这种有条件的授权者一般称为担保人，拉丁文称之为发誓担保者和保证者；专指债务时则称之为担保人，指出席见法官或行政长官的情形时则称之为保证人。

第二部分 论国家

第十七章 论国家的成因、产生和定义

我们看见天生爱好自由和统治他人的人类生活在国家之中，使自己受到束缚，他们的终极动机、目的或企图是预想要通过这样的方式保全自己并因此而得到更为满意的生活；也就是说，要使自己脱离战争的悲惨状况。正像第八章中所说明的，没有有形的力量使人们畏服，并以刑法之威约束他们履行信约和遵守第十四、十五章两章中所列举的自然法时，这种战争状况便是人类自然激情的必然结果。

因为各种自然法本身（诸如正义、公道、谦谨、慈爱，以及［总起来说］己所欲，施于人），如果没有某种权威使人们遵从，便跟那些驱使我们走向偏私、自傲、复仇等等的自然激情互相冲突。没有武力，信约便只是一纸空文，完全没有力量使人们得到安全保障。这样说来，虽然有自然法（每一个人都只在有遵守的意愿并在遵守后可保安全时才会遵守），要是没有建立一个权力或权力不足，以保障我们的安全的话，每一个人就会、而且也可以合法地依靠自己的力量和计策来戒备所有其他的人。在人们以小氏族方式生活的一

切地方,互相抢劫都是一种正当职业,绝没有当成是违反自然法的事情,以致抢得赃物愈多的人就愈光荣。在这种行径中,人们除开荣誉律以外就不遵守其他法律;这种律就是禁残忍,不夺人之生,不夺人农具。现在的城邦和王国不过是大型的氏族而已。当初小氏族所做的一切它们现在也如法炮制。在危机、畏惧入侵、恐怕有人可能帮助入侵者等等的借口下,为了自己的安全而扩张领土,他们尽自己的可能,力图以公开的武力或秘密的阴谋征服或削弱邻邦;由于缺乏其他保障,这样做便是正义的,同时还因此而为后世所称道。

少数人联合也不能使人们得到这种安全保障。因为在少数人中,某一边人数稍微有所增加就可以使力量的优势大到足以决定胜负的程度,因而就会鼓励人们进行侵略。使人确信能充分保障安全的群体大小不决定于任何一定的人数,而只决定于与我们所恐惧的敌人的对比。只有当敌人超过我方的优势不是显著到足以决定战争的结局并推动其冒险尝试时,才可以说是充分了。

群体纵使再大,如果大家的行动都根据各人的判断和各人的欲望来指导,那就不能期待这种群体能对外抵御共同的敌人和对内制止人们之间的侵害。因为关于力量怎样运用最好的意见发生分歧时,彼此就无法互相协助,反而会互相妨碍,并且会由于互相反对而使力量化为乌有。这样一来,他们就不但会易被同心协力的极少数人征服,而且在没有共同敌人的时候,也易于为了各人自己的利益而相互为战。因为我们如果可以假定大群体无需有共同的权力使大家畏服就能同意遵守信义和其他自然法,那么我们便大可以假定在全体人类中也能出现同样的情形;这时就根本既不会有也无需有任何世俗政府或国家了，因为这时会无需服从就能取得和平。

人们希望安全保障能终生保持，对于这种保障说来，如果他们只在一次战役或一次战争等有限的时期内受某一种判断意见的指挥和统辖那是不够的。因为这时他们虽然能因为一致赴敌而取得胜利，但事后当他们没有共同敌人的时候，或是一部分人认为是敌人的人，另一部分人认为是朋友的时候，就必然又会由于利益的分歧而解体和重新陷入互相为战的状态。

诚然，某些动物如蜜蜂、蚂蚁等，能群处相安地生活，因而被亚里士多德列为政治动物。然而它们却只受各自的欲望和判断指挥，同时也没有语言可以向他方表达自己认为怎样才对公共利益有利。因此，有人也许会想知道人类为什么不能这样。关于这一点，我的答复是这样：第一，人类不断竞求荣誉和地位，而这些动物则不然。因之，人类之中便会由于这一原因而产生嫉妒和仇恨，最后发生战争，但这些动物却没有这种情形。

其次，这些动物之中，共同利益和个体利益没有分歧；它们根据天性会为自己的个体利益打算，这样也就有助于公共利益。但人类的快乐却在于把自己和别人作比较，感到得意只是出人头地的事情。

第三，这些动物不像人类一样能运用理智，它们见不到，同时也不认为自己能见到公共事务管理中的任何缺点。但在人类之中则有许多人认为自己比旁人聪明能干，可以更好地管理公众；于是便有些人力图朝某一个方向改革，另一些人又力图朝另一方向改革，因而使群体陷入纷乱和内战之中。

第十七章 论国家的成因、产生和定义

第四，这些动物虽然也能用一些声音来相互表示自己的欲望和其他感情，但它们却没有某些人类的那种语词技巧，可以向别人把善说成恶、把恶说成善，并夸大或缩小明显的善恶程度，任意惑乱人心，捣乱和平。

第五，没有理智的动物不能区别无形的侵害和有形的损失；所以当它们安闲时，就不会感到受了同伴的冒犯；而人类在最安闲时则是最麻烦的时候；因为在这种时候他们最喜欢显示自己的聪明，并且爱管国家当局者的行为。

最后，这些动物的协同一致是自然的，而人类的协议则只是根据信约而来，信约是人为的。因之，如果在信约之外还需要某种其他东西来使他们的协议巩固而持久便不足为奇了，这种东西便是使大家畏服并指导其行动以谋求共同利益的共同权力。

如果要建立这样一种能抵御外来侵略和制止相互侵害的共同权力，以便保障大家能通过自己的辛劳和土地的丰产为生并生活得很满意，那就只有一条道路——把大家所有的权力和力量托付给某一个人或一个能通过多数的意见把大家的意志化为一个意志的多人组成的集体。这就等于是说，指定一个人或一个由多人组成的集体来代表他们的人格，每一个人都承认授权于如此承当本身人格的人在有关公共和平或安全方面所采取的任何行为或命令他人作出的行为，在这种行为中，大家都把自己的意志服从于他的意志，把自己的判断服从于他的判断。这就不仅是同意或协调，而是全体真正统一于唯一人格之中；这一人格是大家人人相互订立信约而形成的，其方式就好像是人人都向每一个其他的人说：我承认这个人或这个集体，并放弃我管理自己的权利，把它授予这人或

这个集体，但条件是你也把自己的权利拿出来授予他，并以同样的方式承认他的一切行为。这一点办到之后，像这样统一在一个人格之中的一群人就称为国家，在拉丁文中称为城邦。这就是伟大的利维坦(Leviathan)的诞生，——用更尊敬的方式来说，这就是活的上帝的诞生；我们在永生不朽的上帝之下所获得的和平和安全保障就是从它那里得来的。因为根据国家中每一个人授权，他就能运用托付给他的权力与力量，通过其威慑组织大家的意志，对内谋求和平，对外互相帮助抗御外敌。国家的本质就存在于他身上。用一个定义来说，这就是一大群人相互订立信约、每人都对它的行为授权，以便使它能按其认为有利于大家的和平与共同防卫的方式运用全体的力量和手段的一个人格。

承当这一人格的人就称为主权者，并被说成是具有主权，其余的每一个人都是他的臣民。

取得这种主权的方式有两种：一种方式是通过自然之力获得的，例如一个人使其子孙服从他的统治就是这样，因为他们要是拒绝的话，他就可以予以处死；这一方式下还有一种情形是通过战争使敌人服从他的意志，并以此为条件赦免他们的生命。另一种方式则是人们相互达成协议，自愿地服从一个人或一个集体，相信他可以保护自己来抵抗所有其他的人。后者可以称为政治的国家，或按约建立的国家；前者则称为以力取得的国家。首先要讨论的是按约建立的国家。

第十八章　论按约建立的主权者的权利

当一群人确实达成协议，并且每一个人都与每一个其他人订立信约，不论大多数人把代表全体的人格的权利授予任何个人或一群人组成的集体（即使之成为其代表者）时，赞成和反对的人每一个人都将以同一方式对这人或这一集体为了在自己之间过和平生活并防御外人的目的所作为的一切行为和裁断授权，就像是自己的行为和裁断一样。这时国家就称为按约建立了。

由群聚的人同意授予主权的某一个或某些人的一切权利和职能都是由于像这样按约建立国家而得来的。

首先，由于他们订立了信约，这便意味着他们不再受任何与此相反的旧信约的约束了。这样说来，已经按约建立一个国家的人，由于因此而受信约束缚必须承认某一个人的行为与裁断，按照法律说来，不得到这人的允许便不能在自己之间订立新信约，在任何事物方面服从任何另一个人。因此，一个君主的臣民，不得到君主的允许，便不能抛弃君主政体、返回乌合之众的混乱状态，也不能将他们自己的人格从承当者身上转移到另一个人或另一个集体身上。因为他们已经人人相互订约承认已成为自己的主权者的人所做的一切以及他认为适于做出的一切，并被称为是这一切的授权人。因此，任何人要是不同意的话，大家便都会破坏自己对这人所订定的信约了，这就是不义。同时他们每一个人也都将主权授予承当他们的人格的人了，要是废黜他的话，便是夺去了他自己的东西，这也是不义。此外，企图废黜主权者的人，由于这种企图而被他斩杀或惩办时,他也是自己所受惩办的授权者,因为按约建立国家后,他就是主权者所做的一切事情的授权人;由于一个人做出任何将受到自己所授予的权力惩办的事情时就是不义,根据这一点他也是不义。有人对于自己不服从主权者一事所提出的借口是他们和上帝、而不是和人订立了新信约,这也是不义的。因为不通过代表上帝的人的中介作用就不可能和上帝订约,而代表上帝则只有在上帝之下具有主权的神的代理人才能办到。但这种与上帝立约的借口甚至在提出借口的人自己的良心中说来也显然是一种谎言,以致这种行为不但是不义的,而且是卑鄙和怯懦的。

第二,因为被他们推为主权者的那个人承当大家的人格的权利只是由于他们彼此间的信约所授予的,而不是由他对他们之中任何人的信约所授予的,于是在主权者方面便不会违反信约;这样一来,他的臣民便不能以取消主权作借口解除对他的服从。显然被推为主权者的那个人并没先同他的臣民订约,否则他就必需将全体群众作为一方与之订约,要不然就必需和每一个人分别订约。将全体群众作为一方与之订约是不可能的,因为他们在那时还不能成为一个人格。要是有多少人他就订立多少单独的信约,那么在他有了统治权以后,那些契约就无效了。因为不论任何行为如果能被其中的任何一个人声称为破坏信约的行为的话,这一行为便既是他自己的行为,也是所有其他人的行为。其原因是:这行为是代表他们每一个人的人格并根据他们每一个人的权利作出的。此外,如果他们之中有一个或更多的人声称按约建立主权者时由主权者订立的信约有违反情形,而其他的人或另一臣民或者是主权者自己又声称没有违反,在这种情况下,就没有一个裁断者来决

第十八章 论按约建立的主权者的权利

定这一争执。于是便又会重新诉诸武力,每一个人也就会恢复运用自己的力量保护自己的权利,这就和原先按约建立国家的宗旨相违背了。这样说来,通过事先订立的信约授予主权是没有用的。有人认为任何君主的主权是由于订立信约而得来的,也就是有条件地得来的。这种看法只是由于对下一简单的真理缺乏理解而产生的:——信约本身只是空洞的言辞,除开从公众的武力中得到的力量以外就没有任何力量来约束、遏制、强制或保护任何人;所谓从公众的武力中得到的力量,指的是从具有主权的一个人或一群人组成的不受束缚的集体的手中取得的力量。这个人或这个集体的行为得到全体的保证、并以大家结合在本身之中的力量来予以执行。但如果是一个集体被推为主权者时,任何人便都不会设想在按约建立国家时成立了任何这种信约。因为举一个例子来讲,没有人会笨到一个程度,以致说罗马城邦的人民和罗马人订立了一项信约,规定根据某某条件保有主权。这种信约要是没有履行的话,罗马人依法就会有权废黜罗马城邦的人民了。人们之所以看不到君主政体和平民政府的道理彼此相同,是由于某些人具有野心,他们偏爱自己可望参加的集体政府和对君主政体感到灰心绝望的缘故。

第三,由于多数人以彼此同意的意见宣布了一个主权者,原先持异议的人这时便必需同意其余人的意见;也就是说,他必须心甘情愿地声明承认这个主权者所做的一切行为,否则其他的人就有正当的理由杀掉他。因为他如果是自愿加入这一群人组成的群体,这一行为本身就充分说明了他的意愿,也就是以默认的方式约定要遵守大多数人所规定的事情。这样说来,如果他拒绝遵守或声言反对他们的任何规定，便是违反了自己的信约，因之也就是不义的行为。不论他是不是属于这个群体，也不论是不是征求了他的同意，他要不是必须服从他们的决定，就必然会被抛弃在原先所处的战争状态中；在这种状态下，任何人都可以杀死他而不为不义。

第四，由于按约建立国家之后，每一个臣民便都是按约建立的主权者一切行为与裁断的授权者，所以就可以得出一个推论说：主权者所做的任何事情对任何臣民都不可能构成侵害，而臣民中任何人也没有理由控告他不义，因为一个人根据另一个人的授权做出任何事情时，在这一桩事情上不可能对授权者构成侵害。既然像这样按约建立国家之后，每一个人都是主权者一切行为的授权人。因此，抱怨主权者进行侵害的人就是抱怨自己所授权的事情，于是便不能控告别人而只能控告自己。甚至还不能控告自己进行了侵害，因为一个人要对自己进行侵害是不可能的。诚然，具有主权的人可能有不公道的行为，但确切地说，这不是不义，也不算是侵害。

第五，根据以上所说的道理看来，处死一个主权者，或臣民以任何方式对主权者加以其他惩罚都是不义的。因为每一个臣民既然都是主权者行为的授权人，那样就是由于自己所做的事情去惩罚另一个人了。

由于这种按约建立国家的制度其目的是为了全体的和平与防卫，任何对这一目的具有权利的人也就具有对于手段的权利；所以具有主权的任何个人或集体就当然有权审定和平与防卫的手段，也有权审定和平及防卫一切障碍与防害的事情。为了保持和平与安全,对内防止分歧,对外对付敌人,他也当然有权事先做出他认为有必要的事情,或在和平与安全已失去时,做出一切努力来加以恢复。因此:

第六,决定哪些学说和意见有害于和平,哪些有利于和平,决定对人民大众讲话时什么人在什么情况下和什么程度内应受到信任,以及决定在一切书籍出版前,其中的学说应当由谁来审查等都属于主权范围。因为人们的行动来自意见,为了他们的和平与协调起见,良好地管理人们的意见就是良好地管理人们的行为。在学说问题上所应尊重的虽然只是真理,但并不排斥根据和平加以管理。因为与和平相冲突的学说就不能成其为真理,正像和平与协调不能和自然法相冲突一样。诚然,由于一个国家的统治者和导师们疏忽大意或不善于办事,错误的学说有时被普遍接受,违反真理的学说也可能到处蔓延,然而把新的真理骤然和纷乱地介绍进来也绝不可能破坏和平①;而只会有时引起战争。因为人们被不负责任地统治到如此程度,以致敢于用武力保卫或介绍一种意见,他们便仍然处在战争状态中。他们所处的状态不是和平状态,而只是由于互相畏惧暂时存在的休战状态而已,就好像是始终生活在战场的边缘上一样。因之,主权者便有权审定意见和学说,或任命全体审定人,把这事当成和平所必需的事,像这样来防止纠纷和内战。

第七,主权还包括以下的全部权力,即订立规章,使每一个人都知道哪些财物是他所能享有的,哪些行为是他所能做的,其他臣

---

① 原文如此。——译注

民任何人不得妨害。这种规章就是人们所谓的法度。因为正像上面已经说明的一样,在建立主权以前,所有的人对所有的东西都具有权利,这样就必然会引起战争。由此看来,法度既为和平所必需,而又取决于主权,所以它便是主权为了保持公共和平应做的事情。这些有关我的、你的、(即私有财产权)以及臣民行为中的善、恶,合法与非法的规章便是市民法,也就是每一个国家各自具有的法律。只是市民法一词现在已经只限于用来指罗马城邦的古民法,由于当时罗马城邦是世界一大部分地区的领导者,它的法律也就是那些地区的国法。

第八,司法权也属于主权的范围。这就是听审并裁决一切有关世俗法与自然法以及有关事实的争执的权利。因为不裁决争执就不能保障臣民不互相侵害,关于私有财产权的法律就会形同虚设,每一个人根据其自我保全的自然和必然的欲望就会仍然具有运用自己的力量防卫自己的权利;这就是战争状态,与每一个国家按约建立时的目的都相违背。

第九,与其他国家和民族宣战媾和的权利也是主权范围内的权利。这就是为了公共利益判断在什么时候和对多少人数的军队进行征集、武装并发付薪饷的权利,以及向臣民征集款项、支付战争开支的权利。因为保卫臣民的力量在于他们的军队,而军队的力量则在于把大家的力量统一于一个指挥之下。这种指挥是主权者制定的,于是便也为主权者所拥有;因为国民军指挥权,无需其他制度规定,就可以使具有者成为主权者。于是军队的将军不论由谁当,最高统帅始终是主权者。

第十,平时和战时一切参议人员、大臣、地方长官和官吏的甄选权也属于主权范围。公众的和平与保卫这一目的既由主权者负责，他就应当具有权力运用他认为最适合于完成其职责的手段。

第十一，交付给主权者的权力中还有根据他事先制定的法律对每一臣民颁赐荣衔爵禄之权以及施行体刑、罚金与名誉刑之权。事先没有制定法律的地方，就根据他认为最有助于鼓励人们为国家服务或防止人们危害国家的方式去施行。

最后，由于考虑到人们在自然倾向下给予自己的评价以及他们希望于别人对他们的尊敬，同时又考虑到人们对旁人的评价是怎样地低；由此出发就会不断地出现竞争、论争、党争，最后出现战争；造成互相摧毁，并削弱对共同敌人的防御力量；于是就必须有荣衔法规，并且还要有一个公开的尺度来衡量对国家有功或者有才能为国立功的人的身价；此外还必须有某一些握有武力来执行这些法律的人。但上面已经说明，不但是国家的全部国民军或武力，而且连一切争端的司法裁判权都归于主权者，因之主权者便也有权颁赐荣衔，规定每一个人的品级与地位，以及公私应酬之礼等。

以上所说的就是构成主权要素的权利，同时也是识别主权存在于哪一个人或哪一群人的集体手中的标志，因为这些都是不可转让和不可分割的权利。某些权利，像铸币权、处理未成年继承人的财产与人身的权利、市场先购权以及其他明文规定的特权，主权者都可以转让而仍然不失去其保卫臣民的权力，但他如果将国民军交出去，保留司法权就没有用了，因为法律将没法执行；要是他把征税权让出去，保留国民军也就是空话；要是把统治学理的权利让出去，人们就会由于恐惧幽灵鬼怪而发生叛乱。因此，如果我们考虑一下以上所说的任何一种权利时，马上就会看出：即使保有其他一切权利，在保持和平与正义（一切国家按约建立的目的）方面也不会产生任何效果。人们说，这种分割是"国分则国将不国"的分割；因为除非事先发生了这种分割，否则就不会出现分裂成敌对阵容的情形。如果英格兰绝大部分人当初没有接受一种看法，将这些权力在国王、上院、下院之间加以分割，人民便绝不会分裂而首先在政见不同的人之间发生内战，接着又在宗教自由问题方面各持异议的人之间发生内战。这种情形使人们对于主权的这一特点获得了极大的教训，所以目前英国便很少人看不到这些权利是不可分割的，而且在下次恢复和平时也会普遍承认这一点，直到大家忘记痛苦之前，这种情况会一直继续下去。但除非是一般人得到比迄今更好的启导，否则在那之后就难于持续下去了。

由于这些都是必不可缺和不可分割的权利，所以就必然会得出一个结论：其中任何一种权利不论表面上根据什么言辞转让出去了，只要主权本身没有直接宣告放弃、而受让人又没有不再将主权者之名赋予转让权利的人的话，这种让渡便是无效的；因为当这人把一切能让出去的全都转让了之后，我们只要把主权转让回去，这一切便又全都作为不可分割地附属于主权的东西而恢复了。

这一巨大的权柄由于本身是不可分割的，而且又不可分离地附属在主权之上，所以有些人说主权君主的权力虽然比每一个臣民单独说来大，但比全体臣民总合起来的权力小的说法便没有什么根据了。因为他们所说的全体，如果不是如同一个人一样的集体，那么全体一词和每一个人一词所指的便是同一回事，这句话便荒谬不通了。但如果他们所谓的全体所指的是把全体臣民当成

第十八章　论按约建立的主权者的权利

一个人看待，而这一人格又由主权者承当，那么全体的权力和主权者的权力便是同一回事，在这种情形下，这话便也是不通的。这种不通的情形当主权由一群人组成的集体握有时，他们看得很清楚，但在君主身上他们却看不到，然而主权不论操在谁手中总是一样的。

正如同权力一样，主权者的荣位也应当比任何一个或全体臣民高。因为荣位源于主权。勋爵、伯爵、公爵和王公等身份都是由他封的，正如同仆人在主人之前一律平等而没有任何荣位等差存在一样，臣民在主权者之前也是这样。不在主权者面前时他们虽然有些人较为显耀、有些则较差，但在主权者之前他们就像众星在太阳光之下一样不那么光芒夺目了。

但人们在这一点上也许会提出反对说：臣民的景况太可怜了，他们只能听任具有无限权力的某一个人或某一群人的贪欲及其他不正常激情摆布。一般说来，在君主之下生活的人认为这是君主制的毛病，而在民主国家的政府或其他主权集体之下生活的人则认为这一切流弊都是由于他们那种国家形式产生的。其实一切政府形式中的权力，只要完整到足以保障臣民，便全都是一样的。人类的事情绝不可能没有一点毛病，而任何政府形式可能对全体人民普遍发生的最大不利跟伴随内战而来的惨状和可怕的灾难相比起来或者跟那种无人统治，没有服从法律与强制力量以约束其人民的掠夺与复仇之手的紊乱状态比起来，简直就是小巫见大巫了。应当看到最高统治者的最大压力绝不是由于自己高兴损害或削弱臣民或者是由于像这样可以得到什么好处才施加的，他们自己的力量和光荣存在于臣民的活力之中。这种压力来自人民本身的抗拒情绪,他们为自己的防卫而纳税是很不情愿的。这样就使得统治者不得不在平时尽量从他们身上征敛,以便在任何紧急时期或突然有需要的时候御敌制胜。因为所有的人都天生具有一个高倍放大镜,这就是他们的激情和自我珍惜;通过这一放大镜来看,缴付任何一点点小款项都显得是一种大的牢骚根源。但他们却不具有一种望远镜(那就是伦理学和政治学),从远方来看看笼罩在他们头上,不靠这些捐税就无法避免的灾祸。

第十九章 论几种不同的按约建立的国家和主权的继承问题

国家的区别在于主权者的不同,也就是在于代表全体群众和其中每一个人的人有差别。统治权不操在一人手中便操在多人组成的会议手中。而会议则要不是每一个人都有权进入,便是并非每一个人而只有不同于其他人的某些人才有权进入,因此我们便显然可以看出,国家只有三种。因为代表者必然不是一个人便是许多人。如果是许多人,便不是全体组成的会议,就是一部分人组成的会议。当代表者只是一个人的时候,国家就是君主国,如果是集在一起的全部人的会议时便是民主国家或平民国家,如果只是一部分人组成的会议便称为贵族国家。此外就不可能有其他的国家了。因为主权必然是不归一个人握有,就要由许多人握有,或全体握有的一个不可分割的整体,这一点我在前面已经说明了。

在历史和政治书籍中还有其他的政体名称,如僭主政体和寡头政体等。但这些并不是另外的政府形式的名称,而只是同一类政府形式遭人憎恶时的名称。因为在君主政体之下感到不满的人就称之为僭主政体，而不高兴贵族政体的人就称之为寡头政体。同样的道理，在民主政体之下感到不满的人就称之为无政府状态，意思就是没有政府的状态。但我认为任何人都不会相信，没有政府也算是一种新的政府。根据这同一理由，人们也不应当在他们喜欢某种政府时便认为它是某种政府，而在不喜欢或受到统治者压迫的时候又认为它是另一种政府。

显然，处于绝对自由状况下的人如果愿意的话，可以把他们的权力赋予一个人，使之代表他们之中的每一个人，同时也可以赋予任何多数人组成的集体。因之，当他们认为有利时，便可以对君主和对任何其他代表者同样绝对臣服。因此，在已经建立主权的地方，同一人民除开在某些特殊目的方面受到主权者限制的代表者以外便不可能有其他代表者。因为要是有的话，就是建立两个主权者，同时也使每一个人都由两个代理人代表自己的人格，在他们彼此对立时，就必然会分割主权（人们如果要过和平生活，主权便是不可分割的），因而便使大家陷入于战争状况之中，与一切按约建立主权的宗旨相违背。这样说来，如果认为主权会议邀请其所管辖的人民派遣代表并授权呈述其意见或愿望时，便应当因此就不把自己当成人民的绝对代表者，而要把那些代表当成绝对代表者，那便是荒谬的看法。同样的道理，在君主国家中这种看法也是荒谬的。我真不知道，像这样明显的一条真理，近来为什么这样不被人注意，以致出现这样一种情形：在一个君主国中，原先君王的主权是从六百年的王统中获得的，唯有他被称为主权者，每一个臣民都称他为陛下，毫无疑问地尊他为王，然而他却不被认为是臣民的代表者;代表者这一称号竟然毫无异议地被认为是君主命令人民派来呈递请愿书,并在君主许可的条件下向他提出咨议的那些人。这对于现在是真正绝对的人民代表者的人而言可以说是一个箴鉴——他们如果要履行人们对他的托付的话,就必须教导人们认识这种代表职位的性质,并且要提防他们在任何时候承认任何另一个总代表。

这三种国家的差别不在于权力的不同,而在于取得和平与人民安全(按约建立国家的目的)的方法上互有差别。如果把君主政体和另外两种政体加以比较,我们就可以看出:第一,不论任何人承当人民的人格,或是成为承当人民人格的会议中的成员时,也具有其本身的自然人身份。他在政治身份方面虽然留意谋求公共福利,但他会同样或更多地留意谋求他自己以及他的家属和亲友的私人利益。在大多数情形下,当公私利益冲突的时候,他就会先顾个人的利益,因为人们的感情的力量一般来说比理智更为强大。从这一点就可以得出一个结论说:公私利益结合得最紧密的地方,公共利益所得到的推进也最大。在君主国家中,私人利益和公共利益是同一回事。君主的财富、权力和尊荣只可能来自人民的财富、权力和荣誉。因为臣民如果穷困,鄙贱或由于贫乏、四分五裂而积弱,以致不能作战御敌时,君主也就不可能富裕、光荣与安全。然而在民主政体或贵族政体中,公众的繁荣对于贪污腐化或具有野心者的私人幸运说来,所能给予的东西往往不如奸诈的建议、欺骗的行为或内战所给予的那样多。

第二,君主可以随便在任何时候、任何地点听取任何人的咨议,因之便可以不论阶级和品位听取其所考虑的事物的专家的意见。而且他可以要在行动以前多久听取就多久听取，要多保密就多保密。但当一个主权议会需要听取意见时，除开自始就有权的人以外其他人不得进入。这些人大多数都精于谋财而拙于求知，发表意见时往往长篇大论，这种议论可以而且一般也的鼓舞了人们行动，却不能加以支配。因为情感之火只能使理性目眩，而不能使之眼明。同时议会由于本身人数众多，也不可能有任何时间与地点秘密地听取意见。

第三，君主的决断除人性本身朝三暮四的情形以外，不会有其他前后不一的地方。但在议会中则除人性之外还有人数所产生的矛盾。因为主张决议一旦通过后就应当继续保持的少数人由于安全、疏忽或私事缠身等而没有到会时，或是持反对意见的有几个人老是出席时，就会使昨天做出结论的一切今天又被推翻了。

第四，君主绝不可能由于嫉妒或利益而自己反对自己，但议会却会这样，甚至达到可以引起内战的程度。

第五，在君主国中却有一种流弊存在，即任何臣民的全部财产都可能由于一个独夫的权力而被剥夺，用以养肥君主的宠臣或谄佞人物。这一点我承认是一个很大的和不可避免的流弊。但同样的事情在主权由一个议会握有的地方也会产生，因为他们也具有同样的权力；同时正像君王听信谄佞一样，他们也会听信游说家的坏主意并受他们的引诱；他们还可能互相奉承，狼狈为奸，以各遂其贪欲与野心之愿。此外，君王的宠臣人数很少，而且除开自己的亲族以外也不会要拔擢任何其他的人。但议会的壁人为数就多了，其亲属也远多于任何君王。还有一点，君王的宠臣没有一个不是既能伤害敌人，也能救助友人的；而说客们——也就是主权议会的嬖人，虽则有极大的权力来进行伤害，但却没有什么权力来援救别人。因为根据人类的本性说来，攻击别人比为别人辩护所需要的口才更少，而指控则比解脱更类似于正义行为。

第六，君主政体还有一个流弊，是主权可能传到一个孺子或不辨善恶的人手中。这样一来，他运用权力便必须假手另一个人或多人组成的会议，这种人作为他的人格与权力的监护人和管理人，根据他的权利并以他的名义治理朝政。但如果说将主权交给某一人或多人组成的会议运用的做法有流弊，那便等于说，一切政府比之混乱局面和内战都流弊更大。也就是说，一切能够指出的危险都必然是由竞相攘夺这个名利双全的高位的人们所造成的。为了说明这种流弊不是从我们所谓的君主政体这种政府形式中产生的，我们不妨研究一下下述两种情形：一种是前任君主已经用遗嘱明确地规定了或采取对这个问题的习惯做法不加限制的办法，默认了谁将享有对幼主的监护权。在这种情形下，这种流弊如果发生的话，便不能归咎于君主政体，而只能归咎于臣民的野心与不义；这种事情在所有的政府形式下，只要是臣民对自己的义务和主权的权利没有受到良好教导，都是一样的。另一种情形是，前任君主完全没有处理监护幼主的问题。这时自然律就提供了一条充分的法则，规定监护权应当归于根据自然之理保全幼主的权力对之最为有利而幼主死亡或地位削弱对之最为不利的人。我们既然看到每一个人在天性上都是谋求私利和个人的升迁的，那么把幼主交给一个可以因杀死或损害他而得到升迁的人手中就不是监护幼主而是窃国了。因此，在对有关幼主执政问题的一切正当争执做了充分的规定以后，再要发生了任何斗争，扰乱了公共和平，那就不能归咎于君主政体的政府形式,而只能归咎于臣民的野心和他们对于自身义务的无知了。从另一方面说来,一个大国的主权如果操在一个大的议会手中时,在有关和战以及立法等问题的咨议上也没有一个不是像政府操在幼主手中的情形一样。因为正像幼主缺乏判断力不能否定对他提出的咨议、因而必须接受受其监护的个人或集体的意见的情形一样,议会对于多数的意见也是无论好坏都无权反对。而且正如幼主需要有一个监护人或保护者来保护他的人身和权力一样,在大国中主权议会遇到一切重大危机和动乱时也需要有权利保护人,也就是需要独裁者或权力保护人。这种人就是临时的君主,在一个时期内,他们将全部权力都交给他运用。在这个时期终了之后,这种权力被剥夺的情况比幼主权力被保护人、摄政者或任何其他监护人剥夺的情况更为常见。

正和我已经说明的一样,主权只有三种,那就是由一人掌权的君主政体、由全体臣民大会掌权的民主政体,以及由经过指定的或以其他方式使其与旁人有别的某一部分人组成的议会掌权的贵族政体。

但我们要是看一看以往和现在世界上所存在的具体国家时,也许会很难把它们归为三类,因而会倾向于认为还有这些形式混合产生的其他形式。比方说,有一种选任的王国,其国王只是在一个时期内握有主权;还有一种王国中,国王的权力是有限的;然而大多数著作家仍然称这两种政府为君主政体。同样的道理,如果一个民主国家或贵族国家征服了敌国而派一个主席、总督或其他地方长官加以统治时,初看起来倒也是很像一个民主政府或贵族政府。但问题不是这样。因为选任的国王并不是主权者而是主权者的大臣,权力有限的国王也不是主权者,而是具有主权的人的大臣。臣服于另一个国家的民主政府或贵族政府的行省,其统治方式也不是民主的或贵族的,而是君主式的。

首先,让我谈谈选任的国王。这种国王的权力有些只限于本人终身握有,像现在基督教世界中许多地方的情形就是这样;还有些则只限于若干年或若干月,如罗马人的独裁者的权力就是这样。他们如果有权指定继位者,那就不再是选任的国王,而是世袭的国王了。如果国王无权选任继任者,那就会有另一个众所周知的人或会议在国王死后重新选任,否则国家就会随着国王的死亡而解体,复归于战争状态。如果已经知道谁有权在国王死后授予主权,那便不问可知主权原先就操在他们手中;因为没有权利保有并在自己认为有利时据为己有的东西,人们就没有权利授予别人。但如果在最初选出的国王死后没有人能授予主权,那么人们为了不致陷入内战的悲惨状况而委以执政权的那个人就有权,而且根据自然法有义务确定继承人。由此可见,他被选出时,就已经是绝对的主权者了。

其次,权力有限的国王的地位不会高于有权限制他的某一个人或某些人,而地位不高于他人的人就不是地位最高的人,也就不是主权者。于是主权便始终存在于有权限制他的议会之中;这样一来,这政府便不是君主政体,而是民主政体或贵族政体了。古代的斯巴达就是这样,两个国王有权领兵,但主权却在监察委员手中。

第三,比方说,罗马民族以往曾经派一个主席统治犹太民族地区,但犹太并不因此就是一个民主国家,因为他们并不是由任何他们每一个人都有权进入的议会统治的;同时也不是一个贵族国家,

第十九章 论几种不同的按约建立的国家和……

因为他们也不是由自己所选出的任何人都能进入的议会统治的。他们实际上是由一个人统治的。对罗马人民说来这是一个全民议会或民主政体，但对完全无权加入政府的犹太人民说来，这人却是一个君王。因为虽然一个民族由自己选出自己的人组成议会进行统治时固然称为民主政体或贵族政体，但由并非自己选出的议会进行统治时却是君主政体。这不是一人统治他人的君主政体，而是一个民族统治另一个民族的君主政体。

以上各种形式的政府的构成质料都是会死的，非但是君主而且连全部的议会成员都有死亡之时。为了保持人们的和平起见，就必须像有关拟人的规定一样，同时也制定拟永恒生命的规定。要是没有这一点的话，由议会统治的人便会每经一个时代就复归于战争状态，而由一个人统治的人们则将在统治者死亡之后立即复归于战争状态。这种拟永生状态便是人们所谓的继承权。

在任何完整的政府形式中，继承问题的规定都由现任的主权者掌管。因为如果由任何个人或平民组成的会议掌管的话，便是由臣民掌管，主权者可以任意僭取，于是这一权利便仍然存在于主权者本人身上。如果不由任何个人掌管，而要重新进行选举的话，国家就会解体，权利也就会归于可以夺到手的人；这样便违背为了永久安全而不是为了暂时安全建立国家的人们的宗旨。

在民主政体中，除非被统治的人群都消灭，否则全民议会便不会消灭，所以继承权的问题在这种政府形式中根本不可能存在。

在贵族政体中，议会的任何成员死亡后，补缺选举的事情由掌管所有参议人员与官员的选任事宜的议会以主权者的资格加以掌管。代表作为代理人所做的事，就是臣民每一个人作为授权人所做的事。主权议会虽然可以将权力授予他人，以选出新任者补充其议员人选，但选举仍然是根据他们的权力进行的，当公众有要求的时候也可以根据他们的权力予以撤销。

关于继承权的问题，最大的困难发生在君主政府之中，这种困难所以产生是因为初看起来谁将指定继位者不明确，有许多时候他所指定的继位者是谁也不明确。因为在这两种情况下需要运用的推理都比每一个人一般惯于运用的更严格。关于具有主权的君主的继承者由谁指定的问题，也就是关于其继位权由谁决定的问题（因为选任的国王和王侯并不具有主权的所有权，而只具有使用权），我们要考虑的情形是：要不是在位的国王有权规定继承问题，便是这种权利又重新归于散乱无纪的群众之中。因为在这种情形下：具有主权所有权的人死去之后根本没有给群众留下任何主权者，也就是没有给他们留下任何大家应统一在他身上，因而能做出任何统一行动的代表者，于是他们便不能选举任何新君主；这样一来每一个人便都有平等的权利臣服于他认为最能保护他的人；如果可能的话，他还会用自己的武器来保卫自己，那样就是回到混乱状态当中去，回到每一个人对每一个人的战争状态当中去，和当初建立君主国的目的背道而驰。因此我们就可以显然看出，君主国一旦按约建立，就永远将继承者的问题交给在位的国王根据其判断与意志处理了。

有时还会发生在位之王指定继承其权力的人是谁的问题。这一问题可以根据他明确的语言和遗嘱决定，也可以根据其他充分的默认表示来决定。

当他在世时以口头或书面的方式，通过明确的话语或遗嘱来宣布,如罗马最初的几位皇帝宣布其继承人的情形就是这样。因为继承人一词本身并不意味着传位者的子女或近亲,而只是指任何人以任何方式宣布的应继承他的地位的任何人。因此,如果一个国王以口头或书面方式明确地宣布某某人将成为其继承人,那么这人在前任国王死后马上就具有当国王的权利。

但在没有遗嘱或明确的话语的地方,就要遵从代表意志的其他自然表示,其中有一种就是习惯。因此,在习惯规定绝对应由最近的亲属继位的地方,最近的亲属便有继位的权利。因为在位之王不愿如此的话,他在世时是很容易宣布这一点的。同样的情形,在习惯规定最近的男亲属继位的地方,继位的权利便存在于最近的男亲属身上,道理和上面所讲的相同。如果风俗先女后男,情形也是一样。因为不论是什么风俗,人们都可以用语词加以限制;如果他不这样做的话,这就是他承认这一风俗成立的自然表示。

在事先既没有习惯又没有遗嘱的地方,就应当认为:第一,该君主的意愿是政府应保持君主政体的政府,因为他本人就赞成这种政府。其次,他本人的子女应优先于任何其他人继位;因为根据天性说来,可以假定人们擢升自己子女的意愿总比擢升旁人子女的意愿大;而在他本人的子女中,则更愿擢升他的儿子,因为男子的本质比女子更适宜于任劳担险。第三,自己没有子嗣时,兄弟应先于外人,这样推下去,总是血缘较近的人先于较远的人;因为我们永远可以认为亲属愈近、感情也愈厚。同时还有一点也很明显,最亲近的亲属尊贵荣显时,一个人由于亲故关系而反映到自己身上的荣耀也最大。

如果君主用传位之约或遗嘱处理继承问题是合法的,有人也许就会提出一个很大的流弊来加以反对,因为他可以把他的统治权卖给或传给一个外国人。既然是外国人,也就是不习惯在同一个政府之下生活的人,所操的语言也不是本国语言;在一般情形下这样就会互相瞧不起,因而就可能转而压迫他的臣民。这诚然是一个很大的流弊,但它却不一定是由于臣属于一个外国人的政府而产生的,而是由于统治者不善执政、不懂得真正的政治法则而来。因此,罗马人在征服了许多民族之后,为了使人们接受他们的统治起见,往往尽他们认为必要的程度消除这种怨懑;其方式是不但将罗马人的特权赋予被征服的每一个民族全体(有时则赋予其中的主要人物),同时还称之为罗马人,甚至还请他们许多人到罗马城中担任元老院议员和要职。我国最贤哲的国王——詹姆斯王力图使他所辖的英格兰与苏格兰两域合并,其目的也就在于此。这一点他如果达成了的话,就很可能阻止了目前使这两个王国陷入悲惨境地的内战。这样说来,君主按其意志处理继承问题,虽然由于许多君王的过失而有时发现是一种流弊,但却不能成为人民的任何侵害。关于这一办法的合法性,以下的一点也可以作为论证:不论将王国传与一个外国人会引起什么样的流弊,和外国人结婚也会引起同样的流弊,因为在这种情形下继承权会落到他们身上,然而大家却都认为这种婚姻是合法的。

第二十章 论宗法的管辖权与专制的管辖权

以力取得的国家就是主权以武力得来的国家。所谓以武力得

第二十章 论宗法的管辖权与专制的管辖权

来就是人们单独地或许多人一起在多数意见下，由于畏惧死亡或监禁而对握有其生命与自由的个人或议会的一切行为授权。

这种管辖权或主权和按约建立的主权的区别只有一点——人们之所以选择主权者是由于互相畏惧而不是由于畏惧他们按约建立的主权者。但在这种情形下，人们所臣服的人就是他们所畏惧的人。在两种情形下，人们都是出于畏惧而服从的。这一点值得那些认为所有出于畏惧死亡和暴力的信约一律无效的人注意。这种看法如果正确，那么任何一种国家中的人便都没有一个有服从的义务了。诚然，国家一旦按约建立或以力取得后，如果由于畏惧死亡或暴力而作出的诺言中所许诺的事物违法，便根本不是信约，而且也没有约束力。但其理由并不是因为诺言出于恐惧，而是因为作出诺言的人对所许诺的事情不具有权利。此外，当他依法应履行信约而没有履行时，那也不是因为信约无效使他解除了义务，而是由于主权者的裁断。反之，一个人不论在什么时候依法作出诺言后，破坏诺言就是不合法的。但当他由主权者（代理人）解除义务时，他便是由强迫他作出诺言的人作为解除义务的授权人而解除了义务。

但主权的权利以及其当然的结果在两种国家中是相同的。主权者的权力，不得其允许不能转让给他人，他的主权不能被剥夺，任何臣民都不能控诉他进行侵害，臣民不能惩罚他，和平所必需的事物由他审定，学说由他审定，他是唯一的立法者，也是争执的最高裁判者，他是和战问题的时间与时机的最高审定者，地方长官、参议人员、将帅以及其他一切官员与大臣都由他甄选，荣衔、勋级与赏罚等也由他决定。以上各点的理由和前一章对于按约建立的主权的同类权利与当然结果所提出的理由相同。

　　取得管辖权的方式有两种,一种是根据世代生育的关系取得的,另一种是由征服而取得的。前者是父母对于子女的管辖权,称为宗法的管辖权;这种根据世代生育关系产生的管辖权并不是因为父母生育了子女,所以就对子女具有管辖权,而是由于子女以明确的方式或其他表达出来的充分证据表示了同意。因为在生育方面,上帝为男人规定了一个协助者,永远有两个人同样是子女的父母。这样说来,对子女的管辖权就应当平等地属于双方,子女也要同样地服从双方,而这是不可能的,因为任何人都不可能服从两个主人。有些人认为管辖权只属男子所有,原因是男性更优越。但他们的估计是错误的,因为男人与女人在体力和慎虑方面并不永远存在着那样大的一种差别,以致使这种权利无需通过战争就可以决定。在一些国家之中,这种争执是由国法决定的,其中大多数裁决(并非永远如此)都有利于父方;因为大多数国家都是由氏族中的父亲建立的,而不是由母亲建立的。但现在问题在于单纯的自然状况,我们假想其中既没有婚姻法,也没有关于子女教育的法规,而只有自然法和两性相互之间以及其对子女的自然倾向。在这种状况下,要不是父母双方相互之间对于子女的管辖权问题自行订立契约加以规定,便是完全没有规定。如果加以规定的话,权利便根据契约实行。在历史上我们可以看到,亚马孙国①与靠其传嗣的邻国男子相约,生男子送归该国！生女子则留归自己,所以女子的管辖权便存在于母亲方面。

---

　　① 即我国传说中的月氏女儿国,女子临阵作战。——译注

第二十章　论宗法的管辖权与专制的管辖权

如果没有订立契约,那么管辖权便属于母亲。因为在没有婚姻法的单纯自然状况下,除非母亲宣布,否则就不知道父亲是谁。这样一来,对子女的管辖权就取决于她的意志,因之便存在于她的身上。此外,我们也看到,婴儿最初是在母亲的权力掌握之下的,母亲可以养育他,也可以抛弃他。如果她养育的话,婴儿的生命便得自于母亲,因之就有义务服从母亲而不服从任何其他人,于是对婴儿的管辖权就归母亲所有了。但她如果把婴儿抛弃掉,被另一个人捡到并收养下来,那么管辖权便存在于收养的人身上,因为这婴儿应当服从保全他的生命的人,其道理是:一个人服从另一个人的目的就是保全生命,每一个人对于掌握生杀之权的人都必须允诺服从。

如果母亲是父亲的臣民,那么子女便处在父亲权力管辖之下。如果父亲是母亲的臣属,就像女王和一个臣子结婚时那样,那么子女就应当服从母亲,因为父亲也是母亲的臣民。

如果男女双方各为一国的君主,生育子女后关于其管辖权谁属的问题订立契约加以规定,那么管辖权便根据契约实行。如果没有订立契约,这种权利便应随他所住在的地方的管辖权决定,因为每一个国家的主权者对于境内一切居民都有管辖权。

对于子女有管辖权的,对子女的子女和孙辈的子女都有管辖权。因为对一个人的人格有管辖权时,对他所具有的一切便都具有管辖权;不这样,管辖权便徒有虚名而无实效了。

宗法管辖权的继承权按王位继承权的同一方式处理,而王位继承权则在前一章中已作充分说明。

由征服或战争胜利所取得的管辖权有些著作家称之为**专制的**

管辖权。这字是从希腊文 Δεσπότης 变来的，本来的意思是领主或主人。这便是主人对臣仆的管辖权。战胜者获得这种管辖权的方式是这样：被征服者为了避免眼前丧生之灾，以明确的语词或其他充分表示意志的形式订立信约，规定在允许他保全生命和人身自由时，战胜者可以任意加以使用。订立了这种信约以后，被征服者就成了臣仆，但未订约前则不是。因为臣仆一字不论是来自服务，还是来自赦生（这一点我让文法家们去争论）其意义总不是指俘虏；不是指关在牢狱中或用刑具锁押起来、等待俘获他的主人或从俘获者那里购买他的主人考虑怎样处理的那种俘虏。因为这种人一般都称为奴隶，根本不受什么义务约束；他可以打开镣铐或监狱，杀死或掳走他的主人；这样做是合乎正义的。而臣仆所指的是一个被俘获后如果已经让他获得人身自由，而且允诺不再逃跑，也不对主人使用暴力，从而得到了主人信赖的人。

因此，对于被征服者的管辖权便不是由战胜而来的，乃是由于他自己的信约而来的。他之所以被拘束，也不是由于被征服；也就是说，他并不因为被打败、被抓住或被打得奔逃溃窜就负有义务，而只是因为他迁就并服从了战胜者。战胜者在没有允诺赦生前也不因为敌人投降就有义务让敌人可以免于听凭自己任意处理。投降一事只在战胜者任凭自己考虑认为适宜时才有约束力。

当人们要求所谓的饶命时，便是通过投降来避免战胜者眼前的愤怒，然后再以赎金或服役来和议求生。因此，获得饶命的人并没有免死，而只是延缓杀戮，以待将来考虑。因为这并不是以保全生命为条件的投降，而是任凭处理的投降。唯有当战胜者给他人身自由之时，他的生命才得到了保障，他的服役也才成了应分之

第二十章　论宗法的管辖权与专制的管辖权

事。因为在监狱里或戴着镣铐干活的奴隶，不是由于负有义务而干活，乃是由于要避免俘获他的主人的残酷待遇。

臣仆的主人也是臣仆所具有的一切的主人，可以随时索用；也就是说，臣仆的财货、他的劳动、他本人的臣仆、他的子女等等都可以在主人认为需要时随时索用。因为他是立约服从了才从他的主人那里获得生命的，立约服从就是立约承认并授权于主人的任何行为，如果主人由于他拒绝服从而杀死他，或以刑具锁禁起来，或以其他方式加以惩罚，这一切也都是由他自己授权的，不能控告主人侵害了他。

总之，宗法和专制的管辖权的权利与必然结果和按约建立的主权者的这一切完全相同，而且所根据的理由也相同，这些理由已经在前一章中提出了。因此，一个人如果是两个不同国家的君主，他在其中一个国家所具有的主权是群聚的人按约建立的主权，而在另一个国家中的主权则是由于征服得来的；也就是说：后一种主权是在每一个单个的人为了避免丧生或刑具锁禁而投降的情况下取来的；那么他如果根据征服的名义，把后一个国家当成被征服的国家而提出多于前一个国家的要求时，便是不懂得主权权利的做法。因为主权者对两个国家说来都是绝对的，否则就根本没有主权；在那种情形下，每一个人只要办得到，便可以合法地用自己的武力来保卫自己的生命，而那样便是战争状况了。

由此我们便显然可以看出，一个大家族如果不成为某个国家的一部分，其本身就主权的权利而言便是一个小王国；不论这家族是由一个人及其子女组成的，还是由一个人及其臣仆组成的，抑或是由一个人及其子女与臣仆组成的都是一样；其中父亲或家长就是主权者。但一个家族除非是能依靠自己的人数或其他机缘而具有一种力量，以致能做到不开仗就无法被人征服，否则确切地说不能算是国家。因为一群人如果显然太弱，联合起来无力保卫自己的话，那么每一个人在遇到危险的时候便都可以运用自己的理智来挽救自己的生命；或是逃走，或是降敌，看他自己认为哪种办法最好而定；其情形就像很小的一队士兵被一大队人马袭击时，为了不遭杀戮，可以放下武器求饶或是逃走一样。我根据人们建立国家并使自己臣服于具有足以保卫自己之力量的君主或议会之下这些事实的性质、需要和目的，通过思考和演绎，在主权的权利方面所发现的一切，以上所述就足够了。

现在让我们看看圣经在这一点上向我们宣教了一些什么。以色列的子民对摩西说：求你和我们说话，我们必听、不要神和我们说话、恐怕我们死亡。（见《旧约·出埃及记》第 xx 章，第 19 节）[①]这便是绝对服从摩西。关于君王的权利，上帝本身假口于撒母耳说："管辖你们的王必这样行，他必派你们的儿子为他赶车、跟马、奔走在车前，收割庄稼。制造军器、和车上的器械。必取你们的女儿为他制作香膏、做饭烤饼。也必取你们……的田地、葡萄园、橄榄园、赐给他的臣仆。你们的粮食和葡萄园所出的、他必取十分之一、给他的太监和臣仆。又必取你们的仆人和婢女、健壮的少年人供他的差役。你们的羊群他必取十分之一、你们也必做他

[①] 据《出埃及记》记载，上帝通过先知摩西治理以色列人，意旨由他转达，不直接和以色列人交往。——译注

第二十章 论宗法的管辖权与专制的管辖权

的仆人。"(见《旧约·撒母耳记上》第 viii 章,第 11、12 等节)①这便是绝对的权力,最后一句话中对这一点作了总结:"你们也必做他的仆人"然而当以色列人听到他们的王将具有什么样的权力之后,他们仍然同意,并像这样说:"使我们像列国一样。有王治理我们、统治我们、为我们争战。"(见同章第 19 节)在这句话中肯定了主权者在军事和一切司法方面所具有的权利,其中包含着一个人可能转让给另一个人的绝对权力。此外,所罗门王对上帝的祷告是这样:"求你赐我智慧、可以判断你的民、能辨别是非。"(见《旧约·列王记上》第 iii 章,第 9 节)因此,审判案件以及规定辨别是非的法规的权利便属于主权者。这种法规就是法律,所以立法权便也属于他。扫罗曾追寻大卫要杀了他,但当大卫有权力这样做、而且跟随他的人也打算这样做的时候,大卫却禁止他们,说:"我在耶和华面前万不敢伸手害他,因为他是耶和华的受膏者。"(见《旧约·撒母耳记上》第 xxiv 章,第 6 节)②关于臣仆的服从圣保罗曾经说过:"你们做仆人的,要凡事听从主人。"(见《新约·歌罗西书》第 iii 章,第 22 节)又说:"你们做儿女的,要凡事听从父母。"(见同章第 20 节)这里面便包含着服从宗法或专制统辖权的

---

① 据《出埃及记》与《撒母耳记》记载,以色列人原避荒在埃及,受埃及人压迫。后由摩西带领逃出,移居迦南福地,一直由先知为士师秉承上帝意旨治理。历数世后,他们厌弃先知撒母耳的儿子,不要他们做士师,要求立国王。上帝震怒,认为是背叛自己,并说明立王有文中所说的后果,他们仍要求,于是便为他们立扫罗为王,以色列人自此改制。——译注

② 据《撒母耳记》记载,扫罗为王后,违抗上帝意旨,于是上帝的灵离开他,并使恶魔缠绕他,同时又命撒母耳为耶西的儿子大卫施膏礼,立他为王。扫罗心生嫉妒,领兵追寻大卫。夜间在西弗旷野的哈基拉山安营熟睡后,大卫率随从者潜入兵营,随从者要杀扫罗,大卫制止,后扫罗为非利士人所杀。——译注

人的绝对服从。此外他还说:"夕士和法利赛人坐在摩西的位上。凡他们所吩咐你们的,你们都要谨守、遵行。"(见《新约·马太福音》第 xxiii 章,第 2、3 节)这又是绝对服从。圣保罗也说:"你要提醒众人,叫他们顺服做官的、掌权的,遵他的命。"(见《新约·提多书》第 iii 章,第 2 节)这种服从也是绝对的。最后,我们的救主本身在这样一句话中也承认人们应当缴纳国王所征课的赋税:"该撒(恺撒)的物当归给该撒"(见《新约马太福音》第 xxii 章,第 21 节)①,并且他自己就缴付了这种税。此外,有必要时,凭君王的话就足以从任何臣民那里取走任何东西,而有没有必要则由君王判断;因为耶稣本身作为犹太王就曾吩咐门徒去取驴和驴驹送他到耶路撒冷去,他说:"你们往对面村子里去,必看见一匹驴拴在那里,还有驴驹同在一处,你们解开牵到我这里来,若有人对你们说什么,你们就说,主要用他,那人必立时让你们牵来。"(见《新约·马太福音》第 xxi 章,第 2、3 节)他们不问他的需要是不是一个充分的要求根据,也不问需要是不是由他判断,而只是服从主的意志。

除开这几段话以外,我们还可以补充《创世记》上的一段话:"你们便如神能知道善恶。"(见《旧约·创世记》第 iii 章,第 5 节)"谁告诉你们赤身裸体呢,莫非你吃了我吩咐你不可吃的那树上的

---

① 据《马太福音》记载,耶稣被捕后,法利赛人在罗马巡抚皮拉多面前说耶稣只服从天上的王,不服从人间的王,有异志。于是便问他是否主张纳税,想问出否定的答复来证明耶稣有野心。耶稣叫人取一个钱币来,抬着上面恺撒的像作了文中的答复,以委婉的方式回答了这一问题。——译注

第二十章　论宗法的管辖权与专制的管辖权

果子么?"(见同章第11节)[①]因为认识或判断善与恶已经以智慧之树的果实之名作为亚当的服从性的考验而禁止了,而魔鬼却煽起已经认为那种果实悦人眼目的女人的野心,并对她说,尝了之后他们便如神能知善恶,这样一来,他们两人便都吃了,而且也的确做了神的事情,那便是判断善恶,但却没有获得新能力来直接加以辨别。据说他们吃了之后就看见自己是赤身裸体的。这一段话并没有人作出一种解释,似乎认为他们原先是瞎子,看不见自己的肤体。这话的意义很明显,他们到这时才第一次判断出自己是赤身裸体的,这里面就说明上帝的意志要把他们创造成难看的样子;他们感到羞耻,就在暗地里谴责上帝本身,于是上帝便说:你这应当服从我的人竟然评断起我的指令来了么? 这就是说,有管辖权的人的命令不能由臣民加以指责和争议;这话虽是比喻式的,但却很清楚。

所以根据我的理解,从理性和圣经上来看都很清楚:主权不论是像君主国家那样操于一人之手,还是像平民或贵族国家那样操于一个议会之手,都是人们能想象得到使它有多大,它就有多大。像这样一种无限的权力,人们也许会觉得有许多不良的后果,但缺乏这种权力的后果却是人人长久相互为战,更比这坏多了。人们今生的状况是不可能没有弊端的,然而任何国家之中最大的弊端却没有不是由于臣民不服从和破坏建立国家的信约而来的。不论

[①] 据《创世记》记载,上帝最初创造的人是亚当,后来取出他的一根肋骨造出一个女人名为夏娃,两人在伊甸乐园中生活。后夏娃受蛇的怂恿吃了智慧之树上的果,并让亚当也吃了,自此他们就辨别善恶,并以裸体为耻。这是人类第一次违背上帝,谓之原罪,基督教认为后来的人类都因此而负有原罪。——译注

是谁,要是认为主权过大,想要设法使它减小;他就必须服从一个能限制主权的权力,也就是必须服从一个比主权更大的权力。

最大的反对理由是实践方面的理由,人们会提出问题说:在什么地方和什么时候臣民承认过这种权力呢?那我们就可以反问道:在什么时候和什么地方有过一个王国长期没有骚乱和内战呢?在某些民族中,其国家能长期存在,非经外患,未曾灭亡,那些民族的臣民便从来没有对主权发生过争议。无论如何,根据没有彻底弄清、没有用严格的理智衡量国家的性质与成因而且经常由于不明白这一点而遭受苦难的人的实践所提出的理由,都是不正确的。因为纵或全世界的人们都把屋基打在沙滩上,我们也不能因此就推论说屋基应当这样打。创立和维持国家的技艺正像算术和几何一样在于某些法则,而不像打网球一样只在于实践。这些法则穷人没有那种闲暇,而有闲暇的人却迄今为止都缺乏那种追根问底的好奇心或方法,去发现它们。

第二十一章 论臣民的自由

自由一词就其本义说来,指的是没有阻碍的状况,我所谓的阻碍,指的是运动的外界障碍,对无理性与无生命的造物和对于有理性的造物同样可以适用。不论任何事物,如果由于受束缚或被包围而只能在一定的空间之内运动、而这一空间又由某种外在物体的障碍决定时,我们就说它没有越出这一空间的自由。因此,所有的生物当它们被墙壁或锁链禁锢或束缚时,或是当水被堤岸或器皿挡住、而不挡住就将流到更大的面积上去时,我们一般都说它们

第二十一章 论臣民的自由

不能像没有这些外界障碍时那样自由地运动。但当运动的障碍存在于事物本身的构成之中时,我们往往就不说它缺乏运动的自由,而只说它缺乏运动的力量,像静止的石头和卧病的人便都是这样。

自由人一词根据这种公认的本义来说,指的是在其力量和智慧所能办到的事物中,可以不受阻碍地做他所愿意做的事情的人。但把自由这一语词运用到物体以外的事物时就是滥用了。因为没有运动的事物就不会受到障碍。因此,举个例子来讲,当我们说一条道路是自由的这句话时,指的并不是这条道路本身的自由,而只是指在这条道路上行走的人不受阻碍。当我们说赠与是自由的时候,所指的绝不是赠与物的自由,而只是赠与者的自由,即在赠与上他不受任何法律或信约的约束。同样的道理,当我们能自由地说话时,这也不是声音的自由或吐字的自由,而是指说话的人没有法律限制他以别的方式说话。最后,从自由意志一词的用法中,我们也不能推论出意志、欲望或意向的自由,而只能推论出人的自由;这种自由就是他在从事自己具有意志、欲望或意向想要做的事情上不受阻碍。

畏惧与自由是相容的。例如一个人因为害怕船只沉没而将货物抛到海中时,他是十分情愿这样做的。假如愿意的话,也可以不这样做。因之,这便是有自由的人的行为。同样的道理,人们有时仅只是因为害怕监禁而还债,同时由于并没有人阻拦他不还债,所以这便是有自由的人的行为。一般说来,人们在国家之内由于畏惧法律而做的一切行为都是行为者有自由不做的行为。

自由与必然是相容的。比如水顺着河道往下流,非但是有自由,而且也有必然性存在于其中。人们的自愿行为情形也是这样。

这种行为由于来自人们的意志，所以便是出于自由的行为。但由于人的每一种出于意志的行为、欲望和意向都是出自某种原因，而这种原因又出自一连串原因之链中的另一原因，其第一环存在于一切原因的第一因——上帝手中，所以便是出于必然的行为。所以对于能看到这些原因的联系的人说来，人们一切自愿行为的必然性就显得很清楚了。因此，垂察并规定万事万物的上帝也垂察人们按自己的意志行事的自由，使之必须带有刚好只做出上帝所愿的行为的必然性。因为人们虽然可以做出许多上帝没有指令，因而也就没有授权的事情，但他们对任何事物的激情或欲望却没有一种不是以上帝的意志为原因的。要是上帝的意志不保证人们的意志具有必然性，因而保证了依存于人类意志的一切都具有必然性的话，那么人类的自由便会跟上帝的全能与自由相冲突、相妨害了。对于目前的问题说来，以上所写的一切已足以说明唯一可以正式称为自由的天赋自由。

正如人们为了取得和平并由此而保全自己的生命，因而制造了一个人为的人，这就是我们所谓的国家一样，他们也制造了称为国法的若干人为的锁链，并通过相互订立的信约将锁链的一端系在他们赋予主权的个人或议会的嘴唇上，另一端则系在自己的耳朵上。这些锁链就其本质说来是不坚固的，它们之所以得以维持，虽然并不在于难以折断，但却是在于折断后所将发生的危险。

现在我所要谈的臣民的自由只是相对于这些锁链而言的自由。我们可以看到，世界上没有一个国家能定出足够的法规来规定人们的一切言论和行为，这种事情是不可能办到的；这样就必然会得出一个结论说：在法律未加规定的一切行为中，人们有自由去

第二十一章 论臣民的自由

做自己的理性认为最有利于自己的事情。因为自由的本义如果指的是人身自由，也就是不受锁链锁禁和监禁的自由；人们显然已经享有这种自由了，他们现在还像这样喧嚷，要求这种自由就是非常荒谬的。此外，如果我们把自由看成是免除法律的自由，那么，人们像现在这样要求那种自由便也同样是荒谬的；根据这种自由，所有其他人便都会自己主宰自己的生命了。然而这种事情虽然荒谬，却是人们所要求的。他们不懂得，法律没有一个人或一群人掌握武力使之见诸实行，就无力保护他们。因此，臣民的自由只有在主权者未对其行为加以规定的事物中才存在，如买卖或其他契约行为的自由，选择自己的住所、饮食、生业，以及按自己认为适宜的方式教育子女的自由等等都是。

然而我们不能认为生杀予夺的主权由于这种自由而被取消或受到限制。我们已经说明，主权代表人不论在什么口实之下对臣民所做的事情没有一件可以确切地被称为不义或侵害的；因为每一个臣民都是主权者每一行为的授权人，所以他除开自己是上帝的臣民，因而必须服从自然律以外，对其他任何事物都绝不缺乏权利。于是，在一个国家中，臣民可以而且往往根据主权者的命令被处死，然而双方都没有做对不起对方的事。当耶弗他在祭礼中把自己的女儿当作牺牲时情形就是这样①。在这个例子和类似的情形下，像这样死去的人有自由做出他的行为，但这样把他处死却没

---

① 据《圣经士师记》记载，基列人耶弗他是妓女的儿子，被自己合法婚姻所生兄弟赶出。后啸聚一批军队，当以色列人受敌遭危时他领兵挽救，并许愿在战胜后将军营中第一个出来遇着他的人祭献上帝，结果这人是他的独生女儿。因此他就无罪地将她作为牺牲祭献。——译注

有对他造成侵害。当一个主权君主处死一个无辜的臣民时,同样的道理也可以成立。这种行为虽然由于违反公道而违反自然律,像大卫杀死乌利亚就是这样①。但这对乌利亚来说却并不构成侵害,而只对上帝构成侵害;原因是任意做他所愿做的事情的权利已经由乌利亚本人交付给大卫了,所以对乌利亚不能构成侵害。但对上帝来说却构成侵害,因为大卫是上帝的臣民,自然律禁止他做一切不公道的事。这一区别,当大卫本身对这事表示忏悔时显然肯定了,他说:"我对你犯罪,唯独得罪了你。"(见《诗篇》第51篇)同样的情形,当雅典人民把国内最有势力的人放逐十年时,也认为自己并没有做什么不义的事情。然而他们从来不问被放逐的人犯了什么罪,而只问他可能造成什么损害。他们甚至下命令放逐自己不知道是谁的人。每一个公民都把他想要放逐的人的名字写在贝壳上带到市场上去,实际上不进行控诉,有时就把阿利斯泰提放逐出去了,因为他具有公正的声誉;有时放逐的又是粗鄙地开玩笑的海帕波罗斯之类的人物,原因就是给他开开玩笑。但我们不能说雅典的主权者人民没有权利放逐他们,或者雅典人没有自由开玩笑或处事公正。

古希腊罗马人的哲学与历史书以及从他们那里承袭自己全部政治学说的人的著作和讨论中经常推崇的自由,不是个人的自由,而是国家的自由,这种自由与完全没有国法和国家的时候每一个人所具有的那种自由是相同的。后果也是一样。因为在无主之民

---

① 据《圣经撒母耳记下》记载,大卫王见勇士乌利亚的妻貌美,与之私通,并将乌利亚派在战阵最危险处借敌人之手杀死乌利亚。后将乌利亚妻接至宫中,生出一个儿子,上帝甚不喜悦。——译注

中,那儿永久存在人人相互为战的战争状态。人们既没有遗产传给儿子,也不能希望从父亲那儿获得遗产;对财货与土地不存在所有权,也没有安全保障,而是每一个人都有充分和绝对的自由。相互独立的国家的情形也是这样,每一个国家、而不是每一个人,都有绝对的自由做出本身认为最有助于本国利益的事情,也就是代表国家的个人或议会认为最有助于本国利益的事情。同时他们却生活在永久的战争状况中,在战场的周围,边界都武装起来,大炮指向四邻。当我们说雅典人和罗马人是自由的这句话时,指的是他们是自由的国家,这不是说任何个人有自由反抗自己的代表者,而是说他们的代表者有自由抵抗或侵略其他民族。现在路加城①的塔楼上以大字特书自由二字,但任何人都不能据此而作出推论说,那里的个人比君士坦丁堡的人具有更多的自由,或能更多地免除国家的徭役。不论一个国家是君主国还是民主国,自由总是一样。

然而人们很容易被自由的美名所欺骗,并由于缺乏判断力不能加以区别,以致把只属于公众的权利当成了个人的遗产和与生俱来的权利。当这种错误得到以这方面的著作闻名的人的权威肯定时,就无怪乎它会产生骚乱,并使政权更迭不已。在我们西方世界中,人们关于国家的制度与权利的意见自来就是从亚里士多德、西塞禄和其他希腊、罗马人方面接受过来的。这些人生活在民主国家中,对这些权利不是渊源于自然原理,而是只按照他们自己的

---

① 意大利城市名,十四世纪时曾获得独立,后陷于法国人之手,由拿破仑赠与其姐,十九世纪时复归并于意大利。——译注

民主国家的实际情况将其写入书中；其情形正好像文法学家根据当时的实践描述语言法则，或根据荷马与维琪尔的诗篇记述诗的法则一样。为了要避免更换政府的念头，雅典人被人教导着说他们是自由的人民，所有君主国家中的人都是奴隶。于是，亚里士多德在他的《政治学》一书（第6篇，第ⅱ章）中便写道："在民主国家中，自由是当然的，因为一般都认为在任何其他政府之下没有人是自由的。"正像亚里士多德一样，西塞罗和其他著作家的政治理论也是根据被人教导着憎恨君主政体的罗马人的意见而来的，这些教导人最初就是废黜君主、分享罗马主权的那些人，后来则是他们的继承者。人们由于读了这些希腊和拉丁著作家的书，所以从小就在自由的虚伪外表下养成了一种习惯，赞成暴乱，赞成肆无忌惮地控制主权者的行为，然后又在控制这些控制者，结果弄得血流成河，所以我认为可以老实地说一句：任何东西所付出的代价都不像我们西方世界学习希腊和拉丁文著述所付出的代价那样大。

现在让我们来看看真正的臣民自由的具体情况；也就是说，让我们看看究竟有哪些事情虽然主权者命令，但却可以拒绝不做而不为不义。关于这一点，我们要考虑的是：当我们建立一个国家时，究竟让出了哪些权利。换句话说：当我们一无例外地承认我们拥戴为主权者的那一个人或那一个议会的一切行为时，自己究竟放弃了哪些自由，这两种说法完全一样。因为在我们的服从这一行为中，同时包含着我们的义务和我们的自由；因之，它们便必需根据这样的论点来加以推断。任何人所担负的义务都是由他自己的行为中产生的，因为所有的人都同样地是生而自由的。这种论点必须或者从明确的言辞——"我承认他的一切行为"，或者从服

第二十一章 论臣民的自由

从其权力的人的意向(这种意向要根据这人如此服从的目的来理解)推引出来。因此,臣民的自由就必须或者是从这种语词及其他相等表示中去推论,或者是从建立主权的目的——臣民本身之间的和平和对共同敌人的防御——中去推论。

因此,第一,按约建立的主权既然是人人相互订立信约所产生的,而以力取得的主权是被征服者对战胜者或子女对父母订立信约而来的,于是有一点就可以看得很明显:每一个臣民对于权利不能根据信约予以转让的一切事物都具有自由。在前面第十四章中我已经证明,不防卫自己的身体的信约是无效的。因此,如果主权者命令某人(其判决虽然是合乎正义的)把自己杀死、杀伤、弄成残废或对来攻击他的人不予抵抗,或是命令他绝饮食、断呼吸、摒医药或放弃任何其他不用就活不下去的东西,这人就有自由不服从。

如果一个人被主权者或其掌权者问到他自己所犯的罪行时,他在没有获得宽恕的保证的情况下,就没有义务要承认。因为正像我在同一章中所证明的一样,任何人都不能受信约的约束而控告自己。

此外,臣民对于主权者的承认包含在这样一句话中:我授权于他的一切行为或对之负责。这里面对他自己原先具有的天赋自由并没有任何限制。因为允许他杀我,并不等于说在他命令我的时候我就有义务要杀死自己。"你可以任意杀我或我的朋友"这句话所指的是一回事,"我将杀死自己或我的朋友"所指的又是另一回事。因此,我们就可以得出一个结论说:

任何人都不因语词本身的原因而有义务要杀死自己或任何其

他人。有时人们也由于奉主权者之命而有义务要做任何危险或不荣誉的事情；由此看来，这种义务便不决定于我们表示服从的言辞，而只决定于意向，这种意向则要根据所做事情的目的来加以理解。因此，当我们拒绝服从就会使建立主权的目的无法达到时，我们便没有自由拒绝，否则就有自由拒绝。

根据这一理由，一个人如果奉命当兵杀敌而予以拒绝时，主权者虽然有充分的权利把他处死，但在许多情形下他却可以拒绝而不为不义；比如他已经找得一个能胜任士兵职责的人来代替自己时情形就是这样，因为在这种情形下他并没有逃避国家的服役。同时对于天生胆怯的人也应有所体谅，不但是对于妇女说来应当这样（没有人会要妇女去做这种危险的事情），而且对于胆怯如妇孺的人也应当如此。两军交锋时，一方或双方都有逃亡的事情，如果逃亡不是出自叛逆而是出自恐惧，那就不能认为是不义的行为，而只能认为是不荣誉的行为。根据同一理由，逃避战斗并不是不义，而是怯懦。但应募入伍、领受粮饷的人，就不得再以胆怯为口实；他非但有义务要参加战斗，而且在没有得到长官允许时不得逃走。但如果国家的防卫要求每一个能拿起武器的人都立即出战，那么每一个人便都负有义务，否则他们把国家建立起来，又没有决心或勇气加以保护就是徒然的了。

任何人都没有自由为了防卫另一个人而抵抗国家的武力，不论这人有罪还是无辜都一样；因为这种自由会使主权者失去保护我们的手段，从而对政府的根本本质起破坏作用。但如果有一大群人已经不义地反抗了主权者或犯了死罪、人人自知必将因此而丧生，那么这时他们是不是有自由联合起来互相协助、互相防卫

第二十一章 论臣民的自由

呢？当然有，因为他们只是保卫自己的生命，这一点不论有罪没罪的人都同样可以做。他们当初破坏义务时诚然是不义的，往后拿起武器时虽然是支持他们已经做出的行为，但却不是一种新的不义行为了。如果他们只是为了保卫人身，便根本不是不义的行为。但颁布赦令后，就使蒙赦者不得再以自卫为口实，并使他们继续帮助或保卫他人成为不合法的行为。

至于其他自由，则取决于法律来作规定之处。在主权者未以条令规定的地方，臣民都有自由根据自己的判断采取或不采取行动。因此，这种自由便因时因地而有大有小，要看主权者认为怎样最有利而定。比方说，在英格兰曾经有一个时期人们可以凭武力进入自己的土地，赶走非法侵占者。但后来这种凭武力进入的自由因国王暨议会以成文法规定而被取消。此外，在世界上某些地方人们有多妻的自由，但在其他地方则不准许有这种自由。

一个臣民如果为了根据原先已确立的法律而来的债务、土地或财物的所有权、徭役或任何有关体刑与罚款等问题而与主权者有所争议时，他便有自由在主权者所指定的法官前为自己的权利进行诉讼，就像对另一个臣民进行诉讼一样。因为主权者的需求既然是根据原先订立的法律而不是根据自己的权力，他就因此而声明了自己所要求的东西不超过根据该法显然应有的东西。这样一来，这诉讼便不违反主权者的意志，臣民也有自由要求听审自己的案件，并根据该项法律裁判。但如果他是根据自己的权力要求或征取任何东西，那就不存在法律诉讼的问题。因为他根据自己的权力所做出的一切，都是根据每一个臣民所授予的权力做出的；于是，对主权者起诉的人便是对自己起诉。

如果一个君主或主权议会授予全体或任何臣民一种自由,而当这种授予成立,他就不能保卫臣民的安全时,那么这种授予就无效,除非是他直接声明放弃主权或将主权让与他人。因为这种事情他自己果真愿意的话,他可以公开地以明确的言辞声明放弃或转让,然而他并没有像这样做,从这一点上我们就应当认为这不是他所愿意的。这种授予是由于不知道这种自由和主权之间的冲突而来的,因此主权便仍旧保留。同时,实行主权所必需的一切权力,如宣战、媾和、司法、任官、遴选参议人员、征税以及第十八章中所举的其他权力便也都保留下来了。

臣民对于主权者的义务应理解为只存在于主权者能用以保卫他们的权力持续存在的时期。因为在没有其他人能保卫自己时,人们的天赋自卫权力是不能根据信约放弃的。主权是国家的灵魂,灵魂一旦与身躯脱离后,肢体就不再从灵魂方面接受任何运动了。服从的目的是保护,这种保护,一个人不论在自己的武力或旁人的武力中找到时,他的本性就会使他服从并努力维持这种武力。虽然从建立主权的人的意图说,主权是永存不灭的,但根据其本身的性质,它不但会由于外患而有暴亡之虞,同时也会由于人们的无知和激情而从刚一建立时起就包含着许多因内部不调而发生自然死亡的种子。

一个臣民如果在战争中被俘,或是其人身或生存手段处在敌人警戒监视之下,并以臣服于战胜者为条件而获得自己的生命和人身自由时,他是有自由接受这种条件的;接受之后,他就成了俘获者的臣民,因为除此以外他再也没有其他方法保全自己的生命。如果他在同样的条件下被拘留在外国时,情形也是一样。但一个

第二十一章　论臣民的自由

人如果被监禁或被刑具锁禁，或是不被给予人身自由时，就不能认为受信约约束而必须服从；这样，他如果真有可能的话，就可以用任何方式逃跑。

如果一个君主为他自己和他的继承人放弃主权时，臣民就恢复了绝对的天赋自由。因为根据自然之理，虽然可以确定谁是他的儿子、谁是他最近的亲属；然而正像前一章所说的一样，他的继承人是谁，却要取决于他自己的意志。因此，他如果自己愿意不要继承人，那就没有主权、也没有臣服关系可言了。如果他死去时没有众所周知的亲属，也没有宣布继承人是谁，情形便也是一样。因为这时便不可能找出继承人，因之也就没有服从的义务了。

如果臣民被主权者放逐，那么在放逐时期就不是他的臣民。但如果是派赴外国担负使命或请假在外国游历，便仍然是臣民，但这是根据主权者之间的契约而来，而不是根据服从的信约。因为任何人除非是由于主权者的亲善关系或根据特许享有特权，否则进入他国领土后就应当服从该国的一切法律。

如果一个国王在战争中被征服，自己臣服于战胜者，他的臣民就解除了原先的义务，而对战胜者担负义务。但如果他是被俘或没有获得人身自由，就不应当认为他放弃了主权，于是臣民也就有义务要服从原先派任的官员；这些官员不是以他们本身的名义，而是以国王的名义进行统治的。因为他的权利仍然存在，问题只在于行政管理方面。也就是臣宰和官员的问题；这些官员他如果没有办法派任的话，就应当假定他仍然同意自己原先派任的人。

第二十二章　论臣民的政治团体和私人团体

讨论了国家的产生、形式和权力之后，按顺序往下就要谈谈它各部分的情况。首先要谈的是与自然人躯体类同的部分肌肉相类似的团体。根据我的理解，团体就是在一种利益或事业中联合起来的任何数目的人。其中有些是正规的、有些是非正规的。凡属有某一人或多人组成的会议被规定为全体的代表者的团体就是正规的，其他全都是非正规的。

正规团体有些是绝对的和独立的，除开自身的代表者以外不服从任何人，只有国家才是这种团体，在以上五章中我已经讨论过了。其他的团体都不是独立的，也就是从属于某一主权者之下的；团体中的每一个人和他们的代表者都是这个主权者的臣民。

从属的团体中有些是政治性的，有些是私人的。政治团体也称法人，是根据国家的主权者的权力建立的。私人团体则是臣民在自己之间组织的，或是根据外国人的权力建立的。因为从外国政权方面获得的权力在另一国家中没有一种是公共性质的，而只是私人的。

私人团体有些是合法的，有些是非法的。国家允许存在的就是合法的团体，所有其他的团体都是非法的。非正规团体是不具有代表者的团体，只是由人们汇聚而成的。这种团体如果不被国家禁止、而又不是为罪恶的目的形成的，便是合法的团体，例如为了观剧、上市场或任何其他无害的目的而汇聚起来的人就是这样。

第二十二章 论臣民的政治团体和私人团体

但如果意图是坏的,或是在人数相当多的情形下意图不明时,便是非法的。

在政治团体中,代表者的权力永远是有限的,其限度由主权当局规定。因为无限的权力就是绝对的主权。在每一个国家中,主权者都是全体臣民的绝对代表者。所以除开他准许的以外就没有其他人能成为任何部分的代表者。如果准许臣民的政治团体在一切意图和目的上具有一个绝对的代表者,就是放弃了国家对这一部分的统治,并与和平与保卫相违背而分裂了统治权;在主权者的权利授予没有明确而直接地解除他们的臣服关系的情况下,不能认为主权者像这样做了。因为有其他方面的结果表示相反的情形时,语词的结果便不表示他的意志,而只表示写错了或估计错了,这是所有的人都极常发生的事。

赋予政治团体代表的权力的限度可以从两方面看出来,一方面是主权者发与的命令或证书,另一方面是国家的法律。

在按约建立和以力取得一个独立国家时,根本用不着什么证明文件,因为代表者的权力在这种情形下除开不成文的自然法所设定的限制以外并无其他限制。然而在从属团体中,关于其业务、时间、地点等等都必须有种种不同的限制,以致没有证明文件就无法记忆,而且要不是可以用来对成员宣读并加封或盖有主权当局的印鉴,或是具有其他主权当局永久的征记证明的特许状,就不会被人们注意。

由于这种权限并不总是容易以明文规定,甚至也不总是可能以明文规定,所以一般臣民共同遵守的一般法律就必须在凡属特许状本身没有作规定的一切地方规定代表者依法能做些什么。

因此：

在一个政治团体中，如果代表者是一个人时，他代表该团体的人格所做出的在特许状或法律中没有根据的任何行为，都是他自己的行为，而不是该团体的行为，或该团体中他本人以外的任何成员的行为。因为越出特许状或法律限度以外之后，他便不代表任何人而只代表他自己的人格。但他根据这些权限做出的行为则是每一个人的行为；因为主权者是大家的无限代表，所以对于主权者的行为说来，每一个人都是授权者；不脱离主权者的特许状的行为亦是主权者的行为，因而该团体的每一个成员便都是这种行为的授权者。

但如果代表者是一个会议，那么不论该会规定了任何在特许状或法律中没有根据的行为，都是该会或政治团体的行为，也是因其投票使该规定得以成立的每一投票人的行为；但却不是任何出席会议而投反对票的人的行为，也不是任何缺席者的行为，除非后者有人代替投票。这行为之所以是该会议的行为，是由于会议中多数人投票赞成。如果这行为是一种罪行时，就可以在可能范围内惩罚这个会议，如解散或取消其特许状（对于这种人为团体或虚拟团体说来，这便是死刑）等等。如果该会议拥有公共资金，而无罪的成员又没有人在其中享有所有权时，就可以处以罚金，因为自然之道已经免除了一切政治团体的体刑。照这样说来，没有投票的人便是无罪的，因为会议在特许状中无根据的事情上不能代表任何人，所以这些人便没有牵涉到他们的投票中去。

如果政治团体的人格由一人代表而又借了外人（非本团体成员）的债时（任何特许状都无需限制借款，因为人类本身的意向对于借款就是一种限制），这债务便是代表者的债务。因为他如果根据特许状有权让成员付还他所借的款项，他就会因此而具有他们的主权了。这样说来，这种权利授予要不是由于本身出自人类本性通常发生的错误，并且不能成为授权者的意志的充分证据而成为无效的，便是得到了授权者承认；这时，该团体的代表者就成了最高代表者，这种情况不属于本问题的范围，这儿所讲的只是从属团体。因此，像这样借的债，除开代表者本人以外便没有成员有义务归还。因为贷款人不了解该团体的特许状和限制，只会把向他借款的人认为是债务人；而鉴于代表者仅能代表本人，不能代表其他人，所以便只有他是债务人；于是在有公共资财时，代表者便必须用公共资财归还；没有公共资财时则必须用自己的财产归还。

如果他由于契约或罚金而欠款时，情形也是一样。

但如果代表者是一个会议，而所欠的债务又是外人的债务时，那么所有投票赞成借款、或赞成应付款项的契约、或赞成引起罚款的事实的人，便应当对债务负责，而且只应当由他们负责。因为每一个人在投票赞成时便对归还借款作了保证，原因是授权借款的人就有义务归还甚至全部欠款；只是在有任何人归还了欠款时，他才得以解除义务。

但如果债是向会议中的一个成员借的，那么在有公共资财时便只有该会议本身有义务以公共资财归还。因为这人既有投票的自由，那么他投票赞成借款时就是投票赞成款项应当归还。如果他是投票反对借款或者没有出席的话，也由于他贷出款项就是赞成团体借款而否定了他原先的意见，因而要受到后来所表示的意见的约束；这样他就既是贷款者，又是借款者，因之便不能要求任何个人付款，而只能要求从公共财产中付款。公共财产要是不能付，他就没有补救方法，也不能抱怨别人，而只能抱怨自己；因为他自己知道该会的活动和支付手段的内幕，而且又没有受强制，只是由于自己愚蠢而把钱借给人家了。

由此我们就可以清楚地看出，在臣属于一个主权者之下的从属政治团体之中，个人公开声明反对代表会议公布的决定并将其反对意见记录下来或取得证明有时不但是合法的，而且是有利的；不然他们就可能有义务要归还他人所借的债或对他人所犯的罪行负责。但在主权议会中就没有这种自由。这一方面是因为在这儿声明反对就是否认他们的主权，另一方面也因为每一个臣民都曾对主权者的命令授权，所以主权者们命令的任何事情对臣民说来仅仅由于命令本身就是正当的，虽然在上帝眼中并不永远如此。

政治团体的种类几乎是无穷无尽的，因为这些团体不但是由于事务各不相同而有区别，这里面已经是种类繁杂，不胜枚举了；同时又由于时间、地点和人数受到许多限制而互不相同。关于事务方面，有些是为政务而派定的。首先，一个行省的政务可能交付给一个会议，其中一切决议都取决于多数票；这种会议便是一个政治团体，他们的权力则受委托任务的限制。行省一词的原意是负责事务或掌管事务的人将该项事务委托他人在他之下为他代拆代行。因此，在一个国家中，各不同地区如果法律互不相同，或相距遥远，其政府的行政事务委托给不同的人时，那么主权者不驻在而委任他人管理政府行政事宜的地区就称为行省。但行省的政务由驻在本行省的会议管理的例子很少。罗马人在许多行省中具有主权，但却始终派总督和政务官加以管辖，而不像他们对罗马城和附近地区一样用会议进行管辖。同样的情形,当英格兰派出殖民团移民弗吉尼亚和索马利兰时,其政府虽然是委托给驻在伦敦的会议管理,但这些会议却从没有把它们所辖的政府委派给驻在当地的会议管理,而是在每一个殖民地区派一个总督。因为每一个人根据天性说来,在其能够亲自在场的地区虽然愿意参加该地的政府,然而在他不能亲自在场的地区,却又出自本性地愿意把他们共同利益的管理事宜委派给一个君主式的政府,而不委派给平民式的政府;这一点在具有大宗私产的人身上也可以看得很清楚,当他们不愿为管理这些属于自身的事务而烦劳时,便宁愿委托一个家人而不委托许多朋友或家人组成会议去管理。但无论事实怎样,我们总是可以假定行省或殖民地的政府委派给一个会议掌管。在这种情形下,我在这儿所要说的是:该会议所举的任何债务以及其所规定并公布的任何非法行为,都只是同意者的行为,而不是反对者或缺席者的行为,理由和前面所说的相同。驻在境外掌管某殖民地的会议,在该殖民地以外的任何地点对本殖民地的任何人或财货都不能行使任何权力、亦不能为债务或任何其他义务将其拘留;因为除了该地法律允许给他们的补救办法外,他们不能在其他地区享有司法裁判权或政务职权,该会议虽然对于违犯其所定法则的任何成员有权课以罚金,但在本殖民地以外却无权执行。这儿所谈的关于行省或殖民地政务会议的权利,对于管理城市、大学、学院、教会的会议或任何其他管理人事的会议也能适用。

一般来说,在所有的政治团体中,如果任何成员认为受到该团体本身侵害,其案件的审理权不属于该团体本身,而属于主权者以及主权者所派审理这类案件的法官,或为审理该案件而将要派定的法官。因为该团体整个说来在这案件中都和他同样是一个臣民。但这种情形在一个主权会议中就不同了。因为在这儿，主权者纵然是在自己的案件中，如果他不当裁判者，就根本不可能有裁判者了。

为了良好地管理对外贸易而设的政治团体最适宜的代表者是全体成员组成的会议，也就是每一个出资者自己愿意时可以出席该团体一切事务的审议与决议的会议。为了证明这一点，我们要考虑一下可以自己做买卖并输出与输入其商品的商人却又联合起来组成一个公司的目的是什么。诚然，在国内购买商品的商人中，很少有人能出得起运费自雇一只船将其输出，在国外购买商品的商人将其运回本国也是这样，因之他们便需要组成一个社团；其中每一个人可以按出资比例分红，也可以自己经营，将所运或所进口货物按自己认为合适的价格出售。但这不能成其为政治团体，因为其中并没有一个共同的代表者强制他们服从一切其他臣民共同服从的法律以外的任何其他法律。他们组合起来的目的就是获得更大的利润。达到这一目的的方式有两种，一种是国内外的独家购买，另一种是国内外的独家销售。所以允许一群商人成为一个法人或政治团体的话，就是允许他们进行双重的垄断；一重是独家购买、另一重是独家销售。因为对某一个外国专门组成了一个公司时，便只有他们输出能在该国推销的货物；这便是在国内独家购买，并在国外独家销售。其缘故是在国内只有一个购买者，在国外也只有一个销售者。这两种情形对商人来说都是有利可图的，因为像这样他们就能以较低的价格在国内购买，并以较高的价格在国外销售。在国外外国商品也只有一个购买者，在国内又只有一个销售者，这两种情形又是有利于投资者的。

这种双重独占一方面是不利于国内人民，另一方面是不利于外国人。因为他们在国内通过独家出口便可以对人民的农产品和手工产品任便规定价格，而通过独家出口则可以对人民所需要的一切外国商品任便规定价格，这两种情形都对人民不利。从另一方面说来，他们由于在国外独家销售本国商品，而又在当地独家收购外国商品，于是便抬高前者的价格而压低后者的价格，使外国人吃亏。因为独家销售的地方商品都较贵，而独家收购的地方则较便宜。所以这种公司不是别的，就是垄断公司。只是它们如果在外国市场上结成一个团体，在国内则各听自由，每人都按自己可能订出的价格做买卖时，对国家说来便是极为有利的。

这样的商人团体，在这种情形下，除了由各人投资中扣除一部分作为建造、购买船舶，及备办粮食与配备船员外；没有共同资本，其目的不是谋求整个团体的共同利益，而是每一个出资者的个人利益；这就是为什么必须让每一个人都知道自己所出款项的用途的原因所在，也就是让每一个人都参加有权规定款项用途的会议，并知道他们的账目。所以这种团体的代表者便必须是一个会议，每一个成员如果愿意的话都可以出席会议会商。

如果一个商人的政治团体通过其代表会议的行为而向外人举债时，那么每一个成员便都应当自行对金额负责。因为外人不可能知道他们自有的法规，而只会把他们当成许多个人看待，于是在某一人所付债款解除了所有其他人的债务以前，便使每一个人都有义务归还全部债款。但如果是向团体中的一个成员举债，那么债权人自己便是全部款项的债务人，因而除开从公共资金（如果有的话)中索还以外，便不得在其他方式下索债。

如果国家向这团体征税，便应认为是按每一成员在该团体中所出款项的比例向各人征收。因为在这种情形下，除开个人所出的款项以外并没有其他的公共资金。

如果由于某种非法行为而向该团体课以罚金时，则只有那些对该行为的公布投了赞成票，或是对行为的执行给予了协助的人才应付罚款。因为其余的人除开参加了该团体以外并没有别的罪行；如果真是一种罪行的话，便也因为该团体是根据国家的权力规定成立的而不成为他的罪恶。

如果其中一个成员欠有整个团体的债务的话，该团体可以控告他，但他的货物不能根据该团体的权力予以没收，其人身也不得拘禁，而只能根据国家的权力这样做。因为如果他们能够根据自身的权力这样做的话，便也能够根据自身的权力判定债务应当归还，这就等于是在自己的案件中当法官了。

这些管理人或商务的团体要不是永久的，便是有明文规定时限的。还有一种团体的存在时间也是有限制的，但却只受本身所从事的业务的性质限制。比方说，如果一个主权君主或一个主权会议认为应当下令各城市以及境内其他各地区派遣代表呈述臣民的情况与需要，或为制定良法提供咨询意见等等，让一个人代表整个一个地区，并规定了会聚的时间与地点，那么这些代表在该地和当时便是一个代表着境内每一个臣民的政治团体；但他们只是在根据主权召集他们前来的个人或会议提交给他们的问题上才成为这种团体。一旦宣布没有其他事情提交给他们或叫他们讨论时，这团体就解散了。因为他们如果是人民的绝对代表，那么他们就

第二十二章　论臣民的政治团体和私人团体

形成主权会议了；这样一来，同一人民便会有两个主权会议或主权者，这种情形跟他们的和平是不能协调一致的。因之，一旦有了主权之后，除开根据主权产生的以外，便不可能有绝对的人民代表权。至于这种团体究竟能在什么限度以内代表全体人民，则在召集会的文件中已经加以规定，因为人民不可能为主权者发布给他们的召集会的文件中所没有载明的目的而选派代表。

合法的正规私人团体是那些在组成时除开所有其他臣民共同遵守的法律外，没有其他特许状或书面证件的团体。由于这种团体联合在一个代表者身上，所以便被认为是正规的，比如所有由父亲或家长管理全家的家庭便都是这种团体。因为他可以在法律允许的范围内管束其子女与仆人，只是不能超出这范围之外；原因是他们在法律所禁止的行为中没有一个人有义务要服从。在所有其他的行为方面，在他们处于家庭管理之下的时期中，他们都要把父亲和家长当成直接的主权者服从。因为父亲和家长在按约建立国家以前是自己家里的绝对主权者，往后所失去的权力也不超过国家法律所取走的限度。

正规而不合法的私人团体是联合在一个代表者身上，但却完全没有公共权力作为根据的私人团体。如乞丐、小偷和吉普赛人为了更好地偷盗和乞讨而组成的帮会便属于这一类，根据任何外国人的权力，在他国领土内为了更便利地传播学说并组成党派反对该国权力的集团也属于这一类。

非正规团体就其性质来说只是一种联盟，有时则仅是汇聚起来的一群人；这种团体并不为任何特殊目的而联合，也不由互相义务而结为一体，只是由于意志和意向相类似而产生的。其性质是否合法，则要看其中每一个人的目的是否合法而定，而每一个人的目的则要根据当时的情况加以理解。

联盟一般是为了互相防卫，而国家则等于是全体臣民结合起来组成的联盟，所以臣民的联盟在一个国家之中绝大部分是没有必要的，而且带有非法图谋的色彩。这样一来，这种联盟便是非法的，一般都称之为私党或阴谋集团。因为联盟是人们根据信约联合而成的，如果像单纯的自然状况一样不将权力交给任何一个人或会议来强制履行信约，那么联盟就只有在没有出现正当的互不信任的理由时才是有效的。因此，没有使各方畏服的人类权力建立于其上的国家联盟，在其持续存在时期中，便不但是合法的，而且是有利的。但同一个国家的臣民每一个人都是可以通过主权取得其权利的，所以联盟对于维持和平与正义说来就没有必要，而当他们的目的不轨或国家不知道时则是非法的。因为一切私人力量的联合如果是为了图谋不轨便是不义的。而意图不明时则对公众说来是危险的，其隐瞒也是不义的。

当主权存在于一个大会议中时，如果其中一部分人没有权力作根据另自聚谋，共图指挥其余的人，那便是不合法的私党或阴谋集团，因为这就是用欺诈手段骗取该会议服从于他们的私利。但如果一个人的私人利益要在会议中加以辩论和审议，他因此而尽可能多和别人交好，这种做法并没有不义的地方，因为在这种情形下他并不是会议的一员，他即使对交好的人行贿，除开有法律明令禁止以外，也不能算是不义。因为人类的情形就是这样，有时没有钱就谈不到正义，而在没有听审并裁决以前，每一个人都可以认为自己的理由是正义的。

第二十二章　论臣民的政治团体和私人团体

在所有的国家中，私人所用仆役如果超过了管理财产和合法用途所需要的数目，便是一种不合法的私党。因为他既然有国家的保障，就无需私人力量的防卫了。在没有彻底文明化的民族中，若干大家族不断互相敌对，并以私人武力互相攻击；然而我们可以看得十分清楚，他们这种做法是不义的。要是合乎正义的话，他们便是没有国家。

正如同家族结成的私党是不义的一样，为统治宗教或国家而结成的私党由于违反人民的和平与安全，而且夺走了主权者手中的武力，也是不义的。前者如教皇党、新教党等等，后者如古罗马的贵族党与平民党以及古希腊的贵族党与民治党等等都是。

人民的汇聚是一种非正规的团体，合法与否取决于为的是什么事情和聚集的人数。如果事情合法而明确，那么汇聚便也是合法的，如人们一般在教堂中的聚会或在公共剧场里汇集而人数正常时便是这样。因为如果人数异乎寻常地多，情况就不明确了，那么提不出具体而充分的理由说明自己为什么要跑到里面去的人便会因之而被认为是有意识地抱有非法和制造骚乱的目的。比方说，一千个人联合写成一份请愿书向法官或地方长官呈递可以是合法的，但如果一千人全都跑来呈递就是一个制造骚乱的聚合了，因为只要一两个人就能达到目的。但在这类情形下，使聚合成为非法的并不是某一确定的人数，而只是当时的官吏不能加以弹压并依法制裁的人数。

异乎寻常的人数聚合起来对付他们所控告的一个人时，这聚合便是一种非法的骚乱，因为他们的诉状只要少数几个人或一个人就可以呈交给长官了。像圣保罗在以弗所遇到的情形就是这样。在那儿,底米丢和一大群其他的人带着保罗的两个随行者到长官前面去,异口同声地喊道:"大哉以弗所人的亚底米阿。"(见《使徒行传》第 xx 章,第 28 节)①这便是他们由于这两人向人民宣讲了违反他们的宗教与生业的道理因而要求依法惩治时所采取的方式。根据该民族的法律看来,这桩事情本身是正当的,但他们的聚合则被判定是不合法的,于是地方长官便用以下的话责备他们说:"若是底米丢和他同行的人、有控告人的事、自有放告的日子(或作自有公堂)。也有方伯、可以彼此对告。你们若问别的事、就可以照常例聚集断定。今日的扰乱本是无缘无故、我们难免被查问,论到这样聚众、我们也就说不出所以然来了。"(见《使徒行传》第 xx 章,第 38—40 节)一个人如果把许多人聚合在一起,而他们又提不出一个正当的理由来,那便是一种担当不起责任的骚乱。关于团体和人们的聚合我所要讲的就是这么多。正像前面所说的那样,它们可以比之于人体上的类同部分,合法的可以比之于肌肉,而不合法的则可以比之于因邪气的不自然集中而产生的毒瘤、脓包或烂疮。

第二十三章　论主权者的政务大臣

在上一章中,我已经讨论了国家中(与人体)类同的部分,本章所要谈的是官能部分,也就是政务大臣。

---

① 亚底米在罗马神话中原名狄安娜,为森林与助产神,其信仰由塔昆王室在罗马建立。希腊神话传入罗马后,该神即被认为是阿波罗的女儿亚底米。这儿呼唤这一神名,就是表示他们反对基督教的传布。——译注

第二十三章 论主权者的政务大臣

政务大臣是主权者（不论是君主还是议会）用于任何事务并在该事务中有权代表国家人格的人。具有主权的人或会议都代表着两重人格，用更普通的话来说便是具有两重身份，一重是自然的身份，另一重是政治的身份。由于君主不但具有国家的人格，而且具有自然人的人格；一个主权会议也不但具有国家人格，而且具有会议的人格；所以以自然身份充当臣仆的人便不是政务大臣，只有管理公共事务的人才是政务大臣。因此在贵族或民主国家中，议会的门房、卫兵以及其他只为与会者方便而侍候议会的职员便都不是政务大臣。在君主国家中，王室的庶务官、侍从、府库官以及任何其他官员也不是政务大臣。

政务大臣中有些被委派的职责是全国或某一地区的全面政务。关于全国方面的，如幼主监护人或摄政王可能受前一国王之托，在幼主年幼时掌管整个国家的全部政务。在这种情形下，每一个臣民对于他以国王的名义发布、并且和他的主权不相冲突的法令与命令都有义务服从。关于某一地区或行省方面，君主或主权会议可能将该地区的全面事务委派给一个省长、巡抚、政务官或总督管理。在这种情形下，该行省的每一个人对于他以主权者的名义施行、并且和主权者的权利不相冲突的一切事情也要受到拘束。这种监护人、总督和省长所具有的权利只是随主权的意志决定的权利。如果没有明晰而确切的文字声明主权者有意将主权转让给他，那么他所接受的任何委派便都不能解释为这种转让。这种政务大臣有类于使人类天生躯体的各种肢体得以运动的神经与肌腱。

其他的大臣都各有专门职掌，也就是在国内外掌管某种特殊事务的。在国内方面首先要举出的是掌管国家经济事务的大臣。凡属有权管理贡物、捐税、地租、罚金或任何公共收入等有关钱财的征收、发放与账目登记的人都是政务大臣。其所以是大臣,因为他们是为国家代表者服务的,并且不能做出违抗他的命令或没有他的权力为根据的事情;其所以是政务大臣,因为他们是在他的政治身份方面服务的。

其次,具有军事方面的权力,掌管兵器、堡垒、港口和指挥、征募士兵或为士兵发付薪饷,以及从海路或陆路备办任何军需物资的人都是政务大臣。凡属没有统辖权的军人,虽然也是为国家战斗,但却并不因此而代表国家的人格,因为没有可以代表国家的人格的对象。每一个具有统辖权的人则仅能对他所统辖的人代表国家的人格。

有权教导或使他人教导人民认识其对主权者的义务,教导他们有关什么是正义和什么是不义的知识,因而使他们彼此之间能更加虔诚地、和平地生活并抵御共同敌人的人,也是政务大臣。他们之所以是大臣,因为这些事情不是根据他们自己的权力施行的,而是根据旁人的权力施行的;其所以是政务大臣,则是因为他们所做的(或应做的)事情只是根据主权者的权力。唯有君主或主权议会才能直接从上帝那里获得权力教化启导人民;除开主权者以外没有人能纯然地凭神宠获得权力,也就是只从神而不从其他人的恩宠中获得权力;所有其他人都是从神和他们自己的主权者的恩眷获得他们的权力;比如在一个君主国中这话便是蒙神与王之宠或蒙天与王的意旨。

职掌司法的人也是政务大臣。因为他们在裁判席上所代表的是主权者的人格，他们的判决就是主权者的判决。由于正像前面所说的，全部司法权在本质上都属于主权范围，所以一切其他的法官都只是具有主权的某一人或某些人的大臣。由于争讼有事实的与法理的两种，所以审判便有些是关于事实的，有些是关于法理的；于是在同一争讼中就可能有两个法官——一个审定事实，另一个决断法理。

审判者与被审判者两造之间在这两种争讼中可能发生争执。由于双方都是主权者的臣民，所以根据公道之理，这种争执应当由双方同意的人加以审判，因为任何人都不能在自己的案件中充当法官。但主权者已经是双方都同意为审判者的人，因而他要不是亲自听审并决断这一案件，便是指定双方都同意的人来当法官。这样说来，这种协议便被认为可以用不同的方式在他们之中取得：第一，如果准许被告对由于利益关系而使他发生怀疑的法官表示异议（原告方面实际上已经选定了自己的法官），那么他没有表示异议的法官就是他所同意的法官。其次，他如果向另一法官上诉，便不能更进一步再去上诉，因为他的上诉就是他自己的选择。第三，如果他向主权者本身上诉，并由主权者本身或双方同意的代表人判决，这一判决就是最后的，因为被告是由他自己的法官审判的，也就是由他自己审判的。

讨论了这些公正和合理的司法性质以后，我不禁要指出英格兰原先的民诉法庭与公诉法庭的绝佳组织①。我所谓的民诉指的是原告被告双方都是臣民的诉讼，而公诉（也称王室诉讼）则原告

---

① 1873 年"司法法案"通过后改制。——译注

是主权者。因为人分两个阶级，一个是贵族阶级，另一个是平民阶级。贵族原先具有特权在一切死罪审判中只用贵族当审判者，而且是有多少贵族出席就用多少人当审判者。这种情形从来就被认为是一种特权，所以他们的审判者便只是他们自己所希望的审判者。至于臣民则人人在所有的争讼中（贵族的民事争讼也是这样）都由争讼所在地区的人当审判者，对于这些人他可以提出异议；直到最后，当十二个没有提出异议的人被同意时，再由这十二个人加以审判。他既然具有自己选定的法官，就不可能提出任何理由说这一裁决不应当算为最后的。这些从主权者方面获得权力以教导人民或为人民审判案件的政务官吏作为国家的成员说来，可以恰当地比之于人身上的喉舌。

从主权者方面取得权力以执行已作出的判决，为主权者发布命令、镇压骚乱、逮捕并拘禁歹徒以及掌管其他保安职务的人，也全都是政务大臣。因为他们根据这种权力所做出的每一种行为都是国家的行为，他们的作用可以比之于天生人体上的双手。

在外国的政务大臣是对外国代表本国主权者的人格的人，举凡根据公共权力并因公务而派出的大使、信使、代理人、使者都属于这一类。

但纷乱的国家中仅仅根据某一私党的权力派出的人，虽然得到外国的接待，也仍然既不是国家的政务大臣也不是国家的私臣，因为他们的一切行为都不是国家授权的。同样的道理，国王派出进行吊唁、庆贺或协助礼仪的使节所根据的权力虽然是公方权力，但由于事情是私人事务，属于主权者自然人身份，所以便是私臣。同时，一个人如果被秘密地派往他国，以探索他们的意见或实力时，虽然所根据的权力和所办事务都是公方的，但由于除开他自己的人格以外对方并不会承认他所代表的任何其他人格，所以他便只是一个私臣，但他却是国家的大臣，可以比之于自然人体上的眼睛。被派收受人民的请愿书或其他诉状的人则可以说是公众的耳朵；他们也是政务大臣，在其职位上代表主权者。

参议人员或国家的参议会如果被认为不具有司法裁判权或管辖权，而只在被征询时为主权者提出意见或在不被征询时向主权者提供意见，都不是掌管公务的人。因为意见只是向主权者提出的，主权者的人格当本人在场时不可能由另一人向他本人代表。但参议人员组成的团体从来都具有某些其他权力，要不是司法裁判权，便是直接的行政权。比方说在一个君主国中，他们的职务是代表君主向政务大臣传达君命，在民主国家中，参议会或元老院则是作为参议机构将其讨论结果提交给人民。但当他们任命法官、听审案件、接待使节时，则是以人民的大臣的资格来进行这些工作。在贵族政体中，国家的参议院本身就是主权议会，除对本身以外不向任何其他方面提供意见。

第二十四章　论国家的营养与生殖

国家的营养包括生活物资的数量与分配，同时也包括其调理或制备，调理好了之后则包括通过便利的渠道输送给公众使用。

物资的数量，被自然限制在一些商品的范围之内，这些商品上帝往往通过我们大家共同的母亲的双乳——海洋与陆地无偿地赐予人类或是以劳动为代价售予人类。

这些营养物质包括动物、植物、矿物等。上帝已经把它们为量丰裕地放置在我们面前的地面上或近地面之处,以致只要费一些劳动来收取它们就行了,因之,数量取决于人类劳动与勤劳的程度仅次于上帝的恩惠。

这种物资一般称为商品,有一部分是国货,有一部分是外货。从本国境内取得的就是国货,从境外输入的就是外货。由于一个国家所管辖的领土,除非幅员极为辽阔,否则便都不能生产维持整个身体以及其运动所需的一切东西,同时也很少有国家所生产的东西不是有某些种类超过需要的,所以境内取得的多余商品通过交易、正义的战争或劳动等方式输入从国外取得的商品后,除在国内供应这些需要外就不再是多余的,因为人类的劳动也和任何其他东西一样是一种可以营利的商品。有些国家的领土仅够居民居住,但却不但能维持国力,而且能扩张国力;这一部分是由于在不同地方之间贸易往来的劳动而得来的,另一部分则是出售以外地原料制成的工业品所得来的。

这些营养物质的分配便是关于我的、你的、他的制度,一句话,这就是关于私有财产的制度,在各种国家中都属于主权者的权力。因为前面已经说过,在没有国家的地方,便存在着每一个人对其他人的永久战争状况。因此,一个人用武力取得并保持的每一种东西便都是他的。这既不是私有制,也不是公有制,而是动荡不定的状况。这种情形是这样地明显,以致热烈为自由辩护的西塞禄也在一次公开的答辩中将一切私有财产权归之于市民法。他说:"市民法一旦被抛弃或仅是维护不力(更不要说被压制了)时,任何人能得之于祖先或传之于子孙的东西便没有一种有保障了。"同时他

第二十四章　论国家的营养与生殖

又说:"取消了市民法,那便没有人会知道什么是自己的、什么是别人的。"既然私有财产权的建立是建立国家的结果,而国家除开通过其代表者外不能做任何事情,所以建立私有财产权便只是主权者的一种行为,具体表现为法律,而法律则是不具有主权的人所不能制定的。以往有人把我们所谓的法律称为 Nóuos,意思就是分配,而对正义所下的定义则是把每一个人自己的东西分配给每一个人,这些人在古时对于这一点就知道得很清楚。

这种分配的第一条法律便是土地本身的分配法。在这种分配中,主权者根据自己、而不是根据任何一个臣民或某些臣民认为合乎公道或公共利益的方式分给每个人一份。以色列的子民在旷野时已经是一个国家,但当他们成为福地的主人以前却缺乏地面上所产的各种商品。后来土地没有根据他们自己的决定,而是根据祭司以利亚撒和将军约书的决定,在他们之中作了分配。当时有十二个支派,约书亚将约瑟支派分成两个支派①,一共成为十三个支派,但土地却只分了十二份。利未族没有分给土地,而只分给全部产品的十分之一。这样说来,这种分配便是任意决定的。一个民族因战争而获得土地时,虽然并不永远都像犹太人以往那样消灭旧居民,而是许多人、大部分人以至全部人的财产都留给他们,但以后这些人占有财产时显然是把它作为战胜者的分配物而保有的,就像英格兰人民从征服者威廉手里得到自己的一切财产一样。

从这一点我们就可以推论出,臣民的土地私有权是排斥所有其他臣民使用他的土地的一种权利,但却不能排斥主权者,不论是

---

① 据圣经记载,约瑟支派后来分成玛拿西和以法莲两个支派。——译注

会议还是君主都一样。因为主权者作为国家人格的代表者，其所做的一切都应当是为了共同的和平与安全；于是这种土地的分配便也应当是为了这两点。这样一来，他所作的任何分配如果违背了这一目的，便是和那些把自身的和平与安全付托给他、由他按照自己的决定与良知处理的每一个臣民的意志都相违背，因之，根据他们每一个人的意志说来便都应当认为是无效的。诚然，一个主权君主或主权会议中的大部分人可能违反自己的良知因追求私欲，而下令做许多事情，这是破坏臣民对他的付托和自然法的，但这却不足以使任何臣民有权对他开战或控诉他不义，或是对主权者发出任何怨恨；因为他们已经承认他的一切行为，而且在授予主权时就已经使这些行为成为自己的行为了。至于在什么情形下主权者的命令就违反了公道和自然法，往下将在另外的地方加以讨论。在分配土地时，我们可以设想国家本身也分配一份，由其代表者具有并利用；这一份土地可以使之多得足以维持公共和平与防卫所必需的全部费用。如果我们能想象任何代表者可以免除人类的情欲和弱点，这样做就是完全正确的。但人性既然已经成为现在这个样子了，拨出公共土地或任何一定量的收入给国家都是没有用的；一旦主权落到不慎重对待公帑或轻启战端、将公共钱财冒险使用于持久或耗资的战争的君主或议会手中，便会使政府解体，并陷入单纯的自然状况和战争状况之中。国家是不能经受任何禁食规定的，因为国家的开支并不受本身食欲的限制，而只能按外界偶然事件和邻邦的食欲规定其限度；于是公共财富除了紧急情况的需要以外，便不能加以其他的限制。在英格兰，征服者威廉除开把许多林地和猎区供自己游乐狩猎和保存树林外，还把许多土地

第二十四章 论国家的营养与生殖

留为己用,并在他赐予臣民的土地上保留各种不同的徭役,但看来这些保留都不是用来维持他公务身份方面的经费,而是用来维持他自然人身份方面的经费。因为他和他的继承者都不顾这一切而在自己认为有必要时从全体臣民的土地上任意征收税款。或者,如果这些公共土地和徭役当初被规定作为维持国家的充分经费的话,便和立国之约的范围相违背,因为根据往后追加的赋税可以清楚地看出这是不够的,而且从后来王室收入微少这一点上也可以看出,这种资财是可以出让和减少的。因此,划拨一份资财给国家并没有用,因为国家可以把它出售或赠送给他人;而当它的代表者像这样做时,资财便实际上售与或赠给他人了。

正像国内土地的分配一样,臣民进行对外贸易的地点与商品种类的划定问题也由主权者掌管。因为如果在这方面由平民自己决断的话,其中有些人就会为了牟利而为敌人提供危害国家的手段并把有害的或至少无益于国人但能满足欲望的物品输入进来为害国人。因此,批准或否定对外贸易的地点和项目的问题只能由国家掌管,也就是由主权者掌管。

此外,要维持一个国家,单单是每一个人对一分土地或少数商品享有私有财产权或是对某些有用的技艺享有天赋所有权是不够的,何况世界上的技艺也没有一种不是几乎对每一个人的生存或福利说来都有必要的;因此,人们便必需能通过交换和共同订立的契约将自己所能拿出来的东西分给别人,并互相让渡其所有权。因此,臣民之间的买卖、交换、借贷、租赁、雇佣等等一切契约应按什么方式订立,以及根据什么文字和形式可以认为有效等事项,便应当由国家加以规定,也就是应当由主权者加以规定。关于营养物质及其对国家成员的分配问题,从本书全部体例来考虑,以上所说的已经够了。

根据我的理解,一切物品的调理就是将目前不消费而留待将来营养之用的一切商品变成价值相等而又便于携带、以致不妨碍人们往来各地的东西,其目的是使人们在任何地方都能具有当地所能提供的营养。这种东西不是别的,就是黄金、白银和货币。原因是这样:黄金和白银实际上几乎在世界各国都极为人们所贵重,所以便是各国之间其他一切物品的一种方便的价值尺度;而主权者无论用什么原料铸成的货币,在本国臣民之间又是一切其他物品的充分价值尺度。通过这些尺度,一切可移动和不可移动的商品便都可以伴随人们离开通常的住所,到他所到的一切地方去。它在国内人民之间周流传用,并在传渡过程中营养各部分。其情况很像国家的血液流通:因为天然的血液也同样是由土地的产物构成的,而且在流通过程中一路营养人体的各部分。

黄金和白银的价值是由于其本身的质料而来的,所以它们首先就具有一种特性,即作为各地区商品的共同尺度而言,其价值不可能由一个或少数国家的权力加以改变。至于贱金属货币则容易有涨落。其次,金银还有一种特性,能使国家在有必要时运动臂膀并伸到外国去;它们不但能使在外旅行的臣民百姓获得供应,而且也能使整个的军队获得给养。但铸币并不是因其质料而是因当地的印字获得价值的;由于不能经受环境的变化,便只能在国内有效;而且在国内也会因法律的变化而受影响以致减少其价值,在许多时候使持有者吃亏。

将货币输送给公众使用的渠道和道路有两种,一种是送交国库，另一种是从国库中重新发放出来作公共支付之用。前者包括征收人员、保管人员与出纳人员，后者也有保管人，再加上被指派发款给各个公私大臣的官员。在这里拟制的人和自然人也相类似，自然人的脉管从身体的各部分接受血液送到心脏，在这里充实生机以后再由心脏经动脉管送出，使各部分充满活力并能运动。

国家的后嗣或子女就是我们所谓的移民区或殖民地；这是由一个指挥者或总督领导，到一个原先无人居住或因遭兵燹而人烟稀少的外国去居住的一群人。拓殖已定的殖民地有两种：一种自成一个共和国，解除了对于派出他们的主权者的服从关系，像古代许多国家的情形便是这样。在这种情形下，他们所自出的国家便称为母国，母国对殖民地的要求正像父亲解除子女的家庭管辖关系后对子女的要求一样只是一种尊重和友好的关系。还有一种情形是仍旧和母国联合，就像罗马人民的殖民地一样。这时他们便不能自成国家，而只是行省，只是派出他们的国家的组成部分。因此，殖民地的权力除了尊重母国并和母国结盟以外，还要完全取决于主权者批准他们拓殖的特许状。

第二十五章　论建议（咨议）

根据日常变化无常的用字法来判断事物的性质是极为荒唐的。这一点从命令与建议的混淆中看得最为清楚，这种混淆的产生则是由于提供建议和发出命令以及在其他许多情形下，说话的方式都是命令式的。因为"做这事"一词不仅是命令者的语词，而且也是提供建议者和劝说者的语词。很少有人会看不出来这些说法性质完全不同。而且在察觉说话的人是谁、说话的对象是谁和在什么情况下说的以后,也很少有人不能加以区别。但他们在书面上看到这些语句后,由于不能或不愿深入考虑客观情况,于是便按照怎样最适合于他们想作出的结论或想赞成的行为,有时把提供建议者的话误认为命令者的话,有时则恰好相反。为了避免这种错误,并使命令、建议和劝说的词句获得其明确的固有含义,我提出定义如下:

当一个人说"得如何如何"或"不得如何如何"时,如果除了说话者的意志外别无其他理由,便是命令。根据这一点就显然可以得出一个结论说:命令者发出命令时代表的只是自己的利益,因为他发出命令的理由只是他自己的意志,而每一个人的意志的目标则是自己的某种利益。

当一个人说"得如何如何"或"不得如何如何"时,如果其理由是从说话的对象因此而得到的利益上推论出来的便是建议。根据这一点就显然可以看出,提出建议的人不论其内心意图如何,他代表的只是听取建议者的利益。

因此,建议与命令之间便有一个很大的区别存在——命令是为了本人的利益,建议是为了别人的利益。从这一点上又产生了另一区别——人们有义务要执行命令,正像他订立信约要服从的情形一样;但他却没有义务要做别人建议他的事情,因为不采取建议所受到的伤害只及于他自己;要是他订立信约要服从时,那么建议就变成命令的性质了。两者之间的第三个区别是——没有人能声言有权当别人的建议者,因为他不能声言自己在里面有什么利益;他只能以自己有意知道别人的计划为理由,要求别人给予提供建议的权利或为自己求得其他的利益;这中间自己的利益,正像我在前面所说的,是每一个人的意志的固有目标。

建议的性质中还有一点是:征求建议的人不论所问得的是什么,根据公道说来不能加以控告或惩罚,因为征求旁人的建议就是让他提出自己认为最好的意见。因此,向主权者(不论是君主还是一个会议)提供咨议的人,如果是由主权者咨询而提出的,那么根据公道说来就不能因此而受惩;因为他的意见无论是否符合于大多数人的意见,总是符合于辩论中提出的提案的。因为会议的公众意见如果在辩论终结前可以看出来,那么他们就不应当征询、也不应当接受任何进一步的建议,理由是会议的公众意见就是辩论所得的决议和一切审议的目的。一般说来,征询建议的人就是授权人,所以便不能加以惩罚,而主权者所不能做的,其他人也就没有人能做了。但如果一个臣民对另一个臣民提出建议,叫他做任何违法的事,那就不论这一建议是出自恶意还是仅仅出自不明法禁,国家都可以施加惩罚;因为在每一个人都应注意自己所服从的法律的地方,不明法禁不能作为充分的口实提出。

<u>劝说与劝阻</u>是提供者强烈地表示希望得到遵从的建议;更简单地说,这就是强压给他人的建议。因为劝说者并不会向对方推论他所提议的事情后果如何,并在这里面运用真正说理的力量,他只是鼓动他所建议的对象采取行动。劝阻别人采取某种行动时,情形也是这样。因此他们在说话时更注意人们的公众情绪与舆论,并运用直喻、隐喻、例证和其他讲演术的武器,说服听众相信遵从了他们的意见之后有什么用处、能得到什么荣誉或者是怎样合乎正义。

由这一点就可以推论出：第一，劝说与劝阻为的是提供建议的人的利益而不是征询者的利益，这便违反了建议人的义务；根据建议的定义说来，建议者应当管的不是自己的利益，而是对方的利益。他的建议是为了自己的利益这一点，从他喋喋不休而又使劲地敦促或是装腔作势的姿态这些情形中就可以十分清楚地看出来。这种建议由于没有人要求他提出，而是出自他自己的需要；所以便主要是为了自己的利益，而只附带地为了对方的利益，甚至根本没有为对方的利益打算。

其次，劝说与劝阻的用处只在于对群众讲话的场合。因为对一个人讲话时，中途可能被拦住，他的理由可能受到比群众更为严格的考察；因为群众人数太多，不可能跟那个不加区别地同时对大家发表演说的人争辩或对话。

第三，在对方要求提出建议时，自己却进行劝说或劝阻的人便是腐化的建议人，就好像是受到了自我利益的贿赂一样。因为他们所提供的建议不论有多好，但正像为了贪图报酬而作出公正判决的法官不能成为公正的法官一样，提供这种意见的人也不能成为良好的建议者。但依法可以下命令的人，像一个家庭中的父亲或一个军队的领袖这类人，他们的劝说或劝阻，便非但是合法的，而且是必要的和值得称道的。不过这就不是建议而是命令了。当命令是为了执行一种辛劳的工作时，有时是出于必要，更为经常的是出于人道主义的考虑，需要用鼓励的方式发出，并使用建议的声调，而不用粗暴的命令式的语言，使之更为动听。

我们可以引圣经中表达命令与建议的语言形式作为例子来说明其间的区别："除了我以外，你不可有别的神"（见《旧约·申命记》第 v 章,第 7 节)、"不可为自己雕偶像"(见同章第 8 节)、"不可妄称耶和华你神的名"(见同章第 11 节)、"守安息日为圣日"(见同章第 12 节)、"孝敬父母"(见同章第 16 节)、"不可杀人"(见同章第 17 节)、"不可偷盗"(见同章第 19 节)等等都是命令,因为服从这些命令的理由是根据上帝王的意志而来的,而上帝则是我们有义务要服从的。但"要变卖你一切所有的、分给穷人"、"你还要来跟从我"(见《新约路加福音》第 xviii 章,第 22 节)等则是意见,因为我们要这样做的理由是根据我们自身将来会在天堂里发财致富这种利益而来的。"你们往对面村子里去、必看见一匹驴拴在那里、还有驴驹同在一处、你们解开牵到我这里来"(见《新约·马太福音》第 xxi 章,第 2 节)是命令,因为他们做那事的理由是根据他们的主的意志而来的,但"你们各人要悔改、奉耶稣基督的名受洗"则是意见,因为我们应当这样做的理由只是为了我们自己的利益,而不是为了全能的主的任何利益;全能的主不论我们怎样叛变都是我们的王,而我们自己则除开这样做以外就没有方法避免由于自己的罪而将要遭受的惩罚。

建议与命令的区别现在已经根据建议的性质(在于提供者所提出的行为之必然或可能的后果使听取建议的人受到利益或损害)推论出来了,参议人员的适与不适也可以用同样的方式推论出来。因为经验不过是先前所见到的行为的结果的记忆,而建议则只是将这项经验告知别人的语言。建议的优缺点和智慧相同。对于国家法人说来,参议人员就是在记忆和心理讨论上为它服务。自然人和国家之间虽然有这一类似之点,但却连带有一个很重要的不同之点——自然人的经验是从感官的自然对象上获得的,这种对象在他身上发生作用时本身并不具有激情或私利，但为国家的代表者提供建议的人却可能有而且常常有其个人的目的与激情，使他们的建议经常受到怀疑，而且许多时候甚至是不忠实的。因此，我们便可以规定良好的参议者的第一个条件为："本身的目的与利益不能和对方的目的与利益相矛盾。"

其次，参议者的职务是在审议一种行为时，以能使对方更真实而明确地了解情况的方式将行为的后果明白地显示出来。因此，他提出建议的方式就应当使真理最为明白地反映出来；也就是说要在证据允许的范围内，尽可能运用牢靠的推理和有意义与确切的语言。因之，那些从书本上的例子里或根据书本的权威得出的、根本不能作为善恶的论据而只能作为事实或意见之佐证的轻率而不明确的推论，那些易于激动感情的模糊、混乱和含混不清的表达方式以及一切隐喻式的语言都是和参议者的职务不相容的，因为这种推理和表达方式只能用来欺骗或使对方迷失自己的目标。

第三，由于提供建议的能力是从经验和长期研究中得来的，而任何人都不能认为对一个大国的管理所必需知道的一切事务都具有经验；因此，除开自己十分精通而又经过深入思考与研究的事情以外，任何人都不能认为是一个良好的参议者。鉴于：国家的职责在于安内与攘外，因此我们发现：它对于人类的性情、政府的权利以及公平、法律、正义和荣衔的性质等等都需要广博的知识，这一切知识不经研究是无法获得的。同时，对于本国和邻邦的国力、财富、地理情况以及可能以任何方式侵扰本国的外国的意向与企图等等也需要有渊博的认识，而这一切不具有丰富的经验是办不到的。这些事情非但是整个说来，而且是每一种细节都需要有年纪

第二十五章 论建议（咨议）

的人穷年累月的考察，与非同寻常的研究。正像我在前面（第八章）所说的，建议所需要的智慧是判断。在这一点上，人与人之间的差异来源于不同的教育，某些人从事一种研究或业务，另一些人则从事另一种研究或业务。做任何事物时如果有颠扑不破的法则可循，像机械和建筑中的几何法则那样，那么所有的人的经验都抵不上学习或发现这种法则的人的意见。而在没有这种法则可循时，那么在特种业务中经验最丰富的人其判断也最好，因而也是最好的参议者。

第四，要能够对国家提供有关他国事情的建议，就必须熟悉来自该国的情报与文献，以及两国之间的一切条约与其他国家事务的记录。这种事情除开国家代表者认为适宜的人以外没有人能做。根据这一点我们就可以看出，没有被召请去提供建议的人，在这些事情上就不可能提出好建议来。

第五，假定参议者的人数能配合需要，那就最好是分别地听取他们的建议而不要聚在一起听取，其理由如下：第一，分别听取时所得到的是每一个人的意见，而聚议一堂时则许多人只是唯唯诺诺地提出意见，或是自己的手足不随着自己的意识转，而是听旁人一大套滔滔不绝的言辞支配，因为他们怕提出反对意见后使已经发言的人或整个会议感到不高兴，还有些人则是怕自己显得比赞成相反意见的人在理解上更迟钝。其次，多数人聚议时就不能不有某些人的利益和公众利益相冲突，这些人由于自己的利益就会感情激动，感情激动时就会滔滔不绝地大放厥词，而这样就会吸引其他人也持同样的意见。因为人们的情绪在分开时是温和的，就像一根燃木之火一样；但聚在一起时就会柴多火焰高了。特别是当他们互相以言辞进行攻击时，更会在提意见的名义下，使全国陷于烈焰之中。第三，分别听取每一个人的意见时，如果有必要就可以经常打断对方、提出反问，以便研究他所提供的意见的理由是否正确，或者有多大的可能性。但当许多人一起聚议时就办不到这一点。在这种场合，人们在每一个困难问题上都会因为议论庞杂而感到惊奇诧异、头晕目眩，了解不到他所应当采取的办法。此外，许多人被召聚议时就不可能没有一些人野心勃勃，想让人家认为自己口才出众，而且精通政治；于是提出意见时就会不考虑所提的事情，而只顾把一些从书本上找来的五花八门的破布碎线凑成五彩缤纷的讲词让人家喝彩。这些至少是不相干的事情，占去了认真商议的时间；但以秘密的方式个别听取意见时，这种情形就容易避免。第四，审议公共事务时常常有需要保持秘密的，许多人提建议，尤其是聚议一堂时就很危险；因此，大的会议就有必要把这类的事交付给最精通而又最忠诚可靠的少数人处理。

总起来说，试问在儿女婚嫁、土地处理、家务管理、私人财产经营等问题上希望或愿意接受参议者为之操心的人中，有没有人十分赞成找许多参议者开大会听取意见呢，特别是如果这些人中有的人不愿看见他家道富裕时就更难说了。一个人如果由许多慎重的参议者协助办事，并全都就各人的专长分别征询意见，那就是最好的办法；正像打网球时运用能干的副手并把他们放在适当的位置上一样。次好的办法是像那些完全没有副手的人一样仅仅依靠自己的判断。但如果一个人在事业中被一整套参议意见所左右，而这种意见则除非赞成者占多数就无法通过，其执行一般又都由于嫉妒或利益而受到反对方面的阻挠的话，那么他所用的办法就最差。就像一个人去打球一样,虽然陪同去的选手很好,但却是坐独轮车或其他本身很笨重的交通工具去的,同时驾车的人意见和动作又不协调,以致更加迟缓。这种情况插手的人愈多就愈坏,其中要是有一个人或几个人希望他失败时就坏到极点了。多人之眼胜于一人之目这话虽是确实的,但对许多参议者而言却不能这样理解,唯有最后决定权由一人掌握时才是这样。否则由于许多眼睛看同一事物时视线不同,往往会看偏到自己的利益方面去了。那些不愿意偏离目标的人,四处观看时虽是用两只眼睛,但描准时却从来就只用一只眼。所以一个大的民主国家之所以得以保存,或因外敌当前使之团结,或因其中某一杰出人物的声望足以号召群伦,或因少数人秘密咨商,或因势均力敌的党派互相畏惧,但从来不是由于会议上公开商议。至于极小的国家则无论是君主国还是民主国,要使它的生存超出强大邻邦对之心怀妒忌的时限,那是任何人类智慧也办不到的。

第二十六章　论民约法(市民法)

我所谓的民约法指的是成为一个国家的成员就有义务要服从的法律,而不是成为某一个国家的成员才有义务要服从的那种法律。因为关于特殊法律的知识,属于以研究各该国法律为业的人的范围,但关于一般民约法的知识则是大家共同的。古罗马法被称为他们的市民法,是从城邦一字而来的,而城邦的意义就是国家。罗马帝国治下受该法管辖的国家至今仍然保留着他们认为适宜的部分,并把这一部分称市民法,以别于他们本身其余的国法。

但我在这儿所要谈的却不是这种法律,我的目的不是要说明某地的法律情形如何,而是要说明法律本身是什么,就像柏拉图、亚里士多德、西塞罗和许多其他不以研究法律为业的人所做的那样。

首先可以明显地看出的一点是:法律普遍说来都不是建议而是命令,也不是任便一个人对任便另个人的命令,而是专对原先有义务服从的人发布的那种人的命令;至于国法则只是加上了发布命令的人的名称,这就是国家法人。

考虑了以上的情形之后,我便对约法提出以下的定义:约法对于每一个臣民说来就是国家以语言、文字或其他充分的意志表示命令他用来区别是非的法规;也就是用来区别哪些事情与法规相合、哪些事情与法规相违的法规。

这一定义中没有任何地方不是一目了然的。因为每一个人都可以看出,有些法律是对全体臣民普遍发布的,有些是对某些地区发布的,有些是对某些职业发布的,还有些则是对某些人发布的。因此,这些法律便只对法令所指的每一个人说来是法律,对其他人都不是法律。同时,法律就是关于正义与不义问题的法规,被认为不义的事没有一种不是和某些法律相冲突的。还有一点是,除开国家以外就没有人能制定法律,因为我们只是臣服于国家。法令还必须用充分的表达方式表达出来,否则人们就不知道怎样服从。因此,根据这一定义,作为必然结论所推论出的一切便都应当认为是真理。现在我打算从这里面推论出以下各点:

1.在所有的国家中,不论主权者像君主国家中那样是一个人,还是像民主与贵族国家中那样是多数人组成的会议,都唯有主权者能充当立法者。因为立法者就是制定法律的人,然而又唯有国家才能规定并命令遵守我们称为法律的法规；因之，国家便是立法者。但国家不是人，除开通过代表者以外也无法做出任何事情；而代表者就是主权者，所以主权者便是唯一的立法者。同样的道理，已订立的法律除开主权者以外便没有人能废除，因为一种法律除非用另外一种法律禁止其执行，否则就无法废除。

2.国家的主权者不论是个人还是会议，都不服从国法。因为主权者既有权立法废法，所以便可以在高兴时废除妨碍自己的法律并制定新法，使自己不受那种服从关系的约束；这样说来，他原先就是不受约束的。因为愿意不受约束就可以不受约束的人便是不受约束的。而且任何人都不可能对自己负有义务，因为系铃者也可以解铃，所以只对自己负有义务的人便根本没有负担义务。

3.当老习惯取得了法律的权威时，这权威不是由于时间长而来的，乃是由于主权者的缄默不言说明了自己的意旨而来的，因为缄默有时就表示同意。当统治者在这方面不保持缄默时，它就不能成为法律了。因此，如果主权者不以自己目前的意志而以原定的法律作为某一权利问题的根据时，时间的长短不能妨碍他的权利，这问题只能根据公道的原则加以判断，因为有许多不公正的行为与判断都是年湮代远而行之无禁的。除开合理的习惯以外，法律家都不认为是法律，而不良的习惯则应当废除。但哪些是合理的、哪些应废除，则要由立法者——主权议会或君主加以判断。

4.自然法和民约法是互相包容而范围相同的。因为自然法就是公道、正义、感恩以及根据它们所产生的其他道德，正像我在第十五章末所说的，这一切在单纯的自然状况下都不是正式的法律，而只是使人们倾向于和平与服从的品质。国家一旦成立之后，它们就成了实际的法律,在这以前则不是;因为这时它们成了国家的命令,于是也就成了民约法,强制人们服从它们的乃是主权者。因为在平民的纠纷中,要宣布什么是公道、什么是正义、什么是道德并使他们具有约束力,就必须有主权者的法令,并规定对违反者施加什么惩罚,这种法令因之便是国法的构成部分。因此之故,自然法在世界各国便都是国法的一个组成部分。反过来说,民约法也是自然指令的一个组成部分。因为正义——履行信约并将每一个人自己的东西给予他自己——是自然法的指令,而国家的每一个臣民又都订立了信约要服从国法(要不是像聚会推选共同的代表者那样彼此间相互立约,便是像因被武力征服而允诺服从以获得生命时那样各自与代表者本身立约),所以服从国法便也是自然法的一部分了。民约法和自然法并不是不同种类的法律,而是法律的不同部分,其中以文字载明的部分称为民约法,而没有载明的部分则称为自然法。但自然权利——人们的天赋自由则可以由民法加以剥夺和限制,甚至可以说,制定法律的目的就是要限制这种自由,否则就不可能有任何和平存在。世界之所以要有法律不是为了别的,就只是要以一种方式限制个人的天赋自由,使他们不互相伤害而互相协助,并联合起来防御共同敌人。

5.一个国家的主权者如果征服了生活在另一套成文法之下的人民,事后又按原先的法律施政时,这些法律便成了战胜者的民约法而不是被征服国家的民约法。因为立法者并不是那些以其权力最初立法的人,而是以其权力使之现在继续成为法律的人。因此,一个国家境内如果有许多不同的省份,而这些省份又有一般称为各行省的习惯的不同法律时,我们就不应当认为这种习惯单纯是由于存在已久而具有效力的，而应当认为原先它们是以明文规定或以其他方式公布为主权者的法规和成文法的法律，现在它们之所以成为法律，也不由于它们是积习相沿而应遵守的旧习惯，而是由于目前主权者的制定。但如果一种不成文法在境内各行省中被普遍遵守，施行时也没有出现不公平的情形，这种法律便不可能是别的，而是一种对全体人类同样有约束力的自然法。

6.我们既然看到，所有的成文法与不成文法，其权威与效力都是从国家的意志中得来的，也就是从代表者的意志中得来的；在君主国中这代表者就是君主，在其他国家中则是主权会议。那么，在某些国家的杰出法律家的著作中竟直接间接地认为立法权取决于平民或下级法官，这种意见是从哪里来的就令人大惑莫解了。比方有人说："不成文法唯有议会能掌管，"其实这话唯有在议会是主权者，而且召集和解散都由自己决定的地方才能成立。因为如果任何其他人有权解散议会的话，他便也有权加以掌管，因之也有权掌管他们的掌管者了。如果没有这种权利存在，那么法律的掌管者便不是议会而是王权议会。在议会就是主权者的地方，即使是它不论为了什么原因而从所辖各地区尽可能多地广开贤路，征集人才，但总没有人会相信这样一种会议因此就获得了立法权。还有一种说法是："武力和法律是国家的两条臂膀"，前者存在于国王手中，后者存在于议会手中。就好像在武力操于法律无权加以管辖与统治的任一人手中的地方，国家也能存在一样。

7.法律绝不能违反理性，以及法律之所以成为法律，不在于其文字也就是不在于其每一部分的结构如何，而在于其是否符合于立法者的意向，这是我们的法律家所同意的。这一点也是真确的，但问题在于谁的理性将被接受为法律。这不意味着任何平民的理性,像那样的话,法律中的矛盾与冲突就会像经院学派中一样多了。同时也不像爱德华·柯克爵士所说的那样,是他那种经过长期研究、观察和经验得来的后天的完整理性。因为长期研究可能增加和巩固错误的判决。在根基不稳固的地方建筑房子愈高、坍塌愈烈。在相等的时间中同样辛勤地进行研究与观察的人,他们所得的推理和答案是而且必然是互不相符的。因此,构成法律的便不是法官的慎虑或低级法官的智慧,而是我们这位人造的人——国家的理性和命令。由于国家体现在代表者身上时只是一个人,法律中就不容易产生矛盾;纵使有矛盾发生,由于同样的理由也能通过法律的解释和修订予以消除。在所有的法庭中,实行裁判的是主权者,也就是国家法人,下级法官应当尊重主权者订立这一法律的理由,以便使其判决与之相符;这样一来,他的判决就成了主权者的判决,否则就是他自己的判决,同时也是不公正的判决。

8.法律是一种命令,而命令则是通过语言、文字或其他同样充分的论据发布命令的人之意志的宣布或表达。根据这一点,我们就可以认识到,国家的命令,仅仅对于能了解的人说来才是法律。对于天生的白痴、儿童或疯人说来,就像对于禽兽一样,法律是不存在的。也无法给他们安上有义或不义之名,因为他们根本没有能力订立任何信约或理解其后果;于是他们便也不会像那些在自己之间建立国家的人所必需做的那样,去做授权于任何主权者的行为。和由于天生或偶然事故而普遍不能了解一切法律的人一样,由于任何并非本身的过失所造成的偶然事故而失去了解某种特殊法律的能力的人如果没有遵守的话，是不加追究的；确切地说，这种法律对于他根本不是法律。因此，我们在这儿就必须讨论一下，要认识什么是法律，也就是要认识君主政体和其他政府形式中什么是主权者的意志的问题，要有什么样的论据或形式才够。

首先，如果某法对所有臣民无一例外地都具有约束力，而且又没有用明文或其他方式在人们可以看到的地方加以公布，那就是自然法。因为人们不根据旁人的言辞，而是每一个人根据自己的理性认为是法律的任何东西，必然是符合于所有的人的理性的东西，这一点除开自然法以外，没有任何法律可以具备。这样说来，自然法便无须作任何公布或宣布，因为它们包含在全世界都承认的这样一句话中："己所不欲，勿施于人。"

其次，如果该法只对人们的某些情况有约束力，或只对某一个人有约束力，而又没有明文记载或口头宣布，便也是自然法；认识这种法律所根据的就是使那些在该情况下有别于其他臣民的人的同样形式或论据。因为任何法律要是没有由制定者以文字或某种其他方式予以公布时，便只有通过遵从者的理智才能认知；于是这种法律便不仅是国法，而且也是自然法。比方说，如果主权者任用一个公务大臣而没有以书面指示其行动，他就必须以理性的指令作为指示。好比他是一个法官，法官要注意的是使其判决符合于其主权者的理性，而这种理性则永远被认为就是公道，于是他便受到自然法的约束要遵从公道。如果他是一个大使，那么他在书面指示所没有载明的一切事务中便应当把理性指明为最有益于他的主权者的利益的方针当作指示，主权者的其他一切公私大臣都莫不如此。所有这一切天赋理性的指令都可以包括在忠这一名目之下，它是自然正义的一部分。

除开自然法而外，所有其他法律都有一个必不可缺的要点，那便是以大家知道是来自主权当局者的语言、文字或其行为向有义务服从的每一个人公布。因为别人的意志除开根据他自己的语言或行动来了解，或是根据他的目标与范围加以推测来了解以外，便无从得知。这种目标和范围在国家法人方面说来，被认为永远是符合于公道和理性的。古代在文字通行以前，法律有很多时候都编成歌谣；匹夫匹妇们乐于随口唱唱背背，这样就更容易记住。由于这一理由，所罗门便叫一个人把十诫系在十个指头上（见《旧约·箴言篇》第 vii 章，第 3 节）[1]，摩西和以色列人重新订约时给他们规定的法律，他都叫他们让自己的"儿女，无论坐在家里、行在路上、躺下、起来，都要谈论。并要写在房屋的门框上，并城门上"（见《旧约·申命记》第 xi 章，第 19 节）。并且"召集他们男、女、孩子……使他们听"（见《旧约·申命记》第 xxxi 章，第 12 节）[2]。

法律单是以明文规定并加以公布还不够，还必须要有明显的证据说明它来自主权者的意志。因为平民在具有力量或认为自己具有力量达到不正当的目的并平安无事地实现其野心时，是会不经立法当局或违反立法当局把自己所高兴的东西公布为法律的。因此，法律便必须不但要公布，而且要有授权者和权力的充分证

---

[1] 《箴言篇》上原文作"将我的命令存记在心……系在你的指头上、刻在你的心版上。"——译注

[2] 据圣经记载，以色列人出埃及后，当摩西去西乃山受神命时，他们就背叛了上帝，摩西回来后将原先的十诫毁去重新和他订约并规定法律，方式有如文中所述。——译注

明。每一个国家的授权人或立法者应当是显而易见的,因为主权者是通过每一个人的同意建立的,每一个人都认为完全是众所周知的。人们虽然大部分都愚昧而疏忽,以致当最初按约建立国家的情况渐次消失时就不想想自己究竟是靠谁的力量防御敌人、保卫劳动并补偿侵害。但人们只要细想一下便不可能对这一点发生问题,所以不知主权何在便是不可原谅的。同时,人们既然自己要求或心甘情愿地接受这一权力保护自己防卫他人,所以任何人都不应当削弱这一权力便是自然理性的指令,因之便也是一条明显的自然法。因此,关于主权者是谁的问题,要不是由于自己的过失,(不论歹人怎样说)就没有人还可能存在怀疑了。困难在于权力来自于主权者的证据。要解除这一困难就要对公共典籍、公众辩护人、公众代理人和公家印鉴有所认识,所有的法律都是通过这些得到充分证明的。我所说的证明不是授权,因为证明所包含的不过是证据与记录,而不是法律的权力根据,这种根据只存在于主权者的命令之中。

因此,一个人如果发生了依据自然法(也就是依据一般的公道)的侵害问题,受委派有权审理这一案件的法官的判决就是该案件中自然法的一个充分证明。专业研究法律的人的意见虽然可以用来避免争执,但却仅是意见;争端听审后,仍必须由法官来告诉人们法律是什么。

但当问题是根据成文法而来的侵害或罪行时,那么每一个人只要由自己或旁人查一下法律典籍就可以(如果他愿意的话)在进行这种侵害或犯下这种罪行之前充分地了解到这是不是一种侵害。非仅如此,他还应当像这样做。因当他对自己将要采取的行动正义与否的问题发生怀疑,而又只要愿意就可以获得了解时,做出这种行为就是非法的。同样的道理,一个人认为自己在决定于成文法的案件中受到了侵害,而这种成文法又可自己或请旁人查考时,他要是在查考法律之前就去控诉,他的做法就是不恰当的,只是暴露出自己的意图是为旁人找麻烦而不是追究自己的权利。

如果问题涉及对官吏的服从时,那么查看了他盖有关防的委任书,并听到宣读其内容,或是取得了获悉有关该委任书情况的方法(如果要那样的话),便是这官吏的权力的充分证明。因为每一个人都有义务尽最大努力了解可能与自己未来的行为有关的一切成文法。

已经知道立法者、法律本身又通过明文或自然原因而充分公之于众以后,要使它有约束力还需要另一个极重要的条件。法律的本质不在于其文字而在于其意向或意义,也就是在于权威的解释,即立法者的看法。因此,法律的解释便取决于主权当局,而解释者则只能是臣民唯一要服从的主权者所指派的人。因为不这样的话,法律便可能由于解释者的奸诈而带有与主权者原意相违背的意义,利用这种手段,解释者就变成立法者了。

所有的成文法与不成文法都需要解释。不成文的自然法对于不偏不倚、不徇私情的人说来虽然容易运用其自然理性加以了解,因而使违犯者无词可托;但我们要认识到很少人甚至没有一个人在某些时候能够不受自我珍惜或其他激情的蒙蔽,所以自然法现在便成了最晦涩的法,因之也就最需要精明能干的解释者。至于成文法,则文字短的容易因一两个字具有歧义而被曲解,而长的则由于许多字都有歧义而更加含糊;结果使任何成文法,不论是写成的字多还是字少，如果对制定该法的最终因没有透彻的理解无法好好了解。而关于这最终因的知识则存在于立法者身上。因此，对他说来，法律上没有任何结子是解不开的；他或是找到头绪把它解开，或是像亚历山大王用剑斩断戈尔定结①一样运用立法权力造成自己所愿意要的头绪，这是任何其他解释者所不能办到的。

一个国家中自然法的解释不依据于伦理哲学方面的书籍。著作家的意见不管多么正确，如果没有国家的权力支持，单凭他们自己的权威不能使他们的意见成为法律。在本书中我对于伦理道德以及其在取得并维持和平方面的必要性所写的一切虽然是明显的真理，但并不因此就必然是法律，而只是因为它在世界各国都是民约法的一部分才成为法律。因为伦理道德虽然天然是合乎理性的，但唯有通过主权者才能成为法律，否则我们把自然法称为不成文法就是一个大错误了；在这个问题上我们看到所发表的书籍已经是汗牛充栋了，其中互相矛盾和自相矛盾之处是不可胜计的。

自然法的解释就是主权当局规定来听审与决定属于这类纠纷的法官所下的判决词，此种解释在于将自然法应用于当前的案件上。因为在裁判中，法官所做的只是考虑诉讼人的要求是不是合乎自然理性和公道，所以他所下的判决词便是对自然法的解释。这种判决词之所以成为权威的解释，并不因为这是他个人的判决，而是因为他是根据主权者的权力下判决的；这样一来，这一判决就成了主权者的判决，而主权者的判决在当时对于诉讼双方说来就

---

① 相传弗里吉亚王戈尔定曾以难解之结将车杠系于车辕上，预言者谓能解此结者将成为全亚洲的君主，后亚历山大王用剑一挥而斩断此结。——译注

是法律。

下属法官或主权者在公道问题的裁判中没有一个能不发生错误的。如果往后他在类似案件中发现作出相反的判断更合乎公道，他便有义务这样做。任何人的错误都不能成为自己的准则，也不能约束他坚持这一错误。根据同样的理由，这一判决虽然其他法官宣誓服从，也仍然不能成为他们的法律。这是因为：在可变法律方面，虽然在主权者知道并允许的情况下根据他的权力所作出的错误判决便是在每一细节都相同的案件中制定了一条新法律，但在自然法这种不可变的法律方面，这类判决在同类案件中对于同一法官或其他法官说来都不能永远成为法律。国王先后继承，法官新旧递嬗，甚至天地也有毁灭之期，但自然法却丝毫也不会消逝，因为这是上帝的永恒法律。集古往今来一切前辈法官的所有判决也完全不能构成一条违反自然公道的法律。前辈法官的任何判例都不能成为不合理的判决的依据，也不能免除现任法官在自己判案时根据自己天赋理性的原理来研究如何才算是合乎公道的烦劳。比方惩罚无辜就是违反自然法的。而无辜则是在法律上宣告无罪，并被法官承认为无辜的人；那么假定案情是这样：有一个人被控死罪，他由于看到某个仇敌的狠毒和权势，以及法官们的贪污徇私，于是便因对后果的恐惧而潜逃；后来他被捕获并提交法庭审判，在审判中他充分证明自己并没有犯那种罪，因而被无罪开释，但却又被判剥夺财产，这便显然是惩罚无辜者。

因此，我就认为：世界上没有任何地方能够把曾经作出同样判决的前辈法官的判决当成自然法的解释或制定为法律。因为最初作出这一判决的人已经是作了不公正的判决，任何不公正的事情

第二十六章 论民约法(市民法)

都不能成为后继法官判决的典范。成文法可以禁止无罪的人逃跑，也可以因其逃跑而加以惩罚。但如果一个人在法律上已经宣告无罪之后却把他因为害怕遭受侵害而逃跑这件事情作为根据来推定他有罪，那便是违反了推定的性质，这种推定在判决已经作出之后便不能存在。但在英格兰的不成文法中却有一位伟大的法学家把这一条定下来了。他说："如果有一个无辜者被控犯有重罪并因为惧怕这种重罪而潜逃；关于这种重罪他虽然在法律上宣告无罪，但如果发现他是因为惧怕这种重罪而潜逃的，那么他虽然无辜，也应被剥夺全部财物、牲畜、债款和职务。因为关于以上各项剥夺，法律是不容许人们对根据这人潜逃而作出的推定提出相反的证据的。"在这儿我们可以看到，一个在法律上已经宣告无罪的无辜者，虽然是无辜的，而且又没有成文法禁止他逃走，但却在宣告无罪之后根据一项法律的推定判决丧失其全部财物。如果法律根据其潜逃作出的事实推定应判死刑，那么判决就应当是死刑。但如果这推定不是事实的推定，那么他又为什么要丧失他的财物呢？所以这绝不是英格兰的法律，这一判决也不是根据法律的推定所作出的判决，而是根据法官的推定作出的判决。同时，所谓对法律的推定不许可提出反证也是违法的。因为一切法官，不论是主权者还是下属，如果拒绝听取证言，便是拒绝秉公处理。因为判决虽然是公正的，但不听取所提出的证言就下判决的法官却是不公正的法官。他们的推定只是一种偏见，一个人不论自称根据什么判例和原先的判决，都不应当把这种推定带到法官席上去。人们由于相信前例而使自己的判决颠倒错乱的这类性质的事情还有，但只要举出这一点就足以证明，法官的判决对诉讼人说来虽然是法律，但对于任何继任法官说来却不是法律。

同样的道理，问题如果涉及成文法的意义时，写诠释的人并不能成为解释者，因为诠释一般比条文更容易被人吹毛求疵，于是便需要其他的诠释；这样下去，解释就没有尽头了。因此，除非是有一个经主权者授权、下属法官不得违背的解释者，否则解释者就是一般的法官，正像不成文法方面的情形一样。他们的判决应当被诉讼双方在该案件中接受为法律，但却不能约束其他法官在类似案件中作出类似判决。因为法官甚至在成文法的解释中也可能发生错误，但任何下属法官的错误都不能改变作为主权者之普遍判决的法律。

在成文法方面，人们一般都把法律的文字与文意加以区别。如果文字所指的只是从字面上所能得到的任何意义，那么本来是很清楚的。但因为几乎所有的字不论在本义上或是在比喻意义上都是含糊不清的，在一般议论中可以用来表示许多意义，而在法律中则只有一种意义。如果文字指的是行文的意义，那么它和法律的文义或宗旨便是一回事了。因为行文的意义就是立法者要用法律的文字来表达的意义。立法者的宗旨始终应当是公道，法官认为主权者不是这样的话便是大不敬。所以在法律的字句不足作为一个合理的判决的充分根据时，他就应当用自然法来补足。如果案件难断时，就应当暂缓判决，直到他得到更充分的根据时再作定论。比方说，有一条成文法规定：被人以武力驱出住宅者，得以武力复入。但如果一个人由于疏忽而使住宅空闲，当他回来时又被武力拒于宅外，关于这种情形没有特殊法律的规定。事情很清楚，这一案情就包含在同一法律中，否则这人就会没有其他的办法了，让他没有办法应当认为是和立法的宗旨相违背的。再举个例子来说，法律的字句规定人们根据证据判决，有一个人被诬告为做了某事，法官本人却亲自看见是另一个人做的而不是被告做的。在这种情形下，他不能根据法律的文字对无辜者判罪，同时也不能不顾见证人的证据下判决，因为这种做法是违反法律文字的规定的。他只能请主权者另派一人来当法官，他自己来当见证人。所以成文法的文辞所产生的不便会使他进而采用法律的宗旨，以便把法律解释得更好，只是任何不便都不能成为违反法律的判决的根据。因为每一个裁断是非的法官都不能判断对于国家说来什么是方便的、什么是不方便的。

一个良好的法律解释者——法官所需具备的能力和一个律师不同，不是关于法律的研究。对于一个法官说来，正像他只应当通过见证人来看事实一样，他也只应当通过诉讼中所援引的或主权当局授权宣布律令的人向他宣布的成文法和主权者的律令看法律，他对于所要裁判的案件是无需事先加以注意的。因为关于事实方面应当说的话会由见证人为他提出，关于法律方面应当说的话则可以从那些在辩护中提出并当场根据权威意见加以解释的人那里得到。英格兰议院中的贵族原先都是法官，他们曾听审和判决过许多最困难的案件。但其中很少人十分精通法律，以法律为业的人就更少了。他们虽然咨询被指定出场备询的法律家的意见，但唯有他们才有做出判决的权力。同样的情形，在一般的权利审判中，都是由平民十二人当法官，他们不单判决事实，而且也判决权利，并直接宣判原告胜诉或被告胜诉。也就是说，他们不但是事实的裁判者，而且也是权利的裁判者。在刑事案件方面，他们不但要判决罪行是否已经犯下，而且也要判决这罪行是谋杀罪、杀人罪、重罪还是侵犯罪等等，这些都是法律的判决。但由于他们按规定并不是非要知道这些法律不可，所以就有一个人受权在他们所裁判的案件中把法律告诉他们。但如果他们不按这人所说的话裁判时，除非是可以证明他们违反良知进行判决，或是贪污受贿，否则便不会因此而受到任何惩罚。

成为一个良好的法官或良好的法律解释者的条件第一要对于自然法中主要的一条——公平要有正确的理解。这一点不在于读别人的书籍，而在于自己善良的天赋理性，和深思熟虑。人们认为闲暇最多，最喜欢思考这一问题的人这种理解也最高。其次，要有藐视身外赘物——利禄的精神。第三，在审判中，要能超脱一切爱、恶、惧、怒、同情等感情。第四和最后的一点，听审要有耐心，听审时要集中注意力，并且要具有记忆力记住、消化并运用自己所听到的一切。

法律的区别和分类，已经由这方面的著述家们按照各自的不同方法以各种各样的方式提出。因为这不取决于问题的本质，而取决于著述者的眼界如何，同时也随各人自己的方法不同而各异。在查士丁尼法典中，我们发现市民法分七类：

1.国王（即罗马皇帝）的谕旨、敕书、律令，因为人民的全部权力都操在他的手里。英格兰国王的告谕与此相类。

2.罗马全体人民（如问题由元老院提出，则元老院也包括在内）的命令——这些都是由于当初主权存在于人民手中时成为法律的。其中有些并没有被皇帝废除，于是便根据王室的权力而仍旧保留为法律，因为一切有约束力的法律都应解释为根据有权加以取消的人的权力而成立的法律。英格兰的议会法案便大致和这类法律相似。

3.罗马平民(问题由人民的保民官提出时,元老院不包括在内)的命令——其中未被皇帝取消的,便根据王室权力而保留为法律。英格兰下院的法令便类似于这类法令。

4.元老院法令——罗马人民十分繁多以后,聚会就不方便;于是皇帝便认为和元老院商议较为方便,而不和人民商议。这和枢密院法案有些类似。

5.执政官、有时是营造官的布告——英格兰首席法官的布告便属于这一类。

6.法律家的答案——这便是经皇帝授权有权解释法律,并在有关法律问题上咨询他们意见时有权提出答案的法律家们的意见与主张。法官在下判决时,根据皇帝的律令,必须遵守这些答案。这种答案有些像英国的审判案例,如果英国法律规定其他法官必须遵守它们的话。因为英国的不成文法法官并不是正式的法官,而只是咨询法官,正式法官不是贵族就是当地的十二个人,他们在法律方面征询这种咨询法官的意见。

7.还有不成文的习惯——就其本质而言,这就是经过皇帝默认的拟法律。当他们和自然法不相冲突时,就是真正的法律了。

另一种法律分类是分成自然法与成文法,自然法自宇宙洪荒以来一直是法律,不但称为自然法,而且也称为道德法规,是由信义、公道等品德以及一切有益于和平与仁爱的思想习惯组成的,这些我在第十四、十五两章中已经说过了。

成文法则不是自宇宙洪荒以来就成立的法律,而是根据具有主权管辖他人的人的意志制定的法律。其中有些是以明文载明的,另一些则是通过立法者意志的其他表示使大家知道的。

成文法有些是人定的法律,有些是神定的法律。人定的成文法中,有些是分配法,有些是刑律。分配法是决定臣民权利的法律,向每一个人宣布他取得与保有土地或财物的财产权以及行动的权利或自由所根据的是什么,其内容是对一切臣民讲的。刑律则是宣布对违法者应施加什么惩罚的法律,内容是对被派执行的大臣与官员提出的。每一个人虽然都应当知道关于其违法行为事先已经规定了一些什么样的惩罚,但这种法令却不是向犯罪者提出的,我们不能认为罪犯会忠实地惩罚自己。这是对被派监督执行惩罚的政务大臣提出的。这些刑律大部分都和分配法编在一起,有时称为判例,因为所有的法律都是普遍的判例或立法者的判决。正如每一项判决对于受审者说来就是法律一样。

神定成文法(因为自然法既然是永恒和普遍的,所以全都是神的法律)是上帝的戒律,但不是自亘古以来就成立的、也不是针对所有的人普遍提出的法律,而只是通过上帝授权宣布的人向某一个民族或某一些人宣布的法律。但怎样能知道人们宣布这些神定成文法的权力呢?上帝可能通过超自然的方式命令一个人向其他人宣布法律。但法律有一个要点是受约束的人要确实知道宣布法律的人的权力,这一点我们无法通过自然的方式知道它是来自上帝的。一个人没有得到超自然的天启,又怎样能确知宣布者所得到的天启呢?他为什么有义务要服从呢?关于第一个问题,一个人自己没有得到特殊的天启,要确知旁人得到了天启显然是不可能的。因为一个人也许会由于见到某人行奇迹,或持身特别圣洁,

第二十六章 论民约法（市民法）

或其行动智慧福泽逾恒，因而相信他具有这种天启，这一切都是上帝特别眷顾的迹象，但却不是特殊天启的确证。奇迹是神异的事迹，但对某一个人说来是神异的事情，对另一人说来却不一定是神异的。圣洁可以伪装，而尘世肉眼能见的福泽则通常是上帝通过自然和普通原因所造成的业迹。所以任何人都无法通过自然理性万无一失地知道另一人具有上帝意旨的超自然天启。这不过是一种信念而已。每一个人根据所显示迹象的大小，其信念亦有坚定与脆弱之分。

但关于第二点，也就是为什么有义务要服从的问题，却不像这样难解答。因为所宣布的法律如果不违反自然法（无疑是上帝的法律）而人们又保证服从时，人们便由于自身行为而受其约束。我所说的是必须服从，而不是必须相信。因为一个人的信念和内在思维不受命令的控制，而只受上帝一般或特殊的作用所支配。对于超自然法的信仰不是履行这种法律，而只是承认这种法律。这不是我们对上帝的义务，而只是上帝丰厚地赐予他所喜悦的人的恩惠。同时，不信仰这种法律也没有破坏任何神律，只是将自然法以外的神律全都抛却了而已。我所说的这一切，举出圣经上有关这一点的事例与证据可以说得更清楚。上帝和亚伯拉罕在超自然方式下所立的信约是这样："你和你的后裔必世世代代遵守我的约。"（见《旧约·创世记》第 xvii 章，第 10 节）亚伯拉罕的后裔并没有得到这一启示，当时还没有出世；但他们却成了这项信约的一方，也有义务服从亚伯拉罕向他们宣布的上帝的法律。这一点要不是由于他们必须服从父母，否则就不可能有这种义务。为父母的，像这儿所举的亚伯拉罕这种不服从于其他人间权力的人，对于子女和仆人便具有主权。同时，上帝对亚伯拉罕说："地上的万国都必因他得福……为要叫他吩咐他的众子和眷属遵守我的道，秉公行义。"(见《旧约·创世记》第 xviii 章，第 18 节)从这里我们显然可以看出，他的家人没有得到启示，其服从是基于他们原先有义务要服从自己的主权者。在西乃山上唯有摩西去见了上帝，其他人禁止接近，否则就将受到死的惩罚，然而他们都必须服从摩西向他们宣布的一切上帝的法律。"求你和我们说话、我们必听、不要神和我们说话、恐怕我们死亡。"(见《旧约出埃及记》第 xx 章，第 19 节)这种情形所根据的，除开他们自己的服从以外，还有什么别的理由呢？根据这两段话，我们可以充分地看清楚，在一个国家中，臣民自己没有特别得到确实而肯定的上帝意旨的天启时，就必须把国家的命令当成上帝的意旨服从。因为如果人们可以随便把自己或一个平民的梦境与幻象当成上帝的戒律的话，那就很难有两个人对于什么是上帝的戒律的问题取得一致的看法。如果尊重这些梦境和幻象的话，人人又都会藐视国家的诫命。因此，我的结论便是：一切不违反道德法则的事物，也就是不违反自然法的事物，国家以法令宣布为神律时，所有的臣民便都必须当成神律服从。这一点对每一个人的理性说也是很明显的。因为不违反自然法的一切都可以用主权者的名义制定为法律，那么如果以上帝的名义提出，人们就没有理由要更少受其约束了。此外，世界上没有任何地方可以准许人们在国家所宣布的上帝戒律以外再宣称有其他的上帝戒律。基督教国家对背叛基督教的人施加惩罚，而所有其他国家则都惩罚建立其本身所禁止的任何宗教的人。因为在国家未作规定的任何事物中，根据衡平法这一自然法(因之便也是上

第二十六章 论民约法（市民法）

帝的永恒法律）说来，每一个人都应当平等地享受自己的自由。

还有一种法律的分类是分为基本法与非基本法。但我从任何著作家方面都看不出基本法的意义是什么。然而人们却完全有理由用这种方式来区分法律。

因为在每一个国家中，基本法就是取消了以后，国家将像屋基被毁的房屋一样，无法成立并彻底解体的法律。因此，根据基本法这种法律，臣民就必须支持已经赋予主权者（不论是君主还是主权会议）、而国家缺了又无法维持的一切权力。诸如宣战、媾和、司法、任官以及主权者做出他认为对公共福利有必要的一切事情的权力等都属于这一类。非基本法则是废除之后不会使国家解体的法律。例如有关臣民争讼的法律便属于这一类。关于法律的分类就写到这里为止。

我发现民法和民约权利这两个字，甚至在最渊博的著作家手中也是浑然不分地用来表示同一种事物，其实这样是不应当的。因为权利就是自由，也就是民约法留给我们的自由。民约法则是一种义务，它取消了自然法赋予我们的自由。自然界使每一个人都有权利运用自己的力量保卫自己，并先发制人地进攻受怀疑的邻人以自保，但民约法却在一切法律的保障有恃无恐的地方都取消了这种自由。权利与法律的不同正和义务与自由的区别一样。

同样的情形，法律和特许状也被混然不清地当成一种东西了。然而特许状是主权者赐予的东西，不是法律，而是法律的豁免。法律的术语是"兹命"或"兹令"，而特许状的语气则是"兹赐予""兹给予"。但赐予或给予的东西并不是用法律强使他接受。我们可以使法律对全部臣民都有约束力，但自由或特许状则只是属于一个人或一部分人民的。因为如果说在任便一件事情中全国所有的人民都具有自由的话，那就是说在这一事情中没有制定法律，或是原先曾经制定、现在已经取消了。

第二十七章　论罪行、宥恕与减罪

罪恶非但是指违犯法律的事情，而且也包括对立法者的任何藐视。因为这种藐视是一举将他所有的法律破坏无余。这样说来，罪恶便不仅在于为法律之所禁为、言法律之所禁言，或不为法律之所令为。而且也在于犯法的意图或企图。因为违犯法律的企图便是在某种程度内藐视职掌习法的人。单纯以空想占有他人的财物、奴仆或妻子为乐而没有用武力或欺诈夺取的意图，并没有破坏"不可贪婪"这一戒律。一个人在某人活着时所能期望于这人的如果只是损害和不快，那么单纯空想或梦想他死去并不是罪恶，唯有决心实行这方面的某种行为才是罪恶。因为对于某种果真实现时就令人高兴的假想感到高兴是人类和所有其他动物的天性中一种十分根深蒂固的感情，以致把它当成罪恶就等于是把做人当成罪恶了。有些人主张，心灵最初的活动就是罪恶，只是由于畏惧上帝才受到了遏制；想到上述一点时，就让我认为这种人对自己和对别人都未免太过分了。但我也坦白地承认，这一问题与其失之不及，不如失之过分。

罪行是一种罪恶，在于以言行犯法律之所禁，或不为法律之所令。所以每一种罪行都是一种罪恶，但却不能说每一种罪恶都是一种罪行。有偷盗或杀人的意图，虽然从来没有见之于言行，也是

第二十七章 论罪行、宥恕与减罪

一种罪恶，因为洞察人类思想的上帝可以让他对这事负责。但这意图在没有见之于言行，从而可以让人间的法官用作其意图之论据以前，就不能称为罪行。这一区别希腊人用 άμάρτημα、ἔγκλημα 和 αἰτία 三个字来加以指明，第一个字译为罪恶，意思是任何违背法律的行为；后两个字都译为罪行，仅指一个人可以用来控告另一个人的那种罪恶。但对从未见诸任何外表行为的意图，人类却无法进行控诉。同样的情形，拉丁文中罪恶一字指一切背离法律的事情，而罪行一词则仅仅指可以在法官前明确指控的罪恶，因之也就不是单纯的意图而已。

根据上述罪恶与法以及罪行与民约法的关系中可以推论出以下几点：第一，没有法的地方便没有罪恶。但由于自然法是永恒存在的法，所以破坏信约，忘恩负义，傲慢骄纵和一切违背任何道德的事实都不可能不是罪恶。其次，没有民约法的地方就没有罪行。因为这种地方所剩下的没有其他的法，而只有自然法，所以也就谈不到控诉；每一个人都是自己的法官，只受自己良心的控诉，和由自己意图的正直与否来辩白。所以当他的意图正确时，他的行为便不是罪恶，否则他的行为便是罪恶，但不是罪行。第三，没有主权的地方就没有罪行，因为没有这种权力的地方就不可能从法律方面得到保障，于是每一个人便都可以用自己的力量来保卫自己；道理是这样，任何人在按约建立主权时，都不能认为放弃了保全自己人身的权利，一切主权的定约成立，就是为了人身安全。但这只能认为是对于那些没有在取消保卫他们的权力方面出力的人而言的，因为在取消这种权力方面出力从一开始就构成一种罪行。

一切罪行都是来源于理解上的某些缺陷、推理上的某些错误或是某种感情暴发。理解上的缺陷称为无知，推理上的缺陷则称为谬见。同时，无知又可以分为三种：一种是不知法，第二种是不知主权者，第三种是不知刑律。不知自然法则是任何人都不能当成借口的事，因为每一个人达到运用理智的阶段以后都应当知道，己所不欲，勿施于人。因此，一个人不论到哪里去，如果他做了有违该法的任何事情，便是一种罪行，如果有人从印度跑到这儿来劝说别人信奉一种新宗教，或是教唆别人做出任何势将违犯我国法律的事情；那么纵使他对自己所宣讲的东西备极信奉，他也犯下了罪行，可以正当地根据这一点而加以惩罚；这不仅是因为他的教理是谬误的，而且也因为他做了自己不赞成别人做的事情——也就是有人从我们这儿跑到他们那儿去；力图改变他们那儿的宗教。但一个人如果是不知道民约法的话，那么在民约法没有向他宣布以前，便可以使他在一个陌生的国家得到宥恕，因为在这以前任何民约法对他都没有约束力。

同样的情形，如果本国的民约法没有充分宣布，不能让人们只要愿意就可以知道，同时这行为又没有违反自然法，那么无知便是一个获得恕宥的充分理由。在其他情形下，不知民约法都不能作为获得恕宥的理由。

一个人在自己通常居住的地方不知道那儿的主权者，不能使他获得宥恕，因为他应当知道当地保护他的权力谁属。

在法律已经宣布的地方，不知道刑律不能使人获得宥恕。因为法律不随之以刑罚的威慑、便不成其为法律，而只是空洞的言辞；所以，破坏一种法律时，他虽然不知道刑罚是什么，也应当接受惩罚。道理是这样：任何人自愿做出任何行为时，便接受了该行为

第二十七章　论罪行、宥恕与减罪

的一切已知后果。而在所有的国家中，惩罚乃是众所周知的破坏法律的后果。这种惩罚如果已经由法律规定，他便应当接受，如果没有规定，他就应当接受随意规定的惩罚。因为除了自己的意志以外不受任何其他限制地进行侵害的人，应当受到其法律被他破坏的人所施加的除开自己的意志以外不受任何限制的惩罚，这是理所当然的事情。

当惩罚已经随同罪行在法律中有所规定，或在类似案件中经常施行，那么罪犯就可以免除更重的惩罚。因为事先已知的惩罚如果不够重，不足以防范人们从事这种行为时，就是诱使人们这样做。道理是这样：当人们把非正义行为的利益和他们所受的惩罚的害处加以比较时，根据天性说来就必然会选择自己认为最好的一面。所以他们所受的惩罚如果比法律原先所规定的或其他人在同样的罪行上所接受的惩罚更重，那便是法律在引诱和欺骗他。

在行为发生之后所制定的任何法律都不使之成为罪行。因为这行为如果是违反自然法的，那么法便成立在行为之前，至于成文的法则在制定之前无法让人知道，因之也就没有约束力。但禁止这种行为的法律如果事先已经制定，而事先又没有以明文规定或通过案例规定更轻的惩罚，那么根据上一段所说的理由，做出这种行为的人便要受到事后规定的刑罚惩处。

由于推理的缺陷（也就是由于错误）人们往往容易从三方面违犯法律：第一是运用谬误的原则。比方说，当一个人看到古往今来所有的地方的非正义行为，都由于行之者的武力和胜利而得到承认，强者可以冲破本国陈腐的法网，唯有弱者或遭到失败的人才被当成罪犯，于是便把下述的看法当成推理的原则或根据——"正义不过是空话,一个人通过自己的努力和偶然的机会获得的东西就是他自己的。世界各国的实践不可能是不正确的,以往的例子就是往后效法的充分理由。"等等,不一而足。这一点承认之后,任何行为就其本身说来便都不可能是罪行了,要成为罪行必须以行之者的成败为断,而不能以法律为准。同一桩事情是德是恶,也只随命运决定。所以马留视为罪恶的事,苏拉又视为有功;到恺撒手里,法律仍然是那一套法律,但却又变成罪恶了,这样就使国家的和平永远扰攘不宁。

其次是听信异端倡导者,这种人有些是曲解自然法,使之因此而和民约法相冲突;或是把那些与臣民义务相冲突的旧习惯或自己倡导的说法讲解成法律。

第三是从正确的原则中作出谬误的推论。

这种事情通常发生在草率从事、对于将要做的事情急于下结论和作决定的人身上。这种人都自命理解甚高,同时又认为这种性质的事情不需要时间和研究、而只要有一般的经验和优良的天赋智慧就够了;这些东西没有人会认为自己是不具备的。然而困难不亚于此的关于是非问题的知识,却没有人不经过长期深入的研究就自称具有。这些推理的缺陷,没有一种能作为恕宥任何自称处理私人事务的人的罪行的根据,只是其中有一些可以使罪行减轻。身负公职的人就更谈不到了,因为他们自称是有理智的人,而他们的恕宥却要以缺乏理智为根据。

最常成为犯罪原因的激情中有一种是虚荣,或是愚蠢地过高估计自己的身价,好像身价的区别是智慧、财富、出身或某种其他天赋品质所产生的结果,而不取决于主权者的意志似的。根据这

第二十七章　论罪行、宥恕与减罪

一点就产生一种假定：在他们身上施用法律规定并普遍适用于全体臣民的惩罚时，不应当像施用在统摄于一般平民这一名称之下的出身寒微的无知之辈身上时那样严厉。

这样一来就常常出现一种情形，那便是以富裕资财而自高身价的人往往敢于犯罪，希图通过贿赂来腐蚀公众的法官，或者用金钱与其他酬报来取得宽宥。

有势力的亲族众多而在群众中又获得声誉的名人往往不惮于犯法。因为他们存有压制掌握司法权力当局的希望。

妄自以为智慧甚高的人每每谴责统治者的行为、对统治者的权威独持异议；并在公开谈话中，动摇法律，主张除开他们自己的目的要求应成为罪行的事情以外，就没有其他罪行。这种人每每易于因狡诈欺骗其侪辈而犯罪，因为他们认为自己的企图十分巧妙，难于察觉。这一切我认为都是妄自依恃自己的智慧所产生的结果。国家的动乱从来都是来自内战，其祸首很少能活到亲自看到自己的新企图实现的时候。结果，其罪行的流毒往往延及最不希望遭害的后代身上，这就说明他们并不如自己所想象的那样聪明。希冀人家不能察觉而进行欺骗的人往往欺骗了自己，他们自以为藏在黑暗里了，其实只是由于自己看不见；儿童们把自己的眼睛掩住后，便以为人家都把眼睛掩住了，这种人并不比那些儿童高明。

一般说来，虚荣的人除非同时也很怯懦，否则就容易发怒。他们比别人更容易把一般谈话中不客气的地方当成轻视。而罪恶很少有不是由愤怒产生的。

至于仇恨、淫欲、野心和贪婪等等激情易于产生哪些罪恶，对于每一个人的经验和理解说来都是十分明显的，所以除开指明下述一点以外就无需多加讨论——它们是人类和其他一切动物的天性中根深蒂固的弱点，如果不特别运用理智或经常施以严厉的惩罚，其后果是很难防止的。因为人们每每把自己所恨的事情看作经常不可避免地使自己烦恼的根源；由于这一点，一个人要不是必须具有坚持不逾的忍耐，就必须消除使他烦恼的那种力量才能使他平静下来。前者是难于办到的，而后者则在许多时候不违犯法律就不可能办到。野心和贪婪也是经常存在而且富有压力的激情，而理智则不能经常存在来抵抗它们。因此，一旦出现免于惩罚的希望时，它们就会发生影响。至于淫欲，则虽不持久，却极为猛烈，其程度足以抵消对于一切轻微或不肯定的惩罚之畏惧而有余。

在所有的激情中，最不易于使人犯罪的是畏惧。不仅如此，当破坏法律看来可以获得利益和快乐时，（除开某些天性宽宏的人外）畏惧便是唯一能使人守法的激情。但在许多情形下，却又可能由于畏惧而使人犯罪。

畏惧的激情并不是每一种都能使其所产生的行为成为正当的，唯有对人身伤害的畏惧才能如此，我们称这种畏惧为人身伤害畏惧感，人们要解除这种畏惧感，除了采取行动以外，是看不出有什么其他方法的。当一个人受到攻击、害怕立即丧生时，如果他除开击伤攻击他的人以外，便找不出怎样躲避的方法，那么他击伤对方致死，也不是罪行。因为在建立国家时，没有人被认为在法律来不及援助的地方放弃了对自己的生命和肢体的防卫。但如果是由于根据某人的行为或其威胁而推论说，他在可能时会杀了我，因而我就先杀了他，那便是一种罪行，因为我有时间、而且有办法要求主权者保护。此外,如果一个人听到了侮辱的话,或是受到某些小侵害,立法者对这些事情并没有规定惩罚,也不认为能运用理智的人会去理会这一切;而他却感到害怕了,并认为除非加以报复,否则就会受到轻视,因之便容易受到其他人的类似侵害;为了避免这一点,他如果破坏法律,并以私人报复的恐怖来保障自己的未来。这种做法就是一种罪行,因为这种伤害不是及于人身的,而是幻想中的;可是在我们这些地方,这种伤害虽然轻微到侠义的人或自命勇敢的人都不注意的程度,近年兴起的一种风俗却使年轻人和虚荣的人对之十分敏感。有人也可能由于自己迷信或是过分听信讲幻象异梦的人的话而怕鬼,于是便怕由于做了或不做种种事情而受到鬼伤害,而做或不做这些事情却是违法的;像这样做出或没有去做的事情并不能由于这种畏惧而获得宥恕,相反却是一种罪行。因为正像我在前面第二章中所说明的一样,根据自然之理说来,梦不过是我的感官在醒着的时候所得到的印象到入睡后所留下的幻象。当人们由于任何偶然情形而不能确信自己是否已经入睡时,看起来梦境就是真正的异象了,如果有一个人胆敢根据自己或他人的梦、妄称的异象以及非国家所允许崇奉的不可见之灵的力所产生的幻象等而犯法的话,便是背离了自然法(这肯定是一种犯法行为),而听从了自己想象或另一个人的想法;他并不知道这种想法究竟有没有意义,也不知道谈梦的人说的究竟是真话还是假话。这种事情如果每一个人都得到允许去做的话(根据自然法说来,只要有任何一个人获得允许,便人人都应当获得允许),任何法律便都不可能成立,整个的国家便也就解体了。

从这些不同的罪行来源中就已经可以明显地看出,事情并不像古代斯多葛派所主张的那样，所有的罪行都是性质相同的。非但是对于表面上是罪行而证实后完全不是罪行的事情可以实行恕宥，同时对于表面上重，但却证明为轻的罪行也可以实行减罪。斯多葛派的人说得对，所有的罪行都同样应蒙不义之名，就好像偏离直线的线都同是曲线一样；但这并不等于说，所有的罪行都是同样不义的，正像所有的曲线并不全都同样弯曲一样；这一点斯多葛派却没看到，于是便主张杀鸡与弑父同罪。

可以完全恕宥一种行为，取消其罪行性质的东西，只能是同时解除法律约束力的东西。所犯行为一旦与法律相违，而做出这行为的人又要受这一法律的约束时，便一定是一种罪行。

缺乏获知法律的方法，可以使人完全获得宥恕。因为一个人没有方法知道的法律就没有约束力。但不勤于查问却不能认为是缺乏获知的方法。同时，在管理自己的事务上自称具有足够理智的人便也不能认为缺乏认识自然法的方法。因为自然法就是通过他们声称具有的那种理智来认识的。只有儿童和疯人才能在违犯自然法的罪过上获得恕宥。

当一个人被俘虏或处在敌人的权力掌握之下时（即当其人身或生活手段处在敌人权力掌握之中时），而这又不是他自己的过失造成的，他对法律的义务就终止了。因为他必须服从敌人，否则就会丧生，于是这种服从便不能成为罪恶。因为当法律的保障不起作用时，任何人都不会受到约束，不得运用自己所能运用的最上之策来保卫自身。

如果一个人是由于眼前丧生的恐惧而被迫做出违法的事情，他便可以完全获得恕宥，因为任何法律都不能约束一个人放弃自

第二十七章 论罪行、宥恕与减罪

我保全。假定这种法律有约束力的话，人们也可以提出理由说："如果我不做，我马上就会丧生；如果我做的话，就可以到以后才死亡，所以做这一桩事情就可以多生存一些时候；"这样说来，自然便迫使他做这一桩事情。

如果一个人缺乏食物或其他生活必需品，除非犯法没有任何其他方法保全自己；就像在大饥荒中无法用钱买或靠施舍得到食物时行劫或偷窃一样，或是像夺取他人之剑以保卫自己的生命一样；那么他就可以获得完全的恕宥，理由和上一段所说的一样。

根据另一人的授权所做的违法行为，对授权者而言，由于这一委托即可使代行人获得恕宥；因为任何人都不能控告自己存在于另一个仅为其工具的人身上的行为。但对因此而受侵害的第三者而言则不能获得恕宥；因为在这种违法行为中，授权人和行为人都是犯罪者。根据这一点就可以得出一个结论说：当具有主权的个人或会议命令某人去做一桩违反既定法律的事情时，这种行为是可以完全获得恕宥的。因为主权者既是授权人，就不应自行谴责这种行为；而主权者没有正当理由控告的事，任何其他人便没有正当理由加以惩罚。此外，当主权者命令做出违反自己原来所定的法律的事情时，对于那一事实而言，这命令就是取消了这一条法律。

如果具有主权的个人或会议放弃主权所必不可缺的任何权利，因而使臣民获得任何与主权不相容（即与国家生存本身不相容）的自由时，该臣民如果拒绝服从与这一被授予的自由相违背的任何命令的话，便是一种罪恶，并且违背臣民的义务，因为这一主权既是他为了自己的防卫而自行同意建立的，他就应当看到哪些事和主权不相容，并且应当看到这种与主权不相容的自由是由于对其恶果无知才被授予的。但他如果不但不服从,而且在执行中反抗官吏的话,那就是一种罪行了;因为他要是提出申诉,就可以完全不破坏和平而得到合理解决。

罪行的轻重程度是根据许多不同的尺度来衡量的。首先是犯罪根源或原因所含有的恶意,其次是坏事的影响,第三是后果的危害性,第四是时间、地点和人物等条件汇合造成的情形。

同一种违法行为的罪恶,如果是出于恃强、恃富或倚仗亲友来抵抗执法者等动机而犯下的,比出于希图不被发现或畏罪潜逃而犯下的更为重大。因为认为恃强可以逍遥法外这一点在任何时候和一切引诱下都是藐视法律的根源。而在后一种情形下,因害怕危险而逃走这一点则会使他在将来更加服从。明知故犯的罪行比误认其为合法而犯下的罪行更严重。因为违背良知而犯罪的人都是认为自己有武力或其他权势可以倚仗,这就会鼓励他重新犯罪,而误犯的人,当明白错误之后,就会守法。

由于听信得到公开承认的学者权威或法律解释者而犯下的错误,比之由于独断专横地遵行自己的原则与推理而犯下的错误不是那么严重。因为根据公共权力而宣传的事情就是国家宣传的事情,在当局未加控制以前有类于法律。一切罪行,只要本身不否定主权,也不违反明确的法律都可以完全获得恕宥。而根据自己的判断采取行为的人,则要看他的判断是正确还是错误而确定其罪行成立与否。

同一种行为如果原先旁人经常被惩罚,就比原先有许多免罪的先例时罪恶重。因这些先例就是主权者自己给予的许多免罪的希望。而使人具有这种可以得到宽恕的希望和设想、以致鼓励他

第二十七章 论罪行、宥恕与减罪

犯法的人本身也就参与了这种犯法行为，按理说来他就不能使违犯者负完全责任。

由于感情一时冲动而犯下的罪行，比长期预谋的罪行轻；因为前一种情形是人类天性共通的弱点，所以还有减罪的余地。但预先计划然后犯罪的人则已经是考虑周到了，并且已经看到了法律、看到了惩罚、看到了这种罪行对社会的后果。当他犯罪时，已经藐视了这一切，并且让它们从属于自己的欲望。但任何感情冲动都不能使人完全获得恕宥。因为从最初知道法律起到犯下罪行止整个这一段时间都可以被认为是考虑时间，他应当由于体会到法律而纠正自己不轨的感情。

如果法律已经在全体人民面前公开周详地宣读并解释过，违犯的行为罪恶便较重；而在没有这样讲解过，人们查询很难、确定不易，并且要耽误本身行业以及要向私人打听时，罪恶就较轻。因为在后一种情形下，一部分的过失可以推到大家共通的毛病上；而在前一种情形下则显然有玩忽的情形存在，对主权者不可能没有某种轻视。

某些行为虽有法律明令禁止、而立法者又通过其他明显的表示有意默许时，违犯的罪恶比同时被法律和立法者禁止的同类行为要轻。由于立法者的意志就是法律，在这种情形下，看来便有两种相反的法律存在；一个人如果不能通过命令中明白表示的论据、而必须通过其他论据来认识主权者所赞成的事情时，那就可以完全获得恕宥。但因为违犯主权者的法律要受惩罚、而遵守他的法律也要受惩罚，所以他便是犯法原因的一部分，按理说来便不能把全部罪恶推到罪犯身上。举个例来说：法律禁止决斗，违者处以死刑。然而拒绝决斗的人却又要遭到万劫不复的轻视和嘲笑,有时还被主权者认为不值得派任职务或在战争中加以提拔。假如他因此而接受了决斗,那么考虑到所有的人都合理合法地力图取得具有主权的人的好感,按理说来他就不应受到严厉的惩罚,因为一部分过失可以推到惩罚者身上。我说这些话不是希望有报私仇的自由或者要做任何其他不服从的事情,而是说:统治者必须留意自己直接禁止的事,不要又以旁敲侧击的方式加以纵容。古往今来君王们的所作所为,对于亲眼见到的人说来,在规范他们的行为方面,从来都是比法律本身更为有力。虽然我们的义务是按其言而行、而不是效其行以为,但在上帝没有赐给人们一种非常的和超自然的恩宠来遵守这一戒律以前,这一义务是不会得到履行的。

此外,如果根据效果的危害来对罪行作比较,那便有以下各种情形:第一,同一行为损害的人多时比损害的人少时罪恶较重。由此看来,一种行为如果损害所及不止于当时,而且由于后世效法、延及将来的话,就比仅仅限于当时的罪恶要重。因为前者孳生繁衍、损害的人多,后者则不会孳生后患。得到正式承认的传教士主张违反国教的说法,其过错比一个普通人这样做更为严重;生活中亵渎或无节制,以及从事任何违反教规的行为时,情形也是一样。同样的道理,专业法律的人主张任何趋向于削弱主权的论点或做出这类的行为时,其罪恶比其他人重。以明哲著称、因而言为世则、行为世表的人,其违法行为罪恶比旁人的同类行为严重。因为这种人不仅是犯罪,而且还把它当作法律向所有其他的人宣传。总起来说,罪行由于其所造成的坏影响而愈加严重;也就是说,对于那些不怎么看自己所走的路、而老是看前面的人打着的灯的弱者说来，这些坏影响由于变成绊脚石，而罪恶也愈大。

与国家的现况相敌对的行为比针对私人的行为罪恶大，因为它所造成的损害延及了所有的人。将国家的武力状况或秘密泄露给敌人、对国家的代表者（不论是君主还是一个会议）的一切图谋，以及在目前或将来不断以言语或行动削弱代表者的权力的一切图谋都属于这一类；这类的罪恶在拉丁文里称为大不敬罪，也就是违反基本法的企图或行为。

同样的道理，使判决失效的罪行比对一个人或少数人的侵害罪恶大，比如贪赃枉法或受贿作假证比收受同样或更大数目的钱，在其他方式下欺骗一个人的做法罪恶大。因为不但是受到冤屈的人会由于这种判决而遭殃，而且连所有的判决都会因此而无效；这样也会为使用武力和进行私人报复提供机会。

劫夺和贪污公共财富或税收，其罪恶比抢劫或诈骗私人财物罪恶更大；因为劫夺公众就是同时劫夺许多人。

冒充公共当局、伪造公章或公共货币比假冒私人或伪造私章罪恶更大，因为这种欺骗损害许多人。

对私人的违法行为，其损害在一般人的看法中反感最大时罪恶更大。因此：

违法杀人比保留生命的其他伤害罪恶更大。

虐杀比单纯的杀害罪恶更大。

残害肢体比劫夺财物罪恶更大。

以死亡或伤害的威胁夺取财物比隐秘的盗窃罪恶更大。

秘密的盗窃比骗得同意后取得罪恶更大。

强奸比诱奸罪恶更大。

奸污已婚妇比奸污未婚妇女的罪恶更大。

这一切事情通常就是这样评价的。虽然对同一罪行有些人较注重、有些人较不注重,但法律不管个人的倾向,而只管人类一般的倾向。

因此,人们因语言或姿态上的侮辱而感到的冒犯如果所造成的损害仅是受辱者当时的忧愤不平,那么在希腊罗马和古往今来的其他国家的法律中便都不予理会,认为这种忧愤不平的真正原因不在于侮辱(这种侮辱对于自知其德的人根本不会发生影响),而只在感到冒犯的人的怯懦。

同时,对私人犯下的罪行也会因人、因时、因地而大大加重。比方说,杀自己的父母比杀其他人罪恶大,因为父母权力虽然已经交付出来服从民约法了,但却由于原先根据自然之理具有主权而应当具有主权者的尊荣。抢劫贫民比抢劫富人罪恶大,因它对穷人造成的损失更为显著。

在指定为敬神的时间或地点犯罪比其他时间或地点罪恶更严重,因为这种罪行出自于更大的对法律的藐视。

其他加重或减轻罪行的情形还可以举许多出来,但根据以上所提出的这些,每一个人都可以明显地看出应当怎样来衡量被提出的任何其他罪行了。

最后,由于几乎所有的罪都不但对某些私人造成侵害,而且对国家也造成侵害;所以同一罪行以国家的名义起诉时就称为公罪,以私人名义起诉时就称为私罪。相应提出的诉讼称为公诉或自诉。比如在一个谋杀案的诉讼中,如果控告者是平民,就称为自诉;如果是主权者,就称为公诉。

第二十八章　论赏罚

惩罚就是公共当局认为某人做或不做某事是违法行为,并为了使人们的意志因此更好地服从起见而施加的痛苦。

在我没有根据这一定义作出任何推论以前,有一个很重要的问题必须解答,这就是在任一案件中惩罚的权利或权力究竟是从哪里来的。因为根据前面所说的看来,任何人都不能认为受到了信约的束缚不得抵抗暴力。因此,不能认为他赋予了别人以使用暴力伤害自己的权利。在建立国家时,每一个人都放弃了防卫他人的权利,但却没有放弃防卫自己的权利。同时人们也有义务帮助具有主权的人惩罚别人,但却没有这种义务惩罚自己。不过立约帮助主权者伤害另一人时,除非是立约者自己有权去伤害,否则便不是赋予他以施行惩罚的权利。因此我们就可以显然看出,国家(即代表国家的一人或多人)所具有的施行惩罚的权利不是基于臣民的任何让与或赠与而来的。但我原先也曾说明,在建立国家以前,每一个人对每一事物都具有权力,并有权做他认为对保全自己有必要的任何事情;为了这一点,他可以征服、伤害或杀死任何人。这就是每一个国家所实行的惩罚权的根据。臣民并没有将这一权利赋予主权者;只是由于他们放弃了自己的这种权利之后,就加强了他的力量,根据他认为适合于保全全体臣民的方式来运用自己的这一权利。所以这一权利并不是赋予他,而是留下给他了,并且只留下给他一个人。同时除开自然法对他所设下的限制以外,留给他的这一权利就像在单纯的自然状况和人人相互为战的状况下一样完整。

根据惩罚的定义，我将作出以下几点推论：第一，私人报复或对私人进行的侵害，正式说来都不能称为惩罚，因为它们不是来自公共当局。

其次，在来自公家的优惠中被忽视或未优先授予不是惩罚，因为这样做并没有使任何人遭受新的不利。而只是让他保留原状。

第三，公共当局事先未经公开定罪而施加的痛苦不能称为惩罚，而只是一种敌视行为，因为据以施加惩罚的行为应当首先由公共当局加以审判确定为犯罪行为。

第四，篡权的权力当局和没有主权者的权力为根据的法官所施加的痛苦不是惩罚，而只是一种敌视行为，因为篡权的权力当局的行为并没有得到受罚者作为其授权人，因之便不是公共权力当局的行为。

第五，不是为了使罪犯服从法律或是使其他人通过罪犯的事例服从法律的目的或者没有这种可能性时，所施加的一切痛苦都不是惩罚，而是一种敌视行为。因为不具有这种目的时，所造成的伤害没有一种能包括在惩罚的名义之内。

第六，有些行为可能自然地连带发生各种造成损害的后果，比如一个人在攻击别人时自己被杀了或受了伤，或是因从事违法行为而患了病等都是这样；这种伤害从创造自然的上帝方面说来虽然可以说是施加的，因之便是一种天罚；但从人这一方面来说，却不包括在惩罚这一名义之下，因为这不是根据人的权力施加的。

第七，如果所施加的损害比犯罪后自然产生的利益或满足为小时，便不属于这一定义的范围。这与其说是罪行的惩罚，倒不如说是罪行的代价报酬或补偿。因为惩罚的本质要求以使人服从法律为其目的;如果惩罚比犯法的利益还轻,便不可能达到这一目的,反而会发生相反的效果。

第八,如果惩罚在法律本身中已有明确规定,而在犯罪之后又施加以更重的惩罚,那么逾量之罚便不是惩罚而是敌视行为。因为惩罚的目的不是报复,而是畏之以威。不为人所知的重罚,其威慑性由于已宣布出来的轻罚而被取消了,于是出人不意地加重便不能构成惩罚的一部分。但法律本身未确定任何惩罚时,那就不论施加的是什么,都具有惩罚的性质。因为违犯刑律未经确定的法律的人,便是预料到了要受到不确定的——也就是任人确定的惩罚。

第九,对禁令制定前所犯行为施加的损害不是惩罚而是敌视行为。因为在法律没有制定的时候就无所谓违法,而惩罚则假定有一种经审判认为是违法行为的行为,所以在法律未制定前所施加的惩罚便不是惩罚,而是仇视行为。

第十,施加于国家代表者身上的损害不是惩罚而是敌对行为。因为就惩罚的本质说来,应根据公共权力施加,而这种权力却只是代表者本身拥有的权力。

最后,对于公敌所施加的损害不属于惩罚范围。原因是这样:他们要不是从未服从这种法律,因而不可能违犯,便是原先服从、现在已经宣布不再服从因而否认其可能违犯,所以一切可能施加在他们身上的损害都必须认为是敌对行为。但在公开宣布的敌对状况中,施加一切损害都是合法的。根据这一点就可以得出一个结论说:一个臣民如果不论原先对叛国罪规定了什么惩罚,仍然明知故犯地以言语或行为否认国家代表者的权力,代表者就可以合法地按照自己的意志使他遭受任何损害。因为他拒绝服从就是否认法律已经规定的惩罚，因之他作为国家的公敌便罪有应得，也就是要随代表者自己的意志而受惩处。因为法律所规定的惩罚是对臣民的惩罚，而不是对这种曾经以自己的行为充当臣民又明知故犯地叛变、否认主权的敌人的惩罚。

惩罚的第一种也是最普遍的分法是分成神的惩罚和人的惩罚。前者我将在往后更方便的地方加以讨论。

人的惩罚是根据人的命令所施加的惩罚，分为体刑、财产刑、名誉刑、监禁、放逐等，或者是它们的混合。

体刑是根据施刑者的意愿直接施加在身体上的刑罚，如鞭笞、伤害或剥夺原先可以合法享受的肉体享乐等。

这些体刑中，有些是极刑，有些轻于极刑。极刑就是处死。有些是单纯地处死，有些是加上拷打之刑。轻于极刑的体刑有鞭笞、打伤、以锁链禁锢或任何其他性质上不是致死的肉体痛苦。在施加一种惩罚时如果施刑者并未打算使受刑者死亡，而出现了死亡，那么损伤虽然由于不可预见的偶然情形而结果是致命的，那种惩罚也不可能认为是死刑。在那种情形下，死亡不是施加的，而只不过是被促成了。

财产刑不仅是剥夺一定数量的金钱，而且也包括剥夺土地，或任何其他一般以金钱买卖的财物。如果一条法律规定了这种惩罚，其目的是从违法者身上筹集金钱，那么恰当地说，它就不是一种惩罚，而是对法律享受特权和豁免的代价。这种法律并不是绝对禁止这种违法行为，而只是对无力付出这笔款项的人实行禁止。但这法律如果是自然法或宗教的一部分就不然了。因为在那种情

第二十八章 论赏罚

形下,这就不是免禁而是犯法。好比说,如果法律规定对妄称上帝之名的人处以罚金,那么付出这笔罚款便不是妄用神名免禁的代价,而是对违犯一条不可缺少的法律的惩罚。同样的道理,法律规定对受伤者付出一笔款项时,这只是对他所受损伤的一种赔偿,可以解除受害者的控诉,但不能消除犯罪者的罪行。

名誉刑就是施加某种国家使之成为不名誉的损害,或者剥夺某种国家使之成为荣誉的利益。有些事情就其本质说来就是荣誉的,如勇敢、豪迈、权力、智慧或其他身心能力的效果便是这样。还有一些则是由于国家的规定而成为荣誉的,如勋章、称号、官职和任何其他主权者示宠的特殊标志都是。前者虽然可能由于其本身的性质或偶然事故而失去,但却不能由法律加以剥夺,因之其丧失便不是一种惩罚。但后者则可以由规定其成为荣誉的公共当局取消,并且是地地道道的惩罚,如撤销被惩罚的人的勋章、荣衔、官职,或宣布他们在将来不能领受这一切等都是。

监禁就是一个人被公共当局剥夺自由的情形。实行这种事情可能是为了两种不同的目的:一种是将被告加以看管,另一种是使受刑罚的人遭受痛苦。前者不是惩罚,因为任何人在依法受审并宣告有罪以前都不能认为可加惩罚。因此,一个人在案件没有听审之前,由于对他所加的拘束或束缚超过保证其看管所必要的限度,以致造成任何损害时,便都是违反自然法的。但后者却是惩罚,因为这是公共当局判定他做了违法的事情而施加的损害。对监禁一词我所理解的是一切由于外界障碍所造成的行动束缚;这种障碍可能是一所房子,也就是一般所谓的监狱;也可能是一个岛屿,当我们说人们被幽禁在一个岛上时情形就是这样;还可能是人们被送去做工的地方，比如古代就有人被判处在石矿中做工，而现代则有人被判处在帆船中摇桨；此外还有锁链和任何其他拘束行动的东西。

放逐是一个人为了一种罪行而被判处离开一个国家的领土或其中的某一部分，并永远或在规定时期内不得返回的办法。这种办法根据其本质看来，如果没有其他条件的话，似乎不是一种惩罚，而是一种逃避，或是以出走的方式避免惩罚的公开命令。西塞禄说，罗马城邦中从没有规定过这种惩罚，而只称之为危险中的避难。因为一个人如果被放逐而又让他享有自己的财物和土地收入，那便是单纯换换空气，不能算是一种惩罚。同时这对一切惩罚所为的国家利益——使人们形成守法的意识这一点也没有帮助。在很多时候还会使国家受到损害。因为一个被放逐的人对于放逐他的国家说来便成了一个合法的敌人，因为他已经不是这国家的一个成员了。但他如果同时被剥夺土地和财物，那么惩罚便不在于放逐，而应列入财产刑之内。

对无辜臣民的一切惩罚，不论大小都违反自然法。因为惩罚只是为犯法行为而设的，所以对无辜臣民就不可能有惩罚。由此看来，这样做首先就违犯了禁止所有的人除开为了未来的利益以外，都不得因任何其他目的而进行报复的自然法，因为惩罚无辜者对国家并不会带来任何好处。其次，这也违反了禁止忘恩负义的自然法。因为所有的主权一开始都是由于每一个臣民为了自己在服从主权的情况下能得到它的保障才同意赋予的，所以惩罚无辜便是以怨报德了。第三，这也违反规定人们遵守公道（即公平量法）原则的自然法，惩罚无辜时便没有遵守这一点。

第二十八章 论赏罚

但对不是臣民的无辜者施加任何损害，如果是为了国家的利益而又没有破坏任何原定的信约时，便没有违反自然法。因为所有不是臣民的人，要不是敌人，就是由于原先的信约而不再成为本国臣民的人。但国家对其认为可能损害本身的敌人进行战争，根据原始的自然权利说来乃是合法的。在过去的战争时代里，刀剑根本不会判断谁是无辜谁是有罪，战胜者也不会作出这种区别。除开有助于本国人民的利益的情况以外，也不会在其他情形下顾及仁慈。根据这一理由，对于臣民中那些蓄意否认本国已建立起来的主权的人说来，进行报复非但可以合法地扩及他的祖先，而且对于当时没有出世、因而对施加损害所惩戒的行为说来是无辜的第三代、第四代进行报复都是合法的。因为这种罪行的性质在于声明否认臣服，也就是复归于一般称为叛乱的战争状况。犯这种罪的人便不是作为臣民、而是作为敌人遭受损害的。因为叛乱就是恢复战争。

奖赏不是赠与的，便是根据契约而来的。如果是根据契约而来的便称为俸禄或工薪，这是对于已完成或允诺完成的服务所赋予的利益。如果是赠与时，便是来自赐予者为了鼓励人们或使人们能为他服务而给予的恩惠。因此，当国家的主权者对某一公职规定薪俸时，领受者从信义上说便有义务执行其职务；不然，他便只是从荣誉上说须要感激，并尽力回报。这是因为，当人们被命令放弃私人的事业而无报酬或不领薪地为公家服务时，虽然在法律上讲是没有办法的，但除非这项工作非这样做不可，否则根据自然法或建立国家之约来说，他并没有义务这样做，因为人们认为主权者既然可以运用他们的一切资财，所以连最下级的士兵便都可以把自己作战的薪饷当成债务来讨还。

主权者由于畏惧臣民所具有的某种权势或能力,足以危害国家,因而给予的利益确切说来不得谓之奖赏,因为每一个人既然都已经有义务不危害国家,这里面就不能认为有契约存在,于是这便不是一种薪俸;同时这也不是一种恩惠,因为这是通过恐惧而强行索取的,这种情形在主权者身上是不应当有的。这毋宁说是一种牺牲,也就是主权者作为自然人而言(不是作为国家法人而言)为了平息他认为比自己强的人的不满而对之作出的牺牲。这不会促使这人服从,而会相反地促使他继续并愈来愈多地进一步强行索取。

有些俸禄是固定的,由国库支付;另一些俸禄则是不固定的和临时发给的,仅在人们执行了规定该俸禄的职务时才发给。后者在某些情形下对国家是有害的,像司法方面就是这样。因为在法官以及法庭官员的利益出现于送审的案件众多的情况时,必然会发生两种流弊,一种是滋生诉讼,因为案件愈多、利益愈大;另一种流弊和这一点有关联,便是抢夺案件审理权,每一个法庭都会尽量把案件抢到自己这方面来。但在行政官署方面就没有这些流弊存在,因为他们的工作不可能由于他们自己作出的任何努力而增加。以上所写这些就足以说明赏罚的性质了,它们可以比之于使国家肢体与关节活动的神经和肌腱。

写到这里为止,我已说明了人类的天性,他们由于骄傲和其他激情——被迫服从了政府;此外又说明了人们的统治者的巨大权力,我把这种统治者比之于利维坦;这比喻是从《约伯记》第 xli 章最后两节取来的,上帝在这儿说明了利维坦的巨大力量以后,把他称为骄傲之王。上帝说:"在地上没有像他造的那样无所惧怕。凡高大的、他无不藐视、他在骄傲的水族上做王。"但他正如同所有其他地上的生物一样是会死亡的,而且也会腐朽。同时因为他在地上虽然没有但在天上却有须予畏惧的对象,其法律他也应当遵从。所以我在往下几章中谈谈他的疾病和死亡的原因,以及他必须服从什么样的自然法。

第二十九章 论国家致弱或解体的因素

寿数有限的人所造成的东西虽然没有可以永生的,但如果人们果真能运用其自认为具有的理性的话,那么他们的国家便至少也可以免于因内发疾病而死亡。因为国家根据其建立的性质说来,原来是打算与人类、自然法或使自然法具有生命力的正义之道共久长的。所以当国家不是由于外界的暴力,而是由于内部失调以致解体时,毛病便不在于作为质料(matter)的人身上,而在于作为建造者(maker)与安排者的人身上。因为当人类最后对于紊乱地互相冲突、互相残杀感到厌倦以后,便一心想要结合成为一座牢固而持久的大厦;在这种情形下,一方面由于缺乏技艺,无法制定适当的法律使彼此的行为互相一致;另一方面又缺乏谦恭和忍耐,不肯让自己现在这种庞然大块的材料上粗糙而碍事的棱角削去,其结果没有十分能干的建筑师的帮助,所砌成的建筑物就不可能不是摇摇晃晃的;这种建筑物在他们自己那一时代就很难支持,而将来则一定会倒下来打在他们子孙的头上。

因此,在国家的缺陷中,我首先要举出的是按约建立的过程不完善所造成的那一些,它们和人类天生躯体上先天不足所造成的疾病相类似。

其中一种是：人们在取得王国时，有时对于保障和平与国家的防卫所必需的权力即使不足也表示满足。从这一点就产生一种情形，也就是当他为了公共安全而运用被放弃的权力时，看起来就像是一种不义的行为；这种情形在一旦出现机会时就会使许多人起来叛乱。这就像有病的父母所生的子女的身体一样，要不是早夭，便是为了清除先天胎毒所造成的瘤疾而散发为脓包与疙痂。当君主放弃这种必要的权力时，虽然有时是由于不知道自己所担当的职责所必需的是什么，但却并非总是如此，许多时候是由于希冀将来自己可以随便收回。在这一点上，他们的推论是不高明的，因为原先使他们遵守诺言的理由将被外国利用来反对他们；这些国家为了本身臣民的利益，很少会放过削弱邻邦的机会。比如坎特伯雷大主教托马斯·柏克特便曾像这样受到教皇的支持来反对亨利二世；原因是原先征服王威廉即位时曾宣誓不妨碍教会的自由，因而免除了教士对国家的服从①。此外，威廉·奴佛斯②王曾借助男

---

① 英国在亨利二世时期（十二世纪），中央集权制渐趋完备。国王在削弱封建诸侯之余，企图将权力伸展到教会方面去。教会本身是大封建地主，并自以为是一个国际组织，所以独立于王权之外，不服国王管辖。托马斯·柏克特起初和国王合作，被亨利二世派为坎特伯雷主教。但后来自己野心爆发，代表教会势力，与国王争司法审判权，亨利二世纵容亲信将他杀害，激起轩然大波。当时由于教会势力庞大，柏克特死后被视为殉道士和圣者，直至宗教改革时期形势才改变。乔叟的第一部名著《坎特伯雷故事》所描写的就是朝拜圣托马斯的香客的故事。——译注

② 征服王威廉的第三个儿子，长兄罗伯特为诺曼底公，王位自长兄手中夺取。即位后即发兵征讨诺曼底，后议和而助其兄收复失地。不久又起争端，罗伯特受法人支持，奴佛斯以金钱贿赂法人，撤销其支持。后奴佛斯在狩猎中被刺杀，王位由其弟亨利一世继承。——译注

第二十九章 论国家致弱或解体的因素

爵的势力从他哥哥手里夺得王位继承权,因而使男爵的势力扩张到与主权不相容的程度,后来在他们对约翰王发起叛乱的时候,便也得到法国人的支持。

这种情形不独以君主国为然。因为在古罗马共和国,代表国家名义的虽是元老院暨罗马人民,但元老院和人民都不能要求具有全部的权力,这样就首先造成了提比略·革拉古、盖约·革拉古、路西乌·菲通尼奴斯等人的叛乱,后来在马留和苏腊治下又在元老院和人民之间造成战争,接着在庞培和恺撒治下也发生了这样的战争,终于导致了民主政体的摧毁和君主政体的建立。

雅典人民曾约束自己,只有一桩事情不能做,那便是任何人都不能提为夺回萨拉密斯岛而重开战端的事,违者处以死刑。要不是梭伦因而佯狂,后来又穿着疯人的衣服,装成疯人的样子,口里唱着歌谣向那些跟着他跑的人提出这问题,他们就会因此而在城邦的大门口经常有一个敌人随时窥伺着①。这种损害和变故是权力稍稍受到限制的一切国家都会被迫遭受的。

其次,我要指出的是蛊惑人心的谬论的流毒所造成的国家疾病。其中有一种说法是:"每一个平民都是善恶行为的判断者。"这说法在没有国法的单纯自然状况下是正确的,同时在民约政府之下在没有法律规定的事情上也是如此。但在其他情形下,善恶行为的尺度则显然是国法,而法官则是立法者——他始终是代表国

---

① 纪元前五世纪时,雅典与其邻邦墨加拉争夺爱琴海中的萨拉密斯岛,久战无功,当局以死刑严禁重提此事。后梭伦以文中所述方式鼓动心怀不满的青年重启战端。结果禁令取消,由梭伦领导雅典人与墨加拉再战,夺回该岛,梭伦也因此而得势,成为雅典的领袖和最有名的人物。——译注

家的。根据这种错误的理论，人们会在心里打算盘，对国家命令持异议，然后按照个人判断，看看是否合适再来决定是否服从，这样就会使国家陷于混乱并被削弱。

另一种与民约社会不相容的说法是"一个人违反良知意识所做的任何事情都是罪恶"。这一说法的依据是个人自己成为善恶的判断者这一假定。因为一个人的良知意识，和他的判断本是一回事。正像判断一样，良知意识也可能是错误的。因此，对于一个不服从任何民约法的人说来，一切违反良知意识的事情都是犯罪，因为他除开自己的理性以外没有其他法则可以遵循。但就一个生活在国家之中的人说来，情形就不然了，因为法律就是公众的良知意识，是他原来就已经保证要遵从的。否则在个人的良知意识（只不过是个人的意见而已）如此分歧复杂的情况下，国家就必然要陷入混乱；而且人们在服从主权者时，便都不敢超过自己认为有利的程度。

一般人还十分普遍地受到教导说：信仰和圣洁之品不可能通过学习和理性获得，而只能通过超自然的神感或传渡获得。承认这一点的话，我就看不出一个人为什么要为他的信仰提出理由，为什么不能每一个基督徒都是一个先知，或者为什么还有任何人要拿国家的法律当准绳而不能拿自己的神感当行为的法则。这样一来，我们便又犯了自行判断善恶的病。或是把那些自称在超自然方式下获得了神感的私人当成善恶的评断者，这样一来就会使一切民约政府趋于解体。信仰来自听道，听道来自引导我们到讲道者面前去的偶然因素，而这些偶然因素则都是全能上帝安排的，但它们却不是超自然因素；只是汇聚凑成每一种效果时，这种因素的数量都很大，无法加以观察而已。信仰和圣洁之品的确不是很常见的，但却不是什么奇迹，而只是上帝认为适当时通过教育、训练、纠正和其他自然方式使它们在他的选民中发生作用后造成的。这三种危害和平和政府的看法，在我们这里主要是出自不学无术的神职人员的口头和笔下，他们违反理性地断章取义，将圣经上的文字拼凑在一起，尽一切可能使人们认为圣洁之品和自然理性不能相容。

第四种与国家的性质不相容的看法是具有主权的人要服从民约法。

诚然，所有的主权者都要服从自然法，因为这种法是神设的，任何个人或国家都不能加以废除。但主权者本身（也就是国家）所订立的法律，他自己却不会服从。因为服从法律就是服从国家，服从国家就是服从主权代表者，也就是服从他自己；这就不是服从法律，而是不受法律拘束了。这种错误的看法由于将法律置于主权者之上，便同时也将一个法官和惩办他的权力当局置于他之上，这样便是造成了一个新的主权者；由于同一理由，又可将第三个人置于第二者之上来惩罚第二者，像这样一直继续下去，永无止境，使国家陷于混乱和解体。

第五种趋向于使国家解体的说法是：每一个平民对其财物都具有可以排斥主权者权利的绝对所有权。诚然，每一个人都具有可以排斥所有其他臣民权利的所有权。他的这种所有权只是从主权者方面得来的；没有主权者的保障，每一个其他人便都会对这些财物具有同等的权利。但如果主权者的权利也被排斥的话，他就不能执行他们赋给他的安内攘外的职责了；这样一来，国家也就不再存在了。

如果臣民的所有权不排斥主权代表者对他们财货的权利,就更不能排斥他们的司法与行政机关的权利,在这种机关中他们代表着主权者本人。

还有第六种说法,明显而直接地违反着国家的本质,那便是主权可以分割的说法。分割国家权利就是使国家解体,因为被分割的主权会互相摧毁。关于这些说法,一般人们主要只是唯马首是瞻地看着那些师心自用、不以立法权力为据的法律专业者而已。

正像错误的说法一样,邻邦不相同的政府的榜样也常常促使人们想更改既定的形式。犹太人民便因此而被鼓动起来抛弃上帝、并到先知撒母耳那里去要求像列国一样为他们立一个国王。希腊较小的城邦也是由于这一原因,在贵族党与平民党的煽动下而不断地受到骚扰。几乎每一个城邦都有一部分人想要模仿拉栖第梦人①,另一部分人则要模仿雅典人。我不怀疑,许多人都心满意足地在看着英格兰最近由于模仿荷兰所发生的骚乱;他们认为要使国家富裕,只要像他们那样把政府的形式变一下就行了。因为人类天性的素质就是见异思迁的。如果再与那些因为这样做而致富的国家为邻,激使他们这样做,他们就几乎不可能不赞成强劝他们改变的人了。一开始他们是欢喜的,但当骚乱继续下去时又会使他们感到忧伤;就像血气太燥的人发了痒以后自己用指甲抓,一直要抓到受不住痛的时候为止一样。

---

① 即斯巴达人。——译注

第二十九章 论国家致弱或解体的因素

至于专门反对君主政体的叛乱,有一个最常见的原因是读古希腊与罗马人的书籍。青年和所有其他理智不坚强、不能抵抗毒素的人,读了这些书中对于他们统领军队的人的赫赫战功得到一种强烈的心花怒放的印象,同时对于他们所做的其他一切也感到欣喜,心里以为他们那种伟大的繁荣不是由于个别人的竞胜雄心、而是由于其平民政府的形式产生的,他们没有考虑到当时由于政治不完善而经常发生的叛乱与内战。我的意思是说,人们读了这些书之后就从事弑君,因为在希腊和拉丁著作家自己的著作和政治论述中,任何人只要把君王事先称为暴君,他弑君的行为就被当成合法的和值得称道的行为。他们不说弑君(即杀害君王)是合法的,而说杀暴君(即除暴)是合法的。从同一类书里,生活在君主国中的人又得到一种看法,认为民主国家的人民可以享受自由,而他们在君主国家中则全都是当奴隶。我说的是生活在君主国家中的人而不是民主国家中的人得到这样一种看法,因为后者根本找不到这种事情。总之,我想象不出还有什么事比下述做法更加有害于君主国家,那便是现在不让谨慎周到的大师们适当地校正这些书以便除去其中的毒害,就任其公开阅读。我可以毫不犹疑地把这种毒害比之于被疯狗咬了的毒,医生把这种病称为恐水病。被咬的人经常渴得受不了,但却又害怕水,其情形仿佛是这种毒要把他变成一只狗似的。同样的道理,当一个君主国家被那些不断向它的政况嗥嗥狂吠的民主作家咬着了要害地方以后,它所需要的正是一个强有力的君主,然而却又由于某种恐暴症,或害怕有了这种君主以后受到坚强的统制的毛病,心中对这种君主感到恐惧。

正像有些圣师认为人有三魂①一样,有些人也认为国家的魂(主权者)不止一个;他们还提出最高权力与主权对立、提出神律与法律并立、提出神权与俗权并存;他们用一些本身毫无意义,而含糊不清的语词与区别来惑乱人心,让人认为正如某些人所想象的一样,另外还有一个不可见的王国并行;仿佛是什么黑暗中的灵界王国。世俗权力和国家权力既然明显地是同一个东西,而最高权力、制定神律的权力和颁赠宗教特权的权力则意味着一个国家;从这点就可以得出一个结论说:一个地方如果有一个主权者存在,而又有一个最高权力者存在,其中一个可以制定法律,另一个则可以制定神律,那么同一群臣民就必然具有两个国家,这就是本身分裂的王国,无法立足。我们虽然可以作出俗界和灵界这种毫无意义的区分,但它们仍然是两个王国,每一个臣民都要服从两个统治主。神权既声称有权宣布什么是罪,它就声称有权宣布什么是法律;因为罪不是别的,就是法律的违犯;然而世俗权力也声称有权宣布什么是法律,于是每一个臣民便必须服从两个统治主,这两个统治主都要使人们把自己的命令当成法律服从,而这却是不可能的。如果只有一个王国的话,那么要么就是作为国家权力当局的俗权王国必须服从神权王国,要么就是神权王国必须服从于俗权王国;在前一种情形下就只有最高神权而没有其他的主权,在后一种情形下就只有最高俗权而没有其他最高权力。因此,当这两种权力互相对立时,国家便只会陷入极大的内战和解体的危机之中。世俗权力由于是显而易见,从自然理性看更为明显,所以就必然会

---

① 指生魂、觉魂与灵魂。——译注

始终使很大一部分人归向于它；至于灵界王国则虽然只存在于经院学派所作的漆黑一团的区别和晦涩难懂的词句中，但由于人们对黑暗和神鬼的恐惧比任何其他恐惧都大，所以也就不会不具有一伙足以扰乱并有时摧毁国家的党徒。这种病症可以恰当地比之于人的躯体方面的癫痫症或颠倒症，犹太人认为这是一种鬼附肉体的病。在这种病中，有一种邪灵或邪气入头，阻碍着神经的根，使之发生剧烈运动，消除了大脑中由于精神力量而自然应当发生的运动，于是便在身体各部分造成剧烈而不正常运动，人们一般称之为痉挛；这样便使得了这种病的人就像一个丧失了感觉的人一样，有时跌到火里、有时跌到水里。在政治实体中情形也是这样，一个国家的肢体如果由灵界权力以天罚之威和神赏之望（赏罚是国家的神经）来加以推动，而不像应有的情形一样由世俗权力（国家的灵魂）来推动，同时，用怪异而晦涩的词句来窒息人民的理解时，就必然会使人民误入歧途，其结果不是使国家被压垮了台，便是把它投入内战的火焰之中。有时在一个单纯的世俗政府中，灵魂也不止一个，比方下述的情形就是这样：征税——营养的官能——取决于全体会议；行动与指挥权——运动的官能——取决于一个人；制定法律的权力——理智的官能——则不但要取决于以上二者，而且还要取决于第三者捉摸不定的同意。这样就会使国家遭到危险，其原因有时是由于对良好的法律难于取得一致意见，而最常见的情形则是由于缺乏运动与生命所必需的营养。虽然很少人认识到这样的政府根本不是政府，而只是把一个国家分成三个集团，并称之为混合君主国；然而实际上这却不是一个独立的国家，而只是三个独立的集团，代表者也不是一个而是三个。在上帝的王国里，可以三位分立而不致破坏上帝统治下的统一，但在人所统治的地方，由于人们的意见各异，事情就不能这样。因此，如果国王承当人民的人格、全民会议也承当人民的人格，而另一个会议又承当一部分人的人格，那么他们就不是一个人格和一个主权者，而是三个人格和三个主权者。

这种国家的不正常状况可以严格地比之于人体上的什么疾病我还弄不清楚。我曾经见过一个人在身体旁边又长出另一个人来，具有自己的头部、臂膀、胸部和胃部。如果他在另一边再长出一个人来，这比喻就非常恰当了。

以上我所举的都是国家最严重的疾病，而且可以立致危亡。此外还有一些病不像这样严重，但也值得提出来。第一是国家有必要的用途时，尤其是当战争来临时，难以筹款。这种困难是由于有人认为每一个臣民对于其土地与财物都具有排斥主权者使用权的所有权。这样就会出现下述的情形：主权当局预见到国家的需要和危险之后，却发现金钱通往国库的道路被人民的固执堵塞了；这样在当他应当出来面对危机、防患于未然的时候，却尽量拖延、趑趄不前；直到拖不下去的时候才以法律作为策略和人民周旋，以便取得杯水车薪的金钱；而在这些金钱不足使用时，主权者最后就不得不以暴力打开目前供应的道路，否则就要灭亡。经常采用这种极端手段之后，人民就驯服就范了，否则国家就必然会灭亡。其情形使我们可以把这种病非常恰当地比之于疟疾；在这种病症中，肌肉部分凝结或被毒物堵塞，于是静脉管循着自然过程向心脏放空血液之后，便不能像应有的情形一样从动脉管得到供应。这样就会先出现一阵冷缩，四肢发颤；然后又一阵发热，心脏大力用劲

第二十九章 论国家致弱或解体的因素

为血液打开一条道路。在没有打开这条道路之前，它可能冷一会儿、小清新一下，得到一点满足。一直到后来，在体质够强的人身上，心脏便能最后突破被堵塞部分的梗阻，把毒素在汗中发散掉；如果体质太弱的话，病人就死掉了。

国家有时还有一种病类似于肋膜炎。也就是国家的钱财流出了正当的道路，由于包税或专卖而过多地聚集在一个或少数私人手中。正像肋膜炎中的血流入肋膜一样，在这儿造成炎肿，并随之而发热和剧烈地刺痛。

同时，有势力的臣民，除非国家对他的忠诚有极可靠的保证，否则他们的众望也是国家的一种危险疾病。因为人民的行动本来是应当听命于主权者的权力的，但野心家的声誉和吹拍却会使他们不服从法律而去听从一个人，而这人的品德和企图他们则全不了解。一般说来，这种事情在民主政府下比在君主政府下危险更大，因为前者的军队势力大而人数多，以致易于用他们来冒充人民。比如朱理叶·恺撒本是由人民拥戴出来反对元老院的，但他赢得了军队的爱戴之后，就是用这种方法使自己成了元老院和人民两方面的主人。得众望而又有野心的人的这种行径就是彰明昭著的叛乱，可以比之于巫术的效果。

国家的另一毛病是城市过大，这样它就可以从本城中提供人员和经费组成庞大的军队，自治市过多也是这样；它们就像是一个大国家的肚子里有许多小国家一样，类似于自然人肠道中的虫子。关于这一点我们还可以补充一个问题，那便是自命有政治才干的人非议绝对主权；这种人虽然大部分是在人民的渣滓中滋生繁育的，但由于受到谬误学说的鼓动而不断干涉基本的法律，就像医生称为蛔虫的那种小虫子一样,骚扰国家。

此外还可以补充的是贪得无厌的领土扩张欲,以及经常与之而来的从敌人那里遭受的不治之伤;加上许多未并为一体的征服领土,这些东西往往形成一种负担,去之无损,留之有害。其他安逸怠惰、虚华浪费,也都是同类的病症。

最后要提出的情形是在对内或对外的战争中敌人获得了最后的胜利,以致国家的军队不能守住疆场,对效忠的臣民不能再加保卫;这时国家就解体了,每一个人都可以根据自己的判断选定保卫自己的办法。因为主权者是给予国家以生命和活动的公众灵魂,它衰竭之后,四肢就不再受它的管制了,正像人的尸体不受已经脱离的灵魂管制一样,虽然这灵魂是永生不灭的。主权君主的权利虽然不能由于另一人的行为而消灭,但臣民的义务却可以因此而消灭。原因是这样:需要保护的人可以到任何地方去寻求保护,当他得到保护之后,就有义务不装出一副迫于畏惧而服从的样子,而要尽可能长久地保卫他所得到的保护。不过一个会议的权力一旦被镇压下去以后,它的权利也就随之完全消失。因为这时会议本身已被消灭,于是也就没有可能再恢复主权了。

第三十章　论主权代表者的职责

主权者不论是君主还是一个会议,其职责都取决于人们赋予主权时所要达到的目的,那便是为人民求得安全。这一点根据自然法他有义务要实现,并向制定自然法的上帝负责,而且只向上帝负责。但这儿所谓的安全还不单纯是指保全性命,而且也包括每

第三十章 论主权代表者的职责

个人通过合法的劳动、在不危害国家的条件下可以获得的生活上的一切其他的满足。

为了实现这一点,应当做到:除了个人提出控诉时对他加以保护使之不受侵害以外,不只是个别地加以照管,而是要在具有原理和实例的公开教导中包含一种总的安排,以及制定和实行个人可以适用于其本身情形的良法。

由于前面第十八章中所举的主权的基本权利一旦失去时,国家就会因此而解体,每一个人便都会回到和每一个其他人作战的状况,并遭受其灾难,这是今生可能发生的最大弊害,所以主权者就有职责要保持这些权利的完整。这样说来,第一,如果将其中任何一种让渡给别人或加以放弃,都是和他的义务相违背的。因为放弃手段的人就放弃了目的,而放弃手段的人是主权者时,他就是承认自己服从于世俗法,并且放弃了最高司法权、作战媾和权、审定国家的需要之权、根据自己的良知决定征兵、征税之时间及数量之权、任命战时与平时的官员与大臣之权、指定宣教者之权,同时也就放弃了审定符合或违反人民的防卫、和平与权益的各种学说的权力。第二,让人民不了解或错误地了解他这些基本权利的根据与理由,都是违反他的义务的。因为这样人们就容易受诱骗,并在国家需要运用他们的时候被引诱去反抗他。

这些权利的根据很需要经常确实地教示给人民,因为它们不能靠任何世俗法或刑罚之威来加以维持。理由是:禁止叛乱(对主权者的基本权利的一切反抗都是叛乱)的世俗法,作为世俗法而言,要不是根据禁止背信弃义的自然法,是不具有任何拘束力的。而这种自然拘束力,如果人们不懂得的话,他们就不可能懂得主权者所制定的任何法律权利。至于惩罚，他们就会完全把它当成一种敌对行为；当他们认为自己具有足够的力量时，就会力图以敌对行为来规避这种敌对行为。

我曾听到人家说，正义不过是一句空话，没有实际内容。凡是一个人可以用武力或行动取得的东西（不论是在战争状况中，或是在一个国家中），都是属于他的，这一点我已经证明是错误的。正像这种说法一样，有人也认为，那些使主权具有绝对性的基本权利是既没有根据，也没有理性原则加以支持的。因为如果要有的话，就一定能在某个地方找到。然而我们却看到，截至目前，这些权力在任何国家都既没有得到承认，也没有受到诘难。在这个问题上，他们的论点是很糟的，就像美洲的野蛮人认为盖一幢不到材料坏时不致坍塌的房屋是没有根据的，或违反理性原理一样，原因是他们还没见到过任何建筑得那样好的房屋。时间和劳动每一天都在产生新知识。良好的建筑艺术是从理性的原理中得来的，而这些原理则是勤勉的人们在人类开始笨拙地进行建筑以后很久，才从长期研究材料的性质以及形状与比例的各种效果的过程中观察到的。同样的情形，在人类开始建立不完善和容易回到混乱状况的国家以后很久，才可能通过勤勉的思考发现出使国家的结构除开受外在暴力的作用以外永远存在的理性原理。这就是我在本书中所提出的那些理性原理。至于这些原理究竟是不是会被那些有权运用的人看到，或者是不是会被他们忽视，目前不是我个人的兴趣所在。但即使我这些原理不是理性原理，我也确信它们是根据圣经的权威而得来的原理。这一点，当我谈到摩西所治理的犹太人（神与之立约的特殊选民）的上帝王国时，将要加以

第三十章 论主权代表者的职责

说明。

但人们又说，这些原理纵使是正确的，可是一般人却没有足够的能力加以理解。如果一个王国中的富人和有势力的臣民，或是被认为是有学问的人和他们同样无力理解的话，我就感到高兴了。其实所有的人都知道，这类理论的障碍与其说是来自内容的艰深，不如说来自学习者缺乏兴趣。有权势的人对于任何建立权力以约束其情感的事物都不能消化；有学问的人则不能接受任何揭露其错误、因而降低其威信的事。至于一般人的脑子，则除非是由于依靠有势力的人因而受到影响或是由于那些博学之士用自己的看法玷污了他们的心灵，否则便像一张白纸、适于接受公共当局打算印在上面的任何东西。难道整个民族都可以使之接受基督教伟大奥理吗（这是超乎理性之上的）？难道千千万万的人都可以使之相信同一个身躯可以同时在无数地方存在吗（这是违反理性的）？那么人们通过受到法律保障的宣讲和教导，难道就不能使十分合乎理性的事情为人接受吗？因此我的结论便是：当主权者的权力完整时，除开他们自己或他委托治理国家的人有过失以外，教导人民认识这些根本权利（即自然的基本性法律）并没有什么困难。因此，他便有义务让他们受到这样的教导，这不仅是他的义务，而且也是他的利益所在；同时这也是一种安全保障，可以防止叛乱对他的自然人身所带来的危险。

现在让我们来谈谈具体做法：第一，应当教导人民不要爱好自己在邻邦中所见到的任何政府形式更甚于自己的政府形式。同时也不要因为看到统治形式和自己不同的国家目前繁荣昌盛，因而见异思迁。因为在贵族或民主议会统治下的人民的繁荣，并不是来自贵族政体或民主政体，而是来自臣民的服从与协调。君主国家中人民之所以繁荣昌盛也并不是因为只有一个人有权统治他们，而是由于他们服从这一个人。任何一种国家，人民要是不服从、因而不协调的话，他们非但不能繁荣，而且不久就会解体。不服从而光要改革国家的人将会发现他们这样一来就把国家毁了。正像寓言中庇流斯①的几个傻瓜女儿一样，她们由于想使衰老的父亲恢复青春，听了米底亚的话，把他切成碎片和在灵芝草中煮，结果却没有使他变成一个新人。这种要求变革的愿望就等于是破坏上帝的第一诫命，上帝在这诫命中说：不可奉其他国家的神为神。在另一个谈到君主的地方则说君主就是神。

其次，要教导人民，任何其他臣民以及主权会议以外的任何会议不论其地位怎样高，也无论其在国内怎样显赫，当他们在各人的职位上代表主权者时，都不要因为慕其德而以尊主权者之礼尊敬他们或以服从主权者的方式服从于他们。同时，除开他们从主权当局方面传达的影响以外，也不要受他们任何影响。因为以爱民为其本分的主权者对人民都是心存嫉妒的；当博得众望的人以谀词引诱他们背离对主权者的效忠时，没有不感到难受的：这种引诱的事往往不但是秘密地进行，而且还公开地进行，乃至使他们在教士之前合法地婚合，并在大街上予以公布。这可以恰当地比之于违反十诫中的第二诫②。

第三，由于上一条，还应当教导他们，使之认识到主权代表者

---

① 希腊神话中阿奇里斯的父亲。当他和特提斯结婚的时候，诸神都送了礼，唯有伊莉斯（纷争之神）没有送而送来了纷争的苹果，造成了特洛伊之战。——译注

② 按即不可造偶像之诫。——译注

第三十章 论主权代表者的职责

不论是一个人还是一个会议,如果加以非议,议论或抗拒其权力;或是以任何不尊敬的方式称其名,使之在臣民中遭到轻视,因而使臣民松懈国家安危所系的服从关系时,将是怎样大的一种过错。这一道理第三诫令以类似的方式指出了①。

第四,如果不从日常劳动中拨出一定的时间以便听取指定的人员进行讲解,就不可能教导臣民认识这个道理,即使教导了也记不住;过了一个世代之后,也不可能知道主权操在谁手中。因之就必须规定出这样的时间让他们集合在一起,在祈祷和礼拜万王之王——上帝以后,就听人讲解他们的义务,听人宣读和解释与他们全体普遍有关的成文法,并让他们记住为他们制定法律的当局。为了这一目的,犹太人将每个第七天都规定为安息日,在这一天宣读和讲解法律。并在庄严的仪式中,让他们记住,他们的王是在六天之内创造世界的上帝,他在第七天休息。由于他们在第七天停止劳动,所以把他们从埃及的奴役和痛苦的劳动中救出来的上帝便是他们的王,并让他们在庆贺上帝之后有时间以合法的娱乐方式自行欢乐。所以第一块刻十诫的板上全部刻的是上帝不但作为神而言,而且是他作为立约特别成为犹太民族的王而言所拥有的全部绝对权力。这种情形就提示给那些通过臣民的同意获得主权的人,让他们看到应当教导给臣民的是什么样的原则。

由于子女最初的教导要依靠父母的照管,所以当他在父母的教养下时便应当服从父母。不但如此,就是在以后,感激之情也要求他们在外表上以崇敬的方式感谢其所受的教益。

---

① 按即不可妄称上帝之名之诫。——译注

为了这一目的就应教导人民,原先每一个人的父亲也是他的主权者,对他操有生杀之权。建立了国家之后,这些家庭中的父亲就放弃了这种绝对权力,但却绝没有打算失去由于教养而应得的孝敬,因为放弃这种权利对于主权的建立并不必要;同时,往后从子女身上所得到的利益如果不过是从旁人身上所得到的那一些,一个人也就没有理由要有儿女并尽心去教养抚育他们了。这一点和第五诫命①是相符的。

同时,每一个主权者都应当让臣民学习到正义之德。这种美德在于不夺他人之所有。也就是说,让人民受到教导,不以暴力或欺诈手段夺取根据主权当局的规定应属旁人的任何东西。在保有所有权的一切事物中,人们最为珍视的是自己的生命和肢体,在大多数人身上其次就是有关夫妇之爱的一切,再其次就是财货和生活手段。由此看来,就应当教导人民不要因为报私仇而互相对人身施用暴力,不要破坏夫妇的贞德,不要巧取豪夺地互相夺取财物。为了这一目的,还必须向人民说明因贿赂法官或证人所造成的不公正判决会带来什么恶果,这样做就会使所有权的区别被抹杀,正义也就会成为空谈了。这一切都在第六、第七、第八和第九诫命中提出②。

最后还要教导人民认识,不但不义的行为,而且连不义的打算和企图,纵使由于偶然原因受阻而没有实现,也是不义。这就是第

---

① 按第五诫命为:"当照耶和华你神吩咐的孝敬父母,使你得福,并使你的日子在耶和华你神所赐给的土地上得以长久。"——译注
② 第六、七、八、九四诫为"不可杀人"、"不可奸淫"、"不可偷盗"和"不可作假证陷害人"。——译注

第三十章 论主权代表者的职责

十诫命和全部第二法版的宗旨,这一切已经归结为一条互爱的诫命——"爱邻如爱己"。正如同第一法版已总结为"爱上帝"这一诫命①一样,写法版时犹太人刚才接受上帝做他们的王。

关于人民接受这种教导的方法与途径的问题,我们应当研究一下,这样多违反人类和平而所根据的原理又脆弱而错误的看法究竟是通过什么方法在人民之中扎下了这样深的根。这儿所说的看法,就是我在前一章中所举出的那些看法——(1)人们可以不根据法律本身,而根据自己的良知意识,也就是根据自己的评断,来判断事物合法与否;(2)臣民除非事先自行判断国家的命令是合法的,否则服从就是犯罪;(3)他们对于财物的所有权能排斥国家对这些财物的主权;(4)臣民杀戮他们称之为暴君的人是合法的;(5)主权可以分割等等。这一切都是通过以下的方式灌输给人民的:一方面有些人出于必要或贪财而专心致志于自己的行业和劳动,另一方面则有些人由于奢侈怠惰而耽于声色之乐(这两种人占去了人类的绝大部分),使他们不能深思;而深思则不但对于学习自然正义的真理必不可缺的,而且对于学习所有其他各门学问的真理说来都是必不可缺的。于是他们关于义务的概念便主要是从讲坛上的神职人员方面得来的,还有一部分则是从那些口若悬河、说话头头是道、在法律与良知意识方面看来学问比自己高明的邻人或熟人那里得来的。至于神职人员与其他夸耀学识之徒的知识则是从各大学、各法律学校以及这些学校与大学中知名人士所出版

---

① 第十诫命为:"不可贪恋人的房屋,也不可贪恋人的妻子、仆婢、牛驴并他一切所有的。"据圣经记载,上帝用指头将十诫写在两块石板上,交由摩西传示以色列人民,前四条论敬神之道,后六条论人伦之道。——译注

的书籍中得来的。因此，我们便可以显然看出，对人民的教育完全取决于正确地教育大学中的青年。但有人也许会问：我们英国的大学难道不已经渊博到足以担当这一任务了吗？你难道要来教导这些大学吗？这真是难以答复的问题。然而关于第一个问题我可以毫不犹疑地答复说：直到亨利八世王朝结束时为止，支持着教皇的权力以反对国家权力的始终主要是各大学。许多教士以及许多在大学中受过教育的法律家和其他人所操的反对君主主权的说法就充分地说明了这样一个事实，即各大学虽然没有创立这些错误教义，但也不曾懂得怎样去培植正确的教义。在这种意见的矛盾中，有一个事实是极其肯定的，即他们没有得到充分的教导。因此，如果他们直到现在还保留着一点当初自己曾受其熏陶的反对世俗权力的那种淡薄的酒味，那就不足为奇了。至于第二个问题，我既没有必要，也不宜于置可否。因为任何人看到我现在所做的事情以后，就很容易看出我所想的是什么了。

人民的安全还要求具有主权的个人或会议对所有各等级的人平等施法。也就是说，要使受到侵害的人无分富贵贫贱都能得到纠正，从而使贵者在对贱者施用暴力、破坏名誉或进行任何侵害时，其免于刑律的希望不大于贱者对贵者的同类行为。这里面就包含着公道的道理。而公道作为自然法的戒条来说，上自主权者、下至最卑贱的臣民，都同样必须服从。所有违犯法律的行为都是侵犯国家的行为，但其中有些同时还侵犯到私人。纯粹关乎国家的可以予以宽宥而无害于公道，因为每一个人都可以根据自己的裁量宽宥对自己所做出的行为，但对私人的侵犯如果不得到受害者的同意，或进行合理的赔偿，按公道之理说来就不能予以宽宥。

第三十章 论主权代表者的职责

臣民地位的不平等,是由于主权者的规定而来的,所以在主权者面前,也就是在法庭上不能存在,正如同君主与臣民的贵贱之分在万王之王——上帝面前不能存在一样。贵者的尊荣地位之所以有价值,就在于他们能施济贱者,否则就一无价值了。他们所做的暴行、压迫和伤害并不能因为他们地位尊贵而得到宽宥,反倒是要因此而加重罪行,因为他们最没有必要犯下这些行为。偏袒贵者将会以如下的方式造成后果:豁免将滋生骄横、骄横又滋生仇恨、仇恨则使人不顾国家的毁灭,力图推翻一切压迫人和侮辱人的贵族作风。

公平征税也属于平等正义的范围,税收的公平则不依赖于财富的平等,而依赖于每人由于受到保卫而对国家所负债务的平等。人们光是从事劳动以维持自己生计还不够,有必要时还要从事战斗以保卫自己的劳动。他们要不像犹太人从巴比伦被掳回来以后重建神殿①那样一手持剑、一手兴修,就必须雇用旁人为他们战斗。因为主权者向人民征收的税不过是公家给予保卫平民各安生业的戴甲者的薪饷。鉴于每一个人由此所得到的利益是得以安生,而生命则无分贫富一律珍视;所以贫者对于保卫他的生命的人所负的债责便和富人所负于这种保卫者的相等。只是富者另外还雇用贫者,所以便不但由于自己,而且也由于更多的其他人而负有债务。考虑到这一点之后,就可以说税收的平等与其说是要取决于消费者的财富均等,倒不如说是要取决于消费本身的均等。因

---

① 据圣经记载,巴比伦王尼布里尼撒曾将犹太王耶哥尼雅和百姓掳去。中间一段时期遭难时曾为本族的末底改和以斯帖所救,逃回后曾修复所罗门王所建的殿以谢神恩。——译注

为如果一个人劳动多，而又为了节约劳动成果，消费得很少，另一个人则生活懒惰、赚得少而却把得到的一切全都花光，而他们从国家方面所得到的保护又谁也不比谁多；试问：对前者征税多而对后者征税少又有什么道理呢？但如果税收按消费品摊派，每一个人便都要按自己所耗用的东西平等地捐纳，国家也就不会由于私人的奢靡浪费而蒙受损失了。

许多人由于不可避免的偶然事故而无法依靠劳动维持生活，我们不应当任其由私人慈善事业救济，而应当根据自然需要的要求，由国家法律规定供养。因为正如同一个人抛弃那些无能为力的弱者不管是忍心一样，国家的主权者让他们仰赖于这种靠不住的慈善事业朝不保夕地生活也是忍心。

至于身强力壮的人情形就不同了。必须强迫他们工作，为了防止他们拿找不到职业作为借口起见，就应当制定鼓励诸如航海、农业、渔业等技术以及各种需要劳动力的制造业的法律。人数日益增加的强壮贫民群众可以让他们移殖到居民不足的地方去；然而到那里之后，他们不应消灭当地所见到的人，而只能让他们紧靠在一起居住，不让他们占老宽的地方和见到什么就拿走什么，而要通过技艺与劳动栽种每一小块土地，依时按节地得到自己的生活资料。当全世界都人口过剩时，最后的办法就是战争，战争的结果，不是胜利便是死亡，可以对每一个人作出安排。

主权者还应当注意制定良法。但什么是良法呢？我所谓的良法不是公正的法律，因为任何法律都不可能是不公正的。法律是主权当局制定的，这种权力当局所作所为的一切都得到了人民中每一个人的担保和承认。人人都愿意如此的事情就没有人能说是不公正的。国家的法律正像游戏的规则一样,参加的人全都同意的事情对他们每一个人说来都不是不公正的。良法就是为人民的利益所需而又清晰明确的法律。

法律,作为得到批准的法规,其用处不在于约束人民不做任何自愿行为,而只是指导和维护他们,使之在这种行为中不要由于自己的鲁莽愿望、草率从事或行为不慎而伤害了自己。正如同栽篱笆不是为了阻挡行人,而只是为了使他们往路上走一样。没有必要的法律由于不包含法律的真正目的,所以便不是良法。一条法律如果是为了主权者的利益,虽然对人民说来没有必要,可以被认为是良法,但实际上并不是这样。因为主权者的利益和人民的利益是不能分开的。臣民弱的主权者也弱,而主权者缺乏根据自己的意志统治臣民的权力时,臣民便是软弱的。没有必要的法律不是良法,而只是聚敛钱财的陷阱;这种法在主权者的权利得到承认的地方是多余的,在没有得到承认的地方则又不足以保护臣民。

法律是否明确与其说在于法律本身的词句,还不如说是在于将制定法律的动机与原因予以公布,也就是向人民说明立法者的意图。这种意图被人知道以后,法律的词句少倒比词句多更易于了解。因为一切的词句都可能发生歧义,所以增加法律本身的词句就是增加歧义。此外,用词过当以后,似乎就意味着谁要是能规避词句,谁就能逍遥于法律之外。这就是造成许多不必要的诉讼的原因。当我想到古代的法律多么简洁、后来怎样愈变愈长时,就仿佛是看到执笔作法的人和包揽词讼的人互相斗法,前者想办法要限制后者,而后者则想办法要逃避前者的限制,得胜的是包揽词讼的人。因此,立法者(每一个国家中的最高代表者,不论是一个人还是一个会议）就都有职责要清楚地说明法律是为着什么而制定的,条文本身要尽量简洁,用字要尽量恰当而又意义明确。

正确地执行赏罚也是主权者的职责,由于惩罚的目的不是报复或发泄怒气,而是纠正犯法者或效尤者,所以最严厉的刑法便要施用在最危害公众的罪行上。这些罪行有的是出自对已成立的政府心怀恶意的,而不是由于藐视法律的,有的是在群众中引起公愤的,以及有的是不加惩罚似乎就会被认为是得到了承认的（诸如当权者的儿子、仆役和宠幸所犯的罪行）等。因为公愤不但会使人们起而反对不义行为的作案者和主使人,而且连一切可能保护他们的权力当局都包括在内,比如像塔昆①那样,由于一个儿子的横霸行为而国亡身逐,不复见容于罗马。但由于人性的弱点而造成的罪行,诸如由于严重的挑衅激怒、巨大的恐惧或迫切的需要所造成的罪行,以及由于不知道某事是不是严重罪行而犯下的罪等等,则在许多情况下可以从宽处理而不致危害国家。在凡是可以实行宽大的地方实行宽大,也是自然法的要求。对于暴动的罪魁和教唆者施加惩罚而不惩罚那些被骗上当的可怜人,可以诛一儆百,使国家受益。对人民严厉就是惩罚他们的无知,而这种无知却有大部分要归罪于主权者,其过失在于没有使人民更好的受到教导。

同样的道理,主权者也有责任和义务使奖赏永远有益于国家,

---

① 指高傲者塔昆,罗马传说中的塔昆王室中的一个国王。即位后马上废除宪法中的改革,压迫平民,大兴土木。在其王朝内常出现流血事件和暴力行动。他的儿子强奸已婚女子列克莉霞、使其自杀,引起一场反抗,使塔昆全家被逐。后虽曾数度企图复辟,均未成功,高傲者本人死于库米地方。——译注

第三十章 论主权代表者的职责

这就是奖赏的目的和用处。他如果能做到以下各项便也就达成了这一目的:那便是尽量少费国币而使有功于国的人得到最好的报酬,从而使其他人因此而受到鼓励,一方面尽忠效力于国,同时又研究技艺,以便更好地为国效劳。但他如果用利禄贿买孚众望而有野心的臣民,使其保持沉默,不在人民心目中留下印象,则根本没有奖赏的性质,因为奖赏不是为危害而设的,乃是为过去的功劳而设的;同时这也不是感激的表示,而是恐惧的象征;它不会造福公众,而只会危害于人民。像这样和野心斗法,就像赫丘里斯和多首水怪海德拉①斗法一样,每斩掉一个头就长出三个来。因为在相同的情况下,当一个众望所归的人的顽固态度被奖赏绥靖平息了时,就会有更多的人起而效尤,做出同样的坏事来,希图得到同样的好处。不轨之谋也像各种制造品一样,有销路时就会增加。有时内战虽然可以通过这种方式延缓,但危机却会愈来愈大,公众也更加肯定地会遭到毁灭。因此,受托保障公共安全的主权者如果奖赏那些以危害国家和平作为手段来谋求显贵的人,而不在危险小的时候防患于初起,一直到时间愈拖愈长,危险愈来愈大时再加以阻遏,便是违反了自己的义务。

主权者另有一项任务是甄选良好的参议人员。我所谓的参议人员是指他在国政方面咨询所及的人。因为参议一词是从 Considiun 一词蜕变而来的,意义很广泛,包括所有聚议一堂;其中不但有研究未来事项的,而且也有评议往事和现存法律的人们所组

---

① 希腊神话中的九头水蛇,为奥林匹亚神泰平和伊琪德纳所生,后为大力士赫丘里所杀,成为其十二功绩之一。赫丘里为宙斯神与人间女子阿克绵妮所生,十二功绩为宙斯原配妻之一伊利斯修斯所要求,不成时不允许赫丘里生存。——译注

成的会议。我在这儿所说的只是第一种意义下的人。在这种意义上，民主国家和贵族国家都没有选择参议意见这回事，因为咨询者就是被咨询者中的一部分。因此，甄选参议人员的问题只有君主国家才有。在君主国家中，主权者如果不在每一方面甄选最能干的人，便是没有尽其应尽之责。所谓最能干的参议员就是那些从提供坏意见中受益的希望最小，而在有助于和平与保卫国家的事业方面所具知识又最丰富的人。至于谁有希望从公众骚乱中获得利益，则是很难知道的事情。但有些迹象是正当嫌疑的根据，如那些家财不敷其日常习惯花销的人在人民发出无理或无可挽救的怨言时出来加以慰藉；这种迹象知道情况的人很容易就能看出来，但要知道谁对公共事物知识最丰富就更难了。能知道这种人的人，恰好是在很大程度上不需要他们的那些人。因为要知道谁通晓一门艺术的法则，就必须对这门艺术具有大量高深的知识，因为任何人除非是自己首先得到教导认识了旁人的法则的真义，是不能确知这种真义的。但对任何一门艺术具有知识的最好标志就是经常和它打交道并不断从中获得良好的效果。优良的意见不是碰运气来的，也不是祖传的；因为希望富贵者在国政方面提出良好意见就和希望他们在测绘堡垒的尺寸大小方面提出好意见一样是没有理由的事；除非我们认为研究政治学和研究几何学一样，不要什么方法，只要在旁边看看就行了，可是事实却不是这样。这两门学问中政治学更难研究。我们这些欧洲国家把世袭最高参议会职位当成某些人的权利。这是古日耳曼人进行征服时传下来的办法，在这些征服过程中有许多独裁的王侯联合起来征服其他民族；当时要是没有一些特权作为标志使他们的后裔将来与臣民的后裔有所区

第三十章 论主权代表者的职责

别,他们就不肯联合起来。这种特权和主权是不相容的,看来是由于主权者的支持才让他们保持下来;但他们如果是把这种特权作为自己权利来力求的话,就必然会要逐步地予以放弃,最后除开他们的才能自然带来的尊荣地位以外再没有其他地位。

参议人员在任何事务中不论怎样能干,向每一个人单独提供意见与这种意见的理由,比聚议一堂、用讲演的方式提出好处更要大些;同时,事先经过考虑也比突然谈论好。这一方面是因为像这样他们就有更多的时间来通盘考虑行为的后果,另一方面也因为他们由于意见分歧所产生的嫉妒、竞争或其他激情而陷入矛盾的情形较少。

至于与其他国家无关,而只与臣民根据单纯对内的法律享受安乐与福利有关的事情,则最好的意见应从来自各省人民的一般材料和申诉中取得。他们对自己的需要认识得最清楚,所以他们的要求如果没有破坏基本的主权权利之处时,就应当认真听取。因为正像我在前面经常提出的一样,没有这些基本权利,国家就根本不能存在。

一个军队的统帅如果不孚众望,在部队中就不能得到应有的爱戴和敬畏,于是执行职务时也就得不到好成就。因此,他必须勤勉、勇敢、和蔼、宽宏而又有幸运,使人认为他才能高而又爱士卒。这就是人望,它将在士兵之中滋生博得统帅的宠信的欲望和勇气;在有必要严惩叛乱和忽职的士兵时,也可以保护将军的威严。但如果不注意统帅的忠诚,这种爱士卒之情对主权者说来便是危险的,当主权操在不得人心的会议手中时尤其如此。所以人民的安全便要求主权者授予军权的人一方面应当是一个良好的指挥者,同时也应当是忠心赤胆的臣民。

但当主权者本身甚孚众望的时候,也就是受到人民敬爱的时候,臣民的人望便不会造成任何危险。因为士兵从来不会那样普遍地不公平,以致在自己非但爱戴主权者的为人,而且也爱他的事业时,仍然和自己的统帅站在一道来反对主权者,纵使是他们爱戴统帅也不会如此。因此,在任何时候以暴力推翻了合法主权者的权力的人,当他们没有能在他的地位上站稳脚跟以前,往往要煞费周章地事先正名分,以便使人民不齿于接受他们。对主权拥有人所共知的权利本身就是一种众望所归的尊荣地位,拥有这种权利的人只要让人们看到他能果断地治理自己的家务,就可以使人民归心,而本身不需要其他什么东西。在敌人方面则只要他能击溃其军队,就可以使之归顺;因为人类中最大量和最活跃的部分,对于现状从来是不十分满足的。

至于一个主权者对另一个主权者的职责,则包含在一般所谓的万民法之中。这种职责在这儿完全无须加以讨论,因为万民法与自然法乃是同一个东西。每一个主权者在保障臣民的安全方面所具有的权力,和任何个人在保障自己的人身安全方面所能具有的权力是相同的。对不处于世俗政府之下的人在其相互关系上应行和不应行的事物作出规定的那种法律,对国家的规定也相同(也就是说对主权君主和主权议会的良知意识的规定和对上面那种人的规定是一样的)。因为除开在良知意识中以外就没有其他的自然法法庭存在,这儿是上帝而不是人所统治的地方。上帝作为自然的创造者,其约束全人类的法律便是自然法,同一上帝作为万王之王而言,这种法律便是一般的法律。但关于万王之王兼特殊选民的国王的上帝的王国，将在本书的其余部分加以讨论。

第三十一章　论自然的上帝国（天国）

单纯自然状况——也就是既非主权者，又非臣民的人所具有的那种绝对自由的状况，是一种无政府状况和战争状况；引导人们摆脱这种状况的法则是自然法；国家没有主权便是没有实质内容的空话，不能立足；臣民在一切不违反神律的事情上应当绝对服从主权者。以上各点我在前面都已经充分证明了。在一套完整的有关民约义务的知识中，现在我们所缺的只是认识什么是神律。因为如果没有这种知识的话，当世俗权力当局命令一个人做任何事情时，他便会不知道是否违反神律。这样一来，要不是过多地服从世俗方面而冒犯上帝吾王，便是由于惧怕冒犯上帝而违反国家的命令。为了避免这两个暗礁，就必须知道神律是什么。由于所有关于法律的知识都取决于关于主权的知识，所以往下我将讨论一下上帝的王国（天国）。

《诗篇》中说："耶和华做王，愿地快乐。"（见《旧约·诗篇》第 xcvii 篇，第 1 节）又说："耶和华作王、万民当战抖。他坐在二噻嗻啪上、地当动摇。"①（见同处第 xcix 章，第 1 节）不论人们是否愿意，他们都必须永远服从神的权力。人们并不能由于否认上帝的存在或神的安排而摆脱这种束缚，反倒只能失去其平安。但把这

---

① 按原文应译作"……尽管万民愤怒、……尽管大地动摇"。如此方与下文衔接，通行圣经译本有不合处。——译注

种不仅及于人类而且及于禽兽、植物和无生物的统辖权称为王国，却不过是一种比喻的用法而已。正式说来，只有通过言辞（降谕之道）、通过奖赏服从者的诺言、并通过惩办不服从者的警戒等方式管辖其臣民的人才说得上是在进行统治。因此，无生物或无理性的生物便不能成为上帝王国中的臣民，因为它们不能理解神的诫命，无神论者以及不相信上帝对人类行为有任何管理的人也不是，因为他们不承认上帝的道（言辞），对他的报偿不存希望、对他的威慑也不惧怕。这样说来，唯有那些相信有上帝统治世界，而且相信他为人类提出了诫命、设置了赏罚的人才是上帝的臣民，其余的都应当理解为敌人。

通过言辞来进行统治就要求这种言辞能使人明确地知悉，否则就不成为法律。因为法律的本质中有一条是要充分而明确地公布，以便消除不明法禁的借口。这一点在人类的法律方面只有一种办法，那便是用人的声音予以宣布或公布。但上帝谕知其神律的方式却有三种：一种是通过自然理性的指令，一种是通过神启，还有一种是通过某一个依靠奇迹的作用取得他人信仰的人的声音。由此可见，上帝的降谕之道（言辞）便有三种，那就是理性的、意识的和先知的。与此相应的听取方法也有三种——正确的理性、超自然的意识和信仰。从来没有任何普遍法则是通过超自然意识（即神启或灵感）提出的，因为上帝用这种方式降谕时只是对个别的人说的，并且对不同的人所说的事情也不同。

根据上帝其余两种降谕之道之间的区别，也就是根据理性的降谕之道和预言的降谕之道之间的区别，我们可以说上帝的王国有两种，一种是自然的，另一种是先知的。在自然的上帝王国中，

第三十一章　论自然的上帝国（天国）

所有根据正确理性的自然指令而承认天意安排的人都归他统治。在先知的上帝王国中，他选定了一个特殊的民族——犹太民族作为自己的臣民，他不但以自然理性统治他们，而且通过圣者先知的口颁布制定的法律统治他们，同时也唯有他们才受到这种统治。在本章中我想要讲一讲自然的上帝王国。

上帝用以统治人类并惩罚违犯神律的人的自然权利不能溯源于他创造人类这一点，那样就好像是说上帝要求人们服从以报答他的恩德似的；这一权利我们只能溯源于他的不可抗的力量。在前面我已经说明了主权者的权利是怎样从信约中产生的，如果要说明这种权利怎样从自然中产生，我们只要说明它在什么情形下从来不会被取消就够了。由于所有的人根据自然之理说来对一切的事物都具有权利，所以每一个人便都有权利统治所有其他的人。但由于这一权利不能以暴力取得，所以放弃这种权利，并通过共通的同意使一些人具有主权来统治和保卫自己便关系着每一个人的安全。然而如果有任何一个人具有无以抵抗的力量，那他就没有理由不根据自己的意思用这种力量来统治和保卫自己与这些人。所以对一切人的统治权便自然而然地由于权力无以抵抗的人的力量的优越而归属于他们。这样说来，正是由于这一权力，统治人类的王国和任意使人类遭受苦难的权利便自然而然地属于无所不能的上帝，——这不是作为仁慈的造物主而属于他，乃是作为全能的主而属于他。虽然我们说惩罚只是由于罪而遭受的，因为这个字的含意就是由于罪而受的苦；不过使人遭受苦难的权利却并不永远来自人们的罪，而是来自上帝的权力。

关于为什么恶人往往得福而好人反倒遭祸的问题，古人讨论得很多。这问题正和我们关于上帝究竟是根据什么权利降祸福于今世的问题相同。这一问题非常困难,不但动摇了一般人对天意的信仰,而且也动摇了哲人以至圣者的这种信仰。比如大卫就曾说:"神实在恩待以色列那些清心的人。至于我、我的脚几乎失闪。我的脚险些滑跌。我见恶人和狂傲人享平安就心怀不平。"(见《旧约·诗篇》第 lxxiii 章,第 1、2、3 节)约伯自己虽然守正不阿,但却遭受了许多苦难,他是怎样急切地和上帝争议啊?在约伯的问题上,这一问题是由上帝自己决定的;其理由不是根据约伯的罪,而是根据自己的权力提出的。因为当约伯的朋友把他受苦难的理由都归之于他的罪,而他却为自己辩护说他知道自己无罪时,上帝便亲自来答复这一点,并以"我立大地根基的时候你在哪里呢"(见《旧约·约伯书》第 xxxviii 章,第 4 节)等等的话来解释他根据自己的权力使约伯受苦的理由;这样便一方面证明了约伯无罪,同时也斥责了他那些朋友的错误说法。我们的救主在下列的话中所说的关于天生的瞎子的看法也和这一说法相符:"也不是这人犯了罪,也不是他的父母犯了罪,是要在他的身上显出神的作为来。"(见《新约·约翰福音》第 ix 章,第 3 节)我们虽然可以说:死是因罪进入了世界(这话的意思就是说:如果亚当没有犯罪,他就绝不会死,也就是他的灵魂绝不会和他的躯体脱离),但却不能根据这一点推论说:上帝没有理由像他对其他不能犯罪的生物那样使没有罪的人受苦。

上面已经说明,上帝主权存在的理由只是以自然之道为根据的,往下我们就要讨论神律或自然理性的指令是什么,神律所规定的不是人伦之间的自然义务,便是我们对主权者上帝自然应有的

第三十一章 论自然的上帝国（天国）

崇敬之道。前者就是我在本书第十四、十五两章中已经讲过的那些自然法，如公平、正义、仁慈、谦卑等以及其他的道德。因此，剩下要讨论的便是人们光从自然理性的指令而不从其他上帝的降谕之道中所得到的有关敬拜和崇敬上帝吾王的准则是什么。

崇敬是对他人的权力与善的内在认识和看法。因此，崇敬上帝便是对他的权力与善的尽可能高的认识。人们的这种看法形之于言语的外在表示便称为崇拜（Worship）。这是拉丁人对"培植"一词所理解的意义的一方面。"培植"就其常用的本意来说，是一个人为了获得利益而对任何对象投下的劳力。能从其中获得利益的对象要不是从属于我们，便是不从属于我们；前者所提供的利益是作为随着我们所投下的劳动力而产生的一种自然结果，后者则是只根据其自己的志愿酬报我们的劳力。在前一种意义下，投在土地上的劳动谓之培育，而对子女的教育则称为对他们的心灵的培育。在第二种意义下，我们不是以强力而是以殷勤顺从的方式使他人的意志服从于我们的目的；其含义相当于讨好，也就是以迎合的方式博取宠惠；诸如以称颂、承认其权势或以任何其他取悦于自己所讨好的人的方式博取宠惠等都是。这就是敬拜的本义。在这种意义下哗众取宠者就是敬拜民众的人，而神的培育就是敬拜上帝。

内心的崇敬是对权力与善的看法，从这里就产生三种激情：第一是爱慕，这是相对于善的激情，第二是希望，第三是畏惧，两者都是相对于权力的激情。此外，从这种内在的崇敬中，还产生出三种外在的敬拜方式：一种是颂扬，一种是夸耀，还有一种是推崇。颂扬的主题是善。夸耀和推崇的主题则是权力，其所得到的结果则为福祉。颂扬和夸耀一方面是以言辞、再方面是以行动来表示的；当我们说某人好或者伟大,便是用言辞来表示,当我们感谢某人的恩惠而服从他的权力时便是以行动来表示。对于另一人的幸福的看法则只能以言辞来表示。

在品质和行为方面有关崇敬的表现象征有些是自然的,其他的则是根据人们的制度或习惯而来的。前者在品质方面如善、义、大度等都是,在行为方面则有祷告、感谢、服从等；后者在某些时间和地点上是崇敬,在某些时间和地点上是不崇敬,在另一些时间和地点上则是无所谓的。如行礼、祈祷和感恩的姿势便是在不同的地方有不同的用法。前一类敬拜方式是自然的敬拜方式,后一类敬拜方式则是人意规定的敬拜方式。

在人意规定的敬拜方式方面有两种不同的情形,因为这种敬拜有时是遵命而行的,有时是自由的。前者就是按被敬拜者的要求而行的。后者则是按敬拜者认为合适的方式而行的。遵命而行的敬拜,其崇敬在于服从而不在于其言辞或姿势。但如果是自由的敬拜,其崇敬则在于旁观者的看法；原意是崇敬的言辞或行动在旁观者看来如果是可笑的,含有轻蔑的意思,便不能成为敬拜,因为这不是崇敬的表现。其所以不能成为崇敬的表现方式,原因在于：表现对于表现者本人而言,并不能成为表现；这表现是做给谁看的、对谁而言就能成为表现,也就是只有对于旁观者而言才能成为表现。

此外,敬拜也有公众的和私人的两种。前者是国家作为一个人而进行的敬拜,后者则是个人所表示的敬拜。前者对整个国家说来是自由的,但对每一个人说来则不如此。后者在私自举行时

第三十一章　论自然的上帝国(天国)

是自由的,在大众之前举行则绝不可能没有一些限制;这种限制要不是来自法律,便是来自舆论,这和自由的性质是相冲突的。

人对人的恭敬目标是权力,因为一个人看到旁人受恭敬时就会认为这人有权力,而且也就更容易服从他,这样就会使他的权力更大。但上帝身上不存在目标,我们对上帝的敬拜是出自于义务,而且是根据我们的身份、按照某些敬拜的法则举行的,这就是按照理性指令弱者为了希图利益、畏惧伤害或感谢已得到的好处而恭敬强者的崇敬法则举行的。

为了认识自然指示给我们的对上帝的敬拜是什么,我将从上帝的属性开始讨论。第一,我们显然必须认为存在是他的属性,因为一个人对自己认为根本不存在的对象就不会愿意去崇敬。

第二,有些哲学家说世界或世界的灵魂是上帝,这是贬低了上帝,并否认了上帝的存在。因为上帝应理解为世界的原因,如果说上帝就是世界,那便等于说世界没有原因,也就是说没有上帝。

第三,如果说世界不是创造的而是永恒的;而永恒的东西又是不具有原因的,这便等于否认有上帝存在。

第四,有些人根据自己的想法赋予上帝以安闲的属性,这就是认为上帝不关心人类,也就是使上帝不受到崇敬;因为这样就是使人们不敬爱上帝,而敬与爱则是崇敬的根源。

第五,在表示伟大和权力的事物之中,说上帝是有限的,便不是崇敬上帝。因为赋予上帝以属性而不尽其极致便不是愿意崇拜上帝的表现,而有限便是没有尽到极致,道理是我们在有限之上不难增加更多的东西。

这样说来,将形象赋予上帝便不是崇敬上帝,因为所有的形象都是有限的。

如果说我们在心中想象出上帝、构想出上帝或对上帝具有一个概念，也不是崇敬上帝，因为我们所想象出的任何东西都是有限的。

认为上帝具有部分或全体的属性也不是崇拜上帝，因为这些都只是有限事物的属性。

如果说上帝在这个或那个地方也不是崇敬上帝，因为在某个地方的任何东西都是有一定范围的和有限的。

说他运动或静止也是这样，因为这两种属性都将空间赋予了上帝。

说上帝不止一个也不是崇敬他，因为这样就是暗指他们全是有限的，道理是不可能有一个以上的无限。

认为他具有忏悔、愤怒、怜悯等带着内心不安这种性质的激情，则除非是一种隐喻，所指的不是激情而是效果，否则便不是崇敬上帝；认为他具有机体欲望、希望、欲念等或属于任何消极的官能都是这样，因为激情是受到其他东西限制的力量。

这样说来，当我们认为上帝有意志时，便不应当理解为像人的意志那样，是一种理性的欲望，而应当理解为他实现每一种事情的力量。

当我们认为他有视觉等感觉活动时也是这样，认为他有知识和理解力时情形亦是如此。这些在我们身上不是别的，就是外物压在人体的各部分器官上所造成的心理扰动。上帝身上没有这类东西存在，这类东西既然是取决于自然原因的东西，所以就不能认为是他的属性。

第三十一章 论自然的上帝国(天国)

一个人如果只打算把那些有自然理性作根据的属性归与上帝，便必然只能用无限、永恒、不可思议等否定的属性形容词或至高、至大等最高级的属性形容词，或者是用善、公正、神圣、造物主等无定属性形容词，而用时意义又像是不为了说明上帝是什么（因为这样就是把他限制在我们的幻象限度之内），而只为了说明我们怎样赞美他、怎样随时准备服从他；这就是谦敬以及立意尽最大可能崇敬他的表现。因为只有一个名词可以说明我们对他的性质的概念，那便是我存在，而且只有一个名词可以说明他对我们的关系，那便是上帝，后一名词中包含着天父、王和主的意思。

关于崇敬神的行为，理性有一条最普遍的准则，那便是它们应当是崇敬上帝的意念的表现，其中首先可以举出的便是祈祷。因为雕偶像的人在雕制时人们并不认为他们能使那些偶像成为神，而是向偶像祈祷的人使之成为神。

第二，感恩：在敬神方面，这种方式和祈祷只有一点区别，那便是祈祷出现在恩赐之前，而感恩则出现在恩赐之后，两者的目的都是承认上帝是过去和未来一切恩惠的缔造者。

第三，祭礼，也就是牺牲与贡品。这些如果是最好的，便是崇敬的表现，因为它们是表示感恩的东西。

第四，除上帝之名以外，不以他名起誓，这自然是一种崇敬的表现。因为这是承认唯有上帝知道我们的心，并承认任何人的智慧或力量都无法庇护一个人，让他不遭受上帝对作伪证者的报复。

第五，不妄谈上帝是理性的敬拜的一部分，因为这说明我们畏惧上帝，而畏惧就是承认他的权力。从这一点就可以得出一个结论说：上帝之名不可轻用，也不可无目的地用，因为那样就等于是滥用了。同时，除非是为了起誓、国家下令肯定判决或在国际间避免战争而用上帝之名，否则便是无目的地用。争论上帝的本质的做法跟他的尊荣是相冲突的。因为人们认为，在我们这自然的上帝王国之中，除开通过自然理性而外，也就是除开根据自然科学的原理而外，就没有任何其他方法能认识任何事物；这种原理根本不能向我们说明我们自己的本质是什么，也不能说明最微小的生物本质是什么，更不用说让我们知道上帝的本质中的任何东西了。这样说来，人们根据自然理性的原理来辩论上帝的本质便是对上帝的不敬。因为我们不应当考虑自己归与上帝的属性的哲理意义，而只应当考虑对他作最大的崇敬的虔诚心意的意义。由于没有考虑到这一点，所以人们才会一卷又一卷地写出不是为了崇敬上帝，而是为了崇敬自己的智慧和学识的书籍来辩论上帝的本质。这只是妄用和滥用神圣的上帝之名。

第六，自然理性指令我们每一祈祷、感恩、祭献、牺牲，都应当各就其类别拣选最好的和最能表示崇敬的。比方说，祈祷和感恩的词句便不应当是仓促拟就的、轻浮的和庸俗的，而应当是辞藻华丽、结构良好的。否则我们就没有尽最大可能崇敬上帝。因此，异教徒把偶像敬奉为神便是荒谬的。但他们以诗歌、韵文、器乐与声乐等敬神则是合理的。同时，他们用作牺牲品的牲畜，他们所贡献的祭礼以及他们敬神的行为都充满着敬服和不忘所得恩赐之感，用这一切敬神由于是出自崇敬神的意愿，所以便也是合乎理性的。

第七，理性指令我们不但要私自敬神，而且特别要公开地在人们面前敬神。因为不这样的话，敬神中最值得嘉许的一点，也就是使他人敬神这一点便失去了。

最后，服从神律（在这种情形下就是服从自然法）乃是最大的崇敬。由于敬服对上帝说来比牺牲更值得嘉许，所以轻视上帝的诫命也就是最大的不敬。这些都是理性昭示一般平民的敬神准则。

国家既然只是一个人格，敬拜上帝也只应当只有一种方式。当它命令个人公开地敬拜时便是实行了这一点。这就是公共敬拜方式，其特性在于一律，因为因人而异的行为不能谓之公共敬拜方式。由此看来，一个地方如果允许各种私人宗教所产生的许多不同敬拜方式存在，就不能说是具有任何公共敬拜方式，这个国家也不能说信奉了任何宗教。

由于言辞的意义是根据人们一致的协议和规定而来的，所以神的属性形容词便也是这样。这些属性形容词之所以应认为是尊敬的，是因为人们有意让它们成为这样。个人在没有法律而只有理性的地方可以通过意志做出的事情，国家也可以根据世俗法通过意志做出。同时又由于国家没有意志，除开具有主权的某一个人或多人的意志所制定的法律以外也不可能制定任何法律，所以我们便可以得出一个结论说：主权者在上帝的敬拜中规定为表示尊敬的属性形容词，私人在公共敬拜中应当依式加以使用。

但并非所有的行为都是根据规定而来的表现方式，其中有些自然而然地是尊敬的表现，另一些则自然而然地是轻蔑的表现，因此后一类行为（也就是人们耻于在自己崇拜的人之前做出的行为)，便不能由人的力量使之成为敬神方式的一部分。庄重、谨慎和谦恭等等属于前一类的行为也绝不可能和敬神的方式分开。但有无数行为和姿势的性质是无所谓的，其中由国家规定公开普遍用作崇敬的表现和敬神方式的那一部分臣民就应当如是加以采用。圣经上说:"服从上帝比服从人好",这句话在按约建立的上帝王国中可以成立,但在自然的上帝王国中却不能成立。

以上简短地讨论了自然的上帝王国和上帝的自然法,我在本章之后只打算再简短地补充说明一下上帝的自然惩罚。人类今世生活中的行为每一种都是一长列后果之链的开端。对于这种后果之链说来,人类的思虑都不够高明,不能使人瞻望到它的尽头。在这个链中,苦事与乐事连接在一起,其方式使想要做出任何纵乐行为的人必将遭受与之相连的一切痛苦。这些痛苦就是这些行为的自然惩罚,而这些行为则是害多于利的景况的开端。于是就会出现这样的情形:行为放荡会自然地招致疾病之罚、轻率则招致灾祸之罚、不义招致仇敌的暴行之罚、骄傲招致失败之罚、懦弱招致压迫之罚、王国疏于执政招致叛乱之罚,而叛乱则会招致杀戮之罚。惩罚既然是由于破坏法律而来的,自然的惩罚就自然而然地是由于破坏自然法而来的,因之也就是作为自然而非人意的结果而随之出现的。

本书直到这儿为止所谈的是主权者怎样建立及其权利和性质,以及根据自然理性的原则推论出来的臣民的义务。这种学说跟世界大部分地区的实践相去很远,尤其是跟我们这接受罗马与雅典的伦理学的西方世界的实践相去很远,同时掌管主权的人所需要的伦理哲学又极深;考虑到这一切之后,我几乎认为自己费这一番力就像柏拉图搞出他那共和国一样没有用处了。因为他也认为在主权者由哲人担任以前,国家的骚乱和内战所造成的政权递嬗是永远无法消除的。但当我再考虑到:主权者和他的主要大臣唯一必需具有的学识就是关于自然正义的学识，他们所需要学的数学不像柏拉图所说的那样多，而只要学习到能通过良法鼓励人们学习这种学问的程度就够了；同时柏拉图和迄今为止的任何其他哲学家都没有整理就绪并充分或大概地证明伦理学说中的全部公理，使人们能因此而学习到治人与治于人之道；这样一来我又恢复了一些希望，认为我这本书终有一日会落到一个主权者手里；由于它很短，而且在我看来也很清楚，所以他便会亲自加以研究，而不会叫任何有利害关系或心怀嫉妒的解释者帮忙；同时他也会运用全部权力来保护此书的公开讲授，从而把这一思维的真理化为实践的功用。

第三部分 论基督教体系的国家

第三十二章 论基督教体系的政治原理

直到目前为止,我仅是根据经验证明为正确的或在语词用法上公认为正确的自然原理引申出了主权权利和臣民的义务;也就是说,我只是从经验告知我们的人类本性以及从一切政治推理中所必不可缺而又取得普遍一致看法的语词定义中引申了这种原理。但往下我所要谈的是基督教体系国家的性质和权利,其中有许多地方要取决于神的意志的超自然启示;这一讨论必然不但要以上帝的自然传谕之道为根据,而且也要以上帝的预言传谕之道为根据。

然而我们却不能抛弃我们的感觉和经验,也不能抛弃毫无疑问是上帝传谕之道的自然理性。因为这是救主重临人世以前上帝赐给我们解决问题的才能,所以便不能用任何暗地信仰的手巾把它们包起来,藏而不用①,而要用它来取得正义、和平与真正的宗

---

① 典出《新约·路加福音》第19章,其中记载一个人怕耶稣严厉,把他的一锭银子用手巾包着不用,原封不动地还给他。耶稣斥责他没有把这钱存到银行里以便连本带利取回,意思是东西不可藏而不用。——译注

教。在上帝的传谕之道中,虽然有许多东西是超乎理性的,也就是无法由自然理性加以证明或否定的,但天赋理性中却没有与之相违背的东西。看来出现与之相违背的情形时,毛病要不是我不善于解释,便是我们的推理错误。

因此,当这种传谕之道中所载的东西太难,无法加以研究时,我们就要把自己的悟性吸引到这种道上,而不要费许多力气用逻辑方法去寻求这种不可思议同时又不归属于任何自然科学规律之下的奥义的哲学真理。因为我们宗教的奥义就像治病的灵丹一样,整丸地吞下去倒有疗效,但要是嚼碎的话,大多数都会被吐出来,一点儿效力也没有。

悟性的吸引并不意味着使自己这种智能服从于任何别人的意见,而只是意志在应当服从的地方服从。因为感觉、记忆、悟性、理性和意见我们都无力加以改变,而只会永远必然的像我们所见到、听到和思考到的那样提供给我们。这样说来,它们便不是我们的意志所造成的结果,我们的意志倒是它们所造成的结果。当我们接受矛盾,当我们按合法的权威方面的指挥说话并在生活中加以遵守时——总之,当我们的心里对于所说的话虽然无法具有任何概念,但仍然信仰和信赖说话的人的时候,我们就是在悟性和理性上崇信。

当上帝对人传谕时,要不是直接传示,便是通过另一个曾经直接听过他谕旨的人转达。上帝怎样直接对人传谕,听到过传示的人是完全能理解的;但另一人能怎样理解这一点则纵使不是不可能知道,也是很难知道的。如果一个人向我声称上帝以超自然的方式直接向他传了谕,而我又感到怀疑,我就很难看出他能提出什么论据来让我不得不相信。诚然,这人如果是我的主权者,他便可以强制我服从,使我不用行动或言辞表示我不相信他的话,但却不能让我不按理性驱使我的方式去思想。要是一个没有这种权力管辖我的人那样声言的话,他就没有什么东西能强使我相信或服从。

因为如果说上帝在圣经中对一个人传了谕,那便不是说上帝直接对他传了谕,而只是说像对所有其他基督徒一样通过先知、使徒或教会间接地传了谕。如果说上帝在梦境中对他传了谕,这便只等于说他梦见上帝对他传了谕;任何人只要知道梦大部分是自然现象,可以从原先的思想中产生,他这种说法便完全没有说服力让这人相信。比如由于人们自命不凡、狂妄自大并对自己的圣洁之品或其他品德抱有一种错误的看法,于是认为自己因此而够得上特殊神启的恩典,便是这样的梦。如果说他看见了异象或听见了异声,那便等于是说他在半睡半醒之间做了一个梦。因为在这种情形下,人们往往由于没有弄清自己在打瞌睡,于是便自然而然地把梦境当成了异象。如果说他由于超自然的神感(神注灵思)而说话,那便等于是说他发现有一种强烈的愿望要说话,或者是对自己具有一种无法提出自然和充分理由的强烈看法。因此,全能的主虽然可以通过梦境、异象、异声和神感对一个人降谕,但他却没有强制任何人相信他对自称有此事的人降了谕。这种人既然是一个凡人,就可能发生错误,而且比错误更进一步的是,他还可能撒谎。那么一个人如果除开自然理性以外从来没有由上帝直接向他启示过神意,他对于自称为先知者的人们所传的神谕又怎样能知道什么时候应该服从或者不服从呢?以色列王关于对基列的拉末作战的事所询问的四百先知中,只有米该亚一个人是真先

第三十二章　论基督教体系的政治原理

知①。被派去作预言，反对耶罗波安所设丘坛的先知虽然是一个真先知，而且根据他在耶罗波安面前所行的两个奇迹看来也显然是上帝派去的，但却被一个老先知所骗；那老先知劝他说，上帝叫他和自己一同进饮食②。如果一个先知还能欺骗另一个先知，那么我们除了通过理性以外，又怎样能肯定地知道上帝的意旨呢？关于这一点，我可以根据圣经答复说，有两种迹象加在一起（不能分开来看）就可以知道一个真先知：一种是行奇迹，另一种是除开已建立的宗教以外不传布任何其他宗教。我认为两种迹象分开之后便没有一种是充分的。"你们中间若有先知，或是做梦的起来，向你显个神迹奇事、对你说，我们去随从你素来所不认识的别神、侍奉他吧，他所显的神迹奇事虽有应验、你也不可听那先知……。那先知或是那做梦的既用言语叛逆耶和华你们的神，你便要将他治死。"（见《旧约·申命记》第 xiii 章，第 1—5 节）在这一段话中，我们可以看出两点：第一，上帝不会单用奇迹来证明先知的天命。正像第三节中所说的，这只是试验我们是否能始终不渝地效忠上帝。因为埃及术士所行的法术虽然不像摩西的那样伟大，但却也是大奇迹③。第二，不论奇迹多么大，如果目的是煽动人们背叛国

---

① 据《圣经·列王记上》第二十二章记载，以色列王亚哈与犹太王约沙发合攻基列的拉末，先招四百先知询问，均作吉言；后招上帝的先知米该亚询问，答复为上帝将降祸于亚哈，亚哈怒而不信，令人将米该亚监禁后上阵，后果被杀。——译注

② 据《圣经·列王记上》第十三章记载，以色列王造牛犊献祭，陷民于罪。当其设坛献祭时，上帝遣犹太神人预言其坛必破裂、灰必倾撒，其言果验。但上嘱咐神人不可在该地进饮食，神人离去后又为一老先知骗回进饮食，后被狮咬死。——译注

③ 据《圣经·出埃及记》记载，以色列人在七年大旱中去埃及，受法老压迫。后上帝命摩西事先在法老之前行奇迹与术士斗法，使大家信服，然后领导他们出埃及摆脱压迫。——译注

王或根据国王的权力进行统治的人,那么行这种奇迹的人便应当被认为是派来考验他们的忠诚的。因为"叛逆耶和华你们的神"这句话在这里就相当于"叛逆你们的王"。因为他们在西乃山下已经立约奉上帝为王,上帝只通过摩西治理他们,道理是唯摩西能和上帝说话,并不时向百姓宣布上帝的谕令。同样的道理,当我们的救主基督使自己的门徒承认自己是弥赛亚(就是说,上帝的受膏者,这是犹太民族每天都盼望立为王而降临之后又予以拒绝的人)之后,仍然不忘记告诫他们相信奇迹的危险:"因为假基督、假先知将要起来,显大神迹、大奇事,倘若能行,连选民也就迷惑了。"(见《新约·马太福音》第 xxiv 章,第 24 节)从这里可以显然看出,假先知可能有显奇迹的能力,然而我们却不能把他们的说法当成上帝的道看待。圣保罗还进一步向加拉太人说:"但无论是我们,是天上来的使者,若传福音给你们,与我们所传给你们的不同,他就应当被咒诅。"(见《新约·加拉太书》第 i 章,第 8 节)这福音是说:基督是王,人们所接受的一切反对王权的布道便都由于这些话而受到了圣保罗的咒诅。因为听他这段话的人都已经由于听了他的布道而接受耶稣为救主,也就是已经接受耶稣为犹太王。

正像行奇迹而不布上帝已立的教义一样,布真教义而不行奇迹也不足以证明直接的神启。因为一个人不布假道而又不行任何奇迹就自称是先知的话,人们绝不会因为他如此自称而更多地尊重他,这一点从《申命记》第 xviii 章,第 21、22 两节中可以看出来:"你心里若说,(先知说出)耶和华所未曾吩咐的话我怎能知道呢。先知托耶和华的名说话,所说的若不成就、也无效验,这就是耶和华所未曾吩咐的,那是先知擅自说的,你们不要怕他。"在这儿人们也许又会问,当先知预言了一桩事情之后,我们又怎么能知道是不是会实现呢?因为他可能预言这是要经过一段长时期——比人的寿命更长的时期才会到临的事;也可能作不肯定的预言,说它在某一个时候会出现。在这种情形下,先知的这一标志就没有用了;于是使人不得不相信先知的那种奇迹就应当用立即实现的或延迟不久的事件加以证实。这样就显然可以看出,唯有传布上帝已经确立的教义和显示可以立即实现的奇迹两者结合起来才是圣经上让人承认一个真先知——也就是承认直接的神启的标志,任何一项单独说来都不足以使另外一个人不得不尊重他所说的话。

现在奇迹既然已经绝迹了,于是便没有留下任何迹象作为承认任何个人自称具有的天启或神感的根据,而且除开符合圣经的教义以外,也没有义务要听取任何教义。圣经自从我们的救主以后就代替了而且充分地补偿了一切其他预言的短缺。通过明智而渊博的解释,再加上精心的推理,我们对上帝和人类的义务的知识所必需的一切法则和戒条都很容易从圣经中推论出来,而无须神灵附体或超自然的神感。我讨论地上的基督教体系国家的最高统治者的权利,以及基督教臣民对其主权者的义务时,则正是要从圣经中去寻找原理。为了这一目的,我在下一章中将谈谈关于圣经的各篇、作者、范围和根据。

第三十三章　论圣经篇章的数目、年代、范围、根据和注疏家

所谓圣经的篇章,指的是应成为正典的篇章,也就是应成为基

督徒生活法则的篇章。

由于人们在良心中必须遵守的一切生活法则都是法律,所以关于圣经的问题就是整个基督教世界中什么是法律的问题,其中包括自然法与世俗法。因为圣经中虽没有规定每一个基督徒国王在自己的领域内应当制定什么法律,但却规定了什么法律是不应当制定的。我在前面已经证明,主权者在自己的领域中是唯一的立法者;既然如此,在每一个国家中,唯有经过主权当局确定为正典的篇章才能算是法律。诚然,上帝是一切主权者的主权者,所以他对任何臣民降谕时,不论人间的君主发布了什么相反的命令,臣民都必须服从。但问题并不在于服从上帝,而在于上帝在什么时候说了什么话。这一点对没有获得超自然天启的臣民说来,除开通过自然理性以外是没有其他的方法知道的。这种自然理性就是指导着他们为了求得和平与正义而去服从其国家中的权力当局,也就是去服从其合法的主权者的自然理性。根据这一义务,我在旧约的各章中,除开英国国教当局下令规定承认的篇章以外,便不能承认其他篇章是圣经。这些篇章是哪几篇,大家都清楚,这儿无需列出目录来,它们就是圣热罗尼姆所承认的那些篇章。他把其余各篇都当成伪经,其中有《智慧书》、《传道篇》、《犹达德记》、《多比亚记》、《马加伯记》上下两篇(虽然他曾见到上篇的希伯来文本)和《以斯拉记》第三和第四两篇。在多密善大帝时代写出的犹太学者约瑟夫承认为正典的有二十二篇,这样就使篇数刚好等于希伯来文的字母数。圣热罗尼姆所承认的也是这样,但算法不同。因为约瑟夫所举出的是摩西五书、写自己那一时代的历史的先知书十三篇(这些和圣经中所包含的先知书符合到什么程度,在下面可以看到），以及诗篇和箴言四篇。但圣热罗尼姆所举的则是摩西五书、先知八书和九篇其他的圣书，后者他称之为《外经》。埃及王托勒密请去把犹太法律从希伯来文翻成希腊文的七十个犹太学者给我们译成希腊文的圣经就是英国国教教会所接受的那一些，此外就没有了。

至于《新约》各篇，则基督教各教会和教派只要承认任何篇章是正典，便都同样承认这些是正典。

关于圣经各篇章的原作者为谁，其他历史并没有任何充分的证据说明，而其他历史则是证明事实的唯一根据。同时，这一问题也不能用任何自然推理的论据来证明，因为推理只能使人相信推断的真理，而不能使人相信事实的真相。因此，我们在这一问题中必须用作指南的线索便只是各篇章本身所提供的那些。这种线索虽然不能告诉我们每一篇章的作者是谁，但在认识其写作时代方面却不无用处。

首先让我们讨论一下摩西五书。这五书称为摩西五书并不足以说明它们是摩西写的。正好像《约书亚记》、《士师记》、《路得记》和《列王记》不能作为充分的论据说明它们是约书亚、各士师、路得和列王所写的一样。因为篇章的名称标明主题的和标明作者同样常见。比如说，《利未书》所标明的是作者，而《斯堪德伯书》则是根据主题取名的。我们在《申命记》后一章第六节中读到关于摩西的坟墓有这样一段话："只是到今日没有人知道他的坟墓。"所谓到今日，指的是到写这句话的时候。因此就可以明显地看出，这话是在他埋葬以后写的。因为我们如果说摩西谈到自己的坟墓时竟然讲：到他还活着的时候仍然没有找到，这话即使是用预言的方式讲的，也是一种奇怪的解释。但人们也许会说，并非全部五书而只有最后一章是别人写的，其余的都不是。这样说来，我们就不妨看看在《创世记》第 xii 章第 6 节中所找到的一段话，"亚伯兰经过那地到了示剑地方摩利橡树那里，那时迦南人住在那地。"这必然是当迦南人不在那地的时候写书的人的话，因之也就不是摩西的话，他还没有到迦南地方就死去了。同样的情形，在《民数记》第 xxi 章第 14 节中，作者引了一部更古的书，名为"耶和华的战记"，其中记载了摩西在红海和亚嫩河谷的行迹。所以我们就可以看得十分明白，摩西五书是在他的时代以后写的，只是以后多久却不那么清楚。

摩西虽然没有全部编写这五书，也没有写成我们现有的这种形式，然其中说明是他写的那些地方却全都是他写的。比方说，律法篇看来是包含在《申命记》第 xi 章以及往下一直到第 xxvii 章的各章中，同时也曾下令刻在迦南福地入口的石头上。这一篇的确是摩西本人写的（见《申命记》第 xxxi 章，第 9、10 两节），同时还把它交给以色列的祭司和长老，叫他们每逢七年的末一年当以色列人在定期的住棚节聚在一处时，口念给以色列众人听。这律法就是上帝命令他们的国王在建立王国形式的政府时应当到祭司和利未人那里去取分抄本的戒律，摩西也曾盼咐祭司和利未人把它放在约柜旁边（见《申命记》第 xxxi 章，第 26 节）。这戒律曾经遗失，过了很久以后又被希勒家找到并送到约西亚王那里（见《列王记》下第 xxii 章，第 8 节），约西亚命人向人民宣读（见《列王记下》第 xxiii 章，第 1、2、3 节），重订了上帝和他们之间所立的约。

《约书亚记》也是在约书亚的时代以后很久才写的，这一点可以从该篇本身许多地方推论出来。约书亚曾把十二块石头立在约旦河中来纪念他们通过该河，关于这件事作者写道："直到今日，那石头还在那里。"（见《约书亚记》第 iv 章，第 9 节）直到今日这话所表示的是人们记忆所不及的过去时代。同样的情形，作者关于上帝所说的"我今日将埃及的羞辱从你们身上辊去了"这句话曾写道："因此那地方名叫吉甲、直到今日。"（见《约书亚记》第 v 章，第 9 节）①这话如果也是在约书亚时代说的便不对头了。关于亚割谷由于亚干在帐篷内引起的麻烦而得名的问题，作者也说："直到今日"（见《约书亚记》第 vii 章，第 26 节）②，因之也就必然是在约书亚以后很久说的。这类的证据其他还有许多，比如《约书亚记》第 viii 章第 29 节、第 xiii 章第 13 节、第 xiv 章第 14 节、第 xv 章第 63 节等处都有。

同样的情形从《士师记》第 i 章第 21 节、第 26 节；第 vi 章第 24 节；第 x 章第 4 节；第 xv 章第 19 节；第 xvii 章第 6 节以及《路德记》第 i 章第 1 节等处一些相同的论据中都可以明显地看出；尤其是在《士师记》第 xviii 章第 30 节更为明显，其中说："约拿单和他的子孙做但支派的祭司，直到那地遭掳掠的日子。"

有类似的证据说明《撒母耳记》上下两篇也是在他自己的时代以后写的。《撒母耳记上》第 v 章第 5 节、第 vii 章第 13 节与第 15

---

① "吉甲"就是辊的意思。据该章记载，以色列国民行割礼痊愈之后，耶和华对约书亚说了这话。——译注

② "亚割"就是连累的意思。据后章记载，亚干在战争所夺的财物中取了当灭的物，上帝发烈怒，使以色列人在敌人前败亡。后约书亚查出亚干后，由众人在亚割谷用石头将他打死，上帝才息怒。——译注

节、第 xxvii 章第 6 节、第 xxx 章第 25 节中说过，大卫裁定上阵的得多少掳物、看守器具的也得多少之后，接着作者便说："定此为以色列的律列典章，从那日直到今日。"此外，乌撒由于伸手扶住神的约柜被神击杀后，大卫因耶和华击杀他而心里愁烦，就称那地为贝列斯乌撒，关于这一点作者也说："直到今日。"（见《撒母耳记下》第 vi 章，第 8 节）因此，写这一篇的时间必然是在事实发生以后很久，也就是在大卫的时代以后很久。

关于《列王记》上下两篇和《历代志》上下两篇，除开提到这些遗迹，像作者所说的那样一直保留到他那一时代的地方（如《列王记上》第 ix 章，第 13 节；第 ix 章，第 21 节；第 x 章，第 12 节；第 xii 章，第 19 节；《列王记下》第 ii 章，第 22 节；第 viii 章，第 22 节；第 x 章，第 27 节；第 xiv 章，第 7 节；第 xvi 章，第 6 节；第 xvii 章，第 23 节；第 xvii 章，第 34 节；第 xvii 章，第 41 节；以及《历代志》第 iv 章，第 41 节；第 v 章，第 26 节）等都是以外，其中所载史迹一直继续到那个时代也充分证明这两部分是在巴比伦被掳以后写的。因为所记录的事实总是比记录本身早，比提到和引证这种记录的篇章就更要早得多，因为这些篇章在许多不同的地方就让读者参看犹太《列王记》、以色列《列王记》、《撒母耳先知书》、《拿单先知书》、《亚希亚先知书》、耶多的异象、塞尔维亚《先知书》和阿多《先知书》等。

《以斯拉记》和《尼希米记》两书肯定地说是在他们从巴比伦被掳回来以后写的。因为他们回来的情形、耶路撒冷城墙与圣殿重建的情形、重新立约的情形和规定办法的情形都在里面有记载。

皇后以斯帖的经历是被掳时期的事，所以作者一定是同时或者以后的人。

《约伯书》中没有迹象说明写作的时代。虽然可以明显地看出约伯不是假想的人物（参看《以西结书》第 xiv 章，第 14 节；《雅各书》第 v 章，第 11 节），但这一篇本身似乎不是历史记载，而是关于古代争论极多的一个问题的讨论，那便是："为什么恶人往往在今世昌盛而好人却受苦。"此外，据热罗尼姆证实，该篇从最初到第 iii 章第 3 节约伯开始抱怨的地方止，希伯来文都是用散文写的，接着往下到最后一章第 6 节则是用六步韵诗写的，而该章其余部分又是用散文写的，照这样看来，上述情形就更加可能了。所以争论的话都是用韵文写成的，而散文则只是作为一个弁言加在前面和一个跋加在后面。但像约伯这样本身遭到极大痛苦的人自己或者是来安慰他的朋友，一般都不会用韵文体裁，而古时的哲学，尤其是道德哲学，却常用这种体裁。

《诗篇》大部分是大卫写来给唱诗班用的，此外还加上了摩西和其他圣者的诗歌。其中有些篇，如第一百三十七篇、第一百二十六篇等是被俘回来以后的；根据这些看来，诗篇显然是犹太人从巴比伦被掳回来以后才编撰和写成现有形式的。

《箴言》是一篇哲言与真言集，其中一部分出自所罗门，一部分出自雅基的儿子亚古珥，还有一部分出自利幕伊勒的母亲，我们不可能认为这是所罗门搜集的，同样也不可能认为是亚古珥或利幕伊勒的母亲搜集的。这些话虽然是出自于他们，但搜集或编撰成这一篇则是比他们全都晚的另一个信徒所做的工作。

《传道书》与《雅歌》中没有任何东西不是出自所罗门的，只有标题或内容简述不是。因为，"在耶路撒冷做国王、大卫的儿子、传道者的言语"①以及"所罗门的歌是歌中的《雅歌》"②这两个标题似乎都只是在圣经各篇章编成整个一部旧约时为了扬名后世的缘故才写下的,目的是不但使教义而且使这两篇的编者都能万古长青。

先知中最早的是西番雅、约拿、阿摩斯、何西阿、以赛亚、米迦,这些人都生活在犹太王亚玛谢和亚查利亚(亦名俄西亚)时代。但《约拿书》并不是这位先知的预言的正式记录,因为其中他的预言只有寥寥数语:"再等四十日、尼尼微必倾覆了。"(见《约拿书》第 iii 章,第 4 节)这一篇不过是他的刚愎自用和违抗神命的做法的经过或叙述。他本人既然是该书的主题,所以就不可能是该书的作者。但《阿摩斯书》却是他的预言。

耶利米、俄巴底亚、那鸿和哈巴谷都是在约书亚时代作预言的先知。

以西结、但以理、哈该、撒迦利亚等则在巴比伦被掳时作预言。

约珥和玛拉基究竟在什么时候作预言,从他们写作的篇章中看不出来。不过从他们那两篇的内容简述或标题上可以清楚地看出,整个的《旧约圣经》写成现在的形式是在犹太人从巴比伦被掳回来以后,和那位从犹太请去七十人把《旧约》译成希腊文的埃及王托勒密、斐拉德尔斐斯的时代之前。教会向我们推荐的《外经》(虽然不是作为正典推荐,但却认为是对我们的启迪有好处的书)在这一问题上如果可以信赖的话,那么圣经便是由以斯拉编成现

---

① 《传道书》开首的一句话。——译注
② 《雅歌》开首的一句话。——译注

在这种形式的,这一点可以从他自己在《以斯拉记下》(第 xiv 章,第 21、22 两节)中所说的话里看清楚。在那儿他对上帝这样说:"你的律法已被焚烧,没有人知道你所成的或将要做的。但我如果在你之前蒙恩,就求你降圣灵于我,我将写出从创世以来你律法中所载的世上成就的一切,使人能找出你的道、使后世的人能生活。"第 45 节中又说:"四十天住满后,至尊的耶和华吩咐说:你写的第一部可示与公众、使那有德的和无德的都能读到,最后七十节却只可传示与民中贤知的人。"关于《旧约》各篇写作的时代就写到这里为止。

《新约》作者全都生活在基督升天后一个世代之内,除了圣保罗和圣路加外他们全都见过救主或者做过他的门徒。所以他们所写的著作便和使徒们的时代同样久远。但《新约》各篇被教会接受并承认为他们的著作的时间则绝没有那样古。因为正如《旧约》各篇是从以斯拉时代(当各篇已散佚时,他受圣灵指引将其找回)起流传下来的,《新约》各篇则因抄本不多,又不容易全部保存在一个私人手中,是后来由教会的主管人加以搜集、批准并以作为那些篇章的书名的使徒与门徒的著作向我们推荐的,因此全部《新约》起源的时代不可能早于这一时代。第一个全部举出新、旧约各篇的地方是使徒法典,人们认为该法典是继圣彼得之后任罗马第一任主教的革利免所搜集的。但由于这只是人们的假设,同时又有许多人提出怀疑;所以据我们所知,首先将圣经作为先知与使徒著作推荐给当时的教会的是劳地西亚宗教会议,而该宗教会议则是在基督纪元后 364 年举行的。当时教会诸大圣师的野心十分猖獗,皇帝虽然是基督徒,也不再被他们看成是人民的牧者,而被看成是羔羊，非基督徒国王则被当成是狼；他们竭力不像布道者那样把自己的说法当成建议和参考意见，而要像专制统治者一样把它当成法律看待，并且认为使人民更加服从基督教教义的欺骗是虔诚的。但我相信虽然《新约》各篇的抄本只存在于教士手中，他们却并没有因此而窜改圣经。因为他们如果有意这样做的话，就一定会使这些篇章比现存情形更有利于他们控制基督徒国王和世俗主权的权力。因此，我便看不出有任何理由要怀疑我们现在所见到的新、旧约是先知和使徒言行的真实记录。被称为《外经》的某些篇章也可能属于这一情况，他们被列于正典之外，并不是由于和正典其余部分的教义不符，而只是由于不见于希伯来文之故。因为在亚历山大大帝征服亚洲以后，有学问的犹太人很少不精通希腊语的。我们不妨看看将圣经译成希腊文的七十个译者全都是希伯来人，而我们现在还有斐罗和约瑟夫两个犹太人所写的书，他们都是用流利的希腊文写的。然而使一篇圣经成为正典的不是作者，而是教会的权威。

各篇虽然是由不同的人写成的，但各作者则显然具有同一种精神，那便是他们都想要达到同一目的，这就是说明圣父、圣子、圣灵的王国的权力。因为《创世记》将上帝子民的世系追溯到创世之时，往下一直叙述到进入埃及的时候，另外的摩西四书所载的则是以色列人选上帝为王的事以及上帝为他们的政府规定的律法。《约书亚记》、《士师记》、《路得记》和《撒母耳记》则接到扫罗的时代，记述上帝的子民直到摆脱上帝的统治、要求为他们像列国一样立王时为止的事迹。《旧约》其余部分所载的历史将大卫的世系一直追溯到巴比伦被掳时，从这一世系中，往后将要产生上帝王国的恢复者——我们的救主本身，他的降临在先知书中已经预言；在这些先知之后《福音书》作者们则描写他在人世的生活、行迹以及他认天国为属于自己的权利。最后，使徒行传和使徒书信则宣告上帝圣灵的降临，以及他留给使徒及其继承者们让他们领导犹太人和召劝外邦人的权力。总起来说，《旧约》所载的史实和预言以及《新约》所载的福音与使徒书信都是具有同一见地，那便是使人皈依上帝，这就是Ⅰ.服从摩西和诸祭司，Ⅱ.服从降生为人的基督，Ⅲ.服从使徒以及其后教权的继任者。因为以上三者在不同的时期代表着上帝的人格——在《旧约》时期是摩西及其继任者大祭司与犹太人的国王，基督身在地上时则为基督本身，从圣灵降临节（灵降在使徒及其继任者身上的时候）以后一直到现在则是使徒及其继任者。

圣经的权威来自何处乃是基督教各教派争论得很多的问题。这一问题有时也用其他方式提出，比如：我们怎么能知道圣经各篇是上帝的话；或我们为什么相信圣经是上帝的话等等。解决这一问题的困难主要来自表达问题所用的字眼不恰当。因为大家都相信，圣经的原始作者是上帝，所以争论的问题便不是在这里。其次，还有一点也很清楚，虽然所有真正的基督徒都相信，但除开由上帝亲自以超自然的方式对其启示过圣经的人以外，谁也不知道圣经是上帝的话。所以我们怎样能知道圣经的问题便提得不正确。最后，如果问题是作为我们怎样能相信圣经的问题提出的，那么由于某些人是由于某一理由而相信的，另一些人则是又由于另一种理由而相信的，所以对于他们不可能提出一个总的答复。真正说来，问题应该是这样：圣经各篇究竟是根据什么权威而成为律法的。

就其不异于自然法这一点而言，圣经各篇无疑是神律，于是便也具有权威，一切能运用自然理性的人都可以理解它们。但这种权威不过是所有其他符合于理性的道德原理的权威，其指令是永恒的法律，而不是制定的法律。

如果他们是由上帝本身制定为律法的，那么它们就具有成文法的性质。这种律法只对于一种人说来才是法律，那便是得到上帝充分的晓谕的人，其中任何人都无法借口不知道它们是上帝的法律而予以规避。

因之，一个人如果没有得到上帝的超自然启示，说明这是他的律法，也没有以这种方式说明公布这种法律的人是他差遣来的，那么除了根据其所发命令具有法律效力的那种人的权威以外，他就没有义务服从。也就是说，除开根据国家赋托给主权者（唯一具有立法权的人）身上的权威以外，根据任何其他权威他都没有义务要服从。此外，如果不是国家的立法当局使之具有法律的效力，就必然是来自上帝的某种其他公众或私人的权威使之具有法律的效力。如果是私人的，便只有上帝特别降宠、单独向其启示这种法律的人才受约束。因为如果在一群由于骄傲和无知而把自己的梦境、狂妄的幻想和疯狂状态当成圣灵的证明的人之中，或是在那些出自野心而违背良知地假充具有这种神迹证明的人之中，每一个人都要把个别的人借口得到了亲授的神感或天启而强加在他身上的东西当成上帝的法律，那么任何神律便都不可能得到承认了。如果这权威是公众的，那便是国家或者教会的权威。但教会如果是一个统一的人格的话，那便和基督徒组成的国家是同一回事；称它是一个国家,因为它是由结合在主权者一个人身上的人们组成的,同时又由于它是由结合在一个信基督的主权者身上的基督徒组成的,所以便也称为教会。但教会如果不是一个统一的人格,它就不具有任何权威;它既不能下命令,也不能有任何行为,对任何事物也不可能具有任何权力或权利;它不会具有任何意志、理性和声音,因为所有这些性质都是人的性质。如果全体基督徒不存在于一个国家中,他们就不能成为一个统一的人格,而且也没有任何普遍的教会具有任何权力统辖他们。因之,圣经便不是普遍教会制定的法律。相反,如果教会是一个国家的话,那么所有的基督徒国王与统治者便都成了平民,可以由全基督教世界的普遍主权者加以审判、废黜和惩罚。所以圣经的权威问题便成了这样一个问题:基督徒国王和基督教国家的主权议会在自己的领土内究竟是直接处于上帝之下的绝对的主权者,还是要服从于一个属于普遍教会之上的教皇,并可由这教皇在自己认为有好处或公共利益有必要时,予以审判、定罪、废黜或处死。

这一问题不更详细地讨论一下上帝国是无法解决的,同时关于解释圣经的权限问题我们也要根据上帝国来评断。因为任何人要是对任何文字具有合法的权力,将它制定为法律,那么他便也有权力批准或否定这种法律的解释。

第三十四章 论圣经各章中圣灵、使者和神感的意义

由于一切正确的推理其基础都在于语词的恒常意义,同时这

种意义在下述的说法中又不像在自然科学中一样取决于作者的意志,也不像在普通谈话中一样取决于通俗的用法,而是取决于它们在圣经中所具有的意义,因此,当我没有作进一步的讨论以前,就有必要把某些语词的意义根据圣经加以确定。这些语词由于其意义含糊,可能使我在下面以之为根据而作出的推论发生模糊意义和争论。我将从物体与灵(精气灵)这两个字开始,它们在经院哲学的用语中被称为实质实体和非实质实体。

物体一词在其最普遍的意义下,指的是充满或占据某个空间或假想地方的东西;它不取决于构想,而是我们所谓的宇宙中真实的一部分。因为宇宙是所有物体的集合,所以其中任何真实的部分都不可能不同时是物体,而任何正式的物体也不可能不是宇宙(全部物体的集合)的一部分。由于物体易生变化,也就是对于生物的感官说来可能具有不同的表象,所以,物体便也称为实体。所谓易生变化,就是说,它可以有不同的偶性,例如有时运动、有时静止;对我们的感官说来有时热、有时冷;其色、嗅、味、声等有时是一个样,有时又是另一个样等等。这种不同的表象是由于物体对我们的感觉器官所发生的不同作用而产生的,我们归之于发生作用的物体的变化,称之为这些物体的偶性。根据这种意义说来,实体一词和物体一词所指的就是同一种东西;因此,非实质实体两词放在一起时就会互相矛盾,正像我们说非实质物体一样。

但在一般人的意识中,并非宇宙的全部都称为物体;而只有能用触觉感觉到对他们的力发生抗阻的东西,或是可以用视觉感觉到阻碍他们看到更远的前景的东西,才称为物体。所以在人们的一般用语中,空气和气性实体通常都不被当作物体,而是在人们感

第三十四章 论圣经各章中圣灵、使者和神感的意义

到它们的效果时被称为风或者气息；或者是由于它们在拉丁文中被称为 spiritus，所以便称为精气灵，比如人们把那种在任何动物身体中使之获得生命和运动的气性实体称为生气灵或元气灵就是这样。至于那些在物体不存在的地方（比如在镜中、梦中）或在醒着的人骚扰不宁的大脑中表现为物体的大脑像，则正像使徒们对于所有偶像的一般说法一样——它们什么也不是。我的意思是说，在它们看来是存在的地方完全没有东西，在大脑本身之中则不过是从对象的作用或者从我们的感觉器官紊乱的激动而产生的一种扰动。从事于其他工作而没有探讨它们的成因的人，本身都不知道怎样称呼法；因之人们便容易相信自己所崇拜的富有学识的人的话，有些把它们称为物体，认为它们是由超自然力量用空气紧结在一起做成的，原因是视觉把它们当成了实质的东西，另一些人则把它们称为精气灵，因为触觉在它们出现的地方辨别不出有任何东西对他们的手指发生抗阻。因此，精气灵一词的本义在一般语言中指的或者是一种稀薄的、不可见的流动物体，或者是一种鬼魂，要不然就是构想中的其他象或幻象。至于比喻的意义就多了，因为有时它被当成心理的性情或倾向，比如老爱干涉人家的说话的性情被称为对立的脾气、不清洁的性情被称为不清洁的脾气、闹别扭的性情被称为刚愎自用的脾气、忧郁的性情被称为默默寡言的脾气，敬神和侍奉神的倾向则被称为虔诚的精神。有时任何出众的能力，或特殊的情绪或是心理的病态也用精气灵这个词来表示。比如大智慧就称为智慧之灵、疯人则称为精灵附体。

关于精气灵的其他意义，我在任何其他地方都没有见过。圣经中这个字的意义当以上各种说法都无法满足时，那就不属于人

类的理解范围了。在这儿,我们的信仰便不在于我们的看法而在于我们的服从。例如在上帝被说成是灵或是上帝的灵就指上帝本身的所有地方就是这样。因为上帝的性质是不可思议的。也就是说,我们对于上帝是什么完全不能理解,而只知道上帝存在。因此,我们对上帝所用的属性形容词便不是用来相互告诉上帝是什么,也不是表示我们对他的性质的看法,而只是表示我们希望用自己认为在我们之中最高贵的名称来尊敬他。

《创世记》第 i 章第 2 节中说:"神的灵运行在水面上。"这儿神的灵指的如果就是神本身,那便是赋予神以运动的属性,因之也就赋予了空间的属性。空间只有属于物体的空间才是可理解的,属于非实质实体的空间则是不可理解的。那种认为运动的东西不改变位置或不具有广延是超乎我们理解范围的空间观,因为凡有广延的东西都是物体。但这些话的意义在类似的地方可以看得最清楚(《创世记》第 viii 章,第 1 节),那儿说当大地像起初那样淹着水时,神要使水退落,使干地露出来,用了类似的字:"神(spirit)叫风吹地、水势渐落。"在这儿,spirit 的意义是风,也就是运动的空气或精气灵。这也可以和前面一样被称之为上帝的灵,因为它是神的业迹。

据《创世记》第 xli 章第 38 节记载,法老把约瑟夫的智慧称为神的灵。因为当约瑟夫劝法老拣选一个有聪明有智慧的人、派他治理埃及地之后,他说:"像这样的人、有神的灵在他里头、我们岂能找得着呢。"在《出埃及记》第 xxviii 章第 3 节中,上帝说:"又要吩咐一切心中有智慧的、就是有我用智慧的灵所充满的、给亚伦做衣服、使他分别为圣。"具有特殊的智慧,虽然只是做衣服的智慧,

第三十四章 论圣经各章中圣灵、使者和神感的意义

由于是上帝的赐予，所以便被称为上帝的灵。同样的话在《出埃及记》第 xxxi 章第 3、4、5、6 节和第 xxxv 章第 31 节也可以看到。在《以赛亚书》第 xi 章第 2、3 两节中先知谈到救主时说："耶和华的灵必住在他身上，就是使他有智慧和聪明的灵、谋略和能力的灵、知识和敬畏耶和华的灵。"这儿所指的显然不是那样多幽灵，而是上帝将给他那样多优越的恩宠。

在《士师记》中，保卫上帝子民的杰出热忱和勇敢，也被称为上帝的灵。如激起俄陀聂、基甸、耶弗他和参孙把他们从奴役中拯救出来的上帝的灵便是这样（见《士师记》第 iii 章，第 10 节；第 vi 章，第 34 节；第 xi 章，第 29 节；第 xiii 章，第 25 节；第 xiv 章，第 6、19 节）。关于扫罗听到亚扪人对亚比基列人的凌辱后的情形，《撒母耳记》上第 xi 章第 6 节中说："扫罗被神的灵大大感动、甚至发怒（拉丁文中作'义愤填膺'）。"这儿所指的不可能是幽灵而是惩罚亚扪人残酷行为的杰出热情。同样的情形，《撒母耳记》上第 xix 章第 20 节说：当扫罗站在一班以歌唱和音乐赞美上帝的先知中时，上帝的灵降在扫罗身上；这不能理解为幽灵，而只能理解为他不期而然地突然发生要加入他们敬神的热情。

假先知西底家对米该亚说："耶和华的灵从那里离开我与你说话呢。"（见《列王记》上第 xxii 章，第 24 节）这也不可能是指一种幽灵；因为米该亚已经在以色列和犹太国王之前把战事的结局作为从异象中看到的，而不是从在他身上说话的灵中得到的情形宣布了。

同样的情形，从先知书中也可以看得很清楚，他们虽然是因上帝的灵说话，也就是根据特别的作预言的神恩说话，然而他们对于

未来所知道的事实却不是由于在他们里面的幽灵得来的,而是由于某种超自然的梦或异象得来的。

《创世记》第 ii 章第 7 节中说:"神用地上的尘土造人、将生气吹在鼻孔(通生命之气的孔)里、他就成了有灵的活人。"这儿上帝吹入的生气所指的不是别的,而只是上帝给予他生命。《约伯记》第 xxvii 章第 3 节中说:"神所赐呼吸之气仍在我的鼻孔内。"这等于是说:"当我还活着的时候。"《以西结书》第 i 章第 20 节说:"活物的灵在轮中"相当于"轮在活着"。《以西结书》第 ii 章第 2 节中说"灵就进入我里面、使我站起来",这也就是说"我恢复了我的活力";而不是说有任何幽灵或非实质实体进入并附在他身上。

在《民数记》第 xi 章第 17 节中,上帝说:"也要把降于你身上的灵分赐他们、他们就和你同当这管百姓的重任。"也就是分赐给七十长老,于是七十人中有两个人据说就在会幕里受感说预言,有人抱怨他们两人,约书亚请摩西禁止他们,摩西不肯。根据这一点可以看出,约书亚不知道他们已经获得权力这样做,并根据摩西的心意说预言,也就是根据一种灵或附属于摩西本人权力之下的一种权力作预言。

在同样的意义下我们可以看到《申命记》第 xxxiv 章第 9 节中有这样一段话:"约书亚因为摩西把手按在他头上,所以就被智慧的灵充满。"这是因为他受命于摩西实行摩西所开始的事,也就是把上帝的子民带到福地去;不过中道死去,未能完成这一事业。

《罗马书》第 viii 章第 9 节中有一句话意义也相同:"人若没有基督的灵,就不是属基督的。"这不是指基督的圣灵,而是指服从基督的道。同样的道理,《约翰一书》第 iv 章第 2 节中说:"凡灵认耶稣基督是成了肉身来的,就是出于神的。从此你们就可以认出神的灵来了。"这儿所指的是真诚的基督教精神,或是作为基督教信仰之主要信条的服从——耶稣是基督,这不可能解释为一种幽灵。

《路加福音》第 iv 章第 1 节"耶稣被圣灵充满"这一句话(正像《马太福音》第 iv 章第 1 节和《马可福音》第 i 章第 12 节中所说的一样——充满着圣灵)可以理解为耶稣充满着完成圣父差遣他来做的事情的热忱。如果把它解释成灵,而我们的救主就是上帝,那就等于是说上帝本身充满着上帝。这种说法非常不恰当,而且没有意义。人们怎么会把灵这字说成幽灵的,我没研究过,后一个词既不表示天上的什么东西,也不表示地上的什么东西,而只表示存在于人们脑子里的一些幻象人物;我所要说的是这样一个问题:灵字在圣经本文中所表示的不是这样一种东西,而只是在本义下表示一种真实实体,或是在比喻的意义下表示身心两方面某种异于寻常的能力或感情。

耶稣的门徒看见他在海上走(《马太福音》第 xiv 章,第 26 节和《马可福音》第 vi 章,第 49 节),以为他是鬼怪;这儿所指的是一种气质物体,而不是一种幽灵。因为据说他们都看见了他。这不可能理解为心理的幻觉,而只能理解为物体;心理幻觉与可见的物体不一样,通常不会同时发生在许多人身上,由于幻象之间的差别,只可能是个别的人如此。同样的情形,《路加福音》第 xxiv 章第 37 节也说他被同一批门徒们当成鬼怪了。同时《使徒行传》第 xi 章第 15 节也说,当彼得被领出监狱时,人们不相信;但当那个疯人说他在门外时,他们便说那是他的天使。这儿的天使必然是指的一种实质实体,要不然我们就不得不认为使徒们本身跟从了犹太人和外邦人的一般看法——认为某些这类的幻影不是构想出来的,而是真实的,他们的存在不依赖于人们的幻想。这种幻影,无论善恶,犹太人都称之为灵和天使,而希腊人则称之为魔,这种幻影中某些可能是真实而有实质的——也就是一种难以捉摸的物体;上帝可以用创造万物的同一力量创造出来,并可以像用代理者或使者(即天使)一样把它们用来宣告他的意旨,当上帝高兴时,也可通过异常和超自然的方式用他们来执行这种意旨。但当神像这样创造了它们之后,它们就成为具有广延的实体,并占据空间,可以从一个地方移到另一个地方,而这却是物体所特有的性质。这样说来,他们便不是非实质的鬼魂、不是不存在于空间中的鬼魂、不是不存在于任何地方的鬼魂、不是看起像有个什么而实际上却没有的东西。但如果我们把实质一词用于最通常的意义下,表示我们外在感觉器官所能感知的实体;那么非实质实体便不是构想的东西而是实在的东西了;也就是说,它是一种稀薄而看不见的实质,但却具有较浓密的实体的那种广延。

使者这一名词一般是指传讯的使者,最常见的则是指上帝的传谕者。所谓上帝的传谕者则是指使人们知道他非凡的存在,即非凡地显示其权力(尤其是通过梦或异象)的任何事物。

关于天使的生成,圣经中并没有提出什么说法。他们是灵这一点是常常重复指出的。但灵这一名词无论在圣经和一般的用法中,无论在犹太人和外邦人中,有时指的是一种稀薄的物体:如空气、风、动物的生气灵和元气灵。有时指的则是出现于梦境和幻觉的幻象中的构想映象,这些都不是真实的实体,存在的时间也不可能比显现它们的梦境或幻觉长。这种幻影虽然不是真实的实体，而是大脑的偶性，但当上帝以超自然方式唤起它们来表示自己的意志时，就可以恰当地称之为上帝的使者，即他的天使。

外邦人确曾庸俗地把脑子的构想映象当成在体外存在的、并不取决于他们的幻象的东西；他们还从这些构想映象中构成许多有关善魔与恶魔的看法。这些魔由于看起来实际存在，所以便被称为实体，同时又因为它们不能用手触摸到，所以便被称为非实质的。犹太人除开撒都该教派以外，全都根据同样的理由具有一种普遍的看法（《旧约圣经》上并没有任何东西非叫他们这样不可），认为上帝有时在人们的幻象中产生出来替自己服务，因而称为他的天使的那些幻影是实体；它们不依存于幻象，而是神的永久性造物。其中他们认为对自己有好处的，就称之为天使；认为会伤害自己的就称之为恶鬼或恶灵，如派东蛇①的灵、疯人、精神病人和羊痫风患者身上的幽灵等都是，因为他们认为害这种病的人是鬼魔附体的人。

但如果我们看一看《旧约》中提到使者的地方就会发现，其中大部使者一词不能作别的理解，而只能理解为以超自然的方式在幻象中唤起的某种构想映象，说明上帝亲临做出某种超自然的业迹；在其他没有说明他们的性质的地方，也可以按同一方式理解。

因为我们在《创世记》第 xvi 章中看到，同一个灵非但被称为使者，而且被称为上帝。在第 7 节中被称为耶和华的使者的，在第 10 节中便对夏甲说："我必使你的后裔极其繁多"，这便是代表上

---

① 阿波罗在德尔斐神托所附近所杀死的巨蛇。——译注

帝说话①。这并不是具有形象的幻象,而只是一个声音。根据这一点就可以清楚地看出,使者一词在这儿所指的就是上帝本身,他使夏甲以超自然的方式从天上听到一个声音;或者毋宁说是一种超自然的声音,证明神特别在某地出现。《创世记》第 xix 章第 12 节记载,使者在罗得面前出现,并被称为人;同时他们虽然有两个,罗得却只对其中的一个说话(见第 18 节),并且把他当成上帝;因为话是这样说的:"罗得对他们说,我主啊,不要如此。"②试问这两个使者为什么不能理解为幻象中以超自然的方式构成的人的构想映象,如同前面的使者被理解为幻想的声音一样呢?《创世记》第 xxii 章第 11 节上所载从天上叫亚伯拉罕住手不要杀以撒的使者也不是幻影而是一个声音,然而却被正正式式地称为使者或天使,因为它以超自然的方式宣布了上帝的意旨,并且可以省去一道麻烦,不必再假定任何长久存在的幽灵。雅各在顶着天的梯子上看到的天使(见《创世记》第 xxviii 章,第 12 节)是他睡着了以后的异象,因而便只是一个幻象和梦;不过既是超自然的,而且是上帝亲自在某处的证明,所以称这些幻影为使者便不为失当了。在《创世记》第 xxxi 章第 11 节中,约伯说"神的使者在那梦中呼叫我",这话也应当作这种理解。因为人们在睡着了的时候所见到的幻影所有的人都称为梦,不论是自然的梦还是超自然的梦都一样。约伯

---

① 据《圣经·创世记》记载,夏甲的主人与她同居怀孕,后受主母凌虐而逃。到旷野时听到上帝的使者叫她回去,并说了文中的话。所生的儿子取名为以实玛利,意思是神听见了,因为使者说神听见了她的苦情。——译注

② 据《旧约·创世记》记载,所多玛人行恶,声闻于上帝,上帝遣使者二人前去,罗得予以接待。众人要杀二使者,后该城为神火所毁,罗得逃往他城得救。逃走时说了文中的话。——译注

在这儿称为使者的,就是上帝本身,因为这个使者在第13节中说:"我是伯特利的神。"

《出埃及记》第xiv章第9节中所记载的走在以色列军队前面到红海去、然后又走到后面的天使(见同处第19节)也是神本身。他不是以一个华美的人形出现,而是白天成为一个云柱、晚上成为一个火柱。然而这个柱却是许应摩西为军人领路的全部异象和使者(见《出埃及记》第xiv章,第9节)。因为据说这一云柱曾降下来立在帐幕的门口,和摩西说话。

从这儿就可以看出,运动和语言等一般赋予使者的属性都赋予云了,因为云成了上帝亲临的象征;它即使不具有人或华美绝伦的儿童的形象,或者带着通常画出来虚妄地教导一般百姓的翅膀,也完全是一个十足的使者。因为使者之所以成为使者,不是形象而是作用。但他们的作用是表明上帝在超自然活动中亲自在场。比方说:当摩西希望上帝像铸金牛犊之前经常做的一样随着军营一同前去时,上帝的答复不是"我将去",也不是"我将派一个使者替我去",而是说:"我必亲自和你同去。"(见《出埃及记》第xxxiii章,第14节)

要把《旧约》中提到使者这一名词的地方都列举出来就会太长了。总起来说,我认为英国国教教会认为是正典的那一部分《旧约圣经》中,没有任何经文可以让我们作出结论说:在灵或使者这一名义下所创造的永久物不具有量,在理解上说来不能加以分割;也就是没有不能按部分加以认识的;其情形是一部分可以处在一个空间之中,下一部分则可以处在下一空间之中;总之,如果物体被认为是某种东西或存在于某处的话,这种永久物便没有一种不是具有实质的。在每一个地方，其意义都可以将使者解释为实际的传讯使者，比如施洗约翰便被称为使者，基督被称为立约使者；根据同一类例推论，鸽子、火舌等成为表示上帝亲自在场的象征时，都可以称之为使者。《但以理书》中虽然有两个天使的名字，一个是加百列，另一个是米迦勒，但从经文本身（见该篇第 xii 章，第 1 节）可以显然看出，基督认为米迦勒不是一个使者而是一个国王，而加百列则正像在其他圣者梦中类似的幻影一样，不是别的，只是一种超自然的幻象。但以理在梦中由于这种幻象仿佛看到两个圣者在对谈，其中一个对另一个说："加百列啊、要使此人明白这异象。"因为上帝无需用名字来区别他天国的仆人，名字只对凡人短暂的记忆有用。《新约》中也没有任何地方可以证明，使者除开作为上帝言辞或业迹的使者与代理人以外，便是永久存在的而又是非实体的。使者是永久存在的这一点可以从我们的救主本身的话中推论出来，他在《马太福音》第 xxv 章第 41 节中说，在大日中将对恶人讲："你们这被咒诅的人、离开我，进入那为魔鬼和他的使者所预备的永火里去。"从这儿可以显然看出，恶魔的使者是永久存在的（除非我们认为魔鬼及其使者这两个名词可以理解为教会的反对者及其代理人），而这样理解又是和他们的非实质性不能相容的。因为永火对于像所有非实质的东西那样无法遭受痛苦的实体说来不能成为一种惩罚。因此，根据这些并不能证明天使是非实质的。圣保罗说出下述几段话时，情形也是一样："岂不知我们要审判天使么？"（见《哥林多前书》第 vi 章，第 3 节）、"就是天使犯了罪，神也没有宽容，曾把他们丢在地狱"（见《彼得后书》第 ii 章，第 4 节）、"又有不守本位、离开自己住处的天使、去用

第三十四章　论圣经各章中圣灵、使者和神感的意义

锁链把他们永远拘留在黑暗里，等候大日的审判"（见《犹大书》第1章，第6节）。这些话虽然是证明天使具有永久的性质，但同时也肯定了他们是具有实质的。《马太福音》第 xxii 章第30节说："当复活的时候，人也不娶、也不嫁，乃像天上的使者一样。"但在复活时，人将成为永久存在的，也不是非实质的，所以天使便也是这样了。

此外还有许多其他地方都可以得出类似的结论。由于非实质不能看成是稀薄的物体，而只能看成不是物体，所以对于能理解实质和非实质这两个词的意义的人说来，两者之间就包含着一个矛盾。因为如果说使者或灵在那种意义下是一种非实质实体，实际上就等于是说根本没有天使或灵存在。因此，考虑到使者一词在《旧约》中的意义，以及人在自然方式下所发生的梦或异象的性质，我曾经有一种看法认为使者只是上帝以特殊和异常的神力作用所唤起的幻象中的超自然幻影，用来使人们（主要是使他们自己的子民）知道他的存在和命令。但《新约》中这许多地方，我们的救主这许多话，以及许多不可能怀疑到有讹误的经文都使我这鲁钝的推理能力不得不相信并承认，还是有一种具有实质而永久存在的使者。但如果要像主张他们是非实质的那些人的说法（虽然是间接的）一样，认为他们不存在于空间之中，也就是不存在于任何地方，也就是没有任何东西，那便是无法根据圣经加以证明的。

灵感一词的意义要取决于灵这一字的意义。前者必然只有两种讲法：就其本义而言，这就是像人们吹气泡一样，把精微稀薄的空气或风吹到人体里面去。要不然，如果灵是非实质的，而只在幻象中存在，那就只是吹入一种幻影了；这种说法是不恰当的，而且

也不可能；因为幻影并不是什么东西，只不过是看起来像是什么东西而已，实际上并不存在。因此，这个字在圣经里便只有比喻的用法，比如《创世记》第 ii 章第 7 节中说：上帝将生气吹入人体，其意义除了说上帝使他具有生命活动之外，别无其他。因为我们不能认为上帝先造生气，等到亚当造成以后再吹到他身体里去，不论这生气是实在的还是表面的都一样，而只能认为是像《使徒行传》第 xvii 章第 25 节所说的一样："自己倒将生命、气息赐给万人"，这就是使他成为有生之物。《提摩太后书》第 iii 章第 16 节中说"圣经都是神所默示的"，这话所指的是《旧约》经文。这是一种明白易懂的比喻，说明上帝促使那些作者的灵感或心灵写出对于教导、谴责、纠正和启迪人们去过正义生活这一点来说有用的东西。但圣彼得说"因为预言从来没有出于人意的，乃是人被圣灵感动说出神的话来"（见《新约彼得后书》第 i 章，第 21 节）。这儿的圣灵指的是梦或超自然的异象中上帝的声音，不是神注灵气。当我们的救主向门徒吹气时说"受圣灵"，这种气也不是圣灵，而只是救主赐予他们的圣灵恩慈的象征。虽然据说许多人和我们的救主身上都充满着圣灵，然而却不能将这种充满理解为注入了上帝的实质，而只能理解为累积了上帝赐予的禀赋；如生活的圣洁之品、口才等等都是，这些东西不论是以超自然的方式获得的还是通过学习与勤勉获得的，都是上帝赐予的禀赋。上帝在《约珥书》第 ii 章第 28 节中说："以后我要将我的灵浇灌凡有血气的。你们的儿女要说预言、你们的老年要做异梦、少年人要见异象。"在这里，我们同样也不可以作死板的理解，似乎他的灵就像水一样可以倒进倒出；而只能看成好像是上帝许诺给予他们以先知的梦和异象。死板地用灌入这个词来形容上帝的恩慈是一种滥用，因为神恩是一种德，不像物体一样可以带到这里带到那里，并像倒到桶里面去一样可以往人身体里灌。

同样的道理，我们如果用灵感一词的本来意义，或者说善灵进入人体使之作预言、恶灵进入人身使之发狂、发疯或癫痫时，便不是圣灵一词在圣经上的意义。因为圣灵在圣经上被看成是上帝的神力，它受什么原因推动我们并不知道。《使徒行传》第ii章第2节中说使徒在圣灵降临节那一天聚集的房子里充满了风，那风也不能理解为圣灵，圣灵就是神本身；而只能理解为上帝在他们心中的特殊作用的一种外在象征，这种作用是在他们里面实现神认为他们为了完成使徒任务所必需的内在恩慈和神圣品德。

第三十五章　天国、圣、圣洁和圣餐在圣经中的意义

在神职人员的著作中，尤其是在布道文和祈祷文中，天国最常见的用法是被当成今世之后在最高的天上的永福，也称为荣耀的王国。有时则用来表示这种至福的预兆与圣化之境，这种境界他们称之为神恩的王国。但他们却从不用这一名词来表示一个君主国——也就是上帝根据子民自己的同意所取得的统治任何臣民的主权，这乃是王国一词的本义。

相反地，我发现上帝的王国一词在圣经中大多数地方都指正式的王国，由以色列人民以一种特别的方式投票建成。在这种方式下，由上帝应许他们具有迦南地，而他们则与上帝立约，选上帝

为王。用于比喻意义的时候很少,用时也是指对罪的统治,而且只在《新约》中有。因为这种统治权每一个臣民在上帝的王国中都会具有,而且并不妨害主权者。

自从创造世界时起,上帝就不但是以神力自然地统治所有的人,同时也具有特殊的子民;这种子民由他以声音发布神谕,就像一个人对另一个人说话一样。他就是用这种方式统治亚当的,并且谕令亚当不可食辨别善恶之树的果,亚当没有服从这一谕令,尝了这种果,竟然做起神来,不按创造者的命令辨别善恶,而按自己的意识辨别善恶。他所受到的惩罚是剥夺了上帝当初创造他时赋予他的永生状态。后来上帝又由于罪恶而惩罚他的后裔,除开八个人以外,全用泛滥全世界的洪水淹死了,当时的上帝的王国不折不扣地是由这八个人组成的。

在这以后,神降恩与亚伯拉罕说话,并以下列的话和他立了约:"我要与你并你世世代代的后裔坚立我的约、做永远的约、是要做你和你后裔的神。我要将你现在寄居的地、就是迦南全地、赐给你和你的后裔、永远为业。"(见《创世记》第 xvii 章,第7、8两节)在这约中,亚伯拉罕许诺他和他的后裔尊对他说话的主耶和华为上帝,而上帝则许应将迦南地作为他们的永业。为了纪念这约并作为这约的象征,他规定行割礼(见《创世记》第 xvii 章,第11节)。这就是所谓的《旧约》,其中包含着上帝与亚伯拉罕之间所立的约。亚伯拉罕根据这约让自己和自己的子孙承担义务,在一种特殊方式下服从上帝的成文法;因为对于道德法规他原先由于效忠的誓言,已经有义务要服从了。那时虽然还没有称上帝为王,也没有把亚伯拉罕和他的后裔称为王国,但事情还是一样,那便是按约建立

第三十五章 天国、圣、圣洁和圣餐在圣经中的意义

上帝对亚伯拉罕后裔的主权；这种按约建立的主权，后来当摩西在西乃山上重订此约时便明确地称之为犹太人的特殊上帝王国。圣保罗在《罗马书》第 iv 章第 11 节中所说的"信者之父"，指的就是亚伯拉罕而不是摩西；这话的意思是叫他做忠实于当时以行割礼的方式、后来在《新约》中以行洗礼的方式向上帝宣誓的效忠关系而不加违背的信徒们之父。

这约后来由摩西在西乃山下重新订立了（见《出埃及记》第 xix 章，第 5 节）。上帝在这儿谕示摩西对百姓说："如今你们若实在听从我的话、遵守我的约，就要在万民中做（特别）属我的子民，因为全地都是我的。你们要归我作祭司的国度①，为了圣洁的国民。"特别属于我的子民在通行的拉丁文中作 peculium de cunctis populis，詹姆士王朝开始时的英译文作"高于所有国民的属于我的珍宝"，日内瓦的法译文作"万民中最宝贵的宝石"。但最正确的译法是第一种译法，因为它得到了圣保罗本人的肯定。他在《提多书》第 ii 章第 14 节中说："他为我们舍了自己，又洁净我们，特作自己的子孙。"这就是指一个特殊的子民；因为这字在希腊文中作 περιούσιος，一般和 ἐπιούσιος 相对应，后者的意思是平常的、日常的；或者像在天主经（主祷文）②中一样作"日用的"解；所以另一个字的意义便是剩余的、储存的和以特殊方式享用的，在拉丁文中作 peculium。那个地方的这种意义，也被上帝紧接在后面提出的理由所证实，他接着说："因为全地都是我的"，他的意思好像是要说

---

① 按英文应译作"你们对我说来是一个祭司的国度"。——译注
② 指《新约·马太福音》第 vi 章第 9—13 节。——译注

"全世界的国民都是我的"，但你们属于我的方式却不是这样，而是一种特殊的方式。因为他们是由于我的神力而全都属于我，你们则是由于自己的同意和信约而属于我，这是在他对所有国民的一般权利之外另增的。

这一点还得到了同一段经文中下列明确的字句的证实："你们要归我作祭司的国度，为圣洁的国民。"通行的拉丁文作 Regnum Sacerdotale，这和《彼得前书》第 ii 章第 9 节 Sacerdotium Regale 的译法"有君尊的祭司"相符，而且和除大祭司以外任何人不许进入至圣内殿（即不许直接向上帝询问上帝的意旨）的制度本身相符合。前面所提到的那个英译本根据日内瓦的译本作"诸祭司的王国"。这话要不是指一个大祭司继承另一个大祭司，便和彼得的意思不相符合，同时和大祭司职权的行使也不相符合；因为把上帝的意旨传示给人民的只有大祭司，从来没有其他的人，而且也从没有允许过任何祭司会议进入过至圣内殿。

此外，圣洁的国民这一名称也证实了同一个问题，因为圣洁一词所指的是上帝根据特殊权利，而不根据普通权利所具有的一切。正如经文中所说的，全大地都是上帝的，但全大地并不能都称为圣洁的，只有像犹太国民那样挑选出来特别侍奉神的才称为圣洁的。因此，从这一个地方就可十分明显地看出，"上帝的王国"原来本是指一些人经过同意后所建立的一个国家，他们服从这个国家是为了求得一个世俗政府，并且在正义问题上不但管理他们对自己的王——上帝的关系，同时也管理他们彼此之间的相互关系，此外还在平时和战时管理他们对其他国民的关系；正式说来这就是一个王国，其中上帝是国王，大祭司在摩西死后则是他唯一的副王或代

第三十五章　天国、圣、圣洁和圣餐在圣经中的意义

治者。

此外还有许多其他地方也清楚地证明了同一个问题。好比最初的时候，以色列的长老对撒母耳的儿子收受贿赂感到愤懑不平，要求立一个王；撒母耳对这事心中不悦，于是就祷告耶和华，耶和华答复时对他说："百姓向你说的一切话你只管依从，因为他们不是厌弃你，乃是厌弃我，不要我做他们的王。"（见《撒母耳记上》第 viii 章，第 7 节）从这话中可以明显地看出：上帝本身就是他们的王，撒母耳并没有管辖这些百姓，只是把上帝不时吩咐他的事传达给他们。

此外，撒母耳还对百姓说："你们见亚扪人的王拿辖来攻击你们，就对我说我们定要一个王治理我们，其实耶和华你们的神是你们的王。"（见《撒母耳记上》第 xii 章，第 12 节）显然可以看出，上帝是他们的王，管辖着他们国家的世俗政府。

以色列人抛弃上帝以后，先知们就预言他将复位，比如《以赛亚书》（第 xxiv 章，第 23 节）中说："那时月亮要蒙羞、日头要惭愧，因为万军之耶和华必在锡安山、在耶路撒冷做王。"在这儿他明明白白说他在锡安山和耶路撒冷做王，也就是在地上做王。《弥迦书》（第 iv 章，第 7 节）说："耶和华要在锡安山做王治理他们"，这锡安山在耶路撒冷、在地上。《以西结书》（第 xx 章，第 33 节）记载："主耶和华说：我指着我的永生起誓，我总要做王，用大能的手，和伸出的臂膀，并倾出来的愤怒治理你们。"同上文（第 37 节）说："我必使你们从杖下经过、使你们被约拘束。"这就是说，我将做你们的王，使你们遵守由摩西和我定的约，管教管教你们在撒母耳的时候对我的反抗和选另外一个王的事情。

同时在《新约·路加福音》(第 i 章,第 32 节和第 33 节)中,天使加百列讲到我们的救主时说:"他要为大、称为至高者的儿子、主神要把他的祖大卫的位给他,他要做雅各家的王直到永远,他的国也没有穷尽。"这也是地上的王国,为了在这个王国为王的权利,他被当成该撒的敌而处死了。他十字架上所安的名号是"犹太人的王、拿撒勒人耶稣",而且轻蔑地给他带上了荆棘冠冕。由于宣告他为王,人们便这样说使徒们:"这些人都违背该撒的命令,说另有一个王耶稣。"(见《使徒行传》第 xvii 章,第 7 节)这样说来,上帝的王国便是实际的王国而不是比喻的王国,不但在《旧约》里这样看,而且在《新约》里也这样看。当我们说"因为国度、荣耀权柄全是你的"时,就应理解为根据我们的信约而成立的,不是根据上帝的权力而成立的上帝的王国,因为后者是上帝永远具有的。因此,我们在祷告中说"愿你的国降临"时,除非是指由于以色列人反抗、选出扫罗为王,以致中断的那个基督复兴的王国,否则便是多余的。如果天国仍然继续存在,那么我们说"天国近了"或者祷告说"愿你的国降临",便是不恰当的。

此外还有许多其他地方都证实了这种解释,以致让人感到奇怪的是它为什么没有更多地得到注意,除非是因为它过于让基督徒国王看出他们对教权政府的权利了。他们看破了这一点,于是便不译"祭司的王国",而译成"诸祭司的王国",因为他们这样便也可以把圣彼得所说的话不译成"有君尊的祭司",而译成"有祭司职权的诸国王"。他们把"(特殊)属我的子民"译成"宝贵的宝石"或"宝物",人们也可以把一个将军的特殊部队称为统帅的宝贵的宝石或他的宝物。

第三十五章 天国、圣、圣洁和圣餐在圣经中的意义

总而言之，上帝的王国是一个世俗王国，其成立首先在于以色列人民的一种义务，即服从摩西从西乃山带给他们、后来暂时由大祭司在至圣内殿中从天使那里付给他们的律法的义务；这一王国在选扫罗为王时被抛弃，先知预言将由基督复兴；我们每天在主祷文中说"愿你的国降临"便是祈祷这一王国的恢复。当我们接着说"因为王国、荣耀、权柄全是你的，直到永永远远。阿门"时，便是承认这一王国的权利，宣告这一王国便是使徒所布的道。传布这一福音的人使人们准备好迎接这一王国；皈依这一福音——即允诺服从上帝的统治——便是在神恩的王国中。因为上帝已无代价地将成为其子民的权利赐给这种人；所谓成为其子民，便是往后当基督降临为王审判世界、并实际治理他自己的子民的时候，成为上帝的儿子。像这样治理的国度就称为荣耀的王国。上帝的王国由于其荣耀以及其令人景仰的崇高宝座，也称为天国，上帝通过传达他的谕令给百姓的代治者或代理人治理；如果这种王国不的确在地上存在治理政务的话，那么关于上帝通过谁向我们说话的问题便不会引起这样多争论和战争了。同时许多祭司也不会为了宗教法权而找麻烦，任何国王也不会否认他们具有这种权利。

从这种上帝的王国的严格解释中还产生了圣洁一词的正确解释。因为这词在上帝的王国中就相应于人在人间的王国中一般所谓的全民的或国王的。

任何一个国家的国王都是全体人民的人格或其全体臣民的代表，以色列王上帝则是以色列的圣洁者。服从一个人间主权者的国民便是这一主权者的国民，也就是这个全体人民的人格的国民。所以作为上帝国民的犹太人便称为圣洁的国民（见《出埃及记》第

xix章，第6节）。因为圣洁一词要不是指上帝本人，便是指上帝所有的事物；正如同全民一词始终不是指国家人格本身，便是指属于国家、私人不能要求具有任何所有权的事物。

因此，安息日是上帝的日子，便称为圣日；神殿是上帝的屋子，便称为圣殿；祭祀牺牲、什一税和贡物是献给上帝的，便称为圣献；祭司、先知、在救主之下受膏的国王是上帝的代理人，都称为圣者；天上服侍的灵是上帝的传信使者，称为圣使等等。每当"圣"这一个字在本义下运用时，总是具有一些通过同意获得的专有权的意义。当我们说"尊你的名为圣"的时候，便只是在祈求神恩，让我们能遵守第一诫——除了他以外，不可有别的神。人类是属于上帝的国民，但唯有犹太人才是圣洁的国民。这不是因为他们通过约成为他所特有的选民又是为什么呢？

凡俗一词在圣经里一般意义和普通一词相同。因此，和他们相对应的"圣"和"专有"两词在上帝的王国中也必然是意义相同的。但从比喻的意义上说来，一个人的生活如果虔诚到仿佛已经放弃一切尘世念头，全心全意地献身于神的话，便也称为圣者。就本义说来，由于上帝指定或划归己用而为圣的事物谓之因上帝而为圣，例如第四诫中所说的第七天就是这样。又如《新约》中的选民被赋予神性时，便也称为为圣了。由于人们用来敬神、奉献给上帝，只用于其公开祭祀中，因而成为神圣的事物，也称为圣洁的，并称为为圣的事物，如神殿、其他公共的祈祷所，其中的用器、祭司、牧师、牺牲、贡物以及圣礼中的其他外在之物等等都是。

神圣性是有程度差别的。特殊提出用于敬神侍奉上帝的事物中，可能再提出一部分用于更亲近和更特殊的侍奉事务里。比方说，整个的以色列国民都是上帝的圣洁国民，但利未支派则是以色列民族中的圣洁支派；利未人中祭司又更加神圣，而祭司中则以大祭司最为神圣。同样的道理，犹太是圣地，但敬奉上帝的圣城则更加神圣，神殿又比城更神圣，而至圣内殿则比神殿的其余部分更神圣。

圣礼就是把某些有形的东西从普通的用途中提出来，使之为圣，奉献给上帝的祭祀，作为我们获得允许进入上帝的王国、成为特属于神的子民的象征，或是关于这一点的纪念。在《旧约》中，这种允许的象征是割礼，在《新约》中则是洗礼。在《旧约》中这一事情的纪念是在一定的时候（每年一度）吃逾越节羊羔，这样就使他们记忆起自己被救出埃及的奴役束缚的那一夜。在《新约》中则是祝宴主的晚餐，以便使我们记住由于我们应称颂的救主在十字架上的牺牲，我们才从罪的枷锁中被救出来。获得允许进入上帝王国的圣礼只要用一次就够了，因为获得允许只需要一次；但由于我们需要经常在心里唤醒被救和效忠的记忆，所以纪念脱难和免罪的圣礼就必须重复举行。这些就是主要的圣礼，就像是我们庄严的效忠誓言一样。此外还有其他为圣的事物可以称为圣礼，因为这词的意义只是奉献给上帝的祭祀。但当其中包含着效忠于上帝的誓言或诺言时，在《旧约》里便只有割礼和逾越节祭神羊羔，在《新约》中则只有洗礼和主的晚餐。

第三十六章　上帝的道和先知的言辞

提到上帝或人的言辞时，意思并不是指文法学家所谓的名词或动词等词类；同时也不是指那些跟其他言辞之间不存在联系、因而不能形成意义的任何简单声音。它所指的是一种完整的讲话或谈话，说话的人用来肯定、否定、下命令、表示允诺、进行威胁、表示愿望或提出询问等。在这种意义下，言辞的意义便不是词汇，而是语句，在希腊文中也就是某种讲话、谈话或言语。

同时，当我们说上帝或人的言辞时，有时可以理解为说话者的话，即上帝所说的话或人所说的话。在这种意义下，当我们说圣马太的福音时，意思便是说圣马太是该福音的作者。有时指的却是主题，在这种意义下，当我们在圣经中读到"以色列或犹太诸王时代的话"时，意思便是说当时的事迹是这些话的主题。希腊文圣经中保留着许多希伯来文，其中上帝的道往往不是指上帝所说的话，而是指有关上帝以及其治民之道的话，也就是宗教的教义，以致"耶和华的道"和"神学"变成了一回事，后者就是我们通常称为神学的学说，这一点在以下各处可以看得很清楚："保罗和巴拿巴放胆说、神的道先讲给你们、原是应当的、只因为你们弃绝这道、断定自己不配得永生、我们就转向外邦人去。"（见《使徒行传》第 xiii 章，第 46 节）这儿所谓神的道（上帝的言辞）便是基督教的教义，这一点从紧接在前面的话看来是很清楚的①。《使徒行传》（第 v 章，第 20 节）中记载，有一个天使对使徒们说："你们去站在殿里，把这生命的道都讲给百姓听。"这儿生命的道（有关生命的话）意思就是指福音书中的道理。这一点从该章最后一节说明他们在殿

---

① 紧接在前面的话是这样："到下安息日，合城的人，几乎都来聚集，要听上帝的道。但犹太人看见人这样多，就满心嫉妒，硬驳保罗所说的话。"（见《使徒行传》第 xiii 章第 44—45 节）。——译注

第三十六章　上帝的道和先知的言辞

里所做的事情中就可以看得很清楚："他们就每日在殿里、在家里,不住地教训人、宣传耶稣基督。"从这段话里我们可以清楚地看出,耶稣基督是这生命之道的主题,也可以说耶稣基督是这段有关救主赐给他们的永生的道理中的主题。所以《使徒行传》(第 xv 章,第 7 节)中把上帝的道称为福音的道,因为其中包括着基督的国的道理,在《罗马书》(第 x 章,第 8、9 两节)中把这种话称为"信主的道"——也就是像这两节中所说的:基督降临、叫他从死里复活的道理。《马太福音》(第 xiii 章,第 19 节)中说"凡听见天国道理(有关天国的话)的人",指的是听见基督所教导的有关天国的道理的人。《使徒行传》(第 xii 章,第 24 节)也说这种话(神的道)"日见兴旺、越发广传"。这话要理解成福音的道理很容易,但要理解成上帝的声音或言论就很难而且不对头了。《提摩太前书》(第 iv 章,第 1 节)中说到"魔鬼的道理"时意义也是一样,指的不是任何魔鬼所说的话,而是异教徒关于魔鬼以及他们奉之为神的幽灵的道理。

从圣经中对"上帝的道"所采用的这两种意义来看,在后一种意义下全部圣经显然都是上帝的话;作这种理解时,上帝的话就是基督教的教义;但在前一种意义下,就不全都是上帝的话了。比方说:从"我是耶和华你们的神"起,一直到十诫的末尾止,那些话都是上帝对摩西说的;但前面的那一段引子"神吩咐这一切的话说"(见《出埃及记》第 xx 章,第 1 节)却应当理解为写这部圣史的人的话。上帝的道解成上帝所说的话时,有时是从本义上理解的,有时是从比喻的意义上理解的。就本义理解时,指的是他对他的先知所说的话。就比喻的意义理解时,所指的则是他创造世界的智慧、权力和永恒神命。《创世记》(第 i 章)中"要有光"、"要有天"①、"我们要……造人"等等的命令在这种意义下都是上帝的话。《约翰福音》(第 i 章,第 3 节)中说"万物是藉着它(神的道或话)造的。凡被造的,没有一样不是藉着它造的"意思也是这样。《希伯来书》(第 i 章,第 3 节)中说神"常用他权能的命令托住万物"——这就是说,用他的话的权能托住万物,也就是用他的权能托住万物,同篇(第 xi 章,第 3 节)中说:"世界是借着神的话造成的。"此外还有许多地方都具有同一种意义。拉丁文中 Fate 一词的本义是说出的话,也被用于同一意义。

其次是用来表示他的道的效果,也就是他的言辞所断言、命令、警示或允诺的事物本身。比如《诗篇》(第 cv 篇,第 19 节)中记载,约瑟被关在监里,"直等到他所说的应验了"。也就是直等到他对法老的酒政所预言的官复原职的话应验了以后(见《创世记》第 xl 章,第 13 节)②,因为这儿"他的话应验了"的意义,指的是事物本身应验了。同样的情形,《列王记》上(第 xviii 章,第 36 节)中以利亚对上帝说"我是奉行你这一切的话",而没有说"我是按你的话(或奉你的命)行这一切的事"。在《耶利米书》(第 xvii 章,第 15 节)中,用"耶和华的话在那里呢"一语代替了"他所警示的恶果在那里呢"。《以西结书》(第 xii 章,第 28 节)中说:"我的话没有一句

---

① 按《创世记》第 i 章中并无此句。——译注
② 据该处记载,约瑟被卖到埃及后,蒙冤入狱;后埃及王的酒政和膳司和他同监,约瑟为他们解梦,预言三天之内后者将被杀;前者将官复原职,都应验了。但酒政出狱后忘记了他的恩德,一直过了两年,当法老自己要找人解梦时才想起他;这时约瑟被释放,预言了导致以色列人入埃及的七年大旱。——译注

再耽延的。"这儿的话指的是上帝对他的子民所应许的事物。《新约·马太福音》第 xxiv 章第 35 节中说："天地要废去,我的话却不能废去",意思就是我所应许或预言的一切没有一种会不应验的。圣福音约翰(我认为唯有圣约翰)把我们的救主本身称为成了肉身的上帝之道(上帝的话)也就是这种意思,他说："道成了肉身。"(见《约翰福音》第 i 章,第 14 节)这就是说:原与神同在的基督将降临世界的应许或话肉身化了。换句话说,圣父有意派圣子到世界上来启导人们认识永生之道,但要到那时才实行并实际化为肉身。这样说来,我们的救主在这儿被称为"道"并不因为他是这一应许本身,而因为他是被应许的。从这儿找根据的人一般都把救主称为上帝的动词,他们这样做只是把本文弄得更加模糊了;其实他们也大可以把救主称为上帝的名词。因为名词和动词一样,人们都只理解为一种词类、一种声音;并没有作出断言、否定、命令、许诺,也不是任何肉体或精神的实体;于是便既不能说是神,也不能说是人,然而我们的救主既是人又是神。这道圣约翰在他的福音里说是原与神同在,被称为生命之道(见《约翰书》第 i 章,第 1 节),以及"原与父同在的永远的生命"(见第 2 节)。所以他所说的道不可能有别的意义,而只可能是耶稣被称为"永远的生命"的那种意义,也就是以肉身降临为我们取得永远的生命的耶稣。《启示录》(第 xix 章,第 13 节)中也写道:使徒说耶稣穿着溅了血的衣服,他的名称为神的道。这话应理解为他似乎说过他的名是这样:"他是根据神从太初起的目的、根据先知所传的神之道与神的应许而来的。"所以道的肉身化在这儿不是别的,就是圣子的肉身化;其所以称为道,是因为他的肉身化是诺言的履行;与圣灵也被称为应许是同样的情形(见《使徒行传》第 i 章第 4 节,《路加福音》第 xxiv 章,第 49 节)。

圣经中还有一些地方所谓神的道虽然有时候既不是先知说的,也不是圣者说的,但却是与理性和公平相符合的话。因为法老尼哥是一个偶像崇拜者,但他差遣使者叫善良的约西亚王不要阻挡他对迦基米施的进军据说就是传示神口里所说的话。约西亚不听,便在战场上被杀死了,事情可以在《历代志》下(第 xxxv 章,第 21、22、23 节)中看到。诚然,按照《以斯拉记》一书中关于同一故事的记载,这些话便不是法老从主的口中传给约西亚的,而是耶利米传的。但不论外经中说的是什么,我们总是要相信正典。

因此,当圣经中说:上帝的道写在人们的心上时(比如《诗篇》第 xxxvii 篇第 31 节,《耶利米书》第 xxxi 章第 33 节,《申命记》第 xxx 章第 11 节与 14 节等以及许多类似的地方都有这种说法),便也应当当成理性与公平的指令看待。

先知这一名词在圣经中有时当传言者解,即把上帝的话传给人类,或把人类的话传给上帝的人;另一些时候则当预言者解,也就是当未来事物的预言家解;还有时则当疯人之类的语无伦次的人解。最常用的意义则是在神与人之间传话的人。所以摩西、撒母耳、伊利亚、以赛亚、耶利米和其他人便都是先知。在这种意义下,大祭司便是一个先知,因为唯有他才能进入至圣内殿、询问上帝,并把他的答复向人民宣告。因此,当该亚法[①]说一个人替百姓

[①] 据《约翰福音》第 xi 章记载,耶稣行奇迹使他所心爱的拉撒路死而复活,法利赛人怕众人相信他的奇迹,夺去他们的土地和百姓,于是便要陷害耶稣,其中的该亚法说出了文中的话。——译注

第三十六章 上帝的道和先知的言辞

死有益处时,圣约翰便说:"他这话不是出于他自己,是因他本年做大祭司;所以预言耶稣将要替这一国死。"(见《约翰福音》第 xi 章,第 51 节)同时,在基督徒会众中讲道的人也被称为在作预言(见《哥林多前书》第 xiv 章,第 3 节)。上帝对摩西所说的有关亚伦的下一段话,意义也相类似:"他要替你对百姓说话,你要以他当作口,他要以你当作神。"(见《出埃及记》第 iv 章,第 16 节)这儿替他说话的人在《出埃及记》(第 vii 章,第 1 节)中被解释为先知者,上帝在该节说:"我使你在法老前代替神,你的哥哥亚伦是替你说话的先知。"据《创世记》(第 xx 章,第 7 节)记载,上帝在一个梦中对亚比米勒说了这样一段话:"现在你把这人的妻子归还给他,因为他是先知,他要为你祷告。"①在这儿,亚伯拉罕也是在神与人之间传话的意义下被称为先知的;根据这一点也可以推论出,把那些在基督教教会中负有使命为会众作代表公众的祈祷的人称为先知也是不为失当的。《撒母耳记上》(第 x 章,第 5、6、10 节)中记载,一班先知从丘坛上或上帝的山上下来,里面有鼓瑟的、击鼓的、吹笛的、弹琴的,扫罗也在他们里面;他们也是在同样的意义下被说成是作了预言,因为他们以那种方式公开地颂扬了上帝。《出埃及记》(第 xv 章,第 20 节)中把米利暗称为女先知②,意义也是一样。圣保罗在《哥林多前书》(第 xi 章,第 4、5 两节)中说:"凡男人祷告

---

① 据该章记载,人类上古的祖先之一、得神宠与神说话的亚伯拉罕迁至基拉耳地方后,自称其妻为妹,被该处的王亚比米勒娶去。夜间神对他说了文中的话,后将其妻归还。——译注

② 据该处记载,以色列人出埃及渡红海时,法老进兵至,上帝用海水淹没他们,唯有以色列人走在干地上亚伦的姐姐米利暗率众妇女跳舞歌颂耶和华,因而被称为女先知。——译注

或是说预言,若蒙着头,就羞辱自己的头。凡女人祷告或是说预言,若不蒙着头,就羞辱自己的头。"这话也应当作这种理解;因为作预言在那儿没有别的意义,而只是以诗篇或圣歌颂扬上帝;这种事情妇女们在教会里是可以做的,只是她们对会众讲话却不合法。异教徒中作圣诗或其他诗歌颂扬他们的神的诗人,也是在这种意义下被称为先知,这一点是所有熟习外邦人书籍的人都深知的,同时从圣保罗在《提多书》(第 i 章,第 12 节)中讲到革里底人时,所说的话里也可以看得很清楚,他说他们自己的一个先知称他们是常说谎话的人;这并不是圣保罗把他们的诗人当成先知者,而是认为先知一词一般都用来指用韵文颂扬神的人。

如果预言的意义是指未来可能的情形的预告或预测,那就非但是原先那些代上帝说话,将上帝预先告诉他们的话转告别人的人是先知者,而且连所有借助于供巫师使唤的鬼怪,或是根据虚假的原因利用迷信卜筮过去的事情,自称能预言未来类似事情的骗子也都成为先知了。正像我在本书第十二章中所说明的一样,这一种人中五花八门,什么都有,他们在一般人的心目中只要偶然有一桩事情牵强附会地解释得合了他们的心意,那便不灵验的次数再多,也无损于他所获得的预言家的声誉。作预言并不是一种技艺,当成预测未来讲时也不是一种恒常的职务,而只是上帝的一种异常和临时的差遣;一般说来是由善良的人做的,但有时也由恶人做。比如隐多洱的妇人,据说也有一个供巫师使唤的鬼,因之而招起了撒母耳的亡魂,并对扫罗预言了他的死;但她却并不因此而是一个女先知,因为她并没有任何学识可以招起这样的亡魂,同时我们也看不出上帝曾命令招起这亡魂,而只是引导着把这种骗局变

第三十六章　上帝的道和先知的言辞

成了一种手段，造成了扫罗的恐怖和沮丧，因而造成了导致其丧生的败北①。至于无伦次的语言，则是在外邦人中被当作一种预言；因为他们神托所的先知被德尔斐的派东神龛穴中那种气或熏蒸之气②弄醉了以后，当时的确疯了，而且像疯人一样说话；他们那种模模糊糊的话，对任何事情都可以解出一套与之相适应的意义，比如所有的物体据说都是由原始物质形成的等等。在圣经中，我发现在以下的话里也被当成这样讲："恶魔大大地降在扫罗身上、他就在家中胡言乱语作预言。"（见《撒母耳记上》第 xviii 章，第 10 节）

　　圣经中先知一词的意义虽多，然而最常见的用法是指上帝直接降谕、并命其代为传示给别人或百姓的人。在这儿就可以提出一个问题：上帝是以什么方式对这种先知降谕的。有人也许会问：正式说来，上帝根本不像人一样具有舌头或其他器官，难道我们能正式说他具有声音和语言吗？先知大卫确曾提出这样的说法："造耳朵的，难道自己听不见么；造眼睛的，难道自己看不见么。"但说这话时并不像一般那样指的是上帝的本质，而是表示我们尊敬上帝的心意。因为"视"与"听"都是尊贵的属性，以之归与上帝，就可以竭尽我们的能力所能想到的一切来说明他无所不能的权力。但如果要从严格的本义上来讲的话，人们就可以根据上帝创造了人体所有其他各部分这一点推论说，他也像我们一样运用这些部分，

---

①　据《旧约·出埃及记》记载，以色列人选扫罗为王后，扫罗行不义，上帝另选大卫继其王位。扫罗心怀嫉妒，想要杀死大卫，一再穷追；至基利波后，遇非利士军队，心中害怕，遣人往隐多珥求问交鬼的好人，得撒母耳的亡魂；该亡魂严加指责，使其恐怖，因而在战阵上丧生。——译注
②　硫黄味。——译注

其中有许多是极为不雅的，以致把这些属性归与上帝就是世界上莫大的不敬。因此，上帝直接对人降谕的方式便应当解释为上帝使人们理解他的意旨的任何方式，他实现这一点的方法是很多的，只能在圣经中去寻找；其中虽然有很多次说上帝对这个或那个人降谕而没有说明用的是什么方式，但有许多地方却又说明传出了使人们认识到他亲临谕示的象征，根据这些就可以理解到上帝对许多其他的人是怎样降谕的。

上帝对亚当、夏娃、该隐和挪亚说话时用的是什么方式不很清楚。对亚伯拉罕说话的方式在他没有离开自己的国到迦南的示剑地方去以前也是不清楚的，往后上帝据说就向他显现（见《创世记》第 xii 章,第 7 节）。因此，上帝便有一种显示其亲临的方式，那便是通过显相或异象。此外，同处（第 xv 章,第 1 节中）也说："耶和华在异象中有话对亚伯兰（亚伯拉罕）说。"这就是有某种东西作为上帝亲临的征兆，以天使身份出现对他说话。此外，上帝还曾以三个天使的显相向亚伯拉罕显现（见《创世记》第 xviii 章,第 1 节）、在梦中向亚比米勒显现（见《创世记》第 xx 章,第 3 节）、以两个天使的显相向罗得显现（见《创世记》第 xix 章,第 1 节）、以一个天使的显相向夏甲显现（见《创世记》第 xxi 章,第 17 节）、以从天上呼叫的声音的显相再度向亚伯拉罕显现（见《创世记》第 xxii 章,第 11 节）、在晚上（即在入睡后或梦中）向以撒显现（见《创世记》第 xxvi 章,第 24 节）、在梦中向雅各显现（按本文的说法便是他梦见一个梯子等等）（见《创世记》第 xxviii 章,第 12 节）、并以天使的异象向他显现（见《创世记》第 xxxii 章,第 1 节）、同时还以荆棘里的火焰的显相向摩西显现（见《出埃及记》第 iii 章,第 2 节）。在摩西

第三十六章 上帝的道和先知的言辞

以后,《旧约》中凡属提到上帝直接向人说话的方式的地方,都说他始终是通过异象或梦说的,例如向基甸、撒母耳、以利亚、以利沙、以赛亚、以西结以及其他先知说话时便是这样;在《新约》中也常常以这种方式向约瑟、圣彼得、圣保罗以及圣约翰说话,在启示录中则用这种方式向福音约翰说话。

只有在西乃山上和会幕中,才以较特殊的方式对摩西说话,在会幕和圣殿的至圣内殿里也以较特殊的方式对大祭司说话。但摩西和他以后的大祭司在神宠中的地位和程度都是比较优越的。上帝本身就曾明确地宣称,他对其他先知都在梦中和异象中说话,但对他的仆人摩西则像一个人对朋友一样说话,这段话是这样讲的:"你们中间若有先知,我耶和华必在异象中向他显现、在梦中与他说话。我的仆人摩西不是这样,他是在我全家尽忠的。我要与他面对面说话,乃是明说、不用谜语、并且他必见我的形象。"(见《民数记》第 xii 章,第 6、7、8 节)此外又说:"耶和华与摩西面对面说话,好像人与朋友说话一样。"(见《出埃及记》第 xxxiii 章第 11 节)然而上帝像这样对摩西说话仍然是通过一个或更多的天使,这一点在《使徒行传》(第 vii 章,第 35 节与第 53 节)以及《加拉太书》(第 iii 章,第 19 节)中就可以看得很清楚;因之便也是一种异象,只是比对其他的先知的异象更清楚一些而已。在《申命记》(第xiii章,第 1 节)中,上帝说了一句话也与此相符:"你们中间若有先知或是做梦的起来",后一词(做梦的)是解释前一词(先知)的。《约珥记》(第 ii 章,第 28 节)中说:"你们的儿女要说预言、你们的老年人要做异梦、少年人要见异象。"在这儿,预言又以异梦和异象加以解释。上帝对所罗门说话,应许他具有智慧、财富和荣耀时,方式也是这样,因为《列王记》上(第 iii 章,第 15 节上)说:"所罗门醒了,不料是个梦。"所以一般说来《旧约》中特殊的先知知道上帝的道也没有别的方法,而是通过梦或异象知道的;也就是通过他们在入睡后或狂热中的构想映象知道的。这种构想映象在每一个真知身上都是超自然的,而在假先知身上则不是自然的就是伪造的。

但这些先知据说也藉灵说话。比如《撒迦利亚书》(第 vii 章第 12 节)中提到一个先知谈起犹太人时说:"使心硬如金刚石,不听法律和万军之耶和华用灵藉从前的先知所说的话。"据说藉灵说话的先知是特殊的先知,其情形是每一个新的神示都有一个特殊使命(或者说每一个新的梦或异象都有一个特殊使命也是一样),根据上一段话就可以显然看出,那时藉灵或神注灵气说话,并不是上帝不同于异象的特殊说话方式。

《旧约》中有常川使命的先知中有些是最高的,有些是从属的。最高的当中首先是摩西。在他之后,当大祭司是有君尊的大祭司时,在本人所在那一时期中便是最高的先知。当犹太人抛弃上帝、不要他为王以后,服从上帝管理的诸王便也是他的先知首领,大祭司的职位就变成副贰之职了。祭司有事要求问上帝时,他们就穿上神圣的祭服,按照国王的命令求神示;当国王认为合适时,也可以解除他们的职务。因为扫罗王曾经下令把燔祭送到他那里去(见《撒母耳记》上第 xiii 章,第 9 节),并命祭司将约柜运去(见《撒母耳记》上第 xiv 章,第 18 节),接着又命"停手吧",因为他看到敌方有机可乘(同章第 19 节)。同一章中(第 37 节)说,扫罗曾求问神。同样的情形,大卫王在受膏后和就王位之前,曾"求问耶和华"

第三十六章 上帝的道和先知的言辞

应不应当攻打那些基伊拉的非利士人(见《撒母耳记》上第 xxiii 章,第 2 节)。同章(第 9 节)中说,大卫命祭司将以弗得拿过来,求问他是否应当留在基伊拉。所罗门王曾撤免祭司亚比亚他(见《列王记》上第 ii 章,第 27 节),并把这职位授予撒都(见第 35 节)。因此,摩西、大祭司、虔敬上帝的国王等,在一切非常事件上求问上帝怎样自处或将得到什么结局的,都是主权者先知。但上帝用什么方式对他们说话却不清楚。如果说摩西到西乃山上,到上帝那里去是一个梦或异象,就像其他先知所具有的一样,那便不符合上帝在摩西与其他先知之间所作的区别(见《民数记》第 xii 章,第 6、7、8 节)。如果说上帝在其本质的形式下显现,则又是否认他的无限、无形和不可思议性。如果说他是由于灵感或神注圣灵说话,则由于圣灵所指的是神,那样又把摩西和基督相提并论了,因为神性唯独有形有体地居住在基督里面(见《哥林多书》第 ii 章,第 9 节圣保罗所说的话)。最后,如果说他藉圣灵说话,由于这意味着圣灵的恩慈或赐予,便没有说明摩西有超自然属性。因为上帝本来就用道理、实例和若干自然的与平常的事情来使人行诚敬、信义、仁爱、诚实、信仰等等的美德。

正如同这一切都不适用于上帝在西乃山上对摩西说话的方式一样,它们也不适用于他从施恩座上对大祭司说话的方式。因此,上帝对《旧约》中负责求问他的主权者先知的说话方式是不清楚的。在《新约》时代,没有其他主权者先知,只有我们的救主;他一方面是说话的上帝,另一方面又是听话的先知。

关于有常川使命的臣属先知,我发现没有任何地方能证明上帝以超自然的方式对他们说话,而只是像他以自然的方式使所有其他基督徒遵行诚敬、信仰、正义以及其他美德那样对他们说话。这种方式虽然在于人们对基督教美德的制定、教诲、教育、工作和诱导，但却在实际上被归之于神的灵或圣灵（在我们说法中称之为圣魂）的作用，因为任何善良的倾向都是上帝的作用。但这种作用却不永远是超自然的。因此，当我们说先知根据上帝的灵或借上帝的灵说话时，我们所理解的只是他根据上帝通过最高先知所宣布的意旨说话。因为灵一字最普通的意义是指人们的意向、心意或倾向。

在摩西的时代，除开他本人以外还有七十人在以色列的营中作预言。上帝对他们说话的方式已经在《民数记》（第 xi 章，第 25 节）中说明："耶和华在云中降临、对摩西说话、把降与他身上的灵分赐给那七十个长老，灵停在他们身上的时候，他们就受感说话（不止）。"根据这一段话，我们可以看得很清楚：第一，他们对百姓所作的预言只是从属于摩西作预言，为了这一点，上帝把摩西身上的灵分赐给他们，以便让他们按照摩西的意思作预言，此外就没有让他们作任何预言。因为当时有人在摩西面前抱怨他们（见第 27 节），约书亚则要摩西禁止他们；摩西没有这样做，却对约书亚说："不要为我的缘故嫉妒人。"其次，上帝的灵在这儿所指的不是别的，而只是服从并辅助摩西秉政的心意和倾向。因为如果是说他们具有实质的上帝之灵，或者说具有注入体内的神性，那么他们所具有的圣灵的方式就会不亚于耶稣本身了，而上帝的灵却唯独有形有体地居住在耶稣之中。因此，这便意味着指导他们和摩西合作的神恩与圣赐，他们的灵原来就是从摩西身上分赐的。根据《民数记》（第 xi 章，第 16 节）看来，他们似乎是摩西本人要派做百姓

第三十六章　上帝的道和先知的言辞

的长老和官长的人，因为话是这样说的："你……招聚七十个人，就是你所知道做百姓的长老和官长的，到我这里来。"这段话中"你所知道"一语就等于是说"你所指派"或"你已派定的"。因为在前面（见《出埃及记》第 xviii 章，第 24 节）摩西听从他岳父叶特罗的话，确曾指派敬畏上帝的士师和官长治理他的百姓，其中就有这七十人；上帝把摩西的灵分赐给他们，使他们辅助摩西庶理王国国政。《撒母耳记上》（第 xvi 章，第 13、14 两节）中说，耶和华的灵在膏大卫时就马上离开扫罗、降到大卫身上，这话也就是这个意思。耶和华将神恩降与他拣选出来治理自己的子民的人，见弃的人则神恩见夺。所以灵的意思便是侍奉上帝的意向，而不是任何超自然的启示。

上帝有许多次也以抽签的结果来降谕，这种签是由他授权治理百姓的人下令安排的。所以我们（在《撒母耳记上》第 xiv 章，第 43 节中）看到上帝通过扫罗命人抽出的签说明约拿单违反百姓的誓言吃蜜的过失[①]。（《约书亚记》第 xviii 章第 10 节中记载）上帝凭"约书亚在示罗耶和华面前（为他们）拈的阄"将迦南地分给以色列人。根据《约书亚记》（第 vii 章，第 16 节等段）看来，上帝似乎也是用这种方式指出亚干的罪的[②]。这些都是上帝在《旧约》中宣布

[①] 据该处记载，扫罗和非利士人作战时，曾与百姓立誓胜敌后才进食，他的儿子约拿单不知道，以杖蘸蜜吃，百姓随着就吃带血的肉，得罪了上帝。扫罗下令抽签，抽出是约拿单，后经众人求告免死。——译注

[②] 据该处记载，约书亚与非利士人战，屡屡败北，求问上帝时所得的答复是有人拿了当灭之物。于是约书亚便叫以色列人根据上帝抽签的次序按宗族、室家和人丁在自己之前通过，如此查出亚干，交出搜出衣物钱财等，用火焚烧，并用石头将他打死。——译注

神旨的方式。

所有这些方式他在《新约》中也用了。对童贞的圣母马利亚用的是使者的异象,对约瑟是在梦中;此外在去大马士革途中对保罗用的是救主的异象,对彼得则是显示一种异象,其中从天上垂下的一块大布,上面挂了洁净的和不洁净的兽的肉①;当彼得在狱中时则是显示天使的异象;对所有使徒和《新约》的作者是以圣灵的神恩;对使徒在选马提亚代替加略人犹大时也用过抽签法。

由于所有的预言都假定有异象或梦(两者都以自然方式发生时,则彼此相同),或是人类罕见,因而令人艳羡的特殊神赐;同时这种神赐和最异常的梦与异象一样,都不但可能出自上帝的超自然和直接的作用,而且也可能出自他的自然作用;或者是通过次级原因发出。因此,我们就需要有理智和判断力来分辨自然和超自然的神赐,以及自然与超自然的异象或梦。这样一来,如果自称先知的人以上帝的名告诉我们什么是走向幸福的道路并叫我们遵从他的道路服从上帝的话,我们在听取这种人的意见时就必须十分谨慎小心。因为声称要教给人们以取得这样大的福的道路的人们,也会要求统治被教导的人(也就是管辖和治理他们)而这却是所有的人自然都希望的事,于是便值得怀疑其中是否有野心和欺骗存在了。这样一来,除非先知就是世俗主权者,或是得到世俗主

---

① 据《新约·使徒行传》记载,彼得某日在房顶上祷告,觉得饿了,想要回家吃饭。但他魂游象外,看见了文中所说的异象,并有声音从天上叫他宰了吃,彼得认为不洁而不吃。那声音说,神所洁净的不可当作俗物,一连三次后就收上天去,意思是叫他遵神命。后彼得去百夫长哥流便家中传道时,便遵从这一异象的寓意,在未受割礼的人家中和他们一同吃了饭。——译注

权者授权的人,在按约建立国家时已经承认服从他了,否则每一个人在听从他们以前都应当加以审察和考验。如果对先知和灵的审察没有允许每一个人都能做的话,那么提出标志让每一个人都能分辨哪些人当听从、哪些人不当听从,就没有用处了。这样看来,《申命记》(第 xiii 章,第 1 节等处)既然已经提出了怎样识别先知的标志,《约翰一书》(第 iv 章,第 1 节等处)又提出了识别灵的标志;同时《旧约》中有那样多预言,《新约》中又有那么多讲道,诫人不可听那些先知,而一般说来,假先知的数目也比真先知要多得多;所以每一个人在听从他们的指导时都应当好自为之、自担风险。首先,假先知比真先知多得多这一点,从以下的事实中就可以看出来。《列王记上》(第 xxii 章)记载,亚哈王曾询问四百个先知,他们全都是假冒的骗子,唯有米该雅一人是真先知;在巴比伦被掳前不久的时期里,先知一般都是谎骗家。上帝在《耶利米书》(第 xiv 章,第 14 节)中通过耶利米的口说,"那些先知托我的名说假预言,我并没有打发他们、没有吩咐他们、也没有对他们说话,他们向你们预言的,乃是虚假的异象和占卜,并虚无的事以及本心的诡诈。"因此,上帝便在同一篇(第 xxiii 章,第 16 节)中通过先知耶利米的口谕令百姓不要听从他们:"万军之耶和华如此说、这些先知向你们说预言、你们不要听他们的话、他们以虚空教训你们、所说的异象、是出于自己的心、不是出于耶和华的口。"

在《旧约》时代彼此相争的藉异象而成的先知之间既然有下述的争吵,询问"耶和华的灵从那里离开我与你说话呢"(米该雅和其余四百个先知之间的争论),同时先知之间又像那样互相撒谎欺骗(如《耶利米书》第 xiv 章第 14 节所载的情形),目前藉灵而成的先知在《新约》中又有这样多争论,所以在那时和现在每一个人都必须通过自己的天赋理性,将上帝赐给我们分辨真伪的法则运用到所有的预言上去。这些法则中,在《旧约》里有一条是和主权者先知摩西所教导的话相符合的说法,另一条则正像我在前面举《申命记》(第 xiii 章,第 1 节等处)的话所说明的一样,是预言上帝行将实现的事迹的神异力量。在《新约》里则只有一个标志,那便是传布"耶稣是基督"(即他是《旧约》中所应许的犹太王)这一教义。任何人只要是否认这一条,就不论他表面上看来能行什么奇迹,都是一个假先知,而布这种道的人则是真先知。因为圣约翰(在《约翰一书》第 iv 章,第 2 节等处),当他对那些人指明会有假先知出现之后,明白讲了审察灵是否出于上帝的方法,他讲了这样一段话:"凡灵认耶稣基督是成了肉身来的,就是出于神的,从此你们可以认出神的灵来。"也就是说,这种人被赞许和承认为上帝的先知。我们不是说由于他承认、公开宣称和宣传耶稣是基督这一点,所以他就是一个虔诚敬奉上帝的人和上帝的选民;但由于这一点,他却是一个被公认的先知。因为上帝有时也通过某些先知说话,他们的为人上帝并不以为然。如通过巴兰①说话就是这样,他通过恩多洱的女巫预言扫罗的死也是这样。在《约翰一书》同章的下一节中又说:"凡灵不认耶稣,就不是出于神,这是那敌耶稣者的灵。"所以这一法则从两方面说来都是完整的:凡属宣传救主已在耶稣身

---

① 据《旧约·民数记》记载,魔押王亚勒因惧怕以色列人强大,要攻打他们,遣人召先知巴兰咒诅以色列人。但巴兰受神谕在筑坛祭神时三次为以色列人祝福,后被遣返。但原先巴兰曾因随使者同行而使上帝激怒,在途中受天使之阻,后始悔悟。——译注

上降临这种教义的人就是真先知,凡属否认他并在未来某个骗子身上去寻求的人就是假先知,这种骗子欺世盗名地以救主的尊荣自许,而使徒则在这儿恰当地称之为敌耶稣者。因此,每一个人都应当考虑一下谁是主权者先知的问题;也就是考虑一下谁是上帝在地上的代治者并仅次于上帝而有权管辖基督徒;而且应当把他以上帝的名下令教导的教义当作法规遵守,以之察验和试探出行奇迹或不行奇迹的冒牌先知在任何时候所提出的说法真伪如何。如果发现这种说法与上述法规相违背的话,就要像原先的人们那样——跑到摩西那里去诉说有人在营帐里说预言,自己对他们作预言的权力不敢相信;然后再像他们把事情交摩西那样,让主权者斟酌情形而加以支持或禁止;如果他否认这种人,那就不要再听信他们的话;如果他赞成这种人,就要把他们当作上帝分赐了主权者一部分灵的人去服从。因为基督徒如果不把信奉基督教的主权者当成上帝的先知者,就必须或者把自己的梦当成支配自己的预言,把自己心灵的病变当成上帝的灵;或者就必须听任某个外国君主支配;或是听任某些臣民支配,这些人能用毁谤政府的方式蛊惑他们反叛,而除开某些时候得到一次超乎寻常的成功和身免于难的事情以外又没有其他奇迹证实自己的天命;在这种方式下,就把一切神和人的律令都摧毁了,而且也把一切秩序、政府和社会等都化为原始的暴力与内战的混乱状况。

第三十七章　论奇迹和它的用处

奇迹的意义就是上帝令人惊羡的业迹,所以也称为神异之迹。

由于其中大部分是用来显示上帝的命令的,是在如果没有这些奇迹时,人们根据其个人的天赋理性就会在什么是和什么不是上帝所命令的事情之间发生怀疑的情形下行出来的,所以在圣经中一般称为朕兆;拉丁文中称之为迹象或征兆,也是这种意思。这是根据显示或预示无所不能的主所将实现的业迹这一意义而来的。

因此,要理解奇迹是什么,首先就要了解人类感到惊奇而啧啧称羡的事情是什么。能使人们对任何事情感到惊奇的情形只有两种:第一是新奇,也就是类似的事情从未或很少发生过;第二是,事情发生后我们无法认为是通过自然方式完成的,而只可能是上帝亲手完成的。但当我们看出了其中某种可能的自然原因时,就不论类似的事情出现得怎样少,我们总是不再感到惊奇,也不再把它当成奇迹看待了。同样,要是出现次数多时,那便不论怎样无法想象其自然产生的方式,我们也不会有这样的感觉。

因此,如果一匹马或一头牛作人言,那便是一种奇迹,因为一方面事情很新奇,而同时又很难想出它们的原因。我们要是看到自然界发生了新奇的畸变,产生出某种新形式的动物时,情形也是这样。但当人类或其他动物衍生其族类时,我们虽然也和上面的情形一样不知道是怎样生出来的,但由于这是常见的事情,因之也就不成为奇迹了。同样的情形,一个人摇身一变而成为一块石头或一根柱子时,就是一个奇迹,因为这是新奇的;但一根木头像这样变了的话,由于是常见的事,就不成为奇迹了,然而上帝究竟是通过什么作用使它们实现的,我们对其中的一种了解得不比另一种多。

世界上所见到的第一道虹是一个奇迹,因为那是第一道,因之便是新奇的；而且是放在天上当作上帝所设的征兆，使百姓确信世界从此不会由于洪水而普遍遭到破坏了。但今天由于虹是司空见惯的，所以便不成为奇迹，对于知道其成因的人说来是这样，对于不知道其成因的人说来也是这样。此外，也有许多罕见的事迹是由人类的技艺造成的，但当我们知道他们完成了时，由于我们同时也知道它们是怎样完成的，于是便不把它们当成奇迹看待；原因是它们并非上帝亲手造成的，而是间接通过人类的辛勤劳动完成的。

此外，由于殷羡和惊异是缘于知识和经验而来的；而人们所具有的经验和知识则有多有少，所以同一桩事情在某些人看来是奇迹、在另一些人看来却不是奇迹，于是，无知和迷信的人大大地以为惊奇的事，在知道那是出乎自然（不是上帝直接造成的业迹，而是一般的业迹）的人看来却完全不感到可惊羡；比方说，当一般人认为日食、月食是超自然的业迹时，另外却有一些人可以根据其自然原因准确预言其在哪一小时出现。又好比，一个人由于和旁人串通及秘密刺探，知道了一个无知而不谨慎的人的私事，因之而告诉这人说他以往做了些什么事情时，这在他看来是一个奇迹；但在明智而谨慎的人之中，这种奇迹是不容易玩弄出来的。

同时，奇迹还有一个性质是这样：行出来为的是使人们相信上帝的使者、代理人和先知，使人们因此而知道他们是由上帝召遣和使用的，因而也就更加愿意服从他们。因此，创造世界以及其后全世界的洪水摧毁一切生物的事虽然是惊异之迹，然而由于它们不是为了使人们相信某一个先知或其他上帝的代理人，所以一般便不称为奇迹。因为任何事情不论怎样令人惊奇，由于人们天然相信万能的主可以做出一切的事情，所以其惊异之处并不在于它竟然能完成,而在于它是上帝应人的祈求或所说的话而引出的。但上帝在埃及通过摩西的手所行的事情却是正式的奇迹,因为其用意是使以色列的百姓相信,摩西到他们那里去不是由于任何自私自利的目的,而是由上帝差遣去的。于是在上帝命令他将以色列人从埃及人的奴役中拯救出来后,当他说"他们必不信我,但必说耶和华并没有向你显现"(见《出埃及记》第 iv 章,第 1 节)时,上帝就给予他一种神力将手中的杖变为蛇,然后又变回为杖;并让他把手放在怀里、使之长上大麻风,抽出来后又复原了;正如该章(第 5 节)中所说的,像这样使以色列的子民相信他们祖先的神向他显现了;如果那还不够,上帝又给他一种神力,可以使埃及人的水变成血。当他在百姓眼前行了这些奇迹之后,据说(见该章第 41 节)"百姓就信了"。然而他们由于害怕法老,仍然不敢服从他。所以其他折磨法老和埃及人的奇迹全都是为了使以色列人相信摩西,于是便都是正式的奇迹。同样的情形,如果我们看一看摩西和巴比伦被掳以前各先知所行的,以及我们的救主与其门徒往后所行的一切奇迹,就可以看出其目的始终在于产生或坚定一种信仰,让人相信他们之来不是出于自己,而是出于上帝的差遣。此外,我们从圣经中还可以看出,奇迹的目的不是要在选民和神所摈弃的人之中普遍产生信念,而只是要在选民中产生信念,也就是在上帝决定让他们成为自己的臣民的人之中产生信念。在埃及所行的那些神奇的折磨目的不是要使法老改变信仰,因为上帝事先已经告诉过摩西,他将使法老的心刚硬,不让以色列人走;当法老最后让他们走时,也并不是奇迹说服了他,而是折磨迫使他非如此不可。《马太福音》(第 xiii 章,第 58 节)中写到我们的救主时说,他在本

第三十七章　论奇迹和它的用处

地因为他们不信而没有多行奇迹;《马可福音》(第 vi 章,第 5 节)则不作"不多行奇迹"而作"不得行什么奇迹"。这并不是由于他缺乏神力,这样说便是渎神;而且也不是由于奇迹的目的不是为了使不信的人皈依基督,因为摩西、先知、我们的救主以及其门徒所显的奇迹都是为了使教会人数增加;这是因为奇迹的目的为的不是使教会增加一般的人,而是增加应当得救的人,也就是增加上帝的选民。我们的救主既然是他的父那里差遣来的,他就不可能运用自己的权能使父所抛弃的人皈依。有些解释圣马可的这一段话的人说,"他不得"一语是用来代替"他不想"的。这种人的说法在希腊文中并没有先例。在希腊文中,关于没有意志的无生命物有时用"不"代替"不得",但用"不得"代替"不"的时候却从来没有过。这样做就在软弱的基督徒之前设下了一个绊脚石,就好像基督除开在轻信的人之中以外就不能行奇迹似的。

根据我在这儿所说明的奇迹的性质与用处,我们可以给它下这样一个定义:奇迹是上帝通过在他创造世界时所运用的自然方式,为了向选民说明前来拯救他们的特殊使者的使命而行出的业迹。

根据这一定义,我们可以作出推论说:第一,在一切的奇迹中,所做出的事情都不是先知者任何品质造成的结果,因为这是上帝亲手造成的结果;也就是说,上帝没有用其中的先知作为辅助的原因而完成这一业迹。

其次,任何魔鬼、天使或其他被创造的灵都不能行奇迹。因为奇迹要不是根据某种自然之理产生的,便是通过符咒产生的,也就是通过言辞产生的。如果念符咒的人是独立地依靠自己的力量完成的,那便有某种力量不是从上帝那里来的,这一点没有人能承认;如果他们是用赋予的力量完成的,那么这种业迹便不是上帝亲手造成的,而是一种自然的业迹,因之也就不成为奇迹了。

圣经中有些经文似乎把行奇迹(可以抵得上上帝亲手行出的某些奇迹的那些奇迹)的能力归之于某种邪术或符咒的技艺。比方说,(据《出埃及记》第 vii 章第 11 节记载)当摩西的杖丢在地上变成蛇以后,"埃及行法术的也用邪术照样而行"。当摩西将埃及的江、河、池塘的水都变成血以后,"埃及行法术的也用邪术照样而行",当摩西借神的力量使青蛙上陆后,"埃及行法术的也用邪术叫青蛙上了埃及地"(见《出埃及记》第 viii 章,第 7 节);当我们读到这些话之后,是不是会把奇迹归之于法术(即归之于言语的声音),并认为这一点已经由这一处和许多其他类似的地方而得到了确证呢?然而圣经中并没有任何地方告诉我们法术是什么。因此,如果行法术不和许多人所想象的那样,是用咒文和咒语产生奇异结果,而是用普通方法行骗和欺诈;如果它并非超自然的,因为使行骗的人要行法术根本无需唱高调研究自然原因,而只要细察人类一般的无知、愚昧和迷信就行了;那么看来似乎证明了魔术、巫术和法术的力量的那些经文,意义就必然和初看起来有所不同。

因为,事情十分明显,言辞只对能理解的人才会产生效果,而且这样产生的效果也不是别的,而只是表示说话的人的意向和情感,因之而使听到的人产生希望、畏惧或其他的激情与概念。这样说来,当杖看来成了蛇,水看来成了血,或法术看来造成了任何其他奇迹时,如果不是为了启迪上帝的子民的话,受到法术作用的

（也就是受到咒语作用的）便不是那根杖，也不是水或任何其他东西，而只是在旁边看的人。于是一切的奇迹便都只在于行法术的人骗了人；这根本不是什么奇迹，而只是非常容易做的事情。

所有的人一般都十分愚昧无知，而且易于发生错误，对于自然原因以及人类的本性与利害关系知道得不多的人尤其如此，以致被许许多多很容易识破的诡计欺骗了。在人们不知道有星体运行的科学以前，一个人如果告诉人们说，今天或这个时刻太阳会暗下去，他又将怎样地被人们认为具有神异力量呢？变戏法的人耍他那套高脚杯或其他小玩意儿时，要不是现在一般都耍，便会被人认为至少是借妖魔的力量搞出这一套稀奇古怪的事来的。有一种人练习着用吸气的方式说话（这种人在古时称为腹语人），使他那微弱的声音听起来不像是出自语言器官微弱的冲动，而是由于距离遥远；这种人能使许许多多人相信，他随自己高兴告诉他们的任何话都是从天上传来的声音。有一种狡诈的人打听了人家的秘密、打听了人们一般向旁人推心置腹地谈出的有关自己以往的行为和冒险的情形，然后又把这一切告诉原说话的人，这本是一件很容易的事，但有许多人却用这种方法而取得了方士的名声。要把所有这类的人都列举出来，未免太长了；希腊文把他们称之为行奇幻之事的人。然而这些人做出这一切时，都是凭自己一个人的巧诈而来的。我们要是看一看串通一气所行的欺诈，就会发现一桩事情不论怎样不可能实现，也不会不可能让人相信。因为如果有两个人狼狈为奸，一个人装成跛子，另一个人用符咒来医治的话，就可能骗住许多人；要是有许多人沆瀣一气，让一个人装成跛子，另一个人用符咒来医治他，其余的人都作见证，那就会骗住更多的人了。

　　对于人们这种轻信假冒的奇迹的倾向说来，最好的告诫就是我在前一章已经说过的上帝首先通过摩西所谕示的告诫，我认为除此以外也没有其他告诫了；这就是《申命记》第 xiii 章开首和第 xviii 章末尾所记载的那一条告诫，其内容是：任何人如果在上帝的代理人（当时是摩西）已创立的宗教以外传布任何其他宗教，就不要把他当成先知；同时，任何人即使是传布这种宗教，但如果没有见到他的预言应验时，便也不能把他当成先知。这样说来，当我们没有相信自称的先知或奇迹之前，在摩西的时代应当问问摩西，在亚伦和他的继承者的时代应当问问亚伦和这些继承者，在所有的时代都应当问问位置仅次于上帝而为神的子民的最高统治者（即教会的首领）的人，看看他已经确立的教义是什么。这一点办到之后，对于人们声称为奇迹的事还必需看到它完成，并用尽一切可能的方法来审察它是否的确完成了；非仅止此，而且还要审察是否任何人运用其自然禀赋的能力都无法做出与此类似的事情来，而必需由上帝直接插手。这一点，也必需求助于上帝的代理人；我们在一切有疑问的事情中都把个人判断交托给他们。举个例来说，一个人口里对着一块面包念了几句之后，声称上帝马上就要使它从面包变成一个神或一个人，或者是既变成神又变成人，然而这面包看起来却和以往一样，始终是一块面包；那么任何人在他没有通过上帝的代治者询问上帝这事究竟做成了没有以前，便都没有理由认为事情的确已经做成了，而且也没有理由惧怕他。如果他说没有成，那么摩西在《申命记》第 xviii 章第 22 节中所说的话跟着就出来了："那是他擅自说的，你不要怕他。"如果他说做成了，那

第三十七章 论奇迹和它的用处

么他就不能反对这事。同样的道理,如果我们没有亲眼看见奇迹,而只是听说,那么我们也要询问合法的教会(即其合法的首领),看看说出这事的人究竟能相信到什么程度。这主要是目前生活在基督徒主权者之下的人所遇到的情形。因为据我所知,现在从没有一个人看见过应符咒或应一人的呼求与祈祷而完成的任何奇异事物,会使得具有中等理智的人认为是超自然的事。现在的问题已经不是我们亲眼看到做成了的事情是不是奇迹,我们听到的或在书上看到的奇迹究竟是确有其事,还是凭口或凭笔编出来的,用一句明白的话来说,现在的问题在于这种记载究竟是真实的还是谎言。关于这一点,我们不能每一个人都运用自己的理性或良知去判断,而要运用公众的理性,也就是要运用上帝的最高代理人的理性去判断。诚然,如果我们已将主权赋予他、让他做出一切对于我们的和平和防卫而言有必要的事情,我们就已经把他当成事物的审断者了。由于思想是自由的,一个人在内心中始终有自由根据他自己对号称为奇迹的行为,在其使人相信时,根据它对于那些自称能行奇迹或支持奇迹的人会产生什么好处,来决定相信与否,并根据这一点来推测这些事情究竟是奇迹还是谎骗。涉及这种信仰时,个人的理性就要服从公众,也就是服从上帝的代理人。至于谁是上帝的代理人和教会的首领的问题,将在下面适当的地方予以讨论。

第三十八章 论永生、地狱、得救、来世和赎罪在圣经中的意义

世俗社会的维持在于司法，司法的维持则在于国家的主权者所操的生杀大权以及程度较轻的赏罚。如果在主权者以外还有人能颁赐比生命更高的奖赏、施加比死亡更重的惩罚，那个国家就不可能立足。永生既然是大于今生的奖赏，而永罚则是重于自然死亡的惩罚，所以每一个希望通过服从权力当局的方式避免乱世局面和内战之祸的人，便都值得好好考虑一下：圣经中所谓永生和永罚究竟是什么意思，人们究竟是犯了什么罪和对谁犯了罪就会遭到永罚，究竟是什么行为可以获得永生。

首先我们看到，亚当原先被创造时的生活情况：要是他没有违犯上帝的诫命，他就可以在伊甸乐园中永远享受这种生活。因为那儿有生命树，只要他不吃禁止他吃的辨别善恶之树的果实，就可以准许他吃这树的果实。所以，当他一旦吃了以后，上帝就把他赶出乐园去，"恐怕他伸手又摘生命树的果子吃，就永远活着"。因此，在我看来亚当如果没有犯罪的话，就会在地上具有永生，必死的命运是由于他第一次犯罪而进入他本人以及他的后裔身上的。然而在这一问题以及所有其他需要取决于圣经的问题上，我都服从祖国所承认的圣经的解释。当时进入他身上的不是实际的死亡，那样亚当就不可能有后裔；然而他后来还活了很久，而且在没有死之前看到了繁衍众多的子孙。不过据说："你吃的日子必定死"，这必然是指他必死的命运、确定了的死亡。亚当既然是由于

犯罪受到剥夺而丧失了永生,那么谁要是取消了这种剥夺就可以因之而恢复永生了。耶稣基督既已经为所有信他的人赎了罪,因而也就为所有的信徒恢复了由于亚当的罪而失去的永生。圣保罗在《罗马书》(第v章,第18、19两节)中所作的对比就是在这种意义下作出的,他说:"如此说来,因一次的过犯,众人都被定罪,照样,因一次的义行,众人也就被称义得生命了。"这一对比在《哥林多前书》(第xv章,第21、22两节)以下列的话作了更清楚的说明:"死既是因一人而来,死人复活也是因一人而来。在亚当里众人都死了。照样,在基督里众人也都要复活。"

关于人们享受耶稣为他们取得的永生的地方这一问题,上面所引的这段引文似乎把它说成是在地上了。因为如果在亚当里众人都死了,那就是被剥夺了乐园和地上的永生;照样,在基督里众人也都要复活;那么众人便都要在地上复活,否则这一对比就不恰当了。《诗篇》作者的经文和这儿的说法看来也是相符合的:"在锡安山……有耶和华所命定的福,就是永远的生命"(见《诗篇》第cxxxiii篇,第3节),因为锡安山在地上的耶路撒冷。圣约翰的经文也是这样,他说:"得胜的,我必将神乐园中生命树的果子赐给他吃。"(见《启示录》第ii章,第7节)这就是亚当的永生之树,而他却本是要在地上生活的。圣约翰还有一句话似乎又一次地肯定了同一说法:"我又看见圣城新耶路撒冷由神那里从天而降,预备好了,就如新妇装饰整齐,等候丈夫。"(见《启示录》第xxi章,第2节)在该章(第10节)中也有一段大意相同的话,意思仿佛是说:新耶路撒冷——上帝的乐园——在基督重临人世的时候将从天上降临到神的子民这里来,而不要百姓从地上升到乐园里去。《使徒行传》(第 i 章，第 11 节)中记载，当使徒们望着基督升天时，有两个穿白衣的人(也就是两个使者)对他们说："这离开你们被接升天的耶稣，你们见他怎样往天上去，他还要怎样来。"这话的意思和上面的说法没有区别。听起来，他们仿佛是说：耶稣还将降临，在他父之下永远管辖他们，而不把他们取上去在天上加以管辖。此外，这一点和在摩西之下按约建立的上帝国的复兴的问题也是相符合的，那个国是犹太人在地上政治性的政府。我们的救主也说："当复活的时候，人也不娶也不嫁，乃像天上的使者一样。"(见《马太福音》第 xxii 章，第 30 节)这话所描述的是类似于我们在亚当身上失去的永生中的婚姻状况。因为既然说亚当和夏娃如果没有犯罪的话，他们个人就会亲身在地上永生，那么他们显然就不应当继续不断地繁衍种族。道理是这样：不死的人要是像人类现在这样孳生，地上用不了多久就没有地方让他们站脚了。曾经有犹太人问我们的救主道：一个妇人和好几个兄弟结了婚。在复活的时候究竟是谁的妻子(见《马可福音》第 xii 章，第 19—25 节)，这种人根本就不知道永生的结局是什么；因此，我们救主便让他们记住永生的这一结局：那时将没有生育，因之也就没有婚姻，正好像天使之中没有婚姻或生育一样。亚当所失去的永生，和基督战胜死亡所恢复的永生之间的类比在下述一点上也能适用：亚当因犯罪而失去了永生，但往后还生活了一个时期，虔诚的基督徒由于基督的受难而恢复永生时情形也会是这样，虽然这种信徒已经寿尽而死，并且有一个时期停留在死亡之中，也就是一直到复活之前都停留在死亡中。因为正如同死是从亚当被定罪的时候算起的而不是从执行的时候算起的那样，永生也是从赦罪的时候算起的,而不是从被选拔出来信奉基督(被选在基督里)的人复活的时候算起的。

就我所能见到的经文说来,没有一处易于得出一个结论说,人们在复活后度永生的地方是在天上;这儿所谓的天上是指宇宙间离地最远的地方,比如在星辰所在的地方;或是在星辰之上的另一个被称为天堂的更高的天上;这个天堂圣经里根本没有提到,在理性中也没有根据。所谓天国,意思是指居住在天上的王的王国;而他的王国就是他通过代治者先知来统治的以色列的百姓;首先是通过摩西,接着是通过以利沙和主权者祭司;直到撒母耳的时候,他们背叛了上帝,要像列国一样用一个凡人为王。当我们的救主基督通过他的使者的布道劝说得犹太人回心转意,并感召得外邦人服从了他之后,就会有一个新的天国,因为那时我们的王将是上帝,他的宝座是天。圣经中并没有指出任何明显的必然性,说明人类将升到上帝的立足处——大地以上去得到他的幸福。相反地,我们看到《约翰福音》(第 iii 章,第 13 节)中写道:"除了从天降下仍旧在天的人子,没有人升过天。"我顺便说一句,紧接在前面的一段话是救主的话,而这段话却不然,只是圣约翰本人的话。因为基督当时并不在天上,而是在地上。《使徒行传》第 ii 章第 34 节中也说大卫在地上,圣彼得在那儿为了证明基督的升天,在引用这位《诗篇》作者的一段话"你必不将我的灵魂撇在阴间,也不叫你的圣者见坏朽"(见《诗篇》第 xvi 篇,第 10 节)时,他说:这话讲的是救主(不是讲大卫)。为了证明这一点,他还补充了一个理由说:"大卫并没有升到天上。"但对于这一点,人们很容易提出答复说:虽然躯体在最后审判日以前不能升天,但灵魂一经离开躯体以后便在天上。这一点似乎也得到了救主基督的话的证实,他在《路加福音》(第 xx 章,第 37、38 两节)中用摩西的话证明复活时说:"至于死人复活,摩西在《荆棘篇》上,称主是亚伯拉罕的上帝,以撒的上帝、雅各的上帝,就指示明白了。上帝原不是死人的上帝,乃是活人的上帝,因为在他那里,人都是活的。"但如果这些话的意思应理解为只是指灵魂的不朽,那就完全没有证明出救主基督所要证明的躯体的复活,也就是人的不死。因此,救主基督的意思是,这些族长①之所以不朽,不是由于人类的本质和天性所造成的性质而来的,而只是由于上帝神恩降宠将永生赐予信徒的意旨而来的。当时这些族长和许多其他信徒虽然都死去了,但经文中却说在神那里是活的。也就是说,他们和那些已经解罪并在复活时列入永生的人一起写在生命之簿上了。至于说人类的灵魂根据其本质说来就是不朽的,并且是独立于躯体之外而生活着的;或者说,除开以诺和以利亚以外,一个单纯的凡人竟可以不在最后审判日通过复活而成为不朽的,这种说法在圣经中还看不到。《约伯记》整个第 xiv 章(是他自己的话,而不是他朋友的话)都是对这种天道之中必死的命运的抱怨,然而这和复活时的不朽并不冲突,他在该章(第 7 节)中说:"树若被砍下,还可指望发芽,嫩枝生长不息,其根虽然衰老在地里,干也死在土中,及至得了水气,还要发芽,又长枝条,像新栽的树一样。但人死亡而消灭,他绝气,竟在何处呢?"在第 12 节中又说:"人也是如此,躺下不再起来,等到天没有了,仍不得复醒。"但什么时候天将没有了呢?圣彼得告诉我们说,是在普

---

① 指雅各后裔十二支派的族长。——译注

遍复活的时候。因为在《彼得后书》第 iii 章第 7 节中他说:"现在的天地还凭着那命存留,直留到不虔敬的人受审判遭沉沦的日子,用火焚烧。"同章(第 12 节)又说:"切切仰望上帝的日子来到,在那日,天被火烧就销化了,有形质的都要被烈火熔化。但我们照他的应许,盼望新天新地,有正义居在其中。"因此,当约伯说"人死了虽等到天没有了,还可得复醒"时,意思就仿佛他说的是:不朽的生命(在圣经中灵魂和生命通常是指同一回事)在复活和审判日之前在人类身上不会开始,其原因不在于人类的特殊本质和生育繁衍,而在于上帝的应许。因为圣彼得不说"我们(从人类本质中)盼望得到新天地",而说"从应许中盼望得到"。

最后本书第三十五章已经根据圣经中许多明显的经文证明上帝国是一个世俗国家,上帝本身首先是根据《旧约》,后来是根据《新约》成为这个王国的主权者,并通过代理人加以统治。这些经文因之也就的确证明了这样一点:当我们的救主在威仪和荣耀中重临人世实际和永远地为王时,上帝国将在地上。这一说法引圣经经文证明的地方虽然不少也不含糊,但由于对大多数人说来是一种新奇的说法,所以我只是提出而已;在这种或任何其他有关宗教的立异之论中我不坚持任何意见,而只是注意国人中尚未确定的、关于权力的武装纷争的结局;将来所有说法的取舍都要根据这一权力确定,其书面或口头的命令,不论私人的看法如何,凡属想得到它的法律保护的人都必须服从。这样做的原因是:各种有关上帝国的说法的论点对人间王国的影响非常之大,以致除开在上帝之下具有主权的人以外,不能加以确定。

正像上帝国和永生一样,上帝的敌人和他们在审判后所遭的苦刑之罚，从圣经中看来都将在地上。所有的人，不论是埋葬的还是被吞没到地里去的，在复活以前停留的地方圣经中一般都用具有"地下"这种意义的字眼来称呼。在拉丁文一般作地府或下界，在希腊文中则其意思是人们看不见的地方，其中包括坟墓和任何其他深藏的地方。至于复活后遭罚的人所在的地方，《新约》和《旧约》中都没有任何关于部位的记载加以确定，而只确定他们将和什么人在一起；比方说，那地方将是上帝原先用特殊而神异的方式从地上消灭掉的恶人所在的地方，例如他们现在所在的阴曹地府、塔塔鲁斯①或无底洞等都是；因为可拉、大坍和亚比兰都被活活地吞没到地下去了。② 这不是说，圣经的作者要我们相信：在这有限的而且和星辰的高度比起来并不怎么大的地球上竟有一个无底坑，也就是说有一个像希腊人在他们的魔鬼学（关于魔鬼的学说）中所说的，后来罗马人称之为塔塔鲁斯的那种深度无限的洞，维吉尔在《埃涅伊德》(v578、579)中曾有两句诗描写这洞说："入幽邃之深，如登奥林浦斯之高"，因为这种洞在地对天的比例中是容不下的。而是说我们应当相信那些恶人将游移无定地存在于被上帝施加过那种警戒性处罚的那些人所在的地方。

此外，因为生活在洪水之前挪亚时代的地上巨人（希腊人称之为英雄，圣经中称之为巨人，两方面都说是神的后代和人的后代结

---

① 希腊神话中的地狱，据云部位在地中央内中有火。——译注
② 据《旧约·民数记》第 xvi 章记载，可拉、大坍和亚比兰三人一同反对摩西，说他不应自高于会众之上，并责其未能将以色列人领至流奶与蜜之地。次日摩西命三人于会幕前焚香，上帝显现，令其他人离开；然后地裂一口，将三人及其眷属与一切所有物全部吞没入地中。——译注

合所生)都由于邪恶的生活而被淹没天下的洪水铲除了,所以有时遭罚的人的处所也被指明为和这些死去的巨人在一起。例如《箴言》(第 xxi 章,第 16 节)中说:"迷离通达道路的人必住在阴魂的会中。"《约伯记》(第 xxvi 章,第 5 节)中说:"将恶人投于水中,使他们与水呻吟不息。"从这儿看来,遭罚的人的处所是在水下。《以赛亚书》(第 xiv 章,第 9 节)中说:"你(指巴比伦国王)下到阴间;阴间就因你震动,来迎接你。又因你震动在世曾为首领的阴魂,并使那曾为列国君主的都离位站起。"如果从严格的意义说,这儿便又一次地说明遭罚的人的处所在水下。

第三,所多玛和哥摩拉两城由于罪恶使上帝大发烈怒,用硫黄与火焚烧一尽,这两座城加上周围的乡区形成了一个刺鼻的沥青湖,①于是遭罚的人的处所有时也被说成是火或火湖:如《启示录》(第 xxi 章,第 8 节)中说:"唯有胆怯的,不信的,可憎的,杀人的,淫乱的,行邪术的,拜偶像的,和一切说谎话的,他们的份就在烧着硫黄的火湖里,这是第二次的死。"这就清楚地表明,地狱之火(在这儿以所多玛的真火作比喻表示)所指的并不是任何一种肯定的苦刑之罚或受苦的地方,而应当不拘定地当成消灭的意思,就好像在《启示录》(第 xx 章,第 14 节)中所说的那样:"死亡和阴间也被扔在火湖里。"也就是被取消和消灭了。好像是在审判日之后就不会再有死亡,也不会再有入地狱的事;也可以说是不会再有入阴间

---

① 据《旧约·创世记》第 xix 章等处记载,两城为恶,声闻于上帝。亚伯拉罕之弟罗特居于所多玛城,独ես义不苟,并迎接天使。众人见天使至欲杀之,罗特为之救免。后耶和华将硫黄与火从天上降至二城,将居民及全城一切焚灭,唯有罗特得免。——译注

的事(我们的地狱似乎就是从这个词来的),这就等于是不会再有死亡了。

第四,关于施加在埃及人身上的黑暗之灾,《出埃及记》(第 x 章,第 23 节)中曾有这样一段话加以记载:"三天之久,人不能相见,谁也不敢起来离开本处,唯有以色列人家中都有亮光。"根据这一点,恶人在审判后的处所也称为彻底的黑暗,在原文中称为境外的黑暗。在《马太福音》(第 xxii 章,第 13 节)中就是这样说明的,那儿记载,王对使唤的人说:把那个不穿礼服的捆起他的手脚来,把他丢在永无光明的黑暗里或境外的黑暗里。这话虽译成了彻底的黑暗,但意思却不是指黑暗怎样深,而是指黑暗在哪里,也就是在上帝选民所居住的地方以外。

最后,耶路撒冷附近有一个地方叫欣嫩子谷,犹太人在其中一个名叫陀斐特的地方犯了最严重的偶像崇拜罪,将他们的儿女献给摩洛,上帝在这里对他的敌人施加了最严厉的惩罚,同时约书亚也在那里将摩洛的祭司烧死在他们自己的祭坛上,情形有如《列王记下》第 xxiii 章各处所载。后来这地方就用来倒城里运出来的秽物垃圾,并不时烧火来祛除腐烂尸体的臭味,洁净空气。由于这个可怕的地方,犹太人往后就惯于把遭罚的人的处所称为歧欣那或欣嫩谷。现在歧欣那一词常译为地狱,并且根据那儿不时焚烧着的火,我们也得到了永不熄灭和永无穷尽之火的观念。

既然没有人对圣经作出一种解释,以致说在审判日之后,所有的恶人都将在欣嫩谷永远受罚;或者说,他们将以一种方式复活,以致往后永远处在地下或水下;或是在复活以后他们就不能再彼此相见,或从一个地方移到另一个地方。因此,我认为由此必然可

第三十八章　论永生、地狱、得救、来世和赎罪在……

以得出这样一个结论说：有关地狱的火的这种说法，是在比喻的意义下说出的，所以就要探讨一下关于地狱的处所、地狱之苦的性质和阴曹狱吏等的原意，因为所有的比喻都有可以用本义词句表示的真实根据。

首先，关于阴曹狱吏的本质和性质，已经由仇敌或撒旦、阎罗①或恶魔、地狱差吏或无底洞差吏等名称严格而恰当地表达出来了。这些意义重大的名词，如撒旦、恶魔和无底洞使者等，并不像专有名词那样向我们指出任何个别的对象，而只指出一种职务或地位，因之便是普通名词，不应当让他们像拉丁文或现代的圣经中那样，不把意义译出来；因为这样一来，它们看起来就很像魔鬼的专有名称，人们也更容易受到诱惑而相信魔鬼之说，这种说法在当时是外邦人的宗教，跟摩西以及救主的宗教背道而驰。

由于仇敌、阎罗和地狱差吏指的是将进入上帝国的人的仇敌，所以复活后上帝国要是在地上（我在前一章中根据圣经证明似应如此）的话，那么，仇敌及其王国便必然也在地上，在犹太人抛弃上帝以前就是这样。因为上帝国在巴勒斯坦，而周围各国则是仇敌的王国，所以撒旦的意义指的便是教会在地上的任何敌人。

地狱之苦有时被说成是哀哭和咬牙切齿（见《马太福音》第 viii 章，第 12 节），有时则说成是良心的蛀虫（见《以赛亚书》第 lxvi 章，第 24 节和《马可福音》第 ix 章，第 44、46、48 等节）；还有时又说成是火，比如以上所引的出处便说："他们的虫是不死的、火是不灭的"，此外还有许多地方也像这样说。另外有些时候则说成是羞辱

---

① 原文为司罚之魔，略与阎罗相合。——译注

和憎恶,如《但以理书》(第 xii 章,第 2 节)中说:"罪人睡在尘埃中的,必有多人复醒,其中有得永生的,有受羞辱永远被憎恶的。"所有这些地方都以比喻的方式描写出他们在别人身上看见自己由于不服从和不信神而失去的永恒至福以后所产生的悲哀与不满的心情。同时由于这种别人的至福只有和他们自己实际所受的苦相比较才明显,所以就可以得出一个结论说,他们将遭受的肉体上的苦和灾难就是那些非但奉邪恶和残酷的统治者为主,并且以万世不易的圣者之王——全能的耶和华为敌的人所应受的苦难。这些肉体的苦之中也应当列入每一个恶人的第二次死亡。因为圣经上虽然明确地说明了普遍的复活,但我们却没有看到其中应许任何受罚的人得到永生。而且关于人们将以什么样的躯体复活的问题,圣保罗在《哥林多前书》(第 xv 章,第 42 和 43 节)中说:"所种的(躯体)是朽坏的,复活的是不朽的,所种的是羞辱的,复活的是荣耀的;所种的是软弱的,复活的是强壮的。"恶人的躯体根本不能说有什么荣耀和强壮,而且只能死一次的人也不能说有第二次的死;在比喻的说法中,永远遭灾的生活虽然可以称为万劫不复的死亡,但是当第二次死亡讲却不好理解。

　　为恶人设下的火是永不熄灭的火。这话所说的是一种状况,在其中任何人都不可能不遭受身心两方面的痛苦,这种状况在复活后将永远持续下去。正是在这种意义下,那种火才是不熄灭的,苦也是永远不断的,但我们不能根据这一点就作出推论说:被投入火中或遭受苦刑的人可以忍受和抵抗住这种火或苦刑,以致永远被烧或受苦而又不被摧毁或死去。虽然有许多地方肯定了永远持续的火和苦刑(人们可能天长地久地一个接着一个被投入其中),

但我却找不到一个地方说明任何个人在其中能具有永生；相反地，倒是有永不复活的死，也就是第二次的死。比如《启示录》(第 xx 章,第 13、14 两节)中说："死亡和阴间也交出其中的死人,他们都照各人所行的受审判。死亡和阴间也被扔在火湖里,这火湖就是第二次的死。"由此显然可以看出,在审判日被罚的每一个人都将遭受第二次的死,此后就不会又死了。

永生之乐在圣经中全都包括在救恩或得救这一名词之下。得救要不是个别地免除特殊的不幸之事,便是绝对地免除一切的不幸之事,其中包括穷困、疾病和死亡本身。由于人类被创造时是永生不死的,不会遭受腐朽,因之也就不会遭受任何使其本质解体的事情,由于亚当犯了罪才失去了这种幸福；可见从罪中得救就是从罪所带给我们的一切不幸与灾难中得救。因此在圣经中免罪和从死亡与灾难中得救所指的就是同一回事,这一点从救主基督的话中就可以看出来,他在治好一个患瘫痪的人以后曾说："小子,放心吧,你的罪已经获赦了。"(见《马太福音》第 ix 章,第 2 节)同时他又知道文士们认为一个人竟然声称赦人家的罪是僭妄,于是便问他们道："或说你的罪赦了,或说你起来行走,哪一样容易呢？"(见同章第 5 节)①这句话指明,对于救治疾病来讲,说"你的罪赦了"和说"你起来行走"意思完全相同。他用这种说法只是说明他有赦罪的权力。此外,还有一点在道理上也是很明显的,由于死亡与苦难都是罪的惩罚,所以解除罪就一定也解除了死亡和苦难,这也就

---

① 据圣经该处记载,有人抬着一个瘫子到他跟前来,他就说了上述第二节中的话。文士以为僭妄,他便以上述第五节中的话作答。后来他叫这瘫子起来走回去,这人果然走回去了。——译注

是信徒在审判之日以后因耶稣基督的权力和神恩而享有的绝对的救恩；根据这一点，耶稣基督也称为我们的救主。

关于特殊的救恩，如《撒母耳记》上篇（第 xiv 章，第 39 节）中说："救以色列人永生的耶和华"指的是把他们从临时遇到的敌人手中拯救出来；此外，下篇（第 xxii 章，第 4 节）中则说："我的救主啊，你是救我脱离强暴的。"《列王记》下篇（第 xiii 章，第 5 节）中则说："上帝赐给以色列人一位拯救者，使他们脱离亚兰人的手。"等等；关于这一切我无需说什么，要让这类经文的解释出点讹误既没有困难，也不令人发生兴趣。

但关于普遍获救，由于他必然在天国之中，所以关于处所问题就有很大的难题存在。一方面王国是人类为了防备敌人和匮乏，求得长久的安全而建立的组合，这种得救看来应当在地上，得救一事所昭示我们的是我王克敌荣登至尊之位，而不是避敌以求苟安；因此在我们期待得救的地方，就必然会同时期待凯旋；而在期待凯旋之前，则必先期待胜利，在胜利之前则必先求得战争，很难设想战争会在天上进行，但这种论点不论怎样顺理成章，要是没有十分明显的圣经出处，我是不会相信的。得救的状况在《以赛亚书》（第 xxxiii 章，第 20、21、22、23、24 等节）中作了充分的描述：

"你要看锡安为我们守圣节的城，你的眼必见耶路撒冷为安静的居所，为不挪移的帐幕，橛子永不拔出，绳索一根也不折断。"

"在那里光荣的主必显威严与我们同在，当作江河宽阔之地，其中必没有荡桨摇橹的船来往，也没有威武的船经过。"

"因为我主是审判我们的，我主是给我们设法律的，我主是我们的国王，他将拯救我们。"

"你的缆索松脱,不能栽稳桅杆,也不能扬帆起篷来,那时许多掳来的物都被人分了,即跛者也得一份。"

"城内居民必不说,我病了。其中居位的百姓,罪孽都赦免了。"

根据这些话看来,得救便是从"耶路撒冷那安静的居所"开始的,其永恒的状态是"不挪移的帐幕"等等;这儿的救世主是主、是审判他们的、是给他们设法律的、是他们的国王,他将拯救我们;救恩是主对他们成为江河宽阔之地等等;他们敌人的状况则是缆索松脱、桅杆脆弱,跛者也分得一份(他们)掳来的物;获救者的状况则是城内居民必不说,我病了;最后,这一切都包含在罪的赦免之中,其中居住的百姓罪孽都赦免了。根据这一切看来,获救便显然会在上帝(当基督重临人世)在耶路撒冷为王的时候在地上实现;被接纳进入上帝国的外邦人的获救则将从耶路撒冷起始实现。这同一位先知在《以赛亚书》(第 lxvi 章,第 20 与 21 节)中作了更明白的说明:"他们(指曾掳犹太人的异邦人而言)必将你们的弟兄从列国中送回,使他们或骑马、或坐车、坐轿、骑骡子、骑独峰驼,到我的圣山耶路撒冷,作为贡物献给我,好像以色列人用洁净的器皿盛供物奉到上帝的殿中,而我也必从他们中间选取人为祭司,为利维人。"从这儿就可以显然看出,上帝国的中心地址——我们外邦人获救起始的地方——将是耶路撒冷。这一点在我们的救主和撒马利亚妇人谈论拜父的地方时也得了证实。他对那妇人说(见《约翰福音》第 iv 章,第 22 节)撒玛利亚人所拜的自己不知道,但犹太人所拜的自己知道,因为救恩是从犹太人出来的(也就是从犹太人起始的)。他的意思好像是说:你们拜父,但不像我们一样能知道他会通过什么人来救你们；我们知道自己会由于犹太支派中的一个人获救，这是一个犹太人，而不是撒马利亚人。于是那个妇人又答复救主说："我们知道弥赛亚要来"（见同章第 25 节），这话也并非不得当。所以我们的救世主说："救恩是从犹太人出来的。"这句话意思就和保罗在《罗马书》（第 i 章，第 16、17 两节）中所说的下一段话一样，他说："福音是上帝的大能，要救一切相信的，先是犹太人，后是希腊人。因为上帝的义，正在这福音上显明出来。这义是本于信，以致于信。"本于犹太人的信，以至于外邦人的信。先知约珥也在同样的意义下描写审判日的情形道："上帝要在天上地下，显出奇事，有血，有火，有烟柱，日头要变为黑暗，月亮要变为血，这都在上帝大而可畏的日子未到以前。"在第 32 节中他又补充一句说："到那时候，凡求告上帝名的就必得救。因为在锡安山和耶路撒冷必将得救。"《约珥书》第 xi 章，第 30、31、32 节）《俄巴底亚书》（第 17 节）中也说："在锡安山必有逃脱的人，那山也必成为圣地，雅各家族必得原有的产业。"也就是得异教徒的产业；这种产业他在以下几节中说得更具体，那便是以扫山、非利士地、以法莲地、撒玛利亚地、基列和南地的城邑，结语是国度就归耶和华了。这些地方都是救恩之地，说明上帝国（在审判日之后）将在地上。另外一方面，我却找不到任何经文可能引来证明任何圣者上升到天上去的事，也就是上升到任何天堂，或其他太空之境中去的事，除非是说那地方被称为天国。而那地方之所以会具天国这一名称，是因为上帝做犹太王时从天上通过天使降神谕给摩西统治他们；在他们背叛之后，上帝则从天上派他的儿子来使他们服从，并且将从天上再派他来，从审判日以后永远为犹太人和其他一切信徒的王。

要不然，天国的名称便是这样来的：上帝吾王的宝座在天上，而地则是他的立足处。至于说上帝的臣民将具有任何高到与他的宝座相齐平的处所，或是高于他的立足处的处所这种说法，看来都和上帝吾王的尊严不相称，同时我在圣经中也找不到明显的经文说明有这种情形。

根据以上所说的关于上帝国以及得救这两点的情形看来，我们不难解释来世的意义是什么。圣经中提到的世界有三个，即上古的世界、现在的世界和未来的世界。关于上古的世界，圣彼得在《彼得后书》（第 ii 章，第 5 节）中说："神也没有宽容上古的世代，曾叫洪水临到那不虔敬的世代，却保护了传义道的挪亚一家八口。"所以第一个世界便是从亚当起到淹没天下的洪水时代的世界。关于现在的世界，救主基督在《约翰福音》（第 xviii 章，第 36 节）中曾说："我的国不属这个世界。"因为他降临人世只是为了把得救之道教导给人们，并以他的道恢复他父的国。关于来世，圣彼得在《彼得后书》（第 iii 章，第 13 节）中说："但我们照他的应许，盼望新天新地。"正是在这个世界中，基督才会有大能力、有大荣耀，驾云从天上降临；他要差遣天使把他们选民从四方、从地极到天边都招聚了来，以后永远在他父之下为他们的王。

罪人的得救事先假定有赎罪。因为人一旦有了罪，就要受到这种罪的罚，而且必须付出（或由他人代替付出）受他侵犯而又把他置于自己掌握之中的人所要求的赎价。由于受侵犯者是上帝，而万物又都在上帝掌握之下，所以在得救之前就必须付出上帝随其心意所要求的赎价。这种赎价不是足以抵偿原来的侵犯、用来偿罪的赎价；任何罪人都无法为自己付出这种赎价，任何义士也绝无法代他人付出。一个人对另一个人造成的损害可以通过赔偿来补偿,但罪却没法用赔偿的方式消除,因为那样就使犯罪的自由成为一种买卖的对象了。但罪可以无偿地为忏悔的人赦免,也可以由上帝取得随其心意所定的偿罪之物以后赦免。在《旧约》中,上帝一般接受的是某种牺牲或祭献。虽然惩罚是预先申言警告的事,但赦罪并非不义的行为。即使是在人们之中,善良的应许虽然可以约束作出许诺的人,但警告(也就是恶的应许)则不能;何况上帝的仁慈和人相去不可以道里计,恶意的应许就更加不能约束上帝一定要实现了。因此,我们的救主基督拯救我们时,并没有在一种意义下补偿人类的罪恶,以致使他的死就其本质而言,可以使上帝以永远的死亡惩罚罪人成为不义的事。他只是在第一次降临后,为第二次降临前悔罪而信上帝的人的获救牺牲并贡献了自己,这是上帝根据自己的意思所要求于他们的。我们这种赎罪在圣经中虽然并不始终称为牺牲或贡献,而是有时称为工价,但我们却不能把工价理解为这样一种东西,即耶稣可以根据其价值要求有权从他被冒犯的父那里取得对我们的赦免;而只能理解为这是圣父根据其怜悯世人之情所要求的工价。

第三十九章　教会一词在圣经中的意义

教会一词在圣经各篇中所指的对象不同。有时指上帝的去处,只是并不经常如此;所谓上帝的去处就是基督徒聚会公开举行圣礼的神殿,如《哥林多前书》(第 xiv 章,第 34 节)中说:"妇女在会中要闭口不言,像在圣徒的众教会一样。"但这是在比喻的意义下指聚会的会众,后来就用来指大厦本身,以区别基督徒与偶像崇拜者的神殿。耶路撒冷的神殿是上帝的去处和祈祷者的去处;同样,基督徒用以敬拜基督的任何大厦也是基督的去处,因此,希腊教父便称之为主的去处,从这里,在我国的语言中便称之为教堂。

教会一字不指去处时,意义就和古希腊城邦的集会一词相同,指的是会众或被召前来听取行政长官讲话的公民聚会,在罗马共和国时称为concio,因为发言的人被称为会上讲话的人。当他们是由合法的当局召集来的时,就称为合法的会众;当他们是受喧嚣和煽动性的叫嚷的激动而集合起来时,就称为混乱的会众。

有时这词也指有权参与集会但未实际聚会的人,也就是指全体基督徒众,不论他们分散得多远都一样;比如《使徒行传》(第viii章,第3节)中就说:"扫罗就残害教会",基督也正是在这个意义下被称为教会的头。有时指的则是一部分基督徒,如《哥罗西书》(第iv章,第15节)中说:"请问……他家里的教会安。"有时也光是指选民,如《以弗所书》(第v章,第27节)中便说:"作个荣耀的教会,毫无玷污皱纹等类的病,乃是圣洁没有瑕疵的。"这儿教会所指的是得胜的教会、是未来的教会。有时这词指的是明证基督信仰的人聚合而成的会众,不论他们所明证的信仰是真的还是假的都一样,比如《马太福音》(第xviii章,第17节)中说:"告诉教会,若是不听教会,就看他像外邦人或税吏一样。"意义就是如此。

唯有在上述最后一种意义下,教会才能当成一个人看待。也就是说,唯有在这种意义下,它才有权具有意志、宣告事项、发布命令、受人服从、制定法律或做出任何其他行为。因为没有合法的会众的权力为根据,聚会的一群人所做出的任何行为都是当时在场、并协助其实现的每一个人的个别行为,而不像一个整体所做的行为那样是他们全体的行为;对于不在场、或在场而不愿做出这种行为的人说来,就更不能算是他们的行为了。根据这种意义,我便对教会提出一个这样的定义,说它是:"明证基督教信仰并结合在一个主权者的人格之中的一群人,他们应当在主权者的命令下聚会,没有主权者的权力为根据就不应当聚会。"由于在所有的国家中,不得到世俗主权者承认的聚会都是不合法的,所以教会在任何禁止其聚会的国家中,便是不合法的聚会。

同时我们也可以得出一个结论说,世界上并没有一个普遍的教会是所有的基督徒都要服从的,因为世界上并没有一个权力当局是所有其他国家都要服从的。在各自分立的国王和国家的领域之中都有基督徒存在,但他们每一个人都要服从自己的祖国,因之便不能服从任何另一个人的命令。这样说来,能够发布命令、审判案件、宣告无罪、判定罪行或做出任何其他行为的教会便形成一个由基督徒组成的世俗国家了,它之所以被称为世俗国家,是因为组成者是人,它之所以被称为教会,是因为其臣民是基督徒。世界上有世俗政府和性灵政府只不过是为了使人眼花缭乱、认不清其合法主权者而搞出来的两个名词而已。诚然,信徒的躯体在复活后非但是属灵的,而且也是永远不朽的,但在今生之内却是凡俗和可腐朽的肉体。因此,在今世之中,除了世俗政府之外,既没有国家的、也没有宗教的政府;也没有国家兼教会的统治者所禁止传布的任何说法能对任何人民是合法的。这统治者只能有一个,否则在一国之内,教会与国家之间、性灵方面与世俗方面之间以及法律之剑与信仰之盾之间就必然会随之出现党争和内战；比这更糟的是，在每一个基督徒心中都必然会随之出现基督徒与普通人之间的冲突。教会的博士(圣师)被称为子民的牧者，世俗主权者也有这种称号。如果牧者不是一个服从另一个，使得牧者之长只有一人的话，就会有互相冲突的说法向人们传布，其中双方都可能是错误的，有一方错误则是必然的。这唯一的牧者之长根据自然法说来是谁，前面已经说明过了，那就是世俗主权者；至于圣经中把这职位赋给什么人了，我们将在往后的几章中看到。

第四十章 亚伯拉罕、摩西、大祭司和犹太诸王的上帝国的权利

信者之父和第一个依约进入上帝国的是亚伯拉罕，因为最初订立的信约就是和他订立的。在这约中，他使自己和自己的后裔都承担义务，承认并服从上帝的命令；其中不但包括可以通过自然之道认识的(如道德法规)，而且也包括上帝以特殊方式在梦和异象中传示给他的。因为在道德法规方面，他们已经承担着义务，无需通过迦南福地的应许来立约。他们和所有其他的人根据这种义务都自然而然地必须服从全能的主，任何契约都无法予以增饰或加强。所以亚伯拉罕和上帝立的约便是这样：把梦和异象中在上帝的名义下命令他的一切当成上帝的命令，并传达给他的家族，让他们遵守。

在上帝与亚伯拉罕所立的这种约中，我们可以看到在上帝子民的治理上存在着三个关系重大的要点：第一，立约时上帝只和亚

伯拉罕说话,因之便没有和他的任何家人以及后裔立约;要不然便是他们的意志(所有信约必不可缺的要素)已经在立约之前包括在亚伯拉罕本人的意志之中;因而,亚伯拉罕事先便自应具有合法的权力使他们履行自己为他们立约规定的一切。根据这一点,上帝便说:"地上的万国都必因他得福。我眷顾他,为要叫他吩咐他的众子和他的眷属,遵守我的道。"(见《创世记》第 xviii 章,第 18、19 两节)。从这里就可以作出第一个结论说:上帝未曾直接降谕的人,就应当从他们的主权者那里接受上帝正式的命令,正像亚伯拉罕的家人与后裔从自己的父亲、主和世俗主权者——亚伯拉罕那里接受命令一样。因此,在每一个国家中,凡属没有得到相反的超自然启示的人,便应当在外表行为和明证宗教信仰方面服从自己主权者的法律;至于人们内在的思想和信仰则不是人间的统治者所能知道的(因为唯有上帝能知道人的心灵),而且既不能随意支配,也不是法律所造成的结果,而是未表露的意志与上帝的权力所造成的结果,因之便不属于义务的范围。

根据这一点便可以得出另一个论点说:亚伯拉罕的臣民如果有任何人自称得到上帝的亲身启示、异象、神感或任何其他神启,让他赞成任何亚伯拉罕所禁止的说法时,或是有臣民听从或拥护任何这种僭越假冒者时,他予以惩处就不是不合法的。因此,目前主权者便也可以依法惩处任何以传神感来反对法律的人,因为他在国家中的地位和亚伯拉罕在自己家庭里的地位相同。

根据同一理由还可以得出第三个论点说:正像亚伯拉罕的家庭中唯有他一个人能知道什么是上帝的道,什么不是上帝的道一样,在基督教体系的国家中便唯有主权者能知道这一点。由于上帝只对亚伯拉罕说话,所以唯有他才能知道上帝说的是什么,并把它对家里人解释;所以在国家之中具有亚伯拉罕那种地位的人便是上帝所说的话的唯一解释者。

同样的约曾和以撒重订,后来又和雅各重订;但往后就中断了,直到以色列人从埃及人手中被救出来到达西乃山下时,才由摩西重订(在前面第三十五章中已经提到);其方式使他们从那时起成为特属上帝的国。上帝的代治者,当摩西在世时由摩西担任,其后确定由亚伦及其后裔继任这一职位;这国对于上帝而言,永远成为一个祭司的国。

根据这种按约立国的过程,上帝便得到了一个王国。但摩西并不能作为亚伯拉罕的权利的继承者而获得统治以色列人的权力,因为他不能根据继承权要求具有这种权力;所以说到这里之后,还是看不出百姓在自己不再相信上帝对他说话时,有什么理由仍然必须把他当成上帝的代治者。因此,他们虽然和上帝立了约,但摩西的权力却仍然只能以他们对他的圣洁、对他和上帝交谈的事实以及他所行奇迹的真实性的看法为根据;这种看法一旦改变之后,他们就没有义务再把他以上帝的名义向他们提出的任何东西当成上帝的律法了。因此,我们就要讨论一下,他们服从摩西的义务还有什么其他的根据。使他们承担义务的,不可能是上帝的命令,因为上帝没有直接对他们说话,而只是通过摩西对他们说话。我们的救主基督谈到自己时曾说:"倘使我为自己作证,则作证为不实在。摩西如果为自己作见证,尤其是在要求对上帝的子民具有王者的权力这种事情上,他的证据就更不应当被接受了。"这样说来,他的权力便像所有其他国王的权力一样,必须以人民的同意以及服从他的诺言为根据。当初的实际情形也确乎是这样，因为《出埃及记》(第 xx 章，第 18 节)中说："众百姓见雷轰、闪电、角声、山上冒烟就都发颤，远远的站立。对摩西说：'求你和我们说话，我们必听，不要上帝和我们说话，恐怕我们死亡。'"这里面就存在着他们服从的诺言。根据这一点，他们是自己承担义务，服从他作为上帝的诫命传示给他们的一切。

根据信约建立的虽然是祭司的国家，也就是由亚伦世袭的国家，但这却应当理解为在摩西死后开始继承。因为不论是用什么方式作为国家的奠基者而规定和建立了政府之后，就不论这个国家是君主国家、贵族国家还是民主国家，都必然在其建立政府的整个时期内对人民具有主权。摩西在整个自己的时期都具有那种权力，这一点在圣经中说得很明白。第一，在上述引文中，百姓允诺服从的是他而不是亚伦。其次，《出埃及记》(第 xxiv 章，第 1、2 两节)中又说："上帝对摩西说：你和亚伦、拿答、亚比户和以色列长老中的七十人，都要上到我这里来，唯独你可以亲近我，他们却不可亲近，百姓也不可一同上来。"根据这一段话就可以明显地看出，唯一被召上到上帝那里去的摩西(亚伦、其他祭司、七十长老以及禁止上去的百姓都不是)是唯一对以色列人代表上帝的人，也就是他们在上帝之下的唯一主权者。后来虽然说："摩西、亚伦、拿答、亚比户和以色列长老的七十人都上了山，他们看见以色列的上帝，他脚下仿佛有平铺的蓝宝石，如同天色明净。"(见同章第 9 节)。然而这事情却是在摩西事先已经上到上帝那里、并将上帝谕示他的话传给百姓之后才发生的。唯有他才是为百姓的事情去的，其他的人都是作为随从他的尊者去的，为尊荣体面才允许他们叨承了百姓未得均沾的殊恩。这种殊恩，如同我们在下一节中所看到的那样，就是去观看上帝、欢享人生："他的手不加在以色列的尊者身上，他们观看神、他们又吃又喝。"这就是说，他们确乎欢享了人生，但却没有从上帝那里传达什么命令给百姓。此外，在所有其他政务上，到处都提到"耶和华晓谕摩西说"这样的话，在《出埃及记》第 xxv、xxvi、xxvii、xxviii、xxix、xxx、xxxi 章，以及在整个的《利未记》中谈到规定宗教仪式的事时，也是有这种话，但晓谕亚伦的说法却少见。亚伦所铸的金牛犊摩西也把它扔到火里去了。最后，关于亚伦的主权问题，在他和米利暗反抗摩西的骚乱那一次事情上，是由上帝自己代摩西审判的①（见《民数记》第 xii 章）。在摩西与有权管辖百姓的人之间所发生的问题上也是这样。当可拉、大坍、亚比兰并以色列会中的二百五十个首领（就是有名望选入会中的人），在摩西面前一同起来聚集攻击摩西和亚伦说，"你们擅自专权，全会众个个既是圣洁，上帝也在他们中间，你们为什么自高超过上帝的会众呢？"（见《民数记》第 xvi 章，第 3 节）。上帝就使地开口，把可拉、大坍和亚比兰以及他们的家眷全都活活地吞下去，并用火烧灭了那二百五十个首领。因此，唯有摩西才位仅次于上帝而对以色列人具有主权，其他的人如亚伦、百姓以及百姓主要首领中的任何贵族等都没有，这不但是在世俗政府方面如此，在宗教方面也如此。原因是唯有摩西能和上帝说话，因之也就唯有他才能对百姓说出上帝要求于他们的是什么。任何人胆敢接近上帝与

---

① 据《民数记》第 xii 章记载，米利暗和亚伦因摩西娶古实（即令埃塞俄比亚）女子为妻而毁谤他，怒上帝独与摩西而不与他们说话，上帝怒而使米利暗长麻风，后经摩西祷求而愈。——译注

摩西说话的山,就要遭到死亡。耶和华在《出埃及记》(第 xix 章,第 12 节)中说:"你当在山的四围给百姓定界限,并告谕百姓当谨慎,不可上山去,也不可摸山的边界,凡摸这山的,必要治死他。"(在 21 节中)又说:"你下去嘱咐百姓,不可闯过来到我面前观看。"根据这些话,我们可以作出一个结论说:任何人在基督教体系国家中如果具有摩西的地位,他便是上帝唯一的使者和他的谕令的解释者。根据这一点看来,在解释圣经时,任何人都不应当超出各人的主权者所定下的范围。上帝现在既在圣经各篇之中说出自己的话,于是圣经便是西乃山,其界限就是在地上代表上帝的人的律法。看看这些篇章、在其中观睹上帝奇迹并学得怎样敬畏上帝是可以的;但要去解释这些篇章,也就是去窥探上帝跟他自己指派在手下统治百姓的人说些什么,并自行判断这人是不是在按照神谕进行统治,却是侵越上帝给我们设下的界限,并亵渎不敬地观看上帝。

在摩西的时代,除开他所赞成和承认的人以外,就没有先知或声称具有耶和华的灵的人。因为在他那一个时代据说只有七十个人为神的灵所感说话,而他们又全都是摩西所拣选的;关于他们,上帝曾对摩西说:"你从以色列的长老中招聚七十人,就是你所知道做百姓的长老的,到我这里来。"(见《民数记》第 xi 章,第 16 节)。上帝将灵分赐给他们,但却与摩西的灵无异,因为同章(第 25 节)中说:"上帝在云中降临,对摩西说话,把降与他身上的灵分赐那七十个长老。"但正像我在前面第三十六章中所说的灵应理解为心。所以这一段话的意思不是别的,只是说:上帝赐给他们一种符合和服从于摩西心意的心,让他们能说预言;也就是以上帝的名义在一种方式下对百姓说话,以便能作为摩西的臣属、根据摩西的权力、提出符合于摩西的说法。由于他们只是臣属,当其中有两个人在营里说预言时,人们便认为是一种新奇而不合法的事情;据同章第27和第28两节记载,他们被人家告了;当时约书亚由于不知道他们是受摩西的灵之感说预言,所以便请摩西禁止他们。根据这一点就可以清楚地看出,任何臣民都不应违抗上帝置于摩西之位的人所定的教义,妄图说预言或具有灵。

亚伦死了,后来摩西也死了;这王国由于是一个祭司的国,根据所立的约便传与亚伦的儿子大祭司以利撒。上帝宣布他是位仅次于自己的主权者,同时还派约书亚当军队的军长。关于约书亚,上帝在《民数记》(第 xxvii 章,第 21 节)中说得很明白:"他要站在祭司以利亚撒面前,以利亚撒要在上帝面前为他求问,他和以色列全会众,都要遵以利亚撒的命出入。"因此,宣战媾和的最高权力便存在于大祭司手中。最高司法权也属大祭司所有,因为律法书由祭司保管。从《申命记》(第 xvii 章,第 8、9、10 三节)中也可以看出,唯有利米人和祭司才能在世俗案件方面充任臣属审判官。至于决定敬拜上帝的方式的最高权力,则直到扫罗的时候都毫无疑问属于大祭司。因此,世俗和宗教方面的权力便都结合在大祭司一人手中,而且任何人根据神权(即根据直接得自上帝的权力)进行统治时,这两种权力便应当结合在他手中。

从约书亚死后到扫罗之间这一段时间在《士师记》中往往称为"那时以色列中没有王",有时还补充一句说:"各人任意而行。"① 对

---

① 见该章最末两句。——译注

于这些话我们应当作这样的理解,即谈到"没有王"时,意思是指以色列人中没有主权当局存在。当我们考虑到这种权力的行为与运用时,就会发现情形的确是这样。因为在约书亚和以利亚撒死后,"别的世代接着兴起,不知道上帝,也不知道上帝为以色列人所行的事,以色列人行上帝认为最恶的事,并去事奉巴力。"(见《士师记》第ⅱ章,第10节)。犹太人具有圣保罗所指出的一种品质,即不但在他们服从摩西的统治以前,而且在他们如此服从而负有义务以后,都去寻求证明的"征兆"。然而奇迹和征兆的目的是取得信仰,而不是在人们已经信仰了以后让他们不破坏信仰,因为人们对于后者已受自然法的约束。但如果我们考虑的是统治的权利而不是统治的运用,那么主权便仍然操在大祭司手中,因此,不论人们对士师(上帝特别拣选出拯救背叛他的子民摆脱敌手的人)有什么样的服从,都不能用来作为理由反对大祭司在政治与宗教的一切事务中的主权权利。诸士师和撒母耳本人对于政府所具有的使命都不是一般的使命,而只是特殊的使命;以色列人服从他们不是由于义务,而是由于尊敬他们在智慧、勇敢或至福中所显露出的神宠。因此,直至那时为止,管理政治和宗教的权利原是不可分割的。

继士师之后出现的是国王,以往宗教和政治的一切权力都属于大祭司,现在则属于国王。原因是这样:原先统治人民的主权,不但由于神的权力、而且也由于以色列人所立的特殊的约而属于上帝,以及在他之下作为他在地上的代治者的大祭司;这种主权后来被百姓抛弃,并得到了上帝自己的承认。因为当他们对撒母耳说"求你为我们立一个王治理我们,和列国一样"(见《撒母耳记上》

第 viii 章,第 5 节)时,意思就是说他们不愿再由祭司以上帝的名义发布命令进行统治,而要由一个人用管辖列国的那种方式管辖他们。这样一来,当他们废除有君尊的大祭司时,也就废除了那种特殊的上帝的政府。然而上帝对这一点是同意的,他对撒母耳说:"百姓向你说的一切话,你只管依从,因为他们不是厌弃你,乃是厌弃我,不要我做他们的王。"(见同章第 7 节)他们像这样就抛弃了上帝,而祭司则是根据上帝的权力进行统治的,于是留给祭司的权力就只是国王高兴准许他们具有的权力,其大小要看国王的好坏而定。至于世俗事物的管辖权则显然完全操在国王手中,因为在同章(第 20 节)中他们说:"要一个王来统治他们,使他们像列国一样,有王治理他们,统领他们,为他们争战。"也就是说:国王无论在平时和战时,都将具有全部的权力。这权力中还包括着管理宗教事务的权力;因为当时关于宗教的管理,上帝没有其他的话可作为依据,而只有摩西的律法,这就是他们的世俗法。此外,我们在《列王记上》(第 ii 章,第 27 节)中看到:"所罗门就革除亚比亚他,不许他做耶和华的祭司。"因此,他便有权管辖大祭司,正像他有权管辖其他臣民一样,这便是宗教最高权位的一大明证。我们(在《列王记上》第 viii 章中)也看到他把殿宇奉为圣,他为上帝的民祝福,并亲自制定将一切教会和祈祷殿堂奉为圣时所用的杰出的祷文,这也是宗教最高权位的另外一大明证。同时,我们在《列王记下》(第 xxii 章)中也看到,当殿宇中所发现的律书发生问题时,并不由大祭司决定,而是由约西亚派遣他和其他人到女先知户勒大那里去询问,这又是宗教最高权位的另外一大明证。最后,我们在《历代志上》(第 xxvi 章,第 30 节)中看到,大卫使哈沙比雅和他的兄弟

(希伯伦族人)在约旦河以西的以色列人中当官员,"办理耶和华与王的一切事情"。同样的情形,在同章(第 32 节)中我们又看到他派另一些希伯伦族人"在流便支派、迦得支派、玛拿西半支派中,办理神和王的事",这些人都是住在约旦河外的其余的以色列人。这难道不是兼具他们所谓的宗教权力与世俗权力(在这种提法下就会被分割)的全面权力吗?总起来说,从上帝国最初建立起到巴比伦被虏时止,宗教最高权力和世俗主权一直是一并存在于一个人手中,祭司的职位在选出扫罗为王以后就是副贰之职,而不是主管之职。宗教和政治的管辖问题就其权利而言,虽然首先是统辖于大祭司手中,俟后则统辖于列王手中,然而根据同一部圣经看来,百姓并不理解这一点。

其中有很大一部分人、可能还是绝大部分人,只是在他们看到大奇迹或统治者事业中具有伟大的能力或至福(这就相当于奇迹)时才充分地相信摩西的名或上帝与祭司的交谈;每当统治者使他们感到不满时,他们就乘机指摘政务或宗教事务,以便更换政府或任意背叛其从属关系;这样就时常产生内乱、分裂和国家的灾难。比方说,在以利亚撒和约书亚死后,下一代的人没有见过上帝的奇迹;而只能凭自己微弱的理智去判断;他们不知道自己受到祭司国之约的约束,不再理会祭司的命令或任何摩西的律法,而是各人任意而行在世俗事务方面则服从自己不时认为可以把自己从邻国的压迫下拯救出来的人。他们不像他们应做的那样,去祷问神谕,而是看到一些男男女女预言未来,心里胡乱猜想他们是先知,于是就去求问他们。他们的教堂里虽然有偶像,但要是有一个利未人做教堂祭司,他们就解释说敬拜的是以色列人的上帝。

后来他们要求像列国一样有一个王治理他们,然而却不是打算背离对他们的王——上帝的敬拜;他们是对撒母耳的儿子办事不公感到失望,要求有一个王为他们审理世俗案件,而不是要让国王改变由摩西在他们之中宣教建立(他们自认为如此)的宗教。所以他们就老是保留着一个法律或宗教方面的口实,以便在他们有希望得势时摆脱从属关系。百姓请求立王,撒母耳不悦(因为上帝已经是他们的王,而撒母耳则只是在上帝之下具有统治权),但当扫罗不听他的话根据上帝的命令去杀亚甲时[①],撒母耳就行膏礼另立大卫为王,从扫罗的继承人手中把王位继承权接过来。罗波安不是偶像崇拜者,但当人民认为他欺压百姓时,这一世俗问题的口实就使十个支派叛离他而归于偶像崇拜者耶罗波安[②]。一般说来,在犹太和以色列人诸王的全部历史中,都有先知始终管制着国王侵犯宗教的事,有时也管制其国政的失误。比如《历代志下》(第xix章第2节)中便记载先知耶户谴责约沙发王帮助以色列王攻打叙利亚人。《以赛亚书》(第xxxix章,第3—7节)中记载以赛亚谴责希西家王把财物给巴比伦使者看。根据这一切看来,政治与宗教的权力虽然全都操在国王手中,但除开由于自己天赋特厚或享有至福因而福泽逾恒的人以外,在运用这两种权力时没有不受辖制的。因此,从这些时期的实际情形看来,我们并不能得出任何论点说明宗教的最高权力不操在国王手中;除非是认为这种权力存在于先知手中,并作出结论说:由于希西家在天使像之前向上帝

---

① 据《撒母耳记》记载,上帝命扫罗遇到亚玛力人时应将其人畜全部杀绝,扫罗却留下上等牲口,并怜惜其王亚甲而未杀,于是上帝命撒母耳膏大卫为王。——译注
② 事见《列王记》上第ii章。——译注

祷告，当时没有从天使像那里得到回答，后来是由先知以赛亚作了回答，所以以赛亚便是教会的最高首领；或者说，由于约西亚关于律法的书问了女先知户勒大，因之除了户勒大外他和大祭司便都对宗教事务不具有最高权力。这种看法我认为任何圣师都不会有。

犹太人在巴比伦被虏时根本没有国家。回来后虽然和上帝重新立了约，但却没有应许服从以斯拉或任何其他人；不久之后他们就成了希腊人的臣民（他们的宗教在希腊人的风俗和魔鬼学以及希伯来神秘哲学教义的影响下大为腐败），其情形使人从当时政治和宗教两方面的紊乱局面中看不出任何有关这两方面的最高权力谁属。因此，就《旧约》来说，我们便可以作出这样一个结论：任何人在犹太人中具有国家主权时，在上帝的外在敬拜事务方面也具有最高权力，并代表上帝，也就是代表上帝圣父；只不过在上帝没有派他的独生子耶稣基督降人世，为人类赎罪，将其带入永存不朽的天国并永远得救以前，上帝并不称为圣父。关于这一点我们将在下章中加以讨论。

第四十一章　论我们神圣救主的职分

我们在圣经中看到，弥赛亚的职分共分三部分，第一是赎罪者或救主的职分；其次是牧者、劝谕者或宣教者的职分，也就是上帝派来使其选入救恩的选民皈依的先知者的职分，第三是国王或永恒的国王的职分，但却是在天父之下为王，正和摩西以及诸大祭司在各人的时期中的情形一样。与这三部分职分相应的有三个时期。为我们赎罪是在他第一次降临的时候牺牲了自己而实现的，那次他为我们的罪在十字架上贡献了自己的生命。使我们皈依于主的工作在当时由他自己进行了一部分，现在还有一部分由代理他的教士进行，而且将一直继续到他重临人世时为止。在他重临人世以后则将开始他对选民的荣耀的统治，这种统治将永不衰替。

在赎罪者（就是为我们的罪付赎价的人，而这种赎价就是死）的职分上，他像上帝所要求的那样牺牲了自己，因而担当并带走了我们的罪孽。从严格的正义观点说，一个人虽然没有罪，但他的死并不能补赎所有人的过犯；只是由于上帝的仁慈，才规定了这种在神恩的悯恤中予以接受的赎罪牺牲。在《旧约》中上帝规定（见《利未记》第 xvi 章）每年应当为所有的以色列人赎罪一次，包括祭司和其他人在内。为了这一点，亚伦要单独为自己和祭司们宰杀一头小公牛；至于其他的人，他就要从他们那里接受两头公山羊；其中一头予以宰杀，另一头是替罪的山羊，他要把两手按在羊头上、忏悔以色列人诸般的罪孽，把这些罪全都归在羊的头上，然后派一个适当的人，把它送到旷野里，让它在这儿带着他们一切的罪孽逃逸而去。正如上帝可予接受牺牲一只羊就足以作为全体以色列人赎罪的代价一样；由于上帝并没有要求更多的东西，所以救主的死就足以作为全体人类赎罪的代价。在这儿对救主基督受难的描写，就像在以撒的祭献①或他在《旧约》的任何其他象征一样描写得分明。他一方面是祭献的羊，同时又是替罪的羊；试看《以赛

---

① 据《旧约》记载，以撒的父亲要杀死以撒祭上帝，据传这就是象征耶稣受难。——译注

亚书》(第 liii 章,第 7 节)中就说:"他被欺压,在受苦的时候却不开口,他像羔羊被牵到宰杀之地,又像羊在剪毛的人手下无声,他也是这样不开口。"在这儿他便是祭献的羊。同章(第 4 节)中说:"他诚然担当我们的忧患、背负我们的痛苦。"(在第 6 节中)又说:"上帝使我们众人的罪孽都归在他身上。"这样说来,他便是替罪的羊了。该章(第 8 节)中说:"他从活人之地被剪除,是因我百姓的罪过。"在这儿他又是祭献的羊。此外,(在第 11 节中)又说:"他要担当他们的罪孽。"于是他便又是替罪的羊。因此,上帝的羔羊便相当于这两只羊(祭献在于他的死,而担当着罪逃去则在于他的复活),他被天父适时地接上天,并在其升天中从人类的住处移去。

由于赎罪的人在未作出补赎或付出赎价以前对于所赎的东西并没有权利,而上述的赎价则是赎罪者的死,所以我们就显然可以看出:我们的救主作为一个人而言,在他受难而死以前,也就是当他在地上肉体转化时,就不能成为他所赎的人的王。我的意思是说,当时他不能由于信徒在受洗中和他立的约而成为现世的王。然而由于他们在受洗中和上帝重新立了约,所以便有义务在他愿意掌管王国时把他当成天父之下的国王服从。由于这一点,救主本人就曾明确地说过:"我的国不属这世界。"(见《约翰福音》第 xviii 章,第 36 节)由于圣经中只提到两个世界:一个是现在的世界,它将一直存在到审判之日,因之这一日也就称为最后的审判日;另一个是审判之日以后出现新天新地时的世界。所以,基督的王国就一直要到普遍复活之后才会开始。我们的救主在《马太福音》(第 xvi 章,第 27 节)中说:"人子要在他父的荣耀里,同着众使者降临。那时候,他要照各人的行为报应各人。"这话所指的就是这事。按照各人的行为报应各人便是执行国王的职务,而这一点却一直要到他在他父的荣耀里,同着众使者降临时才会实现。救主曾说:"即使文士和法利赛人坐在摩西的位上,则凡他们所吩咐你们的,你们都要谨守、遵行。"(见《马太福音》第 xxiii 章,第 2 节)当他说这话时,他便清楚地说明,在那个时候他不把王者的权力归于自己,而归于他们这些人。在下列的话中,他的意思也是一样,他说:"谁立我做你们断事的官给你们分家业呢?"(见《路加福音》第 xii 章,第 14 节)"我来不是要审判世界,乃是要救世界。"(见《约翰福音》第 xii 章,第 47 节)但我们的救主降临今世为的是他将成为未来世界的王和断事的官,因为他是弥赛亚,也就是基督,也就是受膏的祭司和上帝的主权者先知;这就是说,他将具有先知摩西和继任摩西的大祭司以及继大祭司而起的诸王的权力。圣约翰曾明确地说过:"父不审判什么人,乃将审判的事全交与了。"(见同处第 v 章,第 22 节)这话和前一处地方所说的"我来不是要审判世界"并不矛盾,因为前一句话说的是当时的世界,后一句话说的是未来的世界。《马太福音》(第 xix 章,第 28 节)所说的也是这样,那儿讲,基督第二次降临世界时,"你们这些跟从我的人,到复兴的时候人子坐在他荣耀的宝座上,你们也要坐在十二个宝座上,审判以色列十二个支派。"

这样说来,如果基督在地上的时候并没有王国在这世界,那么他第一次降临人世又是为了什么目的呢? 这是为了立一个新约,使原先由于《旧约》属于上帝,后来又由于以色列人选扫罗为王背叛上帝而切断关系的王国复归于上帝,为了这一点,他要向他们宣讲他是弥赛亚(即诸先知许应他们的王)的道理,并贡献自己的生命,为那些由于信仰而服从弥赛亚的人的罪而牺牲;如果这民族竟至普遍拒绝他的话,他就要使外邦人中相信他的人服从他。所以当救主在人世时,便具两重职责,一重是宣告自己是基督,另一重是通过宣教和行奇迹劝服人们,并使他们准备好实现一种生活,以便当他在威严中降临、掌管他父的国时,无愧于信徒所享受的永生。因此,他自己往往把他传道的时期称为复兴;正式说来这并不是一个王国,人们不能以此为根据拒绝服从当时在任的长官(因为他曾命令人们服从当时坐在摩西位上的人,并对恺撒进贡);这只是对于那些蒙上帝神恩成为他的门徒并信他的人提出的关于未来天国的预兆。由于这一原因,虔诚信神的人便被说成是已经处在神恩的王国之中,因为他们已经归化于这一天神所辖的国了。

所以,到那时为止,基督所行和所教的事中,并没有一桩是削弱犹太人和恺撒的世俗权利的,因为就当时犹太人的王国来讲,不论是统治者还是被统治者,都在盼望着弥赛亚和上帝国;这件事,如果法律(在他降临人世时)禁止他宣告并说明自己的身份,他们是不可能那样做的。因此,既然他只是通过宣教和奇迹尽力证明自己就是那个弥赛亚,他便没有做任何违反他们的法律的事。他自己声称自己具有的王国是在另一个世界之中,他叫所有的人服从当时坐在摩西位上的人,让他们向恺撒代他纳捐,并拒绝成为审判者。这样说来,他的言行又怎么可能是煽动性的、并有推翻他们当时的世俗政府的倾向呢?但由于上帝已经决定让他牺牲,以便使他的选民复归于原先立约规定的从属关系,并作为实现这一意图的手段,而利用了他们的恶意与忘恩。这也不违反恺撒的法律。

第四十一章 论我们神圣救主的职分

因为彼拉多本人虽然为了叫犹太人欢喜才把他交出来钉死在十字架上；但他事先却公开声言他查不出这人有什么罪来。而且在写定罪的名号时，并没有像犹太人所要求的那样写成"他自己说我是犹太人的王"（见《约翰福音》第 xix 章，第 21 节）而是简单地写成"犹太人的王"（见同章第 19 节）；他们虽然鼓噪叫喊，他却拒绝改动，并说"我所写的、我已经写上了"（见同章第 22 节）。

他的第三重职分则是做王，关于这一点，我已经证明，他的王国在复活以前不会开始。但到那时，他却不单是以上帝的身份为王，同时也由于他自己的选民在洗礼中与他立的约而特别成为他们的王；在前一种意义下说来，他在当时便由于自己的全能而已经成为、并且永远都是全大地的王。所以救主便说"当人子坐在他荣耀的宝座上"时，他的门徒"也要坐在十二个宝座上、审判以色列十二个支派"（见《马太福音》第 xix 章，第 28 节）。这句话的意思是说：那时他将以他的人性为王。此外又说："人子要在他父的荣耀里，同着众使者降临。那时候，他要照各人的行为报应各人。"（《马太福音》第 xvi 章第 27 节）而《马可福音》（第 xiii 章，第 26 节、第 xiv 章第 62 节）中也有类似的记载，《路加福音》（第 xxii 章，第 29、30 节）中关于时间问题说得更为明显："我将国赐给你们，正如我父赐给我一样。叫你们在我国里，坐在我的席上吃喝，并且坐在宝座上，审判以色列十二个支派。"从这话里我们可以看得很清楚，他父指派给他的王国不会出现在人子在荣耀里降临、并让他的门徒审判以色列十二支派以前。但人们在这儿也许会问，天国里既然没有婚姻，那时人们是不是会有吃喝呢？这儿的吃所指的又是什么呢？关于这一点，我们的救主作了说明，他在《约翰福音》(第 vi 章,第 27 节)里说:"不要为那必坏的食物劳力,要为那维持①永生的食物劳力,就是人子要赐给你们的。"所以在基督桌上吃的是生命之树的果,也就是在人子的王国里享受永生。根据以上各段和许多其他地方看来,救主的王国显然将由他的人性进行治理。

此外,他那时为王,也将是臣属于天父、作为天父的代治者,正如摩西在旷野中的情形一样,也和扫罗为王之前的大祭司以及其后诸王的情形相同。因为关于基督的预言中有一这样的话:他在职分上将和摩西一样,《申命记》(第 xviii 章,第 18 节)记述上帝的话说:"我必在他们弟兄中间,给他们兴起一位先知像你,我要将当说的话传给他。"这种类似于摩西之处,在我们救主住在地上时的行为中也可以看出来。正如摩西选十二支派族长在他统属下进行治理一样,救主基督也同样选十二门徒,让他们将来坐在十二宝座上审判以色列十二支派。摩西曾准许七十长老受圣灵并向百姓作预言,也就是如同我在前面所说的,以神的名向百姓说话;我们的救主基督也同样任命七十门徒向万国宣讲他的国和救恩。有人向摩西抱怨七十长老之中那两个在以色列营中作预言的人时,他为他们辩解说,他们这样做是有助于他治理百姓的;同样的情形,当圣约翰向我们的救主诉说有一个人奉他的名赶鬼时,他为这事辩解说:"不要禁止他,因为他不敌对我们,而是帮助我们的。"(见《路加福音》第 ix 章,第 50 节)

---

① 根据韦氏字典以及下文意义,原文"that meat which endureth unto everlasting life"显然应当译成"维持永生的食物",通行译本有误,兹更正。——译注

第四十一章 论我们神圣救主的职分

此外，我们的救主允许为进入天国和纪念天父将选民从他们的悲惨状况中拯救出来这两点制定圣礼，也和摩西相似。正如以色列的子民在摩西的时代以前以割礼为他们被接纳进入上帝国的圣礼（后废于旷野中，至加南福地后马上又恢复）一样；犹太人在我们的救主降临以前也有洗礼，那便是用水洗一切皈依以色列之神的外邦人。这种礼，施洗约翰在接受所有将自己的名归于基督（他曾宣讲，基督已经降临人世）的人时就用了，我们的救主也规定洗礼是所有信他的人所要举行的圣礼。洗礼最初是怎样产生的在圣经中没有正式说明，我们也许可以认为这是模仿摩西关于麻风病的律法而来的，其中指令将害这种病的人置于以色列的营外过一定的时期，其后如果祭司认为已经洁净时，就可以举行一次圣洗，然后准许他们入营。因此，这就可能是洗礼中洗涤的一种象征，其中以信仰洗去了"罪孽的麻风"的人便通过洗礼之仪，被接纳入教会。还有人根据外邦人在一种罕见的情形下所举行的仪式作了另一种猜测；这就是当人们认为已经死去的人碰巧复活后，除非他像初生的婴儿洗去胎中带来的污秽一样受一次洗濯，然后被自己人接纳以前，旁人和他打交道时却有顾忌，正像怕和鬼打交道一样，这就是一种新生。这仪节是希腊人在犹太人处于亚历山大大帝和他的希腊继承者统治下时所行的一种仪节，很可能潜入了犹太人的宗教之中。但由于我们的救主不可能容忍一种异教徒的仪式，所以洗礼最可能的情形是从害麻风病后举行的法定洗濯仪式中产生的。至于另一种圣礼——吃逾越节羔羊，则在圣餐的圣礼中显然模仿了；其中掰饼（撕面包）和倒酒使我们不忘记自己由于基督的受难而从罪的悲惨状况中被拯救出来，正像吃逾越节羔羊使犹太人不忘记自己从埃及的奴役中被拯救出来一样。既然摩西的权力只是从属的权力,他既然只是上帝的代治者,我们便可以作出一个推论说:基督在人性上的权力也只会像摩西一样从属于他父的权力。这一点在基督教我们做的祈祷——"父阿,愿你的国降临"以及"国度、权柄、荣耀全是你的"中,在"他将在他父的荣耀里降临"这句话中,在圣保罗所说的"末期到了,基督就把国交与父上帝"(见《哥林多前书》第 xv 章,第 24 节)这句话中,此外还有许多其他十分明显的地方都说得更为清楚。

因此,我们的救主在宣教和为王时,便像摩西一样是代表着上帝的人格;这个上帝从那个时候起才称为父,以前并没有这样;作为同一实体,由摩西代表的是一个人格,由他的儿子基督代表的是另一个人格。由于人格是相对于代表者的一种关系,代表者既不止一个,所以人格虽然同属于一个实体,但却不止一个。

第四十二章 论教权

为了了解教权是什么,以及操在谁手中,我们就要把救主升天后的时期分成两段;第一个时期是国王和具有世俗主权的人皈依基督教之前的时期,第二个时期是他们皈依之后的时期。因为在基督升天以后很久还没有任何国王或世俗主权者皈依并公开承认基督教的教义。

在中间这一段时期中,教权显然操在使徒手里,继他们之后则操在受他们所任命去传布福音、使人皈依基督教、并指导皈依于救恩之道者那些人手中;继这些人之后则又操在这些人所任命的人手中,任命时是按手于被任命者的头上,这意味着将圣灵或上帝的灵赋予他们任命来发展上帝国的人。这样说来,按手礼就是肯定宣传耶稣基督并宣讲他的教义的使命。用按手礼赐予圣灵,便是模仿摩西的做法,因为摩西对他的代治者约书亚也用了同样的仪式。我们在《申命记》(第 xxxiv 章,第 9 节)中看到:"摩西曾按手在嫩的儿子约书亚的头上,约书亚就被智慧之灵充满。"于是我们的救主在复活之后和升天之前将他的灵赐予使徒的方式首先便是"向他们吹一口气,说你们受圣灵"(见《约翰福音》第 xx 章,第 22 节)。在升天之后则是向他们刮"一阵大风、又有舌头如火焰"(见《使徒行传》第 ii 章,第 2、3 两节),而不是行按手礼,因为上帝也没有对摩西行按手礼;后来他的门徒才行按手礼传渡这一圣灵,就像摩西对约书亚所做的那样。根据这一点就可以清楚地看出,最初没有任何基督教国家的时候,教权究竟连续地存在于谁手中;这就是存在于相继行按手礼,从使徒手中继承这一权力的人手中。

在这儿我们就看到上帝的人格第三次被代表。因为如同摩西和大祭司在《旧约》中是上帝的代治者,救主基督本身作为人在世上时也是上帝的代治者一样;圣灵——在宣传和布道的职位上接受圣灵的使徒以及他们的继任者,在救主基督之后一直代表着上帝。但正像我在前面第十三章[①]中所说过的,人格是被代表的人,而且每当被代表时就是人格。这样说来,被代表三次(也就是人格化三次)的上帝便可以完全恰当地说成是三个人,虽然圣经中并没有把人格和三位一体这两个词用在他身上。诚然,圣约翰曾经说

---

① 按应为第十六章。——译注

过:"作见证的原来有三,就是圣灵、水与血,这三样也都归于一。"(见《约翰一书》第 v 章,第 7 节)但就人格的本义(即由第二者代表的对象)来说,这和三个人格的说法并不矛盾,而是刚好相符合;因此,圣父由摩西代表时是一个人格,由他的儿子代表时是另一个人格,由使徒以及根据使徒所传权力传教的教父们代表的则是第三个人格;然而这儿的每一个人格都是同一个上帝的人格。但人们在这儿也许会问道,这三者所见证的究竟是什么呢?于是圣约翰便告诉我们说,所见证的是:"这永生也是在他儿子里面。"(见《约翰一书》第 v 章,第 11 节)同时,如果有人问这证据表现在什么地方呢?这问题倒容易答复,因为上帝已经通过首先由摩西,其次由他的儿子本身,最后由接受了圣灵的基督门徒所行的奇迹证明了这一点。以上三者在各自的时代都代表着上帝的人格,或是作预言,或是宣传耶稣基督。至于使徒,在最初十二个大使徒身上典型职分是为耶稣的复活作见证,这一点在《使徒行传》(第 i 章,第 21 节与第 22 节)中说得很清楚;其中记载圣彼得作为一个新门徒将被选出代替加略人犹大的地位时曾说过这样一段话:"从约翰施洗之日起,直到救主离开我们被接上升天的日为止,必须从那常与我做伴的人中,立一位与我们同作耶稣复活的见证。"这几句话就解释了圣约翰所提到的"作见证"的说法。在同一个地方又提到地上的另一个三位一体(三样归一)的见证,因为他曾说:"作见证的原来有三,就是圣灵、水与血。这三样也都归于一。"(见《约翰一书》第 v 章,第 8 节)这就是圣灵以及洗礼与圣餐两种圣礼等三种神恩,它们配合起来成了一个证据,保证信徒们对永生的内心认识。关于这一证据,他曾说:"信神的儿子的就有这见证在他心里。"(见

第10节)在这地上的三样归一(三位一体)中,一体性不存于事物方面,因为圣灵、水和血本不是一种实体,只不过他们所提供的是同一证据。但在天上的三位一体中,人格是同一上帝的人格,只是在三个不同的时间和机会上被代表而已。总起来说,三位一体的教义,就其可以从圣经上直接推论出的意义来看,主要内容是这样:上帝永远是同一个,他就是摩西所代表的人格,他的儿子降生为人所代表的人格,以及基督的门徒所代表的人格。由使徒代表时,他们借以说话的圣灵是上帝;由他的儿子(神与人两位合一)代表时——圣子也是这个上帝;由摩西和大祭司代表时——圣父(即主耶稣基督的父)还是这个上帝。根据这一点我们就可以推论出,为什么圣父、圣子、圣灵这三个词,就其神性的意义而言,在《旧约》中从未用过;因为三者都是人格,名称来自被代表这一点,而这一点唯有在不同的人代表了上帝的人格,在上帝之下进行了统治和管辖以后,才可能出现。

这样我们就可以看出教权是怎样由我们的救主传给使徒的,怎样为了使他们能更好地运用这一权力而降圣灵在他们身上;因此,圣灵在《新约》中便称为训慰师,意思就是扶助者,也就是被招来进行帮助的,只是通常却译为保惠师。现在让我们讨论一下这权力本身,看看它本身是什么,究竟是对谁行使的。

贝拉民主教在其第三次总辩论中曾讨论了许多有关罗马教皇的教权的问题,开始时谈的是这教权究竟应当是君主制的、贵族制的还是民主制的。这三种权力都是主权,是强制性的权力。如果事情现在已经清楚,我们的救主并没有将强制权力传给他的门徒,所传的只有这样一种权力,即宣告基督的国,劝人服从基督的国,以戒条和劝谕教示服从者,要怎样做才能在天国降临时被接纳进入天国;同时如果现在已经清楚,使徒和其他传福音的教士都是我们的教师而不是我们的管辖者,他们的戒条都不是法律而只是有益劝谕;那么这位主教所提出的辩论便全都是空话了。

在上一章我已经证明,基督的国不在今世;因之,代他传道的人除非是国王,否则就不能以基督的名要求人们服从。因为如果至高的王的君尊之权不在今世,那么他的臣属官员又有什么权利要求人们服从呢?救主基督曾说:"我的差遣你们,犹如天父的差遣我。"但我们的救主被差遣来是劝谕犹太人复返他父的国,并劝导外邦人接受他父的国。在审判之日来到以前,并不作为他父的代治者在威严中为王治理百姓。

从基督升天起到普遍复活止这一段时期,被称为复兴的时期,而不称为基督为王的时期,这就是人们对审判之日基督在荣耀里第二次降临人世的准备,这一点从我们救主的话中就可以看出:"你们这些跟从我的人,到复兴的时候,人子坐在他荣耀的宝座上,你们也要坐在十二个宝座上"(见《马太福音》第 xix 章,第 28 节),圣保罗也说:"又用平安的福音,当作预备走路的鞋穿在脚上。"(见《以弗所书》第 vi 章,第 15 节)

这一问题我们的救主还比之于钓鱼,意思就是不以强制和惩罚使人服从,而以劝说使人服从。因此,他便不叫他的门徒成为许多宁录①,也就是成为许多猎捕人的猎人,而要成为许多钓人的渔人。同时他还曾为此设过面醉和播种的比喻,以及芥菜种子长起

---

① 据《创世记》记载,宁录是一个英勇的猎户。——译注

来的比喻①。所有这些比喻都排斥了强制，所以在那个时候便不可能有实际的统治存在。代耶稣布道的人是传布福音，也就是宣告基督，并为他的第二次降临作准备，正像施洗约翰传布福音是为他第一次降临作准备一样。

此外，基督的使者在今世的职务是使人相信并信仰基督，但信仰既不依靠强制或命令，也与之无关；它所依靠的只是从理性中，或从人们已经相信的事物中所引出的论点的肯定性或可能性。因此，基督的使者在今世根据这一名义根本无权惩罚不相信或反对他们的说法的人。我的意思是说，他们根据基督使者这一名义无权惩罚这些人。但他们如果根据政治制度具有世俗主权，那么有任何反对他们的任何法律的行为，他们都当然可以依法予以惩治。圣保罗谈到他自己和其他当时传布福音的使者时说："我们并不是管辖你们的信心，乃是帮助你们的快乐。"（见《哥林多后书》第 i 章，第 24 节）

从基督遗留给信基督的与不信基督的一切国王的合法权柄可以得出另一论点，说明基督的使者在今世无权发号施令。圣保罗说："你们做儿女的，要凡事听从父母，因为这是主所喜悦的。"（见《歌罗西书》第 iii 章，第 20 节）又说："你们做仆人的要凡事听从你们肉身的主人，不要只在眼前事奉，像是讨人喜欢的，总要存心诚实敬畏主。"（见同章第 22 节）这话是对不信基督的人的仆人说的，

---

① 据《马太福音》第 xiii 章等处记载，耶稣曾设谕讲明听道和天国的情形：他把道比成面酵说它放在面里就会发起来；并把听天国的道理比成播种，播在石头和荒草里的长不起来，播在田地里的可以收十百倍的果实；他说天国像芥菜种，原形最小，长大后最大，飞鸟要来宿在它的枝上。——译注

但他却叫这些仆人凡事都要听从。此外关于服从国王的问题,他曾劝告人们服从在上有权柄的,他说:"在上有权柄的,人人当顺服他。因为没有权柄不是出于上帝的,凡掌权的都是上帝所命的。你们必须顺服,不但是因为刑罚,也是因为良心。"(见《罗马书》第 xiii 章,第 1—6 节)圣彼得也说:"你们为主的缘故,要顺服人的一切制度,或是在上的君王,或是君王所派罚恶赏善的臣宰。因为上帝的旨意原是要你们行善,可以堵住那糊涂无知的人的口。"(见《彼得前书》第 ii 章,第 13—15 节)保罗又说:"你要提醒众人,叫他们顺服做官的、掌权的、遵他的命。"(见《提多书》第 iii 章,第 1 节)圣彼得和圣保罗在这儿所说的君王和在上有权柄的,都是不信基督的人;这样说来,上帝指派基督徒来掌握主权、统治我们,我们就更应当服从了。因此,任何基督的使者命令我们做出的任何事情,如果违抗了自己国家的国王或其他代表国家的主权者的命令,而我们又正是仰望这种主权者来保护我们,试问我们又有什么义务要服从基督的使者呢?由此看来,事情就很明显了:基督在今世的使者,除非是同时具有世俗权力,否则基督便没有遗留给他们任何统辖他人的权柄。

有人也许会提出反对意见说,如果国王、元老院或其他主权者禁止我们信基督,那又怎么办呢?关于这一问题我的答复是:这种禁止是没有用的,因为信与不信不能由人家命令决定。信仰是上帝的赐予,人无法通过应许报偿而加之,或通过刑罚威胁而夺之。要是进一步问,如果依法在位的国王命令我们亲口说我们不信,那又怎么办?我们是不是必须服从这种命令呢?口头的宣布只是表面的,正像我们表示服从的其他姿态一样;在这一方面,心中坚守基督信仰的基督徒具有先知以利沙准许叙利亚人乃缦所具有的同样自由。乃缦在心中已经皈依了上帝，因为他说："从今以后，你们的仆必不再将燔祭或平安祭献与别神、只献给上帝。唯有一件事，愿上帝饶恕你仆人，我主人进临门庙礼拜之时，另一仆人扶我而行，我向临门庙叩拜的时候，我用手搀他在临门庙，我也屈身，我在临门庙屈身的这件事，愿上帝饶恕我。"（见《列王记》下篇第 v 章，第 17 节）这一点先知同意了，叫他"平平安安地回去"。在这方面，乃缦在心中是信的；但他向临门庙的偶像叩拜时，其效果就是否认真神，正像他在口头说出这话一样。那么关于救主的下一句话，我们又怎样答复呢？"凡在人面前不认我的，我在我天上的父面前也不认他。"关于这一问题我们可以说，像乃缦那样一个臣民所做的任何事情，都是为了要服从他的主权者而被迫做出的；他不是为了自己的心，而是为了国家的法律做出的；这行为不是他的，而是他的主权者的；他在这种情形下也没有在人面前不认基督，而是他的统治者和他国家在人面前不认基督。如果任何人攻击这种说法，说他跟真诚无瑕的基督教义相抵触，那我就要问他：假定在基督教体系的国家里有任何臣民内心里相信伊斯兰教，而他的主权者却命令他到基督教的教会里去做礼拜，否则处以死刑；那么他是不是认为这伊斯兰教徒良心上有义务为这一原因而死，而不应当服从他那依法君临天下的君主的命令呢？他如果说这人应当死，那他就是授权给所有的平民，不论自己的宗教真假如何，都可以为了维护自己的宗教而不服从君主。如果他说应当服从，那他就是行之于己而拒之于人，违背了救主所说的"你愿意人家怎样待你们，你们也要怎样待人"（见《路加福音》第 vi 章，第 31 节）这句话。同时他也违背了"己所不欲,勿施于人"的自然律,这无疑是永恒的神律。

那么关于我们在教会史中读到的那些没有必要地丢掉了性命的殉道者又怎么说呢?作为这一问题的答复,我们必须对由于这一原因而死的人加以区别,其中有些人受了天命传道,并公开宣告基督的国;另一些人则没有受这种天命,要求于他们的只是他们自己的信仰而已。前一种人如果为了对基督复活这一点作见证而被处死,那便是真殉道者,因为就殉道者一词的正确定义说来,这种人就是救主耶稣复活的见证者;然而除开在地上曾与耶稣面谈、在耶稣被接上升后又曾见过耶稣的人以外,再没有任何人能成为这种见证人。因为一个见证人必需亲眼见过他作证的事,否则他的证明就不可靠。从圣彼得的下一段话中也可以清楚地看出,除开这种人以外,没有人能正式称为基督的殉道者:"所以主耶稣在我们中间始终出入的时候,就是从约翰施洗起,直到主离开我们被接上升的日子为止,必须从那常与我们作伴的人中,立一位与我们同做耶稣复活的殉道者(即见证者)。"(《使徒行传》第ⅰ章,第21、22节)从这里我们可以看出,要为耶稣复活这一真理作见证的人,也就是要为耶稣是基督(救主)这一基督教基本信条的真理作见证的人,必须是曾经和他面谈,在复活前后都曾见过他的某个门徒,因之也就必然是他的一个亲传弟子。不属这种情况的人所能作的见证便只是前人这样说了,因之也就只是旁人的证明的见证者,只是次级的见证人,或基督的见证者的见证者。

一个人如果为了维护他自己从救主生平史迹以及使徒行传或使徒书信中所引申的一切说法,或是为了维护他根据一个普通平民的权威而相信的一切道理，以致反对世俗国家的法律与权力，他便远远不是一个基督的殉道者，也远远不是他的殉道者的殉道者。只有为了一个信条而死才配得上这样光荣的称号，这信条是：耶稣是基督；这就是说，他为我们赎了罪，并将再度降临使我们得救，还要在他荣耀的王国里使我们永生。为了教士争权夺利的任一信条而死，都是没有必要的；使一个人成为殉道者的也不是见证者的死，而是证明本身。因为这个字除了指作证的人（不管他是否因作证而被处死）外，别无其他意义。

同时，不是被差遣来传扬这一基本信条，而只是自动去传扬的人，也是见证者。因之，他要不是直接做基督的见证者，便是间接做基督的使徒、门徒或其继任者的见证者。虽然如此，他并没有为这事而死的义务。因为他并没有奉召像这样做，所以并不要求他为此而死；如果他从没有差他来做这事的人那里想要得到报偿而没有得到，他也不应当抱怨。这样说来，任何没有经过授权去传扬基督以肉身降临这一教义的人，也就是没有被差遣来使不信者皈依的人，都不能成为第一等或第二等的殉道者。因为对于已经信、因而无需作见证的人说来，谁也不能成为见证者；唯有对于否认、怀疑或没有听见过的人说来才能成为见证者。基督只差遣他的使徒和七十门徒，并赋予他们以权力，使之传道，而没有差遣所有的信徒。同时他差遣他们是到不信的人中去，他说："我差遣你们去，如同羊进入狼群。"而不是如同羊进入另一个羊群。

最后，福音中明确载明了他们的各点使命，其中没有一点包含着任何统辖会众的权力。

我们首先见到的是十二使徒被差遣到"以色列家迷失的羊那

里去",并受命传扬"天国近了"(见《马太福音》第 x 章)。传道一词的原意是传告公事的人、传会官或其他官员公开宣布国王登基的讯息时通常所做的事。但一个传告公事的人并没有权力统辖任何人。《路加福音》(第 x 章,第 2 节)中说,七十门徒被差遣出来应该像"庄稼的工人,而不像做庄稼的主人",他们被命令去说:"天国临近你们了。"(见同章第 9 节)这儿所说的天国不是神恩的国,而是荣耀的国。因为他们曾受吩咐要警告那些不接待他们的城,宣告说:"所多玛所受的比那城还容易受呢。"在《马太福音》(第 xx 章,第 28 节)中,我们的救主告诉他那两个争座位先后的门徒说,他们的职分是做用人,"正如人子来,不是要受人服事,乃是要服事人。"因此,传道者便只有服事人之权,没有辖治人之权。我们的救主说:"你们不要受师尊的称呼,因为只有一位是你们的师尊,就是基督。"(见《马太福音》第 xxiii 章,第 10 节)

他们的使命中还有一点是去教导万民(见《马太福音》第 xxvii 章,第 19 节),或"往普天下去,传福音给万民听"(见《马可福音》第 xvi 章,第 15 节)。因此,教导和布道便是同一回事。因为宣布王降临的人,如果要叫人服从这王,就必须同时使人知道他是根据什么权利降临的,就像圣保罗对帖撒罗尼迦的犹太人所做的一样:"一连三个安息日,本着圣经与他们辩论,讲解陈明基督必须受害,从死里复活,又说:我所传与你们的这位耶稣,就是基督。"(见《使徒行传》第 xvii 章,第 2、3 两节)但根据《旧约》教导耶稣是基督(也就是王)并从死里复活的道理,并不等于说人们在相信之后就必得服从教导这一道理的人,违抗他们主权者的法律与命令,而只是说,他们应当采取明智的举动,具有耐心和信仰,服从今世的统治者，等待日后基督的降临。

他们的使命中另外有一点是奉圣父、圣子与圣灵之名施洗。什么是施洗呢？那就是浸到水里。但以任何名义把人浸到水里又是什么意思呢？这几个说明施洗一词的字意义是这样：受洗的人被浸到水里或用水洗濯，是作为变成一个新人并成为上帝忠实的臣民的象征——上帝的人格在古时当他做犹太人的王的时候，由摩西和大祭司代表；同时他也要成为既是人又是神的耶稣基督——上帝的儿子的忠实臣民——耶稣曾为我们赎罪，并将于复活后，在他永恒的天国里，以他的人性代表他父的人格；此外他还要承认使徒的教义——使徒得到圣父与圣子的灵的帮助，留下来作为指导者，把我们带进天国，他们的指引是进入天国唯一而又可靠的道路。这就是我们在洗礼中所作的许诺，地上主权者的权力在审判之日以前不会被取消，因为这一点已经由圣保罗明确地肯定了，他说："在亚当里众人都死了。照样，在基督里众人也都要复活。但各人是按照自己的次序复活。初熟的果子是基督。以后在他来的时候，是那些属基督的。再后末期到了，那时，基督既将王国和圣父交给了神，一切执政的、掌权的、有能的，都毁灭了。"显然，我们在洗礼中并没有制定另一种权力来管辖我们在今生的外在行为，而只是许诺将使徒的教义当成走向永生之道的指南。

赦免与保留罪的权力，也称为捆绑与释放的权力，有时则称天国的钥匙；这是根据施洗与拒绝施洗的权力而来的，因为洗礼是将要被接纳进入天国的人表示效忠的圣礼，所谓进入天国就是进入永生，也就是赦罪；因为永生曾由于人犯罪而失去，于是便会由于赦免人的罪而恢复。施洗的目的就是赦罪。所以当那些在圣灵降临节听了圣彼得的讲道而皈依基督教的人问他应当怎样办时,他对他们说:"你们各人要悔改,奉耶稣基督之名受洗,叫你们的罪得赦。"(见《使徒行传》第ⅱ章,第38节)由于施洗就是宣布接受人们进入天国,而拒绝施洗则是宣布排斥在天国之外,所以宣布排斥在天国之外和保留在天国之内的权力便赋予这些使徒以及其代理人与继承人了。于是我们救主向他们吹一口气并说出"你们受灵"(见《约翰福音》第xx章,第22节)这话之后,在下一节中接着就补充说:"你们赦免谁的罪,谁的罪就赦免了,你们留下谁的罪,谁的罪就留下了。"这几句话并没有授予他们一种权力,让他们可以像知道人的内心和知道他们悔罪与皈依的真相的上帝那样纯粹而绝对地赦罪或保留罪,而只是有条件地为悔罪者这样做。如果被解罪的人只是假装悔罪,那么无需解罪者说任何其他的话或做任何其他行动,就会因此使这种赦罪或解罪成为无效;对获救不起作用,而且与此相反,还会加重他的罪。因此,使徒和他们的继承者便只能根据外表的悔罪表现行事;有这种表现,他们就无权拒绝解罪,而没有这种表现时,他们就无权为之解罪。这一点在洗礼中也要遵守,因为对于一个已经皈依基督的犹太人和外邦人,使徒并没有权力拒绝施洗,也没有权力为不悔罪的人施洗。由于任何人对旁人悔罪的真相,除了根据从这人的言行中所得到的外在表现来加以辨别外,别无他法,而这表现又是可能作伪的,于是就会产生另一个问题:究竟派谁来当这种表现的审断者呢?这一问题已由我们的救主亲自决定了,他说:"你的弟兄倘若对你犯过错误,你应该亲自劝告他,倘若他能够听从你的劝导,你可以多得一个弟兄。倘若他不听从你的劝解,应该一而再,再而三劝告他。倘若他还是不听从，你就可以向教会申诉他，倘若他还是倔强不听劝导，就可以把他做异邦人或罗马税吏看待。"根据这些话就可以显然看出，判断悔罪的真相的权力不属于任何个人，而属于教会，也就是属于信徒的会，或属于有权代表他们的人。但除开判断之外，还必须宣告判词，这事永远归使徒或充当宗教会议主席的牧师掌管。关于这一点，我们的救主说："凡你们在地上所捆绑的，在天上也要捆绑。凡你们在地上所释放的，在天上也要释放。"(见《马太福音》第 xix 章，第 18 节)圣保罗的做法也和这相符合，他说："我的身子虽不在你们那里，心却在你们那里，好像我亲自与你们同在，已经判断了行这事的人。就是你们聚会的时候，我的心也同在，奉我们主耶稣的名，并用我们主耶稣的权能要把这样的人交给撒旦。"(见《哥林多前书》第 v 章，第 3、4、5 节)这就是说，把他当成没有得到赦罪的人逐出教会。这儿是由保罗宣布判词，但由于保罗当时不在场，所以首先要由宗教裁判会议听审，然后根据结果来定罪。在同章(第 11、12 两节)中，这种情况下裁判却更明显地被归之于教会，其中说："如今我写信给你们说，若有称为弟兄是行淫乱的……这样的人不可与他相交，就是与他吃饭都不可。因为审判教外的人与我无干，教内的人岂不是你们审判的么？"因此，将一个人逐出教会的判词是由使徒或牧师宣告的，但关于案件是非的审判则属于教会；也就是说，在君主和具有国家主权的人皈依基督教以前的时代里，由居住在同一个城中的基督徒聚会审断，比如在哥林多就由哥林多的基督徒聚会审断。

将人们逐出天国的这一部分关键的权力，称为开除教籍权。开除教籍在希腊原文中是逐出会堂的意思，也就是逐出行圣礼的地方。这词是从犹太人的一种风俗中得来的,他们把自己认为在言论和生活方式上会使别人受传染的人逐出会堂,就像根据摩西的律法把害麻风病的人从以色列的会众中隔离开,直到祭司宣布这人已洁净时为止那样。

开除教籍权的使用及其效果,在没有得到世俗权力为后盾时,只不过是未被开除教籍的人避免和已开除的人来往而已。把从来不是基督教徒的人称为异教徒是不够的,因为前一种人和异教徒可以共饮食,但和被开除教籍的人就不能如此。这一点从圣彼得在《哥林多前书》(第 v 章,第 9、10 等节)中所说的话里可以看得很清楚。他在这里对那些人说,他原先曾禁止他们"与淫乱的人相交"。但要做到这一点,就除非是离开这个世界,所以他便把这种禁止与之相交的行淫乱或其他方面邪恶的人限于兄弟之中;他说,"这样的人"不可与之相交,"就是与他吃饭都不可"。这话相当于我们的救主所说的:"就看他们像外邦人和税吏一样。"(见《马太福音》第 xviii 章,第 17 节)因为税吏就是包税人和收税人,纳税的犹太人深恶痛绝,以致在他们之中被看成和罪人是同一种人。因此,当我们的救主接受税吏长撒该的邀请时①,虽然只是去使他皈依,但却被人当成一种罪行反对。因此,当我们的救主说了外邦人之后又加税吏这个词时,便是确确实实禁止他们和开除教籍的人一同吃饭。

但要把一个人排斥于会堂或聚会所之外,则除非是那个地方的主人(不论是基督徒还是外邦人),否则没有权力这样做。由于

---

① 据《圣经·路加福音》记载,是耶稣自动到他家里去的。——译注

所有的地方都当然属于国家管辖，被开除教籍的人和从未受洗的人都可以由于世俗长官的授权而进入；例如保罗在未入教以前就曾接受大祭司的指令进入大马色的会堂逮捕男女基督徒并绑赴耶路撒冷（见《使徒行传》第 ix 章，第 2 节）。

由此可以看出，如果一个基督徒在世俗权力当局不支持或迫害教会的地方叛教，那么开除教籍既不能使之在今世受损，也不能使之恐惧未来。其所以不能使之恐惧未来，是因为他们不信教了，至于不能使之受损，则是由于他们因此而回到了世俗的爱顾之中，而在来世的状况也不会比从未信教的人更坏。受损的反倒是教会，这是由于那些被他们驱赶出教，从而可以更加自由地为恶的人，对他们进行攻讦而来的。

因此，开除教籍便只对信徒才有效；他们相信基督将在荣耀里重临人世为王并审判死人和活人，因此，便也会拒绝被保留罪恶的人（即被教会开除教籍的人）进入天国，这就是为什么圣保罗把开除教籍说成是将被开除的人送交撒旦的道理。因为在审判之后，除基督教国以外，所有其他的国都包括在撒旦的国之内。当信徒被开除教籍时，也就是当他们处在罪没有被赦免的状态下时，他们所害怕的正是这一点。根据这种说法，我们就可以理解，为什么在基督教没有得到世俗权力当局承认时，开除教籍的办法只用于纠正品行方面的错误，而不用于见解方面的错。因为这种惩罪唯有信教而且预计基督会重临人世进行审判的人才会感到它的效果，而信这一点的人则无需有其他见解，只要为人正直就可以获救。

还有由于不义行为而开除教籍的问题。比如《马太福音》第 xviii 章中说，倘若你的兄弟得罪你，先要趁着只有他和你在一处的时候指出他的错误来，然后再和见证人一起前去，最后才告诉教会；如果他这时仍然不听从，"就看他像外邦人和税吏一样。"此外也有由于人声名狼藉而开除教籍的问题，如《哥林多前书》（第 v 章，第 11 节）中就说："若有称为兄弟是行淫乱的、或贪婪的、或拜偶像的、或醉酒的、或勒索的，这样的人就是与他吃饭都不可。"但一个人如果保持"耶稣是基督"这一基本信仰，而在其他问题上有分歧意见，这种分歧意见并不会破坏基本信仰，那么在圣经中和使徒的事例中都看不出有什么权力可以将他开除教籍。诚然，圣保罗有一段经文似乎与此相反，他说："分门结党的人，警诫过一两次就要弃绝他。"（见《提多书》第 iii 章，第 10 节）分门结党的人是教会中的一员，然而却传布教会所禁止的某些私人见解。对于这种人，圣保罗劝提多在警诫过一两次之后予以弃绝，但弃绝在这儿并不是把那个人开除教籍，而只是不再警诫他、让他去，不再和他争辩，把他当成孤僻自是的人。这位使徒还曾说："唯有那愚拙无学问的辩论，总要弃绝。"这儿的弃绝（avoid）和前面的弃绝（reject）在希腊原文中都是一个词。但愚拙的问题大可以不开除教籍，只要不予理会就可以过去了。此外，《提多书》（第 iii 章，第 9 节）中也有一句话说："要远避愚拙的辩论。"原文让他去和前面那个弃绝相当。此外，我们并引不出其他似乎言之成理的段落来支持一种做法，把那些相信基本信条、而自有一种特殊的上层结构（可能是出自虔诚和善良的意识）的人开除教籍。相反地，所有指令人们避免这种争论的地方都是写来教导提摩太和提多这类牧者的，叫他们不要去确定每一种小的争论，因而制定新的信条；这样就会使人不得不在良知上增加不必要的负担，或激起他们破坏教会的团结。这种教训使徒们本身是遵守得很好的。圣保罗和圣彼得的争论虽然很激烈(这一点从《加拉太书》第 ii 章第 11 节中就可看出),但却没有互相把对方开除出教会。但在使徒时代也有其他牧者不遵守这一点,比如丢特腓便以孑然自傲这样的问题而将圣约翰本人认为适于接待入教会的人赶出教会(见《约翰三书》第 9 节以下)。在这样早期的时候,虚荣和野心竟然就进入基督的教会中来了。

要使一个人能被开除教籍就必须具有许多条件。第一,他应当是某个团体中的一员,也就是某个合法会众中的一员;或者说,他应当是某个有权对他那开除教籍的问题进行判断的基督教会中的一员。因为在没有团体的地方,不存在开除会籍的问题,而没有审断权的地方,便不存在任何可以下断词的权力。

由此可见,一个教会不能开除另一个教会的教籍。因为两个教会要不是具有平等的权力互相开除教籍,便是其中一个从属于另一个,以致两个教会只有一个发言权;在前一种情形下,开除教籍不是一种惩戒,也不是一种权力行为,而是分裂和友爱的瓦解;在后一种情形下,两者不过是一个教会,被开除教籍的部分便不再是一个教会,而是一群涣散的个人。

由于开除教籍的判决意味着一种劝告,叫人不和被除籍的人往来,甚至不要和他共食,所以如果一个主权君主或会议被开除教籍的话,这种判决便是无效的。因为根据自然法,所有的臣民在主权者要求的情况下,都必需和他来往,并去觐见他,同时他们也不能依法把他从他自己的领域的任何一部分中驱逐出去,不论是圣地还是凡俗之地都一样,他们要离开他的领域也不能不取得他的批准。当他赐以筵宴的荣宠时,就更不能拒绝和他一同进食了。至于其他国王和国家,则由于不是同一会众的构成部分,所以要使他们不与被除籍之国往来,就无需任何其他判决。因为正是这个使许多人结成一个团体的制度本身,就使一个团体和另一个团体分离;所以对于使各个君主和各个国家互不往来这一点来说,开除教籍权是没有必要的,而且除了属于政策本身的性质之外也没有更多的作用,除非是要煽起各君主互相开战。

对于一个服从自己主权者的法律的基督徒臣民说来,不论其主权者是基督徒还是异教徒,开除教籍都没有任何效力。因为,"凡信耶稣是基督的,都是从神而生。"(见《约翰一书》第 v 章,第 1 节)"神住在他里面,他也住在神里面。"(见同处第 iv 章,第 15 节)如果他从神而生,他住在神里面、神也住在他里面,那么人们开除教籍便不能使他受到任何损害。这样说来,相信耶稣是基督的人便不会遭受用来威吓被除籍的人的那一切危险,而不相信这一点的人则不是一个基督徒。因此,一个真实不虚的基督徒是不可能被开除教籍的,表面声称信教的基督徒,当他的虚伪在言行上表露出来以前,也就是在他的行为违反他主权者的法律(这种法律就是行为的准则,基督和他的使徒都命令我们服从)以前,也不可能被开除教籍。因为,除了根据外在的行动,教会就无法判断一个人的行为,而这种外在的行动则除开违反国家的法律以外,不可能是非法的。

如果一个人的父母、师长是被开除教籍的人,不能禁止这种儿童和他们交往,也不能禁止和他们一同进食;儿童既没有办法得到食物,这样做在大多数情形下就等于是强制他们不吃任何东西了。

而且让他们有权不服从父母和师长，也违反使徒的诫命。

总之，开除教籍的权力不能超出救主赋予使徒和教会牧师的使命所要达到的目的，这种目的不能用命令和强制手段来实现，而只能用教诲和指引人们在来世中获救的办法来实现。任何一门学科的师长在学生顽固地不实行他的规则时，都可以抛弃他的学生，但却不能因此而斥责他不义，因为他从没有义务要服从他；同样的道理，一个传布基督教义的教士，当门徒顽固地坚持不合基督教要求的生活时，也可以抛弃这种门徒，但却不能说他们侵害了他，因为他们并没有义务要服从他。对于提出这种抱怨的教士说来，上帝在类似的地方对撒母耳的答复是可以适用的——"他们不是厌弃你、乃是厌弃我。"（见《撒母耳记上》第 viii 章，第 7 节）因此，开除教籍权在没有世俗权力支持时（如一个基督教国家或君主被一个外国权力当局开除教籍时的情形就是这样），就没有效，因之也就应当不具有威慑性。出通功（开除教籍之雷霆）这一名称是由罗马的主教想象出来的；最初用时，意思是说他是万王之王；就像异教徒把丘比特当成众神之王，并在诗和画中描绘他具有一个雷霆来降服并惩罚那些胆敢否定他的权力的巨人一样，这种想象是基于以下两种错误而产生的：第一，基督的国在这个世界；这说法违反了救主本身的话——"我的国不属这个世界"（见《约翰福音》第 xviii 章，第 36 节）；另一个错误是：他是基督的代治者，非但可以管辖自己的臣民，而且可以管辖全世界所有的基督徒；这一点在圣经中是没有根据的，而相反的说法则将在适当的地方予以证明。

圣保罗曾到帖撒罗尼迦去，那儿有一个犹太人的会堂："他照他素常的规矩进去，一连三个安息日、本着圣经与他们辩论，讲解陈明基督必须受害，从死里复活。又说：我所传与你们的这位耶稣就是基督。"（见《使徒行传》第 xvii 章，第 2、3 节）这儿所说的圣经是犹太人的圣经，也就是《旧约》。听他证明耶稣是基督、从死里复活的人也是犹太人，而且已经相信这是上帝的道。听了这些话以后，有些人相信（见同章，第 4 节），有些人不相信（见同章第 5 节）。他们既然都相信圣经，为什么信法不一样呢？为什么有些人赞成、有些人反对圣保罗引证给他们听的解释，而且每个人又各自有其解释呢？原因是这样：圣保罗到他们那里去时并不具有任何合法的派任，他所采取的方式，是不下命令而只单单进行劝说的一种方式；要做到这一点，他如果不像摩西在埃及时对以色列人所做的那样行奇迹、使他们从上帝的业迹中看出他的权力，就得根据公认的圣经说理、让他们看出他对上帝的道的说法中所包含的真理。但任何人要是根据经上写着的原理作出推论来劝说别人，他就是把听他讲话的人当成了判断这些原理的意义以及他根据原理所作推论的说服力的判断者。如果帖撒罗尼迦的犹太人不是判断者，那么谁又是圣保罗所引圣经的判断者呢？如果是圣保罗本人的话，他又何必引证任何经文来证明他的说法呢？他只要这样说就够了：我在圣经中看到是这样，也就是从你们律法中看到是这样；我是基督差遣来解释这律法的。这样说来就没有谁是帖撒罗尼迦的犹太人必须遵从的圣经解释者了。每一个人都可以根据自己认为其所说的话与原来的出处意义相符或不相符，来决定相信或不相信。一般说来，在世界上任何情形之下，提出证明的人都把听取的人当成他的证明的判断者了。单就犹太人来说，他们在所有困难的问题上根据明确的文字必需接受当时以色列祭司与审判官的决断。(见《申命记》第 xvii 章)但这只能理解为还没有皈依基督教的犹太人。

至于使外邦人皈依基督教,则征引他们所不相信的圣经是没有用处的。因此,使徒们便进行说理,驳斥他们的偶像崇拜;办到了这一点之后,再根据基督的生平和复活的证迹劝说他们信基督。所以当时关于解释圣经的权威问题还不可能发生任何争论;因为一个人在不信的时候,除开自己的主权者对本国法律的解释以外,并没有任何义务听从任何人对任何经文典籍的解释。

现在让我们讨论一下皈依本身,看看其中有什么东西可以造成这种义务。人们所皈依的只能是对使徒所传的道的信仰,而使徒所传的则只有耶稣是基督这种道——这就是说,耶稣是拯救他们、并在来世中永远统治他们的王;照这种说法说来,他便没有死,而是复活后升天了;有一天还会重新降临、审判世界,而世界上的人也会复活受审,那时他将按每一个人所做的给予报偿。他们之中并没有任何人传布说,他自己或任何其他使徒是那样一种圣经的解释者,以致所有成为基督徒的人都应当把他们的解释当成法律看待。因为解释法律是今世王国政务中的一部分,使徒并没有这种权利。他们当时只是祈祷"愿你的国降临",往后所有其他教士都像这样祈祷,而且还劝告皈依者服从各自当时的异教君主。那时《新约》还没有成为一整部书刊行出来。每一部福音的作者都是他自己的福音的解释者,每一个使徒也是他自己书信的解释者。关于《旧约》,我们的救主就曾亲自对犹太人说过:"你们查考圣经,因为你们以为内中有永生,给我作见证的就是这经。"(见《约翰福音》第 v 章,第 39 节)如果他的意思不是要他们解释这些经文,他就不会叫他们在这里面去找他是基督的证明,而会自行解释,或是叫他们参照祭司的解释。

发生困难时,使徒和教会长老就聚集在一起,确定应当传布和教导哪些内容,并怎样向百姓解释圣经,但却没有取消百姓自行阅读并为自己解释圣经的自由。使徒曾向许多教会写过许多信,并写过许多其他启导他们的文字,要是不让这些人解释(也就是斟酌)这些经文的意义的话,这一切也就没有用处了。由于当时是在使徒时代,这一点必须要到教士可以授权于一个解释者,让大家普遍服从他的解释时才能办到;而要这样授权,又只有在国王成了教士或教士成了国王的时候才能办到。

一部著作被说成是教规(宗教法典)时具有两种意义。因为教规是指一种规则。而规则则是指导人们各种行动的戒条。这种戒条虽然是师长对门徒或劝告者对友人提出的,没有强制对方遵从的效力,然而因为它们是规则,所以仍然是教规。但当提出的人可以使接受的人必须服从时,这些教规就不单纯是规则而是法律了。所以这儿的问题便是使基督教信仰的规则——圣经——成为法律的权力问题。

最初成为法律的那一部分圣经是十诫,这是写在两块石板上、由上帝亲自交给摩西、再由摩西向百姓宣布的。在那时期以前,上帝并没有写下任何法律;因为他还没有选定任何人民成为特属他的国,于是除自然法以外也就没有赐给人任何法律;所谓自然法,就是写在每一个人心中的自然理性的戒条。关于这两块法板,第一块所包含的是主权法,其内容是:(1)以色列人不可服从或尊敬他国的神,话是这样说的:"除了我以外你们不可有外邦所敬奉的别的神。"(见《出埃及记》第 xx 章,第 3 节)[1]这一诫命禁止他们服从或尊崇他以外的任何其他神为王或统治者;他原先是通过摩西降谕给他的,后来是通过大祭司降谕。(2)他们"不可雕刻偶像、不可作什么形象"来代表他,也就是说,他们不可根据自己的幻想在天上或地下为自己选定任何代治者,而只能服从摩西与亚伦,这两人是他拣选来担任这一职务的。(3)"不可妄称耶和华的名",这就是说,不可轻率地谈他们的王,也不可对他的权力以及他的代治者摩西与亚伦的职权提异议。(4)第七日不可做一般日常的工作,把这一天的时间用来对他举行公共礼拜。第二块法板所包含的是人伦的义务,如"孝敬父母"、"不可杀人"、"不可奸淫"、"不可偷盗"、"不可作假见证害人"等,最后是"不可在心里设计互相陷害"。现在的问题是这两块法板的法律约束力究竟是谁赋予的。无疑,它们是由上帝亲自制定为法律的。但法律除开对于承认其为主权者的行为的人以外,并没有约束力,而且也不成其为法律。以色列人既不得走近西乃山听上帝对摩西传谕,那么他们又为什么必须服从摩西提交给他们的这一切法律呢? 其中有些的确是自然法,如第二法板便整个全是,所以这些法就应当认为是不但适用于以色列人,而且适用于所有的人的神律。但关于特为以色列人而设的那些法,像第一法板上所载的那些,这问题仍然是存在的;除非是在向他们提出以后,他们在下列的话中,马上就负担了服从摩西的义务:"求你和我们说话,我们必听;不要神和我们说话,恐怕我们死亡。"(见《出埃及记》第 xx 章,第 19 节)这样说来,有权在地上

---

[1] 此句与圣经译本略有出入,圣经作"不可有别的神"。——译注

使十诫这一小段圣经成为以色列国家的法律的人,在当时只有摩西,其后则只有上帝通过摩西公开谕令其治理特属他的国的大祭司。但摩西、亚伦和继任的大祭司都是世俗主权者,所以直到现在为止,制定宗教法典之权,也就是将圣经规定为法律之权原先便是属于世俗主权者的。

所谓士师法,是上帝为以色列人的长官规定的法律,让他们在执行法律或在人与人之间的诉讼中下判决词时用作法规。至于利未法则是上帝所规定的另一种法规,是为祭司和利未人的仪节祭礼所规定的法规,这些法规都是单只通过摩西传示给他们的,所以便也是由于他们向摩西允诺的同一服从关系而成为法律的。这些法律当时究竟是写下了,抑或没有写下来,而是当摩西登山在耶和华那里住四十日后用口头向百姓指令的,经文上没有说明,但他们全都是制定的法律,相当于圣经,由世俗主权者摩西制定为法典。

以色列人到了耶利哥对面的摩押平原、并准备进入应许的迦南福地之后,摩西在原先的法律上又加上了许多其他法律,因之便称为申述律①,也就是申引法。据《申命记》(第 xxix 章,第 1 节)记载,"这是耶和华在摩押地盼咐摩西与以色列人立约的话,是在他和他们在何列山所立的约之外。"原因是摩西在《申命记》开头的地方讲解了原先那些法律之后,从同一篇的第十二章起一直到二十六章的末尾止,他又增加了其他法律。摩西命他们在过约旦河时把这法律写在墁上石灰的大石头上(见《申命记》第 xxvii 章,第 3

---

① 圣经上译成《申命记》,来自七十犹太学者译本;原意是法律的重复,但实际所指的内容是摩西三次讲解的法律。此处因为原文指明其内容为法律,故译作"申述律"而不译作"申命记"。——译注

节），同时摩西还亲自写成律法书交给"祭司利未人……和以色列的众长老"（见同篇第 xxxi 章，第 9 节），吩咐他"放在耶和华的约柜旁"（见同章第 26 节），因为约柜本身只盛着十诫而没有别的东西。这律法摩西曾命以色列国王抄录一本，保存起来；同时这律法也就是长期遗失之后，在约西亚时代又从神殿中找到、并根据他的权力被当成上帝的律法接受的那一律法。当摩西写这律法以及约西亚恢复这律法时都具有世俗主权，所以将圣经定为法典的权力从古到今一直都操在世俗主权者手中。

除开这一部律法书以外，从摩西的时代起到巴比伦被掳以后止，就没有其他的典籍被犹太人接受为上帝的律法了。因为先知中除少数例外以外，都生活在被掳期间，其余则生活在被掳前不久。当时连他们本身都受到假先知和被假先知引诱的国王的迫害，他们的预言就更没有被普遍接受为法律了。这一部律法书后来是由约西亚定为上帝的律法的，当初曾和所有其他有关上帝神迹的圣史在被掳和耶路撒冷城被洗劫时一起遗失，这一点从《以斯拉记下》（第 xiv 章，第 21 节）中可以看得很清楚："你的律法已被焚烧，你所行的和将要行的都无人知晓。"在被掳前，从这律法遗失时（圣经中未提及，但可以认为是罗伯安时代埃及王示撒洗劫神殿时〔见《列王记上》第 xiv 章，第 26 节〕）起到约西亚王重新寻获时止；他们并没有明文载明的上帝神谕，而只凭自己的判断执政，或在每人认为是先知的人的指导下执政。

根据这一点便可以推断出，我们现在所具有的这种《旧约圣经》，在它被掳回来、在以斯拉治下复国并重订犹太人和神的约以前，对犹太人说来既不是宗教法典，也不是法律。但从那时以后，这些篇章就被当成犹太人的法律，并由于成了这种法律而让犹太七十长老译成希腊文存放在亚历山大城的托勒密图书馆，而且被承认为神授的话。以斯拉既然是大祭司，而大祭司又是他们的世俗主权者，于是便可以显然看出，圣经从来都是通过最高世俗权力当局才被制定成为法律的。

根据君士坦丁大帝接受并承认基督教为国教以前的诸教父的作品，我们发现现在所有的《新约》被当时的基督徒当成是受圣灵之感而作出的，因之便被当成宗教法典或信仰的法规（只有少数人例外，由于这种人数非常少。所以其余的人便称为公教教会①而他们则被称为异端），这就说明他们对自己的先师尊敬的程度。一般说来，门徒对自己的开山祖师的尊敬，在他们所接受的各种教义方面都是不小的。因此，毫无疑问：当圣彼得写信给他所劝化的会众时，或者当其他基督的使徒与门徒写信给当时已经皈依基督的人时，这些文字都被他们当成了真正的基督教义。但在那个时候使他们接受的不是教导者的权力与权威，而是听道者的信仰，所以并非使徒让自己的作品成为宗教法典，而是皈依的人各自把它当成宗教法典。

但这儿的问题不是任何基督徒究竟把什么东西当成了自己的法律或宗教法典，这种东西他原来是根据什么权力接受的便也可以根据同一权力予以抛弃。问题是究竟有什么东西在这样一种方式下形成了他们的宗教法典，使他们只要一有违犯就不能不丧失信义。如果说《新约》竟在这种意义下成了宗教法典，也就是在任

---

① 按即天主教，原字意义是"普遍"，故通常也意译为公教。——译注

何国法未规定其为法典的地方成了法律，那便与法律的本质相违背了。因为正像前面已经证明的那样，法律只是某种个人或会议的命令；我们对这种个人或会议赋予了主权，使之可按其决断制定我们的行为法规，并在我们有任何违犯时予以惩处。所以当任何其他人向我们提出非主权者所规定的任何其他法规时，便只是一种劝诫和忠告；不论其好坏如何，听取的人都可以不遵守而不为不义；如果它和既定的法律相违反，那就不论立意如何好，遵从时都不能不构成不义。我的意思是说，在这种情形下，他无论是在行为上还是与旁人谈论时，都不能拘守这种意见，不过他却可不遭谴责地相信他个人的尊师，希望自己有自由实行他们的忠告，并希望这些忠告被公开接受为法律。因为内在的信仰就其本质而言是无法看到的，于是便也不受任何人间的司法裁判，但由此而发的言行如果破坏了世俗的服从关系，则在神与人之前都是不义的事。我们的救主既然否认他的国属于这个世界，并说他来不是审判这个世界而是拯救这个世界，于是他除开使我们服从国法以外并没有叫我们服从任何其他法律，也就是说，他叫犹太人服从摩西的律法（关于这一点，他说他来不是要废掉这种律法，乃是要成全这种律法——见《马太福音》第 v 章，第 17 节），并叫其他国民服从各自的主权者的法律，而所有的人则都要服从自然法。关于服从自然法一点，他自己和他的使徒在教导中都作为在大日里允许进入他那永恒的国的必要条件向我们推荐，在那国中我们将得到保护和永生。我们的救主和他的使徒既然没有留下任何新法律在今世约束我们，而只留下了新的教义使我们准备进入来世；所以包含这种教义的《新约》各篇，在神授权使之在地上成为立法者的人命令我们服从以前，都不是有约束力的宗教法典（即法律），而只是指使罪人获救的良好和可靠的忠告；每个人都可以自担风险地决定究竟是采用还是拒绝；而不至于成为不义。

此外，救主基督交给他的使徒和门徒的使命是宣告他来世的国（不是今世的国）、教导万民，并对信者施洗，凡接待他们的就住在他家，凡不接待他们的就把脚上的尘土跺下去；但却不要呼求天火下来烧毁他们，也不要用武力强迫他们服从。在这一切之中，绝没有权力存在，而只有劝说。他差遣他们出来是如羊入狼群，而不是君临臣下。他们的使命中没有制定法律这一项，而只有服从既定的法律，并教导人家服从。所以他们没有最高世俗权力的帮助，就无法使他们所写的文字成为具有约束力的宗教法典。因之，《新约圣经》唯有在合法的世俗权力当局规定其为法律的地方才能成为法律，此外，在君主或主权者把它当成自己的法规的地方也能成为法律；在这种情形下，他并没有服从劝服他皈依的博士（圣师）或使徒，而只是和使徒同样直接地服从于上帝本身和他的儿子耶稣基督。

在迫害教徒的时代和地方，使《新约》对已皈依基督教义的人具有法律效力的，是他们自己在会堂中所制定的法规。我们在《使徒行传》（第 xv 章，第 28 节）中看到，使徒、长老和整个教会所开的宗教会议的语气是这样："因为圣灵和我们定意不将别的重担放在你们身上，唯有几件事是不可少的。"这种语气是说明将重担放在已接受基督教义的人身上的权力。而将重担加在别人身上则似乎是使别人承担义务，所以那次宗教会议的决议对当时的基督徒便是法律。但这些决议之为法律，只不过和以下几条戒条一样："应当悔改"、"遵守诫命"、"信福音"、"到我这里来"、"变卖你的一切、施舍给穷人"、"跟着我"等等。这些都不是命令，而是召劝人们皈依基督教，其情形正像《以赛亚书》（第 iv 章，第 1 节）中的这一段话一样："你们一切干渴的都当就近水来，没有银钱的也可以来，你们都来；买了吃，不用银钱，不用价值，也来买奶和酒。"这是因为：第一，使徒的权力和救主一样，是召劝人们皈依上帝的国；这国他们自己也承认不是今世的国而是来世的国，而没有国的人就不能制定法律。其次，如果他们的宗教会议的决议是法律，那么不服从时就不能没有罪。但我们在任何地方都看不到不接受基督教义的人在这方面犯了罪的说法，而只是说他们戴罪而死；这就是说，他们对自己应服从的法律的罪没有被赦免。这类法律就是自然法和每一个基督徒都已经立约服从的国家的世俗法。因此，使徒们加在他们所劝服的人身上的重担就不能理解为法律，而只能理解为对那些寻求救恩的人提出的条件；这种条件他们可以自担风险地予以接受或拒绝而不致犯下新罪，不过这种人由于过去的罪孽而被定罪并见拒于天国之外的危险却是存在的。所以关于不信的人，圣约翰不说神的震怒将临到他们的身上，而只说："神的震怒常在他们身上。"（见《约翰福音》第 iii 章，第 36 节）也不说他们将被定罪，而只说他们"罪已定了"（见同章第 18 节）。此外，除非我们认为不信的害处就是保留罪，否则就没法想象信的好处就是赦免罪。

但有人也许会问，既然任何人都没有义务服从他们的法规，那么使徒以及往后教会其他的牧者又为什么要聚会，对于品行和信仰两方面所应传的教义取得一致意见呢？关于这一点，我们可以提出答复说:这会议的使徒和长老一经加入,就有义务要传布他们在会议中议决并规定要传的教义,只要这种教义和他们原先有义务要服从的法律不相冲突就是这样;但这却不是说,所有其他基督徒都有义务要遵从他们所传布的教义。因为他们虽然可以审议各人应当传布一些什么,但除非他们的会议具有立法权,否则就不能审议别人应当怎样做,而立法权则除世俗主权者外任何人都不能具有。上帝虽然是全世界的主权者,但我们却没有义务要把每一个人以上帝的名义提出的任何东西当成上帝的法律;也没有义务要服从任何违反世俗法的东西,这种法律是上帝已经明确谕令我们服从的。

使徒会议的议决案既然在当时不能成为法律,而只是劝谕,往后任何其他博士或宗教会议的决议,如果不是根据世俗主权者的权力聚会的,就更加不是法律了。这样说来,《新约》各篇虽然是尽善尽美的基督教义的范则,但除了根据国王或主权者会议的权力以外,任何其他权力都不能使之成为法律。

将我们现有的圣经规定为宗教法规的第一届宗教会议现在已经湮没无闻了,一般所说的由革利免(圣彼得以后的第一任罗马主教)集成的使徒正典现在已经受到了怀疑;因为圣经正典各篇虽然在这儿已经列举出来,但"教士与俗界当尊重此书"一语中所包含的教士与世俗界的区别,在那样接近圣彼得的时代是不通行的。曾经确定现存圣经正典的第一次宗教会议是劳地西亚宗教会议(见《宗教法典》第 lx 条),这会议谕令禁止读教会以外的任何其他书籍;这一谕令不是对每一个基督徒发布的,而是对有权在教堂公开宣读任何文字的人发布的;也就是说,光是对教士发布的。

第四十二章　论教权

使徒时代的教士有些是主管教士，有些是辅理教士。前者所管的是对不信的人宣传天国的福音、举行圣礼和礼拜仪式，将信仰和品行的法规教导给已经皈依的人等等。后者的职务是辅祭的职务，也就是在教士靠信徒乐捐所集成的公共储积金生活的时代，被指派管理教会中非宗教性日常事务的人的职务。

第一批和主要的主管教士就是使徒，最初只有十二人，由救主亲自拣选。他们的职责非但是要传道、教诲和施洗，而且要作见证者，证明救主的复活。这种证明是区别使徒职责和其他主管教士职责的特殊和主要标志。因为使徒必须在救主复活后见过他，或是原先和他面谈过，并看见过他的奇迹与其他神性的证据，根据这一切他们才会被当成有充分资格的见证者。所以在选新使徒来代替加略人犹大时，圣彼得便说："所以主耶稣在我们中间始终出入的时候，就是从约翰施洗起，直到离开我们被接上升的日子为止，必须从那常与我们做伴的人中立一位与我们同作耶稣复活的见证。"（见《使徒行传》第 i 章，第 21、22 两节）在这一段话中，必须一语含着使徒必须具有的一种条件，那便是当耶稣以肉身显现时曾和第一批高门使徒做伴。

有些使徒不是由耶稣本身当其在地上的时期亲自拣选的，其中的第一个是马提亚。拣选的方式是这样：那时耶路撒冷约有一百二十名基督徒聚会（见《使徒行传》第 i 章，第 15 节），他们选举了两个人，就是那称为犹士都的约瑟和马提亚（见同处第 23 节）；于是众人为他们摇签，"摇出马提亚来，他就和十一个使徒同列。"（见同处第 26 节）所以我们在这里可以看出，拣选这位使徒既不是圣彼得的决定，也不是十一使徒的决定，而是会众的决议，圣彼得和使徒除非作为这会议的成员才能说是他们的决定。

在他之后,除保罗和巴拉巴外便再没有任何其他使徒被拣选过了。我们在《使徒行传》(第 xiii 章,第1、2、3节)中看到,方式是这样:"在安提阿的教会中,有几位先知和教师,就是巴拿巴和称呼尼结的西面、古利奈人路求,与分封之王希律同养的马念并扫罗。他们事奉主、禁食的时候圣灵说,要为我分派巴拿巴和扫罗去做我召他们的工作。于是禁食祷告,按手在他们头上,就打发他们去了。"

根据这段话就可以显然看出,他们虽然是由圣灵召命的,但他们的召命却是由安提阿这一教堂宣布的,他们的使命也是由这一教堂批准的。他们所奉的召命是充当使徒,这事可以由《使徒行传》(第 xiv 章,第14节)中把他们称为使徒这一点看出来。同时,他们之所以能成为使徒,是由于安提阿教堂这一决议,关于这一点,圣保罗在《罗马书》(第 i 章,第1节)中用圣灵召他的话说得很明白,因为他说自己是"奉召为使徒、特派传上帝的福音";这话隐示着上述圣灵的话:"要为我派巴拉巴和扫罗……"。但使徒的工作既然是见证耶稣的复活,人们在这里也许会要问:圣保罗在救主受难前并没有和他当面说过话,又怎么能知道他升天了呢?这一问题很容易解答:救主本身升天后,在他去大马色途中从天上向他显现,"并拣选他为器皿,在外邦人和君王并以色列人面前宣扬他的名。"这样说来,他既在主受难之后见过主,便是有充分的资格见证他的复活。至于巴拉巴则在主受难前就是使徒。因此,保罗和巴拿巴便显然是使徒,但却不光是由第一批使徒,而是由安提阿教堂选出和批准的,正和马提亚是由耶路撒冷教堂选出和批准的一样。

我们语言中的主教一词是从希腊文变来的,意思是指任何事务的监督者或监管者,特别是指牧者。因此,非但在原来本是放牧人的犹太人中,而且在异教人中,全都用这词的比喻意义来指君主或任何其他百姓的统治者与支配者,不论他是根据法律进行统治还是根据教义进行统治都一样。所以使徒们便是基督亲自拣任的最初的主教,在这种意义下,犹大的使徒职分便称为"他的主教职分"(见《使徒行传》第 i 章,第 20 节)。后来当基督教会中任命了长老来用教义和劝谕指导信徒时,这些长老也称为主教。提摩太便是一个长老(长老这词在《新约》中既是职务的名称,也用来说明年龄),然而他却同时是一个主教。当时的教主也满意于长老这种称号。非仅止此,我们的主所宠爱的使徒圣约翰本人在他的第二封书信中就以这样的话起始:"做长老的写信给蒙拣选的太太"。根据这一切就可以看出,主教、教长、长老、博士——即圣师等都是使徒时代同一职位的不同名称,因为当时没有使用强制方式的管理当局。而只有使用教义和劝说方式的管理当局。上帝的国还有待于在一个新世界中降临,所以在国家没有崇奉基督信仰之前,任何教会都没有强制的权力。由于这一原因,当时职务虽然是多样的,但权力却是一体的。

教会中的主管职位除开使徒、主教、长老、教长和博士等之外,在《新约》中便找不到其他的了;他们的使命是在犹太人和不信者之中宣布基督,并指导和教诲信徒。因为福音作者和先知等名称所指的不是任何职务,而是指某些对教会有贡献的人的某些禀赋;比如福音作者一词便是由于记述救主的生平与事迹而来的,其中有使徒圣马太、圣约翰,门徒圣马可、圣路加以及论述这一题目的任何其他人(如圣托马斯、圣巴拿巴据说就曾论述过,只是教会并没有得到以他们的名字流传的篇章);再好比先知,便是由于解释《旧约圣经》而得名的,有时则是由于向教会宣布他们的特殊神启而得名的。这些神赐禀赋、语言禀赋以及赶鬼、医治其他疾病或做任何其他事情的禀赋都不能使人成为教会的教士,只有正式的召命并被选出担任传道职务才能使人成为教士。

使徒马提亚、保罗和巴拿巴都不是由救主亲自拣选的,而是由教会选出的(马提亚是由耶路撒冷教会选出的,保罗和巴拿巴是由安提阿教会选出的);与此相同,其他城市的长老和教长也是本城的教会选出的,为了证明这一点,让我们首先讨论一下圣保罗紧跟着他和巴拿巴接受使徒职务之后,怎样在他劝化人皈依基督信仰的城市中进行长老的拣选。我们在《使徒行传》(第 xiv 章,第 23 节)中看到,"二人在各教会中选立了长老"。这句话初看起来可以作为一种论据,说明他们自己选立,并赋予权力,但如果我们看一看经文原文就可以明显地看出,这些长老是由各城的基督徒会议选出和授权的。因为那儿的话是这样说的:"那时他们在每一个会里都举手拣选自己的长老。"现在大家都清楚地知道,在所有这些城中,选主管教士和神职人员的方式都是根据多数票决定的。由于一般区别赞成票与反对票的方法是举手,所以在其中任何一个城市里选神职人员时,都不过是把人们聚在一起,根据多数票选出:不论是根据举手表示多数、以声音表示多数、投球表示多数、投豆表示多数还是投小石子表示多数(其中每个人投一个到标明为赞成或反对的容器中)都一样,因为不同的城市在这方面有不同的风俗的缘故。因此，实际上是会众选出了自己的长老，使徒不过是这种会议的主席，任务是召集信徒开会选举，宣布当选人，并为他们举行祝福式，现在称为圣职授任式。由于这一原因，像（使徒不在场时）长期那样担任信徒会议主席的人在拉丁文中便称之为antistites，其意思是会议的主管人，其职务是数票并根据其结果宣布当选人，当票数相等时，则加上自己的一票，以便决定问题，这就是会议主席的职务。由于所有的教会拣选长老的方式都相同，所以在写上设立一词的时候，便也应当理解为同一回事；比如《提多书》（第 i 章，第 5 节）便说，我从前留你在革哩底，是要你在各城设立长老，那便是他应当召集信徒，根据多数票为他们拣选长老。如果在一个人们也许从没见过不通过会议选出任何主管长官的城中，城中的人皈依基督教之后，却想到不用圣保罗在《使徒行传》（第 xiv 章，第 23 节）中以选立一字提出的上述多数票方式而要用其他方式选出自己的指导人和教导者——即长老，亦称主教——那便是咄咄怪事了。同样，在主教的遴选上，在罗马皇帝认为为了在他们中间保持和睦必需加以管理前，除了通过各城的基督徒会议遴选以外，从没有用其他方式选出过任何主教。

罗马教皇的选举中甚至一直到今天还继续沿用的办法，也证实了这一点。因为如果任何地方的主教把一个城中的主管教职调任到另一个地方时，还有权选出另一个人来继任这主管教职，那么他在自己最后居住和去世的地方，就更加有权来指派自己的继任者了，然而我们却发现没有任何罗马主教曾经指派自己的继任者。他们长期以来就是由百姓选举的，这一点从以下的事实中可以看得很清楚：在确定达马苏斯和乌西辛奴斯两人之间谁当教皇时，曾经引起一次骚乱；据阿绵奴斯·马色林奴斯说,事态之大使政务官尤文修斯无法维持治安,因而被迫逃出该城,教会里面在这一次事件中也发现有一百多个死者。往后他们虽然首先是由罗马的全体教士选举、接着再由红衣主教选举,但却从没有由前任指派继位的。这样说来,如果他们不要求有权指派自己的继任者,我认为我就有理由作出结论说：他们在没有取得某种新权力之前便也无权指定其他主教的继承者；这种新权力又只有由那些不但有合法权力教导教会信徒、同时也有合法权力管辖教会信徒的人,才能从教会中取得,授予他们,而这又只有世俗主权者才能办到。

辅理人员的希腊原文的意思是自愿为别人做事的人。他们和仆人的区别只在于：仆人受条件的约束要做别人命令他们做的事,而辅理人员则只受自己的事业的约束,于是除开自己所从事的事业以外,便不对任何其他事情负有义务。所以布上帝的道和办理教会世俗事务的人都是辅理人员,只是辅理的对象不同而已。因为道的辅理者(《使徒行传》第 vi 章第 4 节中称之为替天传道者)①是基督的辅理人员,道也是基督的道；但辅祭的辅理职务则在同章(第 2 节)中被称为管理饭食,这种管理工作是为教会或会众服务的,因此,任何个人或整个教会都不把教士(教长)称为他们的辅理人员,而只能把辅祭称为他们的辅理人员；后者的职务不论是管理饭食、还是在最初各城的基督徒都依靠捐纳或公共资财生活时为他们分发给养,抑或是管理礼拜堂、银钱收入或教会其他世俗事务,整个会众都可以正式称他为自己的辅理人员。

---

① 按此处与圣经有出入,圣经作"我们要专心以祈祷传道为事"。——译注

他们作为辅祭的职务是为会众做事，虽然有时他们也各人按其才能传福音并维护基督的道，像圣司提反①就是这样；还有些则是一边传道一边施洗，像腓利②所做的就是这样。因为《使徒行传》（第 viii 章，第 5 节）中所说的在撒玛利亚传道并为宦官施洗（见同章 38 节）的腓利是辅祭腓利，而不是使徒腓利。因为从该章（第 1 节）可以清楚地看出，当这位腓利在撒玛利亚传道时，使徒们正在耶路撒冷；该章（第 14 节）中说："当他们听见撒玛利亚人领受了上帝的道，就打发彼得、约翰往他们那里去。"由于他们两人按手，那些受洗的人便领了圣灵，但原先由腓利施洗时则没有受（见同章第 17 节）。因为要受圣灵，他们的洗礼就必需由道的辅理者而不能由教会的辅理者进行并予以坚振。因此，为了给那些接受辅祭腓利施洗的人的洗礼进行坚振，使徒们便派自己之中的人彼得和约翰从耶路撒冷到撒玛利亚去；他们两人授予原先只是领受过洗礼的人以恩惠，这些恩惠就是随着当时所有真正信徒的圣灵所显的神迹。其内容是什么，可以从圣马可所说的话里看出来："信的人必有神迹随着他们，就是奉我的名赶鬼；说新方言；手能拿蛇，若喝了什么毒物，也必不受害；手按病人，病人就好了。"（见《马可福音》第 xvi 章，第 17—18 节）做这些事的能力腓利是无法给予他们的，而使徒却能够；同时，根据这儿的话看来，他们实际上给每

---

① 第一个基督教殉道者。据《使徒行传》第 vi 章记载，说希利尼语（希腊语）的犹太人抱怨希伯来人发供给时忽略了他们的寡妇后，使徒命选出七人管理发教会的施舍物，自己则专心传道，他是其中的第一人。后来他因耿直地指控亚历山太（亚历山大）亚西亚（亚细亚）等地的犹太人被众人用石头打死。他本人可能是希腊人，他的死标志着基督教初期犹太形式转入外邦人发展形式的开始。——译注

② 与司提反同为七人之一。——译注

一个真正信徒做了,还由基督本身的使者给施了洗。这种能力,我们这时代的基督的仆人无法授予,要不然便是真正信的人太少了,或者是基督本身很少有使者。

上述那第一批辅祭不是由使徒选出的,而是由门徒会众选出的,也就是由各种基督徒一起选出来的。这一点从《使徒行传》(第 vi 章)中可以看清楚,我们在这儿看到:十二使徒见众门徒人数增多了,就叫他们来,并告诉他们说,使徒撇下上帝的道去管饭食原是不合宜的,然后就对他们说:"所以兄弟们,当从你们中间选出七个有好名声,被圣灵充满,智慧充足的人,我们就派他们管理这事。"(见该章第 3 节)从这儿就可以清楚地看出,他们虽然是由使徒宣布当选的,但却是由会众选出的,该章(第 5 节)把这一点说得更明白:"大众都喜悦这话,就拣选了七人……。"①

在《旧约》之下,利未人只能担任祭司职务和教会其他较低级的职务。地业在其他族中分配,利未人却被除外了;这些支派,把约瑟支派分为以法莲支派和玛拿西支派之后,仍然是十二个。利未人分配到了若干城邑作为住所,并分得了郊野放牧牛羊;至于他们的当得之份则是从他们兄弟土地的收获物中分取十分之一。此外,祭司的给养则从这十分之一中取十分之一,加上一部分祭礼与牺牲。因为上帝对亚伦说:"你在以色列人境内不可有产业,在他们中间也不可有份,我就是你的份,是你的产业。"(见《民数记》第 xviii 章,第 20 节)因为上帝当时是以色列人的王,并已选利未人作为他的公众辅理人员;他允许他们用公共收入来维持生活,也就

---

① 原文与圣经略有出入。——译注

是用上帝留归自己的那一份来维持生活,这就是什一税和贡物;上帝说:"我就是你的产业",指的就是这些。因此,我们将管业者之名归于利未人是不为失当的;管业者一词出于希腊文,意思是"应得之份"或"产业"。这不是因为他们比其他人更有资格成为上帝国的继承者,而是因为上帝的产业是他们的生活供给。当时上帝既然是以色列人的王,摩西、亚伦和继任的大祭司是上帝的代治者,所以很清楚收取什一税和贡物的权力乃是由世俗权力当局规定的。

在他们抛弃上帝要求立王以后,仍然享受了这种收入,但这权利却是由于君主没有夺去他们这种收入而来的。其理由是:当时公共收入是由代表公众的人支配的,而在巴比伦被掳之前这代表人就是国王,此外,在被掳回来以后,他们仍和从前一样将什一税交纳给祭司,因此,直到当时为止,教会的收入是由世俗主权者决定的。

关于救主和他的使徒的生活供给,我们在经文上看到他们只有一个腰袋,由加略人犹大带着,门徒中的渔人等有时也用自己的行业来取得供给;当我们的救主差遣十二使徒去传道时,叫他们"腰袋里不要带金银铜钱……因为工人得饮食是应当的"(见《马太福音》第 x 章,第9、10两节)。根据这一点看来,他们的日常供给对他们职分说来可能并非不适合;因为他的职分是"白白地得来、也要白白地舍去"(见同章第8节)。同时我们也可以看出,他们的生活供给是信他们所传布的关于救主弥赛亚降临的佳音的人"白白地赠与"的,此外还可以加上我们的救主医好疾病的人出于感恩而奉纳的东西,《路加福音》(第 viii 章,第2、3两节)曾经提到这一点,其中说:"还有被恶鬼所附,被疾病所累,已经治好的几个妇女,内中有称为抹大拉的马利亚,曾有七个鬼从她身上赶出来。又有希腊的家宰苦撒的妻子约亚拿,并苏撒拿和好些别的妇女,都是用自己的财物供给耶稣和门徒。"

在救主升天之后,各城的基督徒人人把田产房屋全卖了,把所卖的价银拿来,放在使徒脚前,并依靠这钱共同过生活(见《使徒行传》第 iv 章,第 34、35 两节),像这样放在使徒脚前是出自诚心,而非出自义务,因为圣彼得曾对亚拿尼亚说:"田地还没有卖,不是你自己的么?既卖了,价银不是你做主么?"(见同处第 v 章第 4 节)这句话说明他无需撒谎来保留自己的土地或银钱,因为他除非自己愿意,否则并不必需捐纳任何东西。从那时起直到君士坦丁大帝的时代以后,我们看到基督教会的主教和教士的生活供给始终和使徒时代一样,完全是由皈依他们的教义的人乐捐的。当时还没有提到什一税的问题,但在君士坦丁大帝和他的儿子的时代,基督徒对他们的教士的感情是十分深厚的;正如同阿米安奴斯、马赛林奴斯描写达马色斯与乌尔西辛奴斯争夺主教职位之乱时所说的:这职位是值得他们争夺的,因为当时的主教由于教民的慷慨捐输,尤其是阔太太们的捐输,生活得极其豪华;出门坐四轮马车,衣食都很奢侈。

但在这儿,人们也许会问,教士是不是必需依靠布施等乐捐款项为生呢?圣保罗在《哥林多前书》(第 ix 章,第 7 节)中说:"有谁当兵自备粮饷呢?……有谁放牧牛羊,不吃牛羊的奶呢?"在该章(第 13 节)中又说:"你们岂不知为圣事劳碌的就吃殿中的物么?伺候祭坛的就分领坛上的物么?"这不就是说:分领献在祭坛上的物作为他们的生活供给么？接着（在第 14 节中）他作出结论说："主也是这样命定，叫传福音的靠着福音养生。"从这一段话就的确可以作出一个推论说：教会的教士应当由教民供养，但教士对自己的供俸既不能决定数量，也不能决定种类，仿佛自己是自己的主宰一样。这样说来，他们的供俸就必须由牧民每一个人的感恩和慷慨捐输的心意来决定，或由全体会众决定。由全体会众决定在当时是不可能的，因为他们的决议在那时不是法律；所以在罗马皇帝和世俗主权者没有制定法律来规定教士的供给以前，便没有别的而只有慈善捐款。伺候祭坛的靠着坛上的贡物养活，所以教士也可以取用教民捐纳给他们的物，但却不能征取他们所没有捐纳的。试问没有法院的人，又上哪儿去找法庭为这些事兴讼呢？即使他们自己之中有仲裁人，那么当他们没有力量来武装自己的人员时，谁又能执行这些裁定呢？所以话又说回来了，除开通过全体会众以外，是无法对教会的任何教士拨付任何确定的给养的，而且只有当他们的规定不但具有宗教法典的效力、同时也具有法律的效力时，才能办到这一点；这种法律，除开皇帝、君主或其他世俗主权者以外没有人能制定。摩西法中征什一税的权力不能适用于当时的福音使者，因为摩西和大祭司是百姓在上帝之下的世俗主权者，他们在犹太人中的国是今世的国，而上帝通过基督治理的国则还没有降临。

　　写到这里为止，我们已经把以下各点都作了讨论，即：(1)教会的教士是什么；(2)他们的各点使命如传道、教诲、施洗、在各人的会众中当主席等是什么样的事情；(3)教会的制裁——开除教籍是什么，这就是：在基督教被世俗法律禁止的地方，使自己不和被除籍者交往；而在基督教受世俗民法管辖的地方，则将被除籍者驱除出基督徒的会众团体；(4)谁选举教会教士和辅理人员（是会众）；(5)谁使会众为圣并为之祝福的（是教士）；(6)他们的正常收入是什么（只是他们自己的财产、自己的劳动以及虔诚而感恩的基督徒的乐捐）。现在我们要讨论的问题是一个人已经是世俗主权者而同时又皈依了基督教，他在教会中的职分是什么。

首先，我们应当回想一下，在本书第十八章中已经证明，审定什么学说适合于和平以及对臣民应当教导哪些学说的权力，在所有的国家中都不可分割地属于最高世俗主权者，不论这种主权是操在一个人手中还是一个会议手中都一样，因为即使是最平庸的人也能看出，人们行为的根源，是他们对于这种行为究竟将为自己带来什么样的好坏结果所抱有的看法；所以人们一旦具有一种看法，认为自己服从主权者所受到的害处比不服从大时，他们就会不服从法律，以致起而推翻政府，酿成混乱与内战；一切世俗政府的建立，就是为了避免这一点。所以在一切异教徒的国家中，主权者都称为万民之牧（教士）；因为任何臣民除开得到他们的允许和批准以外，都不能合法地向百姓宣教。

我们不能认为，异教君主的这种权利，在他们皈依基督的信仰以后就被剥夺了；基督并没有规定信他的君主都应当废除其王位，他就是只服从基督自己，或剥夺这种君主安内攘外所必需的权力（两者是一回事）。所以基督徒国王仍然是百姓的最高牧者，有权随意任命教士教导教民——即教导交付给自己管辖的百姓。

此外，即令教士的选任还和国王未信教以前一样操在教会手中（本章已经证明，使徒本身的时代情形就是这样），这种权力也仍然属于本身成为基督徒的世俗主权者。原因是这样：由于他是一个基督徒，所以传教的事便由他批准；同时由于他是一个主权者（即教民的代表者），所以他所选任的教士也就是教民所选出的教士。当一个基督徒的会议在基督教体系的国家中选举自己的教士时，便是主权者选举教士，因为选举是根据他的权力举行的；其情况正如同一个城选举市长时一样，乃是主权者选任市长，因为人们所做出的每一种行为都是主权者的行为；不得到他的同意，行为便是无效的，因此，不论我们从历史上能引证出什么人民或神职人员选举教士的例子，都不能成为反对任何世俗主权者权力的论据，因为选举教士的人是根据他的权利选举的。

在每一个基督教体系的国家中，世俗主权者既然是最高的牧者，全部臣民都交给他管辖；因之所有其他教士的任命、传教的权力以及执行其他教士职务的权力都是根据他的权力而来的；于是我们便也可以作出一个推论说：所有其他教士的传道、教诲和有关教士职位的其他一切职权，都是从世俗主权者那里得来的，他们不过是他的下属；正如同市长、法官、司令官等等都只是他的下属一样；他是全国的主管者、是审理一切案件的审判者和全部军队的统帅——这种人永远是世俗主权者。这一点不是因为教导者是他的臣民而来的，乃是因为被教导者是他的臣民而来的。假定一个基督徒国王把境内任命教士的权力赋予另一个国王，就像许多基督徒国王把这种权力让给教皇一样；他并没有因此而在自己之上设立一个牧者，也没有因此而为自己的百姓设立一个主权者教士，因为那样就剥夺了自己的世俗权力；这样情形一方面要取决于人们关于自己对他义务的看法以及对自己在来世中将要受到的惩罚的畏惧，同时也会取决于博士们的巧诈与忠诚，而博士们则和其他任何一种人一样，可以是野心勃勃的人，也可能是愚昧无知的人。因此，一个外国人如果有权指派教士时，那便是他传道的领土上的主权者赋予他的。基督教的博士是基督教的塾师，而国王则是家长；后者在为臣民延聘塾师时可以接受外人的推荐，但却不会接受外人的命令，尤其是在对臣民所传布的毒素将使推荐者显然大获其利时就更不能如此，同时，留用塾师的时间也不能超过公共利益的要求；在主权者（家长）保有任何其他必要的主权权利的情况下，他们就负有照管这种公共利益的责任。

因此，一个人在执行其职务时，如果像祭司长和民间的长老问我们的救主那样问一个教士说："你仗着什么做这些事。给你这权柄的是谁呢？"（见《马太福音》第 xxi 章，第 23 节）这教士所能作出的正当答复就只能是他根据代表国家的君主或会议赋予与他的国家权力。除开最高的教士以外，所有其他教士都是根据世俗主权者的权柄执行职务，也就是根据俗权执行其职务。但国王和一切其他主权者则是根据直接来自上帝的权柄执行其最高教士的职务，也就根据神权执行其职务。所以唯有国王才能在他们的称号之前加上蒙神恩国王某某，这表示他们只服从上帝。主教们在他们的委任状开头处只能写上承皇恩某某教区主教或者像世俗大臣一样写上钦命，因为写上承天命时，意思和承神恩一样；虽然这样是伪装起来了，但实际上却是否认自己的权力是从世俗国家手中得来的，而是狡狯地违反国家的统一与防卫，把世俗臣属关系的颈饰①卸除了。

---

① 按英俗大臣需于一定日期按官阶带颈饰觐见。——译注

但如果每一个基督徒主权者都是自己臣民的最高教长,那么看来他就不仅有权传道,同时也有权施洗,举行圣餐的圣礼,并使神殿与教士为圣,侍奉上帝。前一种权力也许没有人否认。后几种权力则大部分人都反对;这一方面是因为他们通常不做这种事情,另一方面则是因为行圣礼和使人与地方成圣及用于圣事都需要某一种人为他们行按手礼;也就是需要自使徒时代以来一直以同类按手礼前后相传,受任管理这类事情的人为他们行按手礼。因此,为了证明基督徒国王有权施洗和行成圣礼,我便要提出一条理由,来说明为什么他们通常不做这种事情,以及当他有意要做的时候,怎样无需行一般的按手礼就能够去做。

毫无疑问,国王要是精通学术的话,他就可以根据自己批准别人在大学里宣读讲稿的那种权力亲自去宣读。但因为他要总揽国政,花去了全部时间,所以躬亲这种细事是不方便的。同时,如果愿意的话,他自己既可以坐堂听审并判决各种案件,也可以授权别人以他的名义听审,但由于政务缠身,使他必须经常掌理枢机,并把这种副贰之职交给臣属处理。同样的道理,我们的救主(肯定有权施洗)也从没有为任何人施洗(见《约翰福音》第 iv 章,第 2 节),而是派他的使徒与门徒去施洗。圣保罗的情形也是这样,他由于必须在不同的遥远之处传教,所以由他施洗的人便很少;在所有的哥林多人中,他只给基利布司、该犹和司提反施洗(见《哥林多前书》第 i 章,第 14、16 两节),这是因为他的主要任务是传道(见同处第 17 节)。由此就可以清楚地看出,身负教务管理等大事就可以免去小事。因此,基督徒国王一般不施洗的理由便很明显了;现在由主教施洗的人很少,由教皇施洗的人就更少;道理也是一样。

关于授权国王施洗并行成圣礼是否必须按手的问题,我们可以像这样来看。

按手礼是犹太人中最古的公开仪式,用以指明并确定一个人在祈祷、祝福、祭献、成圣、诅咒或其他的言辞中所指的人或其他东西。所以雅各在为约瑟的两个儿子祝福时,"伸出右手来、按在以法莲的头上,以法莲乃是次子;又剪搭过左手来按在玛拿西头上,玛拿西原是长子。"(见《创世记》第 xlviii 章,第 14 节)虽然约瑟把他们带到雅各面前时,使他不得不剪搭过手来,但他也是故意这样做,以便表示,他打算让谁得到更大的祝福。同样的情形,在宰燔祭的祭祀牲畜时,上帝也盼咐亚伦"按手在公牛的头上"(见《出埃及记》第 xxix 章,第 10 节),并"按手在羊的头上"(见同处第 15 节)。在《利未记》(第 i 章,第 14 节和第 viii 章,第 14 节)中又说了同样的话。同样的情形,当摩西拣选约书亚当以色列人的军长时,也就是使之成圣、侍奉上帝时,也"按手在他头上,嘱咐他"。(见《民数记》第 xxvii 章,第 23 节),明确地指出当他们作战时应当服从谁。在使利未人成圣的时候,上帝盼咐"以色列人要按手在他们头上"(见《民数记》第 viii 章,第 10 节)。在惩处咒诅圣名的人时,上帝也晓谕"叫听见的人都放手在他的头上全会众就要用石头打死他"(见《利未记》第 xxiv 章,第 14 节)。试问为什么只有听见的人才放手在他头上,而不让祭司、利未人或其他审判者这样做呢?这岂不是因为除了这些人外旁人都不能向全会众指出咒诅圣名而应当处死的人吗?用手指明一个人或任何其他东西给人看,比叫名字给人听更少发生错误。

这一仪节是遵守得非常严格的,以致在同时为全会众祝福而不可能用按手的方式举行时,亚伦也"向百姓举手为他们祝福"(见《利未记》第 ix 章,第 22 节)。同时我们还看到异教人中为庙宇行成圣礼时也行这种仪式,由僧人按手在庙宇的某一个柱上,口中不住地念祝圣词。在上帝的公开祭礼中,用手指给人看而不用说话给人听的方式来指明任何具体的东西是十分自然的事。

这样说来,这种仪式便不是在我们救主的时代新出现的。比如睚鲁的女儿病了的时候,便不求我们的救主去治她的病,而是"求你去按手在她身上,使她痊愈"(见《马可福音》第 v 章,第 23 节)。此外又说:"那时有人带着小孩子来见耶稣,要耶稣给他们按手祷告。"(见《马太福音》第 xix 章,第 13 节)

根据这种古礼,使徒、长老和长老会本身都为他们所拣选的教士按手,同时还为他们祈祷,以便让他们接受圣灵。按手礼也不止行一次,有时当新情况出现时,还可以多行;但目的还是同一个,那便是准确而肃敬地指明拣选某人担任一般的教士职务或担任特殊任务。所以《使徒行传》(第 vi 章,第 6 节)中便说,"使徒祷告了就按手"在七个执事头上。这次按手不是赋给他们圣灵,而是把这职务指派给他们。因为从紧接在前面的话中(第 3 节)就可以看出,他们在被拣选前就已经充满了圣灵。当辅祭腓利在撒玛利亚使某些人皈依了以后,彼得和约翰就去"按手在他们头上,他们就受了圣灵"(见《使徒行传》第 vii 章,第 17 节)。非但是使徒,而且连长老也有这种权力;因为圣保罗曾劝告提摩太"给人行按手的礼,不可急促"(见《提摩太前书》第 v 章,第 22 节);也就是说,不要轻率地指派人担任教士的职务。我们在《提摩太前书》(第 iv 章,第 14

节)中看到,众长老都按手在提摩太头上。但这一点应理解为某一个人受长老会的指派行按手礼,这人最可能是他们的议长,而议长则可能是圣保罗自己。因为他在写给提摩太的第二封信中说:"你将神藉我按手所给你的恩赐再如火挑旺起来。"(见《提摩太后书》第 i 章,第 6 节)顺便指出一句,这儿所谓的圣灵,不是指三位一体中的第三位,而是教士职务所必需的恩赐。同时我们也看到,圣保罗曾经两次受过按手礼,一次是在大马色当他受洗时由亚拿尼亚给他举行的(见《使徒行传》第 ix 章,第 17、18 两节),另一次是他在安提阿最初被派出去传道时举行的(见同篇第 xiii 章,第 3 节)。这样说来,这种仪式的用处,从拣选教士看来,是表明他们把这种权力赋给谁了。但如果有任何基督徒事先就具有宣教的权力,那么施洗(即使他成为基督徒)并没有给他新权力,而只是使他传布正确的教义,也就是正确地运用他的权力;因此,按手便是没有必要的,有洗礼本身就够了。但每一个主权者在基督教出现以前便都具有宣教和委任传教士的权力,所以教徒身份便没有赋予他以任何新权利,而只是在传布真理的道路上指引他们;由于这一点,除开洗礼中所行的按手礼以外,就无需举行任何其他按手礼来授权给他们执行任何一部分教士职务,如施洗和成圣礼等等。在《旧约》中,当主权操在大祭司手里的时候,虽然只有祭司才有权行成圣礼,但当主权操在君王手中时,情形就不同了。因为我们在《列王记》上第 viii 章中看到,所罗门为民祝福,使神殿为圣,并作出了现在所有的教会与教堂的成圣礼中奉为典范的公众祈祷。由这一点我们就可以看清楚,他不但具有教会管辖当局的权力,而且也有教会职务的执行权。

从以上所说的政教权力集中于基督徒主权者手中的情形我们就可以清楚地看出：个人可能具有的统治臣民，并管辖其政治与宗教的外在行为的一切权力，他们都具有了。他们认为臣民作为国民和教民而言用什么法律管辖才算最合适，便可以制定什么法律，因为国民与教民已经是合为一体了。

因此，他们如果高兴的话，也可以像现在许多基督徒国王所作的一样，将臣民宗教事务的管辖权赋予教皇；但这时教皇在这一点上就要从属于他，并且是在他人的领土内根据世俗主权者的世俗权执行这一职务，而不是根据神权执行的。因此，当主权者认为对他的臣民的福利说来有必要时，也可解除这项职权。他们如果高兴的话，也可以将宗教事务的管辖交给一个最高的教士或教士会议；并且可以按他们认为最有利的方式赋予他们以管理教会或管理另一教士的权利，同时也可以按自己的意旨授予大主教、主教、祭司或长老等荣衔；还可以随自己的高兴为他们的给养规定法律（或是用什一税供给，或是用其他方式供给），他们这样做是出于自己的真挚良心，唯有上帝才是这种良心的判断者。正典圣经的审定者和解释者，只有世俗主权者才能指派，因为使圣经各篇成为法律的正是他。使开除教籍一事具有力量的也是他，因为要不是有法律、有惩戒，可以使顽固离宗背道的人屈服、并使他们和教会中其他人团结一致，否则，开除教籍这种事情就会受到蔑视。总起来说，他对于宗教和世俗两方面与言论及行动有关的一切案件都具有最高权力，因为唯一可以被人知道并进行控诉的就是言语和行动；至于无法进行控诉的事情，则除开能知道人的内心的上帝以外，就没有其他审判者。这些权力，是一切主权者（不论是君主还是会议)都具有的,这是因为成为基督教臣民的代表者的人便也是教会的代表者,基督教臣民的教会和基督教臣民的国家原是同一回事。

虽然我在这儿以及本书其他地方所说的一切已经十分清楚,足以断定最高教权应属于基督徒君主,但由于罗马教皇普遍地对这一权力提出的挑战,主要地并且我认为是最强烈地受到了贝拉民主教在他那篇打笔墨官司的文章《论教皇》中给予的支持,因此我便认为有必要尽量简短地讨论一下他那篇论文的根据和说服力。

在他关于这一题目所写的五章中,第一章包含三个问题:第一,绝对地说来,君主政体、贵族政体和民主政体哪一种是最好的政府形式。他的结论是三种全不是,他所主张的是三种形式的混合政府。第二,三者之中哪一种是教会当局的最好形式,结论是主张混合形式,但君主政体的成分应当最多。第三,在这种混合的君主政体中,圣彼得原先是不是具有君主的地位。关于他的第一个结论,我在第十八章中已经充分证明,人们有义务要服从的一切政府,全都是绝对的。在君主国家中,只有一个人居于最高地位,所有其他在国家中具有任何一种权力的人都是在他高兴的时候由他委派的,并且以他的名义执行权力。在贵族和民主国家中,只有一个会议居于最高地位,并具有君主国家中属于君主的同一权力;这种权力不是一种混合的主权,而是一种绝对的主权。关于三种之中哪一种最好的问题,只要在已经建了其中任何一种的地方,这一点是没有争论的余地的;只有现存的政府形式应当永远被认为是优于其他形式而受到支持;因为从事任何旨在推翻现存政府的事情都是既违反自然法,又违反明文载定的神律的。此外,教士除非具有世俗主权,否则哪种政府形式最好,对他们的权力并无任何影响:因为他们的使命不是以下命令的方式管辖人,而是教诲人,及通过论据劝说人,让他们自己去考虑究竟应当接受还是抛弃所教与的教义。因为君主政体、贵族政体和民主政体向我们指明的是三种主权者,而不是三种教士;换句话说,它们所指明的是三种家长,而不是三种童蒙塾师。

因此,第二个结论,也就是关于教会当局以哪种形式为最好的结论,对于教皇在本身辖区以外的权力说来是不相干的。因为在一切其他国家中,他如果具有任何权力的话,也只是塾师的权力而不是家长的权力。

关于第三个结论,也就是圣彼得原先在教会中具有君主地位的问题,他所提出的主要论据是圣马太的一段话:"你是彼得,我要我的教会建造在这磐石上,阴间的权柄不能胜过他。我要把天国的钥匙给你,凡你在地上所捆绑的在天上也要捆绑;凡你在地上所释放的,在天上也要释放。"(见《马太福音》第 xvi 章,第 18、19 两节)我们要是仔细看一看这个地方就会发现,它所证明的不过是这样一点:基督的教会的基础只有一个信条,也就是彼得以全体使徒的名义表白出来,使救主说出了上述引文中的话的那一信条。为了清楚地理解这一点,我们就要考虑到,救主本人以及他通过施洗约翰与其他使徒所布的道只有这样一个信条——"他是基督"。一切其他信条所要求的信仰只不过是以这一信条为其基础。约翰第一个开始,只布了这样一条道:"天国近了"(见《马太福音》第 iii 章,第 2 节)。接着我们的救主本人也布了同一条道(见同处第 iv

章,第 17 节),当他将使命交付给十二使徒时,除开这一条以外,也没有提到布了任何其他的道(见同处第 x 章,第 7 节)。这是基本的信条,也就是教会信仰的基础。后来当使徒觉悟过来,领会了他的意思时,他问他们全体(不单是彼得)道:"人说我人子是谁。"他们答道:"有人说是施洗约翰,有人说是以利亚,有人说是耶利米,或是先知里的一位。"(见同处第 xvi 章,第 3 节)于是他便又问他们全体(不单是彼得)道:"你们说我是谁?"(见同章第 15 节)于是圣彼得就代表他们全体答道:"你是基督,是永生神的儿子。"我认为这是整个教会的基本信条。在这一点上我们的救主乘势说道:"我要把我的教会建造在这个磐石上。"根据这句话就可以显然看出,教会的基石指的就是教会的基本信条。有人又会反对说:那么我们的救主为什么又要插上"你是彼得"这一句话呢? 如果这段经文的原文翻译得严格的话,道理是很容易清楚的。因此我们必须考虑使徒西门的姓就是石头,这就是叙利亚语 Cephas 和希腊文 Πετροδ(彼得)的意义。所以我们的救主在承认了那一基本信条之后,便点到他的名说了一句话,用英语讲起来就是这样:"你是石头,我将在这块石头上建立起我的教会。"这就等于是说:"我是基督"这一信条是我要求于所有将要加入我的教会的人的一切信仰的基础。这种提到名字的事,在一般谈话中也并不罕见。如果我们的救主打算把他的教会建筑在彼得这个人身上而又说:"你是一块石头,在这石头上我将建立起我的教会",那就是一句奇怪而又含糊的话了,这时,他要是说"我将把我的教会建筑在你的身上",那样就会十分清楚而没有含糊的地方,同时又照样点到了他的名字。

至于往下的话"我要把天国的钥匙给你"等等,这和我们的救主给予所有其他使徒的并没有两样。如《马太福音》(第 xviii 章,第 18 节)中说:"凡你们在地上所捆绑的,在天上也要捆绑,凡你们在地上所释放的,在天上也要释放。"这话不论怎样解释,有一点是毫无疑问的:这儿所赐予的权力属于一切最高教士,也就是所有身为基督徒的世俗主权者在他自己的领域内所担任的那种教士。其情形就好像是圣彼得或我们的救主本身已经使他们之中的任何一个人皈依了他,并承认了他的国;然而由于他的国不属于这个世界,所以救主便把那使他的臣民皈依的最高管理权留给了他而没有留给别人。要不然他就会剥夺他的主权,因为宣教权和主权是不可分割的连系在一起的。以上所说的就是对他第一章的驳斥,他在这一章中所要证明的是这样一点:圣彼得是全教会的至尊君主,也就是说,他是全世界所有基督徒的君主。

在第二章中有两个结论:第一,圣彼得是罗马的主教,并死在当地;第二,罗马教皇们都是他的继承者。这两点都受到了旁人的争议。我们就假定这是确实的,然而如果我们所说的罗马主教是指教会的君主或最高教士,那么这主教便不是西尔维斯特,而是君士坦丁,后者是第一个成为基督徒的罗马皇帝。正像君士坦丁一样,所有其他基督徒皇帝都当然是罗马帝国的最高主教。我说罗马帝国,而不说整个的基督教世界;因为其他基督徒主权者,在各人的领域内对于本质上属于他们主权的一切职务都具有同一权利,这就可以答复他的第二章。

在第三章中,他所讨论的是教皇是否反基督的问题。在我看来,就圣经中使用这一名词的意义来说,我还找不出有任何论据能证明他是反基督;同时我也不打算从反基督的性质中提出任何论据来驳斥他现在行使的权力或以往一直在其他王国或国家的领域中所行使的权力。

显然,《旧约》中的先知已经预言了,而且犹太人也盼望着有一个弥赛亚(基督)能把他们在撒母耳时代要和别国一样立王时所抛弃的上帝国在他们之中恢复起来。他们有了这种期望之后,所有那些心怀异志、意欲窃夺国柄并且狡诈有术、能以假奇迹、伪善作风、花言巧语的演说与教义等等欺骗人民的人,就容易让他们上当了。因此,我们的救主和他的使徒便事先警告人们防备假先知和假基督。假基督就是自称为基督而实际不是基督的人;他们被恰当地称为反基督,其意义正如当教会分裂、选出了两个教皇时,一个教皇把另一个教皇称为假教皇或反教皇一样。因此,就其本义说来,反基督便具有两种基本的标志:第一,他否认耶稣是基督;第二,他自称是基督。第一个标志由圣约翰在他的第一书中确定了,他说:"凡灵不认耶稣,就不是出于神,那是敌基督的灵。"(见该书第 iv 章,第 3 节)另一标志则是在救主的话中表达出来的:"将来有好些人冒我的名来,说,我是基督。"(见《马太福音》第 xxiv 章,第 5 节)同时又说:"若有人对你们说,基督在这里,或说基督在那里,你们不要信。"(见同章第 23 节)因此,反基督就必然是一个假基督,也就是这种冒称为基督的人之中的某一个。同时,根据否认耶稣是基督和自称是基督这两个标志,我们还可以得出一个推论说,他必然是耶稣真基督的敌人,这也是反基督一词的另一个通常的意义。但在这许多反基督之中却有一个特殊的反基督——"此反基督是明确确定的一个反基督,他是一个确定的人,而不是不确定的任何一个反基督"。罗马教皇既不自称是基督，也不否认耶稣是基督，我就看不出他为什么可以被称为反基督，这个词的意义并不是指冒称为基督的代治者或总辅弼者的人，而是冒称为基督的人。同时这个特殊的假基督出现的时期也有某种迹象(见《马太福音》第xxiv章，第15节)，那便是但以理所说的那种令人憎恶的毁坏者要留在圣地，以及似乎要长期持续下去的空前绝后大灾难。"凡有血气的总没有一个得救的。只是为选民，那日子必缩短了(减少了)。"(见《马太福音》第xxiv章，第22节)但这种灾难还没有来，因为紧跟在这种灾难之后，"日头就要变黑，月亮也不放光，众星要从天上坠落，天势都要震动，人子要有大荣耀，驾着天上的云降临"(见《马太福音》第xxiv章，第29节)。所以假基督便还没有来临，而教皇则前后递嬗，已经若干代了。诚然，教皇擅自为所有的基督徒国王以及基督教国家制定法律时，便是在今世窃据了一个基督不曾具有的王国；但这不是他以基督的身份窃据的，而是他替基督窃据的，这里面并没有什么假基督的性质。

在第四章中，为了证明教皇是所有信仰与行为问题的最高审判者(这就等于是全世界基督徒的绝对君主)，他提出了三个论点：第一，他的审断是永远正确的；第二，他可以不折不扣地制定法律，并惩办违抗者；第三，我们的救主将所有的宗教审判权都赋予了罗马教皇。

为了证明教皇的审断是一贯正确、永远无误的，他引证了圣经。首先引出的是《路加福音》(第xxii章，第31、32两节)："主又说，西门、西门，撒旦想要得着你们，好筛你们，像筛麦子一样。但我已经为你祈求,叫你不致失了信心。你回头以后,要坚固你的兄弟。"这段话的意思根据贝拉民的解释,是耶稣在这里将两种特质赋予西门彼得了:第一,他和他的任一继承者的信仰都不会动摇;第二,他和他的任一继承者关于信仰或品行问题的任何规定都不会错,也不会和以前的教皇的定义相冲突。这种解释非常奇特,而且非常牵强。但细心念过这一章的人就会发现,全部圣经中不利于教皇权力的地方正是这一处,而不是别的地方。情形是这样:祭司长和文士想法子要在逾越节杀害我们的救主,犹大打定主意要出卖他;宰杀逾越节羊羔的日子到了,救主和他的使徒一起祝宴这个节日;他说直到上帝国到临以前他不会再祝宴那个节日了,同时又告诉他们说,他们之中的一个人将要出卖他。这时使徒就问他是谁,同时他们由于看到他们的主祝宴下一个逾越节的时候是他为王的时候,于是便争论起谁为大来;因此,我们的救主就对他们说,外邦人有君王为主治理他们,并以恩主(希伯来文)为称号。"但我对你们可不是那样,你们必须努力互相服侍。我将国赐给你们,如同我父将国赐给我一样;这就是现在要用我的血来取得、然而在我第二次降临以前却不能具有的国。那时你们将坐我的席上吃喝,并坐在宝座上审判以色列十二个支派。"接着他就单独对圣彼得说:"西门、西门,撒旦设法要提出一个今世的统治权来动摇你对未来的信仰。但我已经为你祈求,使你不至于失了信心。因此,(请注意这一句话)你回头而且懂得我在来世的王国以后,就要坚固你的弟兄的这种信心。"对于这一点,彼得答复时就像一个不再希望在这个世界中获得权力的人一样,他说:"主啊,我就是同你下监、同你受死也是甘心。"(见同处第 33 节)从这儿我们就可以看清楚,救主非单是没有将这个世界的审判权授予彼得,而且还给他一项工作,要他教导所有其他使徒认识到自己也都不能具有这种审判权。至于圣彼得关于宗教事务的最后审断永远无误的问题,从这个地方能为这一说法提出的只有这样一点,那便是彼得应当继续相信基督将重临人世,并在审判日具有他的国。这一段经文也没有把这国赋予他所有的继承者,因为我们看到,他们是在今世之中要求这国的。

第二个地方是《马太福音》(第 xvi 章,第 18 节)的一段话:"你是彼得,我要把我的教会建造在这磐石上,阴间的权柄不能胜过他。"我在本章中已经证明,这段话所能证明的不过是阴间的权柄不能胜过彼得的明证信仰,这一明证信仰引起了一句话——"耶稣是上帝的儿子基督"。

第三段经文是《约翰福音》(第 xxi 章,第 16、17 两节),其中有一句话说:"你牧养我的羊",这话所包含的意义不过是宣教的使命。如果我们承认,其余的使徒也包括在羊这一名词之内,那么这就是最高的宣教权,但这仅限于没有基督徒主权者获得这一最高地位的时代。可是我已经证明,基督徒主权者在他本身的领域之内是最高的教士;虽则不另外举行按手礼,但一经受洗就已经被任命担任了这一职务。这种按手礼既然只是指明人选的仪节,那么他如果在按约具有管辖其臣民的绝对权力时,就已经被赋予了任意传布任何教义的权力,这种仪节也就没有必要了。因为正像我在以前已经证明的一样,普遍说来,主权者由于其职位关系,同时也是最高的宣教者,因此在受洗之后就承担了义务要传布基督的道。当他们容忍旁人教诲他的百姓时,他们是以自己的灵魂担了干系的；因为上帝对于教导他的子民和仆人的事情，会要家长负责。在《创世记》(第 xviii 章,第 19 节)中,上帝的下一段话是指亚伯拉罕说的,而不是指一个佣工说的:"他将吩咐他的众子和他的眷属、遵守我的道、秉公行义。"

第四段引文是《出埃及记》(第 xxviii 章,第 30 节):"又要将乌陵和母土明①放在决断的胸牌里。"他说,七十学者把这解释为证明和真理。于是他便作出结论说,上帝已经将证明和真理(近乎永远无误性)交给大祭司了。不论这是把证明和真理本身交给大祭司了,抑或仅是箴诫祭司审案时要察事明而断事公；但由于这是给予大祭司了,所以便是给予世俗主权者了；因为在以色列国家中,位置仅次于上帝的便是大祭司。同时这一点就是一个论据,可以说明世俗主权者具有证明和真理,也就是对他们的臣民具有最高的教权,来对抗教皇自封的权力。以上全部列举了他在信仰问题上关于教皇的审断永远无误这一点所引的经文。

关于教皇对行为的审断永远无误的问题,他引了一段经文,那便是《约翰福音》(第 xvi 章,第 13 节)"只等真理的圣灵来了,他要引导你明白一切的真理"。他说这儿所谓的全部真理至少是指获救所必需的全部真理。但纵使像这样和缓了一下语气,他也没有给予教皇比任何明证基督教信仰而不致被定罪的人更多的永远无误性。因为任何人要是在那些一旦犯错就无法得救的事情上犯了过错,他就不可能得救了；这是得救的唯一条件,没有这个条件,得救就是不可能的。这些论点是什么,我在下一章中将根据圣经加

---

① 法官胸牌置放的法器,以此求问上帝,决断疑难案件。——译注

以说明。在这儿我所要说的只是这样一点：即令我们承认教皇完全不可能在布道中发生任何错误，这也不能使他在另一国王的领土中理所当然地具有法权；除非我们同时认为，一个人纵使原先已经把工作应许给别人了，良心上仍然有义务要在所有的时候运用最好的工人。

除开经文以外，他还根据推理提出论证说：如果教皇在必要的事务上可能犯错，那么基督对教民的得救便没有作出充分的安排，因为他已吩咐教会遵从教皇的指导。但除非他能指明基督在什么时候和什么地方作了这一吩咐，或是有一点点提到教皇之处；否则他这一推论便是站不住脚的。非仅止此，即使承认赋予圣彼得的一切都是赋予教皇的，但由于圣经中并没有吩咐任何人服从圣彼得，所以当教皇的命令违反一个人的合法主权者的命令时，服从教皇就是不义了。

最后，教会既没有宣称他是全世界基督徒的世俗主权者，教皇自己也没有如此宣称，因此所有的基督徒都没有义务必需承认他在行为问题上的裁判权。因为世俗主权和有关行为问题的争讼的最高裁判权是同一回事。世俗法的制定者不但是宣判行为是非的人，而且也是规定行为是非的人。除了是否符合于主权者的法律这一标准以外，一个人的行为便没有任何东西能使之成为正义的或不正义的。因此，教皇对行为方面的纠纷的最高权力提出争议，就是教唆人民不服从世俗主权者；这是一种错误的说法，跟我们的救主以及他的使徒在圣经中传给我们的许多诫命都相违背。

为了证明教皇有权制定法律，他引证了许多地方，第一处是《申命记》(第 xvii 章，第 12 节)中"若有人擅敢不听从那侍立在耶和华你神面前的祭司、或不听从审判官，那人就必治死。这样便将那恶从以色列中除掉。"作为对这一点的答复，我们应当记住，大祭司是位仅次于上帝的世俗主权者，所有的审判官都要由他委派。因此，他所引证的话，意思似乎是这样："若有人擅敢不听从当时的世俗主权者或他的任何代行官员，那人就必治死……"这显然是赞成世俗主权而反对教皇普遍权力的。

其次，他引证了《马太福音》（第 xvi 章）中的话——"凡你在地上所捆绑的"等等，并把这种捆绑说成是《马太福音》（第 xxiii 章，第 4 节）所写的文士和法利赛人的那种捆绑："他们把难担的重担捆起来搁在人的肩上"；他说这指的是制定法律，并由此得出结论说，教皇可以制定法律。但这也只能证实世俗主权者的立法权，因为文士和法利赛人坐在摩西位上了，而摩西又是以色列人民的地位仅次于上帝的主权者。所以我们的救主便谕示门徒们说，凡他们所吩咐的都要谨守遵行，但不要效法他们的行为。这就是说，要服从他们的法律，但不要效法他们的榜样。

所引的第三处地方是《约翰福音》（第 xxi 章，第 16 节）中"你牧养我的羊"一语，这不是制定法律的权力，而是进行教诲的吩咐。制定法律是家长的事，他可以根据自己的判断来选择家庭牧师，也可以像这样选定塾师来教导他的儿女。

第四处地方（《约翰福音》第 xx 章，第 21 节）是不利于他的。原文是这样："父怎样差遣了我，我也怎样差遣你们。"但我们的救主被差遣来是以他的死为信的人赎罪；并通过他自己和他的门徒的传道使他们准备好进入他的国；这国他亲自说不属于这世界，并教导我们为其在来世中的降临而祈祷，只是他拒绝告诉使徒们什么时候会降临①(见《使徒行传》第 i 章,第 6、7 两节),降临时,十二使徒将在这国中坐在十二宝座上审判以色列的十二支派,每一个宝座也许都和彼得的一样高。圣父既然没有差遣我们的救主到这个世界里来制定法律,我们就可以根据经文得出一个结论说:救主也没差遣圣彼得在今世之中制定法律,而只是劝说人们坚定信心,期待他的第二次降临;在目前这个时候,如果是臣民的话,便要服从君主;如果是君主,则一方面要自己相信这一点,另一方面还要尽力使臣民同样相信,这也就是主教的职权。所以这个地方最为强有力地支持了宗教最高权力和世俗主权合一的道理,正好和贝拉民枢机主教引证的目的相反。

第五处地方是《使徒行传》(第 xv 章,第 28、29 两节):"因为圣灵和我们定意不将别的重担放在你们身上,唯有几件事是不可少的,就是禁戒偶像的物和血,并勒死的牲畜和奸淫。"在这儿他把放重担等字样注释成为立法权。但读了这段经文的人谁又能说,使徒这种口吻用于提劝告和用于制定法律不是同样合适的呢?法律的口吻是:"兹(我们)命令。"但我们定意(我们认为最好是)却仅仅是提出忠告的人的一般口吻。提出忠告的人把担子放在人家身上了,然而这却是有条件的,也就是听忠告的人能达到目的时这担子才放到了他们身上。禁戒勒死的牲畜和血也是这种重担;这不是绝对的重担,而是在他们愿意不犯错的时候才成为担子。在本书第二十五章中我已经证明,法律和劝告的区别在于,制定法律的

---

① 据该篇记载,耶稣叫使徒们不要离开耶路撒冷,不多几日他们就要受圣灵的洗。"他们聚集的时候问耶稣说:主啊,你复兴以色列国就在这个时候吗?耶稣对他们说,父凭着自己权柄所定的时候日期,不是你们可以知道的。"——译注

动机来自规定者的目的和利益,而提出劝告(建议)的动机则来自听取者的目的和利益。但在这儿使徒们的目的只是为了皈依基督的外邦人的利益——他们的得救,而不是为了他们自己的利益;因为他们做完自己的事情以后,就不论这劝告是否得到听从,他们都可以获得自己的报偿。所以这种劝告的行为便不是法律而是建议。

第六个地方是《罗马书》(第 xiii 章)中的这样一句话:"在上有权柄的人人当顺服他,因为没有权柄不是出于神的。"(第 1 节)他说这话所指的不仅是世俗君主,而且也指执掌教权的君王。关于这一点我的答复是:第一,除开同时是世俗主权者的人以外就没有什么掌教权的君主。他们的君主国不能超过他们的世俗主权所辖的范围。在这范围之外,他们可以被人接受为博士(圣师),但却不能被承认为君主;因为这位使徒的意思如果是叫我们同时服从自己的君主和教皇,那么他便教给了我们一种基督本身曾经告诉我们不可能实现的道理——事奉两个主(参看《马太福音》第 vi 章,第 24 节)。这位使徒在另一处地方虽然说:"所以我不在你们那里的时候,把这话写给你们,好叫我见你们的时候不用照主所给我的权柄严厉的待你们。"(见《哥林多后书》第 xiii 章,第 10 节)这并不是他反对将他们之中的任何人处死、监禁、放逐、鞭笞或处以罚金等等权力,这些都是惩办的方式;他反对的只是开除教籍的权力;这种权力没有世俗权力时只不过是不和他们相处和来往,就像不和异教徒或税吏往来一样,这种做法在许多时候使除籍的人受到的痛苦比被除籍的人更大。

第七处地方是《哥林多前书》(第 iv 章,第 21 节):"是愿意我带着刑杖到你们那里去呢？还是要我存慈爱温柔的心呢？"但这儿所说的刑杖也不是指君主惩罚犯罪者的权力，而只是指开除教籍的权力；这种权力就其本质说来并不是一种惩办，而是基督在审判日具有他的国时将要施行的惩罚的宣告。到那时这也不是正式的惩罚，就像对犯法臣民所施行的那样，而只是对于否认救主对天国所具权利的那种敌人或反叛者施加的报复。所以这并不能证明任何不兼掌世俗权力的主教的立法权。

第八处地方是《提摩太前书》（第 iii 章，第 2 节）："做监督（主教）的必须只做一个妇人的丈夫、有节制、自守……"他说这是一条法律。我原先倒以为除了教会的君主圣彼得以外，没有人能在教会中制定法律。但是即令这一诫命是根据圣彼得的权威做出的，我也看不出有什么理由不把它称为忠告，而要把它称为法律；因为提摩太不是圣保罗的臣民而只是他的门徒；提摩太所管的教民也不是他在王国中的臣民，而只是他在基督的学校中的门生。如果他对提摩太所提出的诫命全都是法律，那么下面这一条为什么又不是法律呢："因为你……屡次患病，不要再照常喝水，可以稍微用一点儿酒。"（见《提摩太前书》第 v 章，第 23 节）良医的戒言为什么不能一条条地成为法律呢？难道不是因为使他的戒言成为法律的，不是命令式的口吻，而是对他个人的绝对服从吗？

同样的道理，第九处地方"控告长老的呈子，非有两三个见证人就不要收"（见《提摩太前书》第 v 章，第 19 节）也是一条明智的箴言而不是法律。

第十处地方是《路加福音》（第 x 章，第 16 节）："听从你们的就是听从我，弃绝你们的就是弃绝我。"毫无疑问，轻视耶稣差遣来的人的劝告,就是轻视基督本人的劝告。但现在除开合法主权当局派任为教士的人以外,还有谁是基督差遣来的呢?得到合法派任的人,谁又不是由主权者教牧派任的呢?在一个基督教体系的国家中,主权教牧派任的人谁又不是根据该国主权者的权力派任的呢?由此可见:听从成为基督徒的主权者就是听从基督,轻视成为基督徒的国王所批准的教义就是轻视基督的教义。这不是贝拉民在这儿所要证明的,而是正和他所要证明的相反。但这一切和法律一点关系也没有。非仅止此,一个基督徒君主作为臣民的教士和传道者说来,并不能由于这种身份而使他的教义成为法律。他不能强制人们信道,然而他作为世俗主权者却可以制定适合于他的教义的法律,强制人们做某些行为,有些时候是强制他们去做在其他情形下他们不会去做、而且他也不应当命令他们去做的行为。然而当他命令人们去做的时候,这就成了法律,在没有内心赞同的情况下,光是服从这些法律而做出的外表行为是主权者的行为,不是臣民的行为;臣民在这种情形下不过是一种工具,自己没有任何动机,因为是上帝命令要服从这些。

第十一点搜罗了使徒保罗用一般发命令的某些词句提劝告的一切地方,以及把听从他的劝告称为服从的一切地方。为此目的,他所引证的有以下这些:"我称赞你们,因为你们凡事纪念我。"(见《哥林多前书》第 xi 章,第 2 节)希腊文作"我称赞你们,因为像传示给他们一样传示给你们的事情你们都遵守①。"这远不能说

---

① 此处圣经英文本作"for keeping my precepts as I delivered them to you",应译作"因为你们遵守我传示给你们的诫命"。——译注

明所传示的是法律或其他东西,而只是好心的劝告。其次他引证了《帖撒罗尼亚书》(第 iv 章,第 2 节):"你们原晓得我凭主耶稣传给你们什么命令。"这儿的希腊文相当于前一句中所说的"我们所传示给你们的"。这并不能证明使徒的传统超出了劝告的范围,虽然第八节中说:"所以那弃绝的,不是弃绝人,乃是弃绝神。"因为我们的救主降临不是要审判这个世界,也就是说,他不是要到这个世界中来为王,而是要为罪人牺牲自己。他在自己的教会中留下博士去领导人们皈依基督而不是驱赶人们皈依基督;基督从不接受强制造成的行为,而只接受内心的皈依;一切法律所产生的结果都是前者,后者则不是法律的结果,而是劝告和传布教义的结果。

接着他又引证了《帖撒罗尼亚后书》(第 iii 章,第 14 节):"若有人不听我们这信上的话,要记下他,不和他交往,叫他自觉羞愧。"他根据这儿的服从一词推论说,这封书信对帖撒罗尼亚人说来是法律。皇帝的敕书诚然是法律,但如果说使徒保罗的书信因此便也成了法律,那就是叫人事二主了。"服从"一词在希腊文中的意思不但是听从或实行有权施行惩罚的人的命令,同时也包括为了我们的好处以劝告方式提出的话。所以圣保罗并没有叫他们把那些不服从的人杀掉、鞭打、关起来,或是处以罚金,这些是所有立法者都可以做的事情;他只是叫他们不和这种人交往,叫他自觉羞愧。根据这句话就可以显然看出,基督徒所敬畏的不是使徒的统治权,而是他在信徒之中的名声。

他所引的最后一处地方是《希伯来书》(第 xiii 章,第 17 节):"你们要依从那些引导你们的,且要驯服。因为他们为你们的灵魂时刻警醒,好像那将来交账的人。"这儿服从一词的意思也是听从他们的劝告。因为我们服从的动机不来自教士的意旨和命令,而是来自我们自己的好处——也就是我们得到他们警醒的灵魂得救,而不是抬高他们自己的权力和权柄。这儿的意思如果是说:他们所教导的一切都是法律;那就不但是教皇而且连每一个教士在自己的教区内都具有立法权了。此外,有义务服从教士的人是没有权力审核他们的命令的。那么,我们对于圣约翰教给我们的以下一点又怎么说呢:"一切的灵你们不可都信。总要试验那些灵是出于神的不是。因为世上有许多假先知已经出来了"(见《约翰一书》第 iv 章,第 1 节)。因此很明显,我们是可以对教士的教义提出争议的,但对法律却不能发生争议。各方面都承认,世俗主权者的命令就是法律,在他之外如果还有人能制定法律,那么整个国家以及整个和平和正义便必然会归于毁灭,这种情形跟一切神的法律以及人的法律都是背道而驰。因此,从圣经中的这一切地方或任何其他地方,都无法引证出什么东西来证明教皇的教谕在他不兼掌世俗主权的地方能成法律。

他所要证明的最后一点是:"我们的救主基督除开教皇以外没有直接将宗教法权交给任何人。"在这一点上,他所讨论的不是教皇与基督徒君主之间的最高权位问题,而是教皇与其他主教之间的这一地位问题。首先,他说大家都同意,主教的审判权至少通常都是根据神权而来的。关于这一点他引证了圣保罗的《以弗所书》(第 iv 章,第 11 节),他在那儿说:"基督升天以后,他所赐的有使徒、有先知、有传福音的、有牧师和教师。"由此他就推论说,他们的法权的确是根据神权而来的,但却不承认他们是直接从上帝那里得来的，而认为是通过教皇得来的。但如果说一个人的司法裁判权是根据神权而来，但又不是直接根据神权而来的，那么一个基督教体系国家中的合法裁判权，即便是世俗裁判权，有哪一条不同样可以说是根据神权而来的呢？因为基督徒君主的世俗权力是直接来自上帝的，他之下的辅弼大臣则是根据他的委任而执行各自的任务；这样，他们所做的一切也正像主教根据教皇的派任所做的一切那样，都是间接根据神权而来的。所有的合法权力在最高统治者手中都是直接属于上帝，在他之下享有权柄的人手中的权则间接属于上帝。所以他要么就必须承认国家所有的行政长官都是根据上帝的权力具有其职位，要么就绝不能认为除教皇本人以外还有任何主教是根据上帝的权力具其职位的。

但整个这一争论，也就是基督究竟光是把司法裁判权交给了教皇，还是也交给了其他主教的问题，如果在教皇具有世俗主权的范围以外的地方讨论起来，便是没有意义的鸡毛蒜皮之争了。因为任何教皇在自己不是主权者的地方，都不能具有任何司法裁判权。道理是这样：司法裁判权就是听审并决断人与人之间的争讼的权力，这种权力只能属于有权规定判断是非准则的人，也就是只能属于有权制定法律、并以司法权强制别人服从他自己或他为此而派任的法官所宣布的判决的人。这种事情除开世俗主权者以外，由任何其他人做都是不合法的。

他还引证《路加福音》（第 vi 章）说，我们的救主曾经召集门徒，并选出其中名之为使徒的十二人。他因此证明是救主选出了他们（马提亚、保罗和巴拿巴除外），并给予他们以传道的权力，但却没有给予他们以审断人事案件的权力，因为这一权力连他自己也拒绝具有,他说:"谁说我是你的审判者和分肉的人呢?"还有:"我的国不属于这个世界。"但无权听审并决断人事案件的人是不能说具有任何司法裁判权的。然而这并不能妨害我们的救主赋予他们在世界各地传道和施洗的权力,只要他们不受到当地合法主权禁止就行,因为基督本人和他的使徒在许多不同的地方都明确地叫我们在一切事情上服从我们自己的主权者。

他打算用来证明主教的司法裁判权来自教皇的论据,由于教皇本身在其他国王的领域内并不具有审判权,所以便成了空话。但由于这些引文都正好相反证明了所有主教具有审判权时都来自其世俗主权者,所以我便不能放过而不照引出来:

第一个论据引自《民数记》(第 xi 章),那里面说:摩西由于无法单独担任治理以色列子民的全部任务,于是上帝吩咐他从长老中选七十人,将摩西的灵分赐给这七十长老。这话并不是说上帝减弱了摩西的灵,因为他身上的灵丝毫也没有减弱;而只是说,他们全都从摩西那里得到了权柄;在这里他正确而独出心裁地解释了这一段话。但由于摩西在犹太人的国中具有全部的主权,所以这话就显然是说:他们的权柄是从世俗主权者那里得来的,所以这一地方也证明,一切基督教国家的主教都是从世俗主权及其自己领域内的教皇那里得到权力的,而不是从任何其他国家领域中的教皇那里。

第二个论点是根据君主国的性质提出的。在这种国家中,所有的权柄都操在一个人手中,其他人的权柄都是从他那里得来的。但他说教会当局是君主制的。这话也支持了基督徒君主。因为唯有他们才是自己人民的实际君主,也就是自己教会的君主,教会与教民是一回事。然而教皇的权力,则即便教皇是圣彼得,也既非君主权力,又没有任何"君主"或"政体"的性质在内,而只是宣教的权力。因为上帝不接受强制的、而只接受自愿的服从。

第三个论点的根据是圣西普利安①曾称圣彼得的教权为头、为源、为根、为太阳,主教的权柄就是从那儿来的。但根据自然法(作为判断是非的原则而言,比任何仅为凡人的博士的话都好)说来,每一个国家的世俗主权者都是头、源、根和太阳,一切审判权都是从那里导源的。所以主教的审判权便是从世俗主权者那里来的。

第四个论点的根据是他们的辖区大小不等。他说,如果上帝直接将辖区赋予他们的话,他所给予的辖区和地位便都会是相等的。但我们看到,有些主教只是一个城的主教,有些是几百个城的主教,而有些则是好多个省的主教,这种差别不是根据上帝的神谕决定的;所以他们的辖区便不是上帝赐予的辖区,而是凡人赋予的辖区;某人的大一些,另一人的小一些,就看教会的君主怎样高兴。这一点如果他事先能够证明教皇对全部基督徒拥有普遍的审判权,那便可以证明他的说法。但由于这一点并没有能被证明,而且大家又都知道,教皇本身的庞大辖区也是由具有这辖区的人赋予他的,也就是由罗马皇帝赋予的(因为君士坦丁的大主教根据他是首都和皇位所在的都城的主教的名义要求和他分庭抗礼),所以我们便可以推论说,其他主教的辖区也是从各人施行管辖权的地区

---

① 公元三世纪时的迦泰基主教,曾著《论天主教教会的统一》一书呼吁团结,其神学论文对圣奥古斯丁有影响,后死为殉道者。——译注

的君主那里得来的。这一原因既说明他们的权柄不是根据神权而来的,同时也说明教皇的权柄,除了在他身兼世俗主权者的地区以外,也不是根据神权来的。

他的第五个论点是这样:"如果主教的法权真正是直接得自上帝的话,那么教皇便不可能予以褫夺,因为他不能做出违反上帝的规定的事情。"这一推论很好,而且证明得很有力。接着他便说:"但教皇可以褫夺而且曾经褫夺过这种辖区。"这一点也可以说是对的,他在自己的辖区内或者在赋予他这种权力的任何另一国王的辖区内都像这样做了,但他却不是普遍地以教皇的身份这样做。因为这种权力在每一个基督徒主权者的领域内都属于主权者自己,而且和主权是不可分辖的。在以色列的子民没有根据上帝对撒母耳所发神谕而和列国一样为自己立王时,世俗政府操在大祭司手中,除他以外没有别人能派任或撤除下级祭司。但这一权力后来就归于国王了,这一点可根据贝拉民的同一论据加以证明。道理是这样:祭司(不论是否大祭司)的权柄如果是直接得自上帝的话,王就不能夺去他的,因为国王不能做出违反上帝的规定的事情。然而肯定地说,所罗门王就曾褫夺大祭司亚比亚他的大祭司职位(见《列王记上》第 ii 章,第 26、27 两节),并以撒都(见同处第 35 节)来代替他。所以其他国王也可以用同样的方式,在他们认为适合于把臣民治理好的时候,派任或撤除主教。

他的第六个论据是:如果主教的法权是根据神权而来的,也就是直接从上帝那里得来的,那么主张这一说法的人就应当引证些上帝的话来证明,但他们却提不出。他这论点很好,所以我就不加反对。但要用这一论点来证明教皇本身在任何另一君主的辖区内不具有法权,却也同样有价值。

最后,他还引出英诺森和利奥两位教皇的证言来作为论据。我不怀疑,几乎是从圣彼得起,所有其他教皇的证言他都同样有理由加以引证。考虑到权力欲天然地存在于人类的本性之中,所以不论是谁当了教皇,都会受到引诱,支持同样的见解。然而他们这样做却像利奥和英诺森一样,只能为自己作见证,因此他们的见证也就没有价值了。

在第五章中他有四个结论:第一,教皇不是全世界的君主;第二,教皇不是整个基督教世界的君主;第三,教皇在自己的辖区以外不能直接具有世俗法权;这三个结论都容易承认。第四,教皇在其他君主的领域内间接地具有最高世俗权,这一点就不能承认了;除非他所谓的间接的是指通过间接的方式取得的,那么这一点便也可以承认。但据我的理解,他说间接的这话时,是这样一种意思:这种世俗法权当然属于他,不过这种俗权只是根据他的教权而来,没有世俗法权他就没法行使他的教权;所以,最高世俗权力便必然不可分割地和教权(他称之为灵权)连在一起。这样一来,他便有权在自己认为有利于灵魂得救的时候,使王国易手,改朝换代。

在我没有讨论他证明这一说法的论据以前,先不妨说明一下这说法的后果是什么,那便是——在各自的国家中具有世俗主权的君主和统治者可能要考虑一下,承认这一说法对于自己是否有利,对于自己的臣民(在审判之日他是要向他们作交代的)的福利是否有帮助。

当他说:教皇在其他国家的领土内不直接具有最高世俗权力

时，我们所理解的是，他不是像其他世俗主权者那样，根据被统治者原先服从他们这一理由来进行反对。因为本书中已经充分地证明，所有主权者的权力从根源上说都是经过被统治者每一个人的同意而来的，不论选择者进行选择时是为了共御外侮（例如经过彼此同意选出一个人或一个会议来保卫自己时就是这样），还是为免死而服从一个征服他的敌人都一样。因此，教皇宣称自己对别的统治者不直接具有世俗权力时，他所否定的只是他的权力原先来自这种方式这一点而已，但他却绝不会因此而不以另一种方式要求这种权力；也就是他通过自己就任教皇时神赋予他的权利，而不用被统治者的同意（这种情形他称之为间接方式）来要求这种权力。但不论他通过什么方式要求，权力总是一个。只要承认他有这种权力，他就可以在自己认为有利于灵魂获救时随他的高兴随时废黜君主或其他统治者。因为他同时也要求具有唯一的审判权，不论是否为了灵魂的获救都一样。这一理论不仅是贝拉民在这儿宣讲，许多其他博士在自己的布道文和书籍中也宣讲，而且有些宗教会议还把它规定为教谕，有些教皇则在时机有利时据此而付诸实现了。比方说，英诺森三世所主持的第四届拉特兰宗教会议在《论异端》的第三章中规定了这样一条宗教法："如君主在教皇告谕下不清除其境内的异端之徒，并因此而被开除教籍后，在一年之内如不赎罪时，臣民可解除其从属关系。"我们看到，这一教谕在不同的事情上都实行了；比如废黜法兰克王契尔德里克，将罗马帝国转交给查理大帝、压迫英王约翰、使纳瓦尔王国易手，以及近年来在反法王亨利三世的同盟中，以及许多其他的场合，都是这样。我认为君主们很少不认为这是不义和不利于己的，但我希望他们全都要抉择一下,究竟是要当君主还是要当臣民?一个人不能事二主。因此,他们应当任择一条道路把他们解放出来,要不是把政府的统治权完全操在自己手里,便是把它拱手交给教皇,以便使那些愿意服从的人能在服从中得到保护。因为这种俗权与教权的区别只是一堆空话。权力实际上总是被分割了。和另一间接的权力当局分享就像跟另一直接的权力当局分享一样,对任何目的说来都是危险的。但现在让我们来看看他的论据怎样:

  第一个论点是俗权服从于灵权,所以具有最高教权的人便有权管辖世俗君主,并按照性灵事务去处理他的世俗事务。至于世俗与宗教之别,让我们看看在什么意义下可以让人理解世俗权力是服从于性灵权力的。这两个词只有在两种说法中才有意义。当我们说一个权力服从于另一个权力时,其意思要不是具有一种权力的人服从于具有另一权力的人;便是一种权力服从于另一种权力,有如手段服从于目的。因为如果说一种权力能够统治另一种权力,或是说,一种权力能支配另一种权力,那是无法理解的。因为服从、命令、权利和权力都不是权力的偶性,而是人的偶性。一种权力可能从属于另一种,就像制鞍的技艺服从于骑术一样。如果承认世俗政府被规定为使我们进入精神至福状态的手段,我们却不能据此认为,如果国王具有俗权而教皇具有灵权,那么国王就应当从属于教皇;就好像每一个马鞍匠应当服从于骑马者那样。因此,正像根据技艺的从属关系并不能推论出操业者的从属关系一样,根据政府间的从属关系也不能推论出统治者的从属关系。因此,当他说俗权从属于灵权时,他的意思便是说,世俗主权者从属于性灵主权者。其论据的内容便形成了这样一种情形:世俗主权者服从于性灵主权者,所以宗教事务的君主便可以管辖世俗君主。在这里,结论与前提一样,有待于作出证明。为了证明这一点,他首先引证了这样一条理由:"国王、教皇、教士和俗界人物所形成的是一个共和国,也就是形成一个教会。在所有的整体中,各组成部分之间都是互相依靠的;然而宗教事务却不取决于世俗事务,世俗事务倒要取决于宗教事务,所以世俗事务便要服从宗教事务。"在这一论证中,有两个大错误:第一是一切基督徒君主、教皇、教士和所有其他基督徒只组成一个国家。显然,法兰西是一个国家、西班牙是另一个国家、威尼斯又是一个国家,这些国家都是由基督徒组成的,因之便也是若干个基督徒的团体,也就是若干个教会。他们各自由主权者代表着,所以便能像一个自然人一样出现管辖和服从关系、做出行为和遭受损害。总教会在没有代表者以前是不能这样的,而它在地上又不具有这种代表,因为如果具有的话,那么整个基督教世界便无疑是一个整个的共和国,其主权者便是世俗与性灵事务两方面的代表者了。教皇要成为这种代表,便缺乏救主所没有赋予他的三件事,那便是掌政辖民、决断诉讼和开除教籍以外的惩罚(也就是除了不理会不接受他的宣教的人以外,不能进行其他惩罚)。因为教皇虽然是基督的唯一代治者,但他的治政辖民之权却要到基督重临人世时才能行使;即便是那时,世界的审判者也不是教皇,而是圣彼得与其他使徒。

他的第一个论点中另一个错误是,一个国家的成员正像天然躯体的构成部分一样,是互相依赖的。对了,它们的确是结合在一起的,但却只依存于主权者,他是国家的灵魂。灵魂一散,国家就会陷入内战状态,那时任何人都不会和另一人联系在一起,因为对于众民共知的主权者的依赖不复存在了，情形正像天然躯体的各部分没有灵魂维系而瓦解到土里去一样。因之，在这一比喻中便没有什么东西可以作为根据，推论出世俗界应当服从于教士，或世俗官员应当服从神职人员，而只能推论出双方都应当服从于世俗主权者。世俗主权者诚然应当使他世俗事务方面的命令有助于灵魂的获救，然而除开上帝以外却不因此而要服从任何人。读者可以看到，他用第一论据中精心编造的谬论来欺骗一些人，这些人分不清行为对目的的从属关系与人与人间在运用手段上的从属关系二者之间的区别。因为对于任何一种目的说来，手段都是由自然决定的，也就是由上帝本身以超自然的方式决定的。但驱使人们运用这种手段的权力则在每一个国家中（由于自然法禁止人们违背已提出的信守）都归属于世俗主权者了。

他的第二个论点是：每一个国家由于假定是完整的和自足的，因之，便可以命令任何另一个不从属于它的国家，强制其改变政府的行政；更进一步说，如果没有其他方法，防御该国君主所将进行的侵害，便可以予以废立。当宗教的国家没有其他方法防卫其宗教利益时，就更加能够命令一个世俗国家改变其政府的行政，并废立其君主了。

一个国家为了防卫本身遭受这些侵害，可以合法地做他在这儿所提出的一切倒是非常正确的，在本书的前部也已经作了充分的证明。如果这个世界中有一个不同于世俗国家的宗教国家这一点也是事实的话，那么其君主便可以由于受到损害或者由于在保证将来不受损害的问题上缺乏警惕而用战争来作为补救和保卫自己。总的说来，这就是废黜、杀戮、征服或进行任何敌对活动。但根据同一理由，一个世俗主权者在遭受类似损害或惧怕受到类似损害时，也可以对宗教主权者进行战争，我相信这可超出了贝拉民打算从他自己的命题里作出的推论。

但在这个世界里并没有性灵国家存在。因为这就等于是基督的国，而基督本人却说他的国不属于这个世界，而只会在复活时存在于来世之中，那时为人正道而又相信他是基督的人虽然肉体死去了，但却会以性灵的躯体复活。而且那时我们的救主便会审判世界，征服敌人并建成一个性灵的国家。目前由于地上并没有人的躯体是性灵的，所以在目前仍以肉体活着的人中间便不会有性灵的国。除非我们把那些负有布道使命、使人准备在复活时被接纳入基督的国的传道者称为一个国家，但这种国家我已经证明是不存在的。

第三个论点是这样：基督徒在不信神或异端的君主力图使他们相信自己的异端或不信神之说时容受这样的君主是不合法的。但审定君主是否促使臣民接受异端邪说一事的权力却属于教皇。因此教皇便有权力决定一个君主是否应当废黜。

关于这一点我的答复是两个论断都是错误的。因为不论国王制定了什么法律，即使是制定了有关宗教的法律，基督徒或任何其他宗教的教徒，如果不容受他们的国王，便破坏了信守，违反了自然的和制定的神律。同时，在臣民之中，除开自己的世俗主权以外，也没有任何人能成为异端的审定者。因为异端就是违反公众人格——即国家代表者——下令教诲的学说而顽固坚持的私人见解。根据这一点便可以看清楚，明令规定予以宣教的见解不可能是异端，批准这类见解的世俗君主也不可能是异端之徒。因为异端之徒只是某些顽固地保卫为合法主权者所禁止的说法的平民。

但为了证明基督徒不能容受不信神或异端的君主,他引证了《申命记》(第 xvii 章,第 15 节)一段话说,上帝禁止犹太人在立王的时候选立外国人。根据这一点他就推论说,基督徒选立不信基督的人为王是非法的。诚然,一个基督徒,也就是已经承担义务要在救主重临时把他当成自己的王的人,在今世选立一个王时如果选了一个明知会力图以恐怖和劝说使他违背自己的信仰的人,那便是对上帝太轻视了。他说,选一个非基督徒当国王,或选了以后不予废黜都同样是危险的。关于这一点,我认为问题不在于不废黜会发生什么危险,而在于废黜是否合乎正义。选立这种君主在某些情形下是不义的,但选了以后又废黜,则在任何情形之下都是不义的。因为这永远是破坏信守,因之便违反自然法;而自然法则是上帝的永恒法律。我们在经上也没有看到使徒时代把这种说法当成基督教的教义,直到教皇具有罗马的世俗主权之前在罗马皇帝时代也没有这样。但对于这一点他的答复是,古代基督徒之所以没有废黜尼禄、戴奥克里先、茹里安或阿利乌斯教派信徒维伦斯,原因只是他们缺乏世俗力量。情形也许是这样,但我们的救主只要召请就可以得到十二营永生不死、无坚不克的天使来帮助他,难道也缺乏力量来废黜恺撒,或至少是废黜那找不出他的过错而又无义地把他交给犹太人钉十字架的彼拉多吗?如果使徒缺乏世俗力量来废黜尼禄,那么他们是不是因此就必须在写信给新入教的教民时,像他们所做的那样,教导他们服从按约建立、管辖他们的权力当局(在当时尼禄就是其中之一),而且教导他们不应当是为了惧怕他们的愤怒,乃是要为了良心的缘故而服从呢?难道我们能说,他们由于缺乏力量,于是便不但服从,而且也把违反本心的话教导给旁人呢?因此,基督徒容受异教徒君主,或容受批准宣教错误学说的君主(因为本身的学说成为公众学说的人,我不能称之为异端之徒),便不是因为缺乏力量,而是为了良心的缘故。关于教皇的世俗权力,他又进一步引证《哥林多前书》(第 vi 章)说明圣彼得在当时的异教徒君主下曾指派过未经这些君主任命的审判者。这说法不正确。因为圣彼得只是劝告他们从自己的弟兄之中选出某些人来做仲裁者,和解自己的分歧,而不要到异教法官那里去打官司。这是一条有益的箴言,其中充满了善意,就是在最好的基督教体系国家中也是适于实行的。至于臣民容受一个异教徒君主或犯过错的君主对宗教可能引起的危险,这个问题臣民不是够资格当审定者的,如果够的话,教皇的世俗臣民便也可以审定教皇的教义。因为正像我在前面所证明的一样,每一个基督徒君主对他自己的臣民是最高的教士,犹如教皇对他自己的臣民一样。

第四条理由是根据君主的洗礼。在洗礼中,他为了成为基督徒,都臣服于基督,并允诺遵守和保卫基督教信仰。这一点是真实的。因为基督徒国王不过是基督的臣民。但无论如何,他们也会是教皇的平辈,因为他们是自己的臣民的最高教士;而教皇即使在罗马本地,也不过是国王兼教士。

第五条理由是根据我们的救主的一句话而来的,那便是"你牧养我的羊"。这句话就授予了教牧所必需的一切权力——诸如驱除狼的权力,也就是驱除异端之徒的权力;羊如果发狂或以角抵其他羊时,将它们关起来的权力(虽然身为基督徒但却无道的君主就是这种羊);以及给予羊群以适宜的食物的权力。根据以上的话,他作出推论说:圣彼得由耶稣赋予了这三种权力。关于这一点,我的答复是,其中最后一种权力不过是传道的权力或吩咐。关于第一点,也就是驱赶豺狼——异端之徒——的权力,他所引证的地方是《马太福音》(第 vii 章,第 15 节):"你们要防备假先知,他们到你们这里来,外面披着羊皮,里面却是残暴的狼。"但异端之徒既不是假先知,也根本不是先知。即使承认这所说的狼指的是异端之徒,使徒也没有得到吩咐要杀掉他们,或是当他们是君主时废黜他们。而只是防备、逃跑和躲开他们。他这一防备假先知的劝告不是对圣彼得提出的,也不是对任何使徒提出的,而是对跟着他上山、大部分还没有皈依的犹太人群众提出的;因此,这句话如果赋予了任何驱除君主的权力,便不仅是授予了一般平民,而且是授予了根本不是基督徒的人。至于分隔和关禁发狂的羊(他所指的是不服从罗马教牧的基督徒国王)的权力,则连基督本人也拒绝在这个世界具有那种权力,而是劝告旁人让小麦和稗子长在一起,等到审判日再说;所以就更没有赋予圣彼得,圣彼得也不可能把它赋予教皇。圣彼得和所有其他教牧都受到吩咐,要把不服从教会(也就是不服从基督徒主权者)的基督徒当成异教徒和税吏看待。人们既然不承认教皇有统治异教徒君主的权力,他们也应当不承认统治那些被看成异教徒的人的权力。

不过仅仅从施教的权力中,他也推论出一种教皇对君主的强制权力。他说教牧必须给予羊群以适宜的食物,因此教皇便可以而且应当强制君主执行他们的义务。根据这一点就作出一个推论说,教皇作为基督徒的教牧,便是万王之王;这一点,所有的基督徒国王要么必须承认，要么就在各自的领土内自行担负起最高教牧的职责。

他的第六和最后一个论据是根据实例提出的。关于这一点我的答复是：第一，那些例证根本不能证明什么东西；第二，所引证的例证还不能说明有权力存在的可能性。《列王记下》(第 xi 章)中耶和耶大杀死亚他利亚的事情，要不是根据约阿施王的权柄，便是大祭司犯了弥天大罪，大祭司自从选扫罗为王之后就不过是一个臣民而已①。圣盎布罗肖将皇帝狄奥多修开除教籍，这事果真做了的话，也是一条死罪。至于教皇格黎高里一世、格黎高里二世、礼加利和利奥三世，他们在自己的案子中作出的审断都是无效的；他们按照这一说法而做的行为都是人类天性所能犯出的最大的罪行，札加利亚的行为尤其如此。关于教权问题的论述就是这些；如果贝拉民不是作为反对所有其他基督徒君主与统治者、为教皇权辩护的斗士提出这些论据，而只是作为一个私人提出，那我便不会加以分析讨论，话也就会简单得多了。

第四十三章　论被接受进入
天国的必要条件

在基督教体系国家中，引起叛乱和内战最常见的借口，长期以来一直是当上帝和人的命令互相冲突时，两面同时服从的困难；这

---

①　据该处记载，亚他利亚篡窃王室，但皇储约阿施被救出，由祭司耶和耶大拥立；其时亚他利亚去往神殿，被护卫兵赶出杀死。——译注

第四十三章 论被接受进入天国的必要条件

一困难迄今尚未完全解决。十分明显,当一个人接到两个互相冲突的命令时,如果知道其中一条是上帝发布的,他就应当服从那一条;另一条即是他的合法主权者(不论是君主还是主权议会)或他的父亲的命令,他都不应当服从。所以困难只在于这样一点,当人们在上帝的名义下接受命令时,许多时候都不知道这命令究竟是出自上帝,还是发布命令的人在滥用上帝的名以谋一己之私。因为正像犹太人的教会中有许多假先知以假造的梦和异象在人民之中创牌子一样,在各个时代的基督教会中也有许多假教士以妄诞和虚伪的说法在人民之中创牌子,并依靠这种名声(这是野心的本质)来统治他们,为自己求私利。

一个人如果能分辨对于他被接纳进入天国说来什么是必要的和什么是非必要的,那么同时服从上帝和地上的世俗主权者的困难对他便不成其为问题了。因为如果世俗主权者的命令是属于服从了之后不致丧失永生,则不服从就是不义,那样就可以适用使徒保罗的箴言"仆人凡事要服从主人"、"儿女凡事要服从父母"以及我们救主的箴言"文士和法利赛人坐在摩西位上,凡他们所说的你们都要谨守遵行"。但如果命令服从了之后就不能不遭永死之罚,那么服从就是发疯,这时就可以适用我们救主的劝告:"那杀身体不能杀灵魂的,不要怕他们。"(见《马太福音》第 x 章,第 28 节)因此,所有要避免由于不服从地上的主权者而遭受今世的惩罚,以及由于不服从上帝而遭受来世的惩罚的人,都必需受到教导,以便分辨对永远的得救说来什么是必要的和什么是不必要的。

得救所必需的一切都包含在信基督和服从神律这两种美德之中。后一种美德如果完满的话,对我们说来本来已经够了。但由于我们全都触犯了神律——这不但是原来亚当的触犯,而且也有我们自己实际的违犯——所以现在便要我们不仅是在有生的余年服从,而且要使以往的罪恶得到赦免,这种赦免就是我们信基督的报偿。得救的必要条件除此以外就没有其他东西了,这一点从以下的话里就可以看出来,也就是天国之门只对有罪的人关着,也就是只对违抗神或违犯神律的人说来是关着的;而且这种人只要悔改并相信得救所必需的一切基督教信条,对他们便也不会关着。

上帝在我们一切的行为中都是把我们的意志当成实际行动接受的,他要求于我们的服从就是认真地努力服从的心愿,同时一切具有这种努力的含义的名词也都用来指这种努力。所以服从有时称为友爱和爱,因为这两个名词包含着服从的意志。我们的救主本人也认为我们对上帝的爱和彼此之间的爱是全部神律的体现。有时服从也用正义这一名词来表示,因为正义就是将各人的东西归于各人所有的意愿,这也就是服从神律的意愿。还有的时候则用悔改这一名词来表示,因为悔改意味着脱离罪,这就等于是回心转意地服从。因此,不论任何人,只要他是忠诚无欺地希望实现上帝的诫命,或真诚地忏悔他的过犯、或尽心尽意地爱上帝而又爱人如爱己,便具有被接纳进入天国的一切必要的服从。因为上帝如果要求白璧无瑕的无罪,便没有一个凡人可以得救了。

那么上帝给予我们的诫命是什么呢?经过摩西的手给予犹太人的一切律法是否都是上帝的诫命呢?如果是,那又为什么没有要基督徒服从这些律法呢?如果不是,那么除开自然法以外还有什么才是呢?因为我们的救主并没有给予我们新法律,而只是告诫我们遵守我们已经服从的法律,也就是自然法和各自的主权者的法律。他对犹太人提出登山宝训中也没有制定新的法律，而只是解释他们原先已经服从的摩西律法。因此神律也就是自然法，其中主要的一条是不要破坏信守，也就是要服从我们自己互相立约建立来统治自己的世俗主权者的诫命。命令我们服从世俗民法的这一神律，根据逻辑推论的结果，也命令我们服从圣经的一切诫命；这种诫命，正像我在前一章中已经证明的一样，只有在世俗主权者将其规定为法律的地方才是法律，在其他地方都只是劝诫，人们可以自担风险地不予服从而不为不义①。

现在我们既然已经弄清楚了得救必需有什么样的服从，以及要服从谁，往下就要谈一谈在信仰方面我们要听信谁和为什么要听信他，以及要得救的人要相信什么信条或信端。第一，关于我们听信谁的问题，由于当我们不知道一个人说出的话是什么以前就不可能听信他，所以这人就必须是我们曾经听见说过话的人。于是亚伯拉罕、以撒、雅阁、摩西和先知们听信的便是以超自然方式向他们说话的上帝本身。跟基督当面谈过话的使徒与门徒，听信的便是我们的救主本人。但既没有听见圣父说过话，也没有听见圣子救主说过话的人所听信的就不能说是上帝了。他们听信的是使徒，在使徒之后便是教会中叫他们相信《新约》和《旧约》历史的教士和博士。这样说来，自从我们的救主的时代以来，基督徒信仰的基础开初是教士的声誉，后来便是使《新约》和《旧约》被接受为信仰法规的当局；后一点除开基督教主权者以外谁也办不到，这种

---

① 此句作者原意应指欧西各国主权者普遍信奉基督教的情况而言，否则不可理解。——译注

主权者因之也就是最高教士，也是基督徒唯一听到的传达上帝的话的人，只有现在仍以超自然方式听到上帝说话的人不在此例。但由于世上有许多假先知已经出来了，所以其余的人都要根据圣约翰所告诫我们的，试验那些灵是出于神的不是（见《约翰一书》第iv章，第1节）。这样说来，教义既然要由最高教士审定，所以每一个国家中一切没有得特殊神启的人所要相信的人便是最高教士，也就是世俗主权者。

人们相信任何基督教教义的原因是各式各样的。因为信仰是上帝的赐予，而上帝则按照他认为对自己好的方式使之在各人心中发生作用。使我们相信任何一条基督教信仰的直接原因，最常见的是相信圣经是上帝的话。但我们为什么相信圣经是上帝的话这一问题，却是聚讼纷纭、莫衷一是，所有叙述不清的问题都必然有此情形。因为人们没有把这问题看成"我们为什么相信"的问题，而看成是"我们怎样知道"的问题，好像相信和知道就是一回事一样。这样一来，一方面把教会的永远无误性当成了自己怎样知道的根据，而另一方面则把个人的灵的证明当成了根据，双方都没有得出自己声称要得出的结论。因为一个人要不是首先知道圣经的永远无误性，又怎么能知道教会的永远无误性呢？从另一方面说来，一个人又怎么能知道个人的灵不是根据教士的权威与论据、或根据妄自假定的神赐禀赋而来的一种信念呢？此外，圣经中并没有任何地方可以作为根据，推论出教会的永远无误性，更不能推论出某一个教会的永远无误性，至于某一个人的永远无误性就更谈不到了。

因此，很明显，基督徒不是知道、而只是相信圣经是上帝的话。

同时，上帝在一般情形之下乐于给予人们使之相信的方式，也是自然常见的方式，那就是从教士那里来。对于基督教信仰普遍说来，圣保罗的教义是这样："信道是从听道而来的"（见《罗马书》第 x 章，第 17 节），也就是听我们合法的教士的话而来的。此外他又说："未曾听见他怎能信他呢？没有传道的，怎能听见呢？没有奉差遣的，怎能传道呢？"（见同章第 14、15 两节）根据这一段话就可以清楚地看出，相信圣经是上帝的话的一般原因和相信所有其他信条的原因相同，也就是听了法律允许和指定教导我们的人的话。在家庭中是父母，在教会中是教士。这一点根据经验可以看得更加清楚。在基督教国家中，所有的人都真相信圣经是上帝的话，要不然便至少也在口头上那么说，在其他国家则少见；这难道不是因为在基督教国家中人们从小就受到这种教导，而在其他国家则受到不同的教导的缘故吗？

不过，如果教导是信仰的原因，那么，为什么并不是所有的人都信呢？因此，信仰便肯定是上帝的赐予，而他则只赐予自己所愿赐予的人。但由于他赐予受赐者时是通过教导者赐予的，所以信道的直接原因便是听道。在一个许多人一齐受教导的学校中，有些人受了益，有些人没有受益；受益的人所学得的东西是由于教士而来的，然而我们却不能据此推论说，学得的东西不是上帝的赐予。所有的好事都是从上帝那里来的，然而得到好事的人却不能全都说这是由于神感而来的；因为这就意味着一种超自然的赐予，并要上帝亲自插手；声称具有这种神感的人就等于声称自己是个先知，并要受到教会的试验。

不论人们是知道、是相信还是承认圣经是上帝的话，那么当我根据圣经中毫不含糊的地方提出哪些是得救必需的信条,而且仅仅需要哪些信条时,他便必然也会知道、相信或承认这些信条。

圣经上说明的得救所绝对必要的信条就是耶稣是基督这一点。基督这一名称意义是这样:上帝在《旧约》中通过先知应许差遣一个王到世上来,永远在他之下统治犹太人和其他信仰他的国民,并将由于亚当的罪而失去的永生赐给他们,基督就是那个王。当我根据圣经证明了这一条之后,还要进一步证明其他的信条在什么时候和什么意义下也可以称为必要的。

为了证明耶稣是基督这一点是获救所必需的全部信仰,我的第一个论据是根据福音书作者的讨论范围而来的,他们的讨论范围就是通过救主生平的描述来建立耶稣是基督这一信条。圣马太的福音书总的要点就是,耶稣是大卫的后裔、是童贞的圣母生的;以下各点则是真基督的标志:东方的博士来把他当成犹太人之王朝拜,希律王听见这话就设法要杀害他;施洗约翰宣告他是犹太人的王;他自己和他的门徒也传布他是犹太人之王;他教导律法时不像文士,而像有权柄的人;他只用口说话就能治好病,并行了许多其他奇迹,这是预言中基督要做的事;他进入耶路撒冷时,曾被称贺为王;他曾事先提醒旁人、防备一切自称是基督的人;他由于自称是王,因而被捕"被控告、被处死";十字架上所写的罪状是"拿撒勒的耶稣,犹太人的王"。所有这一切的目的都是叫人相信耶稣是基督。这就是圣马太的福音书的讨论范围。但其他福音书的作者的讨论范围,当我们阅读了之后就会发现是相同的。因此,全部福音的讨论范围就是建立那唯一的信条。圣约翰还明确地把以下的话当成他的结论:"记这些事,要叫你们信耶稣是基督,是上帝的

第四十三章 论被接受进入天国的必要条件

儿。"(见《约翰福音》第 xx 章,第 31 节)

我的第二个论据是根据救主在地上住的时候和升天以后使徒讲道的主题而来的。根据《路加福音》第 ix 章,第 2 节,在救主的时代,使徒被差遣出去是"宣传神国的道"。因为在这儿和《马太福音》(第 x 章,第 7 节)中他赋予他们的使命都只是"随走随传,说,天国近了",这就是说,耶稣是弥赛亚、是基督,是许应要降临的王。他们在基督升天以后所传的道也相同,从《使徒行传》(第 xvii 章,第 6、7 两节)中就可以看得很清楚,圣路加在那里说:"找不着他们,就把耶孙和几个兄弟拉到地方官那里,喊叫说:那扰乱天下的也到这里来了,耶孙收留他们。这些人都违背该撒的命令,说另有一个王耶稣。"该章(第 2、3 两节)又说:"圣保罗照他素常的规矩进去,一连三个安息日本着圣经与他们辩论,讲解陈明基督必须受害,从死里复活。又说:我所传与你们的这位耶稣就是基督。"

第三个论据是根据圣经中说明得救所需的信仰甚平易的那些地方而来的。因为现在所宣教的基督教信仰的教义,大部是聚讼纷纭、莫衷一是;如果得救必须在内心中同意这一切的教义的话,那么世界上最难的事情就莫过于当基督徒了。那样一来,和耶稣一同钉十字架的两个强盗中的一个虽然忏悔了,但也不能由于他说这一句话而得救:"主啊,你的国降临的时候求你纪念我"。在这句话里,他只能证明他信了一个信条,那便是耶稣就是那个王。同时,《马太福音》(第 xi 章,第 30 节)也不可能说:"基督的轭是容易的,他的担子是轻的。"(同篇第 xviii 章,第 6 节)也不可能说"信我的一个小事"。此外,圣保罗本人也不可能得救,更不可能那样骤然成为教会中那样大一个圣师；他可能从来就没有想到过"实体转换"、"洗罪论"以及现在强制人们接受的许多其他信条。

第四个论据是根据解释上没有发生争论和明确的经文而来的。第一，如《约翰福音》（第 v 章，第 39 节）说："你们查考圣经，因你们以为内中有永生，给我作见证的就是这经。"我们的救主在这儿所说的圣经只是《旧约》，因为《新约》在那时还没有写出来，犹太人不可能查考。但《旧约》里面没有基督这一说法，而只提出了当他降临时让人们知道他的标志，诸如他是大卫的后裔，由一个童贞女生在伯利恒，能行大奇迹等等。所以相信这个耶稣就是他便足以获得永生，多余的就没有必要了，因之也就不要求其他的信条。此外，《约翰福音》（第 xi 章，第 26 节）中又说："凡活着信我的人，必永远不死。"这样说来，信基督就是足以获得永生的信仰，于是超出这一点的信仰就是没有必要的。信耶稣和信耶稣是基督就是一回事，这一点从紧接在下面的几节中就可以看清楚：因为当救主对马大说"你信这话么？"（见第 26 节）她答道："主啊，是的，我信你是基督，是神的儿子，就是那要临到世界的。"（见第 27 节）所以单有这一个信条就足以获得永生，多余的是不必要的。第三，《约翰福音》（第 xx 章，第 31 节）中说："但记这些事，要叫你们信耶稣是基督，是神的儿子，并叫你们信了他就可以因他的名得救。"从这里也可以看出，信耶稣是基督便是足以取得永生的信仰，其他的信条都不是必要的。第四，《约翰一书》（第 iv 章，第 2 节）说："凡灵认耶稣基督是成了肉身来的就是出于神的。"同篇（第 v 章，第 1 节）中说："凡信耶稣是基督的，都是从神而生的。"（第 5 节中）又说："胜

第四十三章 论被接受进入天国的必要条件

过世界的是谁呢？不是那信耶稣是神的儿子的么？"第五，《使徒行传》（第 viii 章，第 36、37 两节）记载，太监说："看哪，这里有水，我受洗有什么妨碍呢？"腓利说："你若是一心相信就可以。"他回答说："我信耶稣基督是神的儿子。"所以相信了耶稣是基督这一条就足以受洗，也就是足以被接受进入天国，因之也就是唯一必要的信条。一般说来，当我们的救主对任何人说"你的信救了你"的时候，原因全都是对方明证信仰时直接承认或在结论中包含着对"耶稣是基督"这一点的信。

最后一个论据所根据的地方是把这一信条当成信仰的基础的地方，因为把握住基础的就可以得救。这种地方首先可以举出的有《马太福音》（第 xxiv 章，第 23、24 两节）："那时若有人对你说，基督在这里，或者说基督在那里，你们不要信。因为假基督、假先知将要起来行大神迹、大奇事。"从这儿我们就可以看出，虽然作相反说法的人能行大神迹，耶稣是基督这一条仍然必须把握住。第二个地方是《加拉太书》（第 i 章，第 8 节）："但无论是我们、是天上来的使者，若传福音给你们与我们所传给你们的不同，他就应当受咒诅。"而保罗和其他使徒所传的福音则只是"耶稣是基督"这一信条。因此，为了这一信条的信仰，我们应当否定天使的权威，任何人要是传布相反说法的话就更不用说了。所以这一信条便是基督教信仰的基本信条。第三处地方是《约翰一书》（第 iv 章，第 1、2 两节）："亲爱的兄弟啊，一切的灵你们不可都信，总要试验哪些灵是出于神不是。因为世上有许多假先知已经出来了。凡灵认耶稣是成了肉身来，就是出于神的。"根据这一点就可以清楚地看出，这信条是一个尺度和准则，所有其他信条都可以据此加以估价或试验,因之也就是唯一基本的信条。第四个地方是《马太福音》(第 xvi 章,第 16、18 两节),圣彼得在那里对我们的救主说了以下这样一句话:"你是基督,是永生神的儿子。"证明了这一信条之后,我们的救主答道:"你是彼得,我要把我的教会建筑在这一磐石上。"根据这一点我就可以推论说,教会的所有其他教义都是建筑在这一信条之上的,就像建筑在墙基上一样。第五处地方是《哥林多前书》(第 iii 章,第 11、12 等节):"因为那已经立好根基就是耶稣基督,此外没有人能立别的根基。若有人用金、银、宝石、草木、禾秸在这根基上建造,各人的工程必然显露。因为那日子要将他表明出来,有火发现,这火要试验各人的工程怎样。人在那根基上所建造的工程若能存得住,他就要得赏赐。人的工程若被烧了,他就要受亏损,自己却要得救,虽然得救乃像从火里经过的一样。"这些话一部分是明显而好理解的,另一部分则是隐喻、难于理解。从明显的话中可以推论出:传布"耶稣是基督"这一基本信条的教士,虽然根据这一点而作出了错误的结论(人人有时都难免于此)然而却可以得救;如果本身不是教士而只是听信了自己合法教士所教导给他们的话,那就更加可以得救了。这样看来,只要信仰这一条便已足够;因之,其他信条便都不是得救所必需的了。

现在让我们来看隐喻这一部分,如"这火要试验各人的工程怎样"及"自己却要得救,虽然得救乃像从火里经过的一样"。这段话和我根据其他明显的话所作出的结论并无冲突之处。但由于有人根据这个地方提出了一个证明炼狱的火的说法,所以我在这儿便也要提出有关以火验道和救人的问题的揣度。使徒保罗在这

第四十三章 论被接受进入天国的必要条件

儿所指的似乎是先知撒迦利亚的话,他谈到上帝国的复兴时,曾经说过这样一段话:"这全地的人三分之二必剪除而死,三分之一仍必存留。我要使这三分之一经火,熬炼他们、如熬炼银子,试炼他们、如试炼金子。他们必求告我的名,我必应允他们。"(见第 xiii 章,第 8、9 两节)审判日是上帝国复兴的日子。圣彼得告诉我们,那一天将有天地之火,恶人将被焚烧,但其他被上帝拯救的则将毫无损伤地通过这次焚炼;在这焚炼中,他们将像金银经火而清除其渣滓一样受到试验,清除其偶像崇拜,并归于真神的名(见《彼得后书》第 iii 章,第 7、10、12 节)圣保罗暗指着这段话说:那日子(审判日,我们的救主降临在以色列复兴上帝国的大日)试验每一个人所传的道,判断一下哪些是金、银、宝石的、哪些是草、木、禾秸的。因此,在正确的基础上建立了错误推论的人将见到他们的说法遭责罚,而他们自己却可以得救;并毫无损伤地通过这天地的火,得到永生,归于真正和唯一的神的名。在这种意义下,并没有任何地方跟圣经其他部分不相符合的,也看不出任何炼狱的火的影子。

但有人在这里也许会问:相信上帝无所不能、相信他是世界的创造者、相信基督已升天、相信所有其他的人都将在最后的审判日从死里复活等等,对于得救说来是不是和相信耶稣是基督这一条同样必要呢?关于这一点,我的答复是:它们是同样必要的,此外还有许多其他信条也是这样;但它们是包含在这一信条里面的,并且可以或难或易地从这一条中推论出来。一个人既相信耶稣是以色列的神的儿子,而以色列人又认为上帝是创造万物的无所不能的造物主;试问,谁又看不出他就必然会因此而相信上帝是创造万物的无所不能的造物主呢？再说，一个人要是不同时相信耶稣将从死里复活，那又怎么可能相信耶稣将永远为王呢？因为死人是无法当国王的。总而言之，相信"耶稣是基督"这一基本信条的人就明确地相信他自己认为可以直接从这一信条中推论出的一切，并在隐含的意义下也相信由此得出的一切逻辑结论，虽然他并不具有足够的技巧来辨认这种结论。所以下一说法仍然是能成立的：相信这一信条就是一种充分的信仰，足以使悔罪的人得到赦罪，因之而使他们进入天国。

在前面我已经说明，得救所需的服从全在于服从神律的意志，也就是悔罪；而得救所需的信仰则全包含在耶稣是基督这一信条之中。现在我将进一步引证福音书的一些地方，证明得救所必需的一切，在于这两者的结合。在救主升天后的第一个圣灵降临节听圣彼得讲道的人对他和其余的使徒说："弟兄们，我们当怎样行？"（见《使徒行传》第ⅱ章，第37节）。彼得在下一节中答复他说："你们各人要悔改，奉耶稣基督的名受洗，叫你们的罪得赦，就必领受所赐的圣灵。"所以悔改和受洗，也就是相信耶稣是基督，便是得救所必需的一切。《路加福音》（第xviii章，第18节）记载，有一个官问我们的救主说："我该做什么事才可以承受永生？"救主答道："诫命你是晓得的，不可奸淫、不可杀人、不可偷盗、不可作假见证、当孝敬父母。"当他说他已经遵守了这一切之后，我们的救主便补充一句说："要变卖你一切所有的，分给穷人……还要来跟从我。"这就等于是叫他信靠他这为王的人。因此，实行神律，相信耶稣是王，便是使人承受永生所必需的一切。第三，圣保罗曾说："义人必因信得生。"（见《罗马书》第ⅰ章，第17节）并非每一个人而只

第四十三章　论被接受进入天国的必要条件

有义人才能因信得生;所以信和义(即为义的意志,即忏悔)便是永生所必需的一切。《马可福音》(第 i 章,第 15 节)记载我们的救主传道时说:"日期满了。神的国近了,你们当悔改、信福音。"所谓福音就是基督降临的佳音。所以悔改,信耶稣是基督,便是得救所必需的一切。

"悔改"一词中所包含的信与服从对我们的得救既然必定会同时发生作用,那么我们究竟是通过其中的哪一项获得赦罪的问题便是不相干的争论了。然而我们说明两者各自以什么方式对我们赦罪发生作用、人们究竟是在什么意义下说我们由于其中的一项或另一项而获得赦罪,却不是不相干的问题。首先,如果把正义理解为"功德"本身的义,那就没有人能得救了,因为没有触犯过神律的人是不存在的。这样说来,当人们说我们由于自己的功德而获得赦罪时,便应当把它理解成意志;上帝永远把意志当成功德本身来接受,无论是在好人身上还是在坏人身上都一样。以下两点都只能在这种意义下理解:(1)一个人称为义或不义;(2)他的义使他获得赦罪——也就是说:他的义在神的意义下使他获得义的称号,并使他能因其信而生(原先他不能如此)。因此,"义使人获得赦罪"的意义便是这样:获得赦罪与称一个人为义具有相同的意义;这不是指执行法律的那种意义,在后一种意义下惩罚他的罪就不公正了。

不过当一个人的祷告本身虽不充分而又被神接受时,也可以说是获得了赦罪;比方说,当我们祷告于神,说我们有实现神律的意志或曾作此努力、并对未能做到的地方表示忏悔,而上帝又把这当成履行神律的行为本身接受时,情形就是这样。但因为除开信徒以外，上帝并不会把意志当成行为接受，所以使我们的祷告成为有效的便是信；我们正是在这种意义之下说，唯有信才能使人获得赦罪。所以信和服从对于获救说来便都是必不可缺的；然而就各自的意义说来，其中的每一项都被说成使我们获得赦罪。

像这样说明对于得救说来什么是必需的以后，要把我们对上帝的服从和对世俗主权者（不是基督徒便是不信基督的人）的服从调和起来便不困难了。如果他是一个基督徒，他对"耶稣是基督"这一信条以及包含在这一信条之中或根据明显的逻辑结论可以从其中推出的所有其他信条，便都会承认，这一切便是获救所必需的全部信仰。由于他是一个主权者，所以他便要求对自己的一切都服从，也就是要求服从所有的世俗法律；世俗法律中包含着全部的自然法，也就是全部的神律，因为除开自然法与作为世俗法的一部分的教会法（因为能制定法律的教会便是国家了）以外，便没有其他的神律了。所以任何人服从他的基督徒主权者时，在信仰或服从上帝方面并没有因此而受到妨碍。假定一个基督徒国王根据耶稣是基督这一基本信仰作出了许多错误的结论，也就是搞了一些草木禾秸的上层工程，并命人教导这种学说，但既然圣保罗说他是可以得救的，那么奉他的命令传布这种结论的人就更可以得救，不传布而只听信自己的合法教士的人就更不成问题了。假定一个臣民被世俗主权者禁止宣布他有关上述见解中的某些见解，那么他根据什么样的正当理由就可以不服从呢？基督徒国王在作出结论时可能发生错误，但由谁来审定呢？当这问题是一个平民自己服从不服从的问题时，难道要由这个平民来审定吗？难道单单是教会指派来的人（也就是代表教会的世俗主权者指派来的人）不能审定,其他任何人都可以审定吗?要不然的话,如果由教皇或使徒来审定,他在作出结论时会不发生错误吗?当圣保罗当面反对圣彼得时,他们两人之中是不是总有一个在上层工程的理论方面发生了错误呢?[①] 所以神律和基督教体系国家的法律之间是不可能有矛盾存在的。

当世俗主权者是一个不信基督的人时,他自己的臣民中每一个反抗他的人都是对神律犯罪(因为自然法有此规定);同时他们也背弃了使徒劝诫所有的基督徒服从自己的君主、所有的儿女与仆人凡事服从父母与主人的劝告。至于他们的信仰,则是内在的和看不见的,他们可以具有纳缦所具有的那种自由,并无须为此而自行冒险。但如果他们冒了危险的话,他们也应当期待天上的报偿,而不应当对他们的合法主权者发出怨怼,更不应当对他开战。因为在任何正当的殉道时机不能慷慨就义的人便不具有自己表面上宣称具有的信仰,而只是假装出来使自己的顽梗抗令能有声有色而已。如果说一个不信基督的国王,明知道自己有一个臣民期待着将来基督在现今的世界被焚烧后第二次降临,并打算到那时服从基督(这就是相信耶稣是基督的宗旨),在目前则认为自己有义务服从他这位不信基督的国王的法律(这是所有的基督徒在良心中都有义务要服从的)而他又把这臣民处死或对他进行迫害,试问世界上有这种不近人情的国王吗?

关于上帝国和教权政治说了这样多也就足够了。在这方面我

[①] 据《新约·加拉太书》记载矶发(即彼得)当雅各那里来的人未到以前曾和外邦人吃饭,来到以后才因惧怕而和他们隔开。在场的人都装假,但保罗却当众指责他不应如此做。——译注

并不自称是提出任何自己的论点,而只是要说明:在我看来,从基督教政治学的原理(即圣经)中究竟能推论出一些什么结论来证实世俗主权者的权力和他们的臣民的义务。在引证圣经的时候,我尽量避免了含糊或解释有争议的经文;而只引证了意义最明白易懂、同时又跟全部圣经(圣经乃是为了在基督之中恢复上帝国而写的)的一贯精神与见地相符合的经文。因为,能为任何著作提供符合真义的解释的不是单纯的字句,而是作者的见地。凡属是断章取义地坚持孤立的经文而不考虑主要宗旨的人,便不可能从这些经文中清楚地推论出任何东西来,而只是把七零八碎的圣经像灰尘一样撒在人们眼前,使每一种东西看起来都更加模糊;这正是不追求真理而只专门为自己的利益打算的人通常运用的一种狡计。

第四部分 论黑暗的王国

第四十四章 论误解圣经所产生的灵的黑暗

除开我在前面已经讨论的神的主权与人的主权以外,圣经中还提到另一种权力,即今世的黑暗的统治者(见《以弗所书》第 v 章,第 12 节)的权力,撒旦的王国(见《马太福音》第 xii 章,第 26 节)比西卜的魔鬼的王国(见《马太福音》第 ix 章,第 34 节),也就是出现在空中的幽灵的比西卜王国。由于这一原因,撒旦也被称为空中权力的国王(见《以弗所书》第 ii 章,第 2 节)。同时由于他统治着今世的黑暗,所以便称为今世的国王(见《约翰福音》第 xvi 章,第 11 节)。因此,与信者(光明的子民)相对立,在他统治下的人们,便称为黑暗的子民。由于比西卜是幽灵的国王,他所统治的空气与黑暗中的居民便是黑暗的子民、而这些魔鬼、幽灵或幻觉的灵从比喻的意义上说,所指的便是同一回事。认识到这一点之后,圣经中这一些以及其他地方所提到的黑暗的王国便只是一个骗子的联盟,为了在今世取得统治人的权力这一目的,力图以黑暗和错误的说法熄灭他们身上的天性和福音之光,破坏他们进入未来的上帝国的准备。

天生完全失去肉眼之光的人们对任何这种光都是完全没有概念的,任何人在构想中所能想象的光,都不会大于他在某个时候通过外在感觉所曾感受的光,同样的道理,任何人所能想象的福音之光或悟性之光都不可能比他已经达到的程度更大。因此便有这样的情形:人们除了根据自己所遭遇的意外灾祸推论以外,便没有其他办法认识自己的黑暗。撒旦王国中最黑暗的部分是上帝教会以外的部分,也就是在不信耶稣基督的人之中的那一部分。但我们却不能说,教会因此便像哥珊地①一样,享有完成上帝指令我们做的事情所必需的一切光明。如果在我们之中不存在黑暗,或至少没有蒙上一层雾的话,那么基督教世界又怎么会几乎从使徒时代起就以对外战争或内部战争互相排挤,在自己的命运途中稍一遇到崎岖或在他人每有小突出之时便那样踉跄跌绊,而在奔赴同一目标——至福时,道路又那样千差万别呢?因此,我们仍然是处在黑暗之中。

敌人一直存在于我们天性无知的黑暗之中,而且在撒播性灵错误的稗子。其方式有以下几种:第一,滥用和熄灭圣经之光,因为我们的错误是由于不知道圣经而来的。第二,引用异教神话编造人的魔鬼学,也就是引用他们关于魔鬼的荒唐不经的说法——这些魔鬼不过是一些偶像或大脑幻象,本身并不具有任何不同于人类幻象的真正本质,比如亡魂、妖魔以及老妪闲话中所说的其他一些东西便都属于这一类。第三,在圣经中混入各种宗教的残余

---

① 据《创世记》记载,其地为以色列人在埃及时所居住的放牧之地。——译注

第四十四章 论误解圣经所产生的灵的黑暗

和许多希腊人的虚妄而错误的哲学,尤其是亚里士多德的哲学。第四,在这两者之中混杂上错误或不肯定的传说,以及虚构的或不肯定的历史。所以我们便会由于听信引诱人的邪灵以及在伪君子的外貌下昧着良心,明知故犯地撒谎的人的魔鬼说而产生错误;后一种人用圣经上的原话来说便是"说谎之人"(见《提摩太前书》第iv章,第1、2两节)。关于以上的第一点,也就是滥用圣经,引人误入歧途的办法,我打算在本章中加以简短的讨论。

最大和主要的滥用圣经的情形是牵强附会地用圣经来证明其中经常出现的上帝国就是现存的教会或现在活着的基督徒群众,或是在最后的审判日将要复活的死去的人;几乎所有其他的错误都是由此而生的,或是从属于它。其实上帝国最初是由摩西仅在犹太人中按约建立的,犹太人便因此而称为特属于上帝的民;后来当他们拒绝再由上帝统治,要求像列国一样立王,并选出扫罗为王时,这国便中断了。这一点上帝自己曾经同意,我在本书第三十五章已作更详细的证明。在那个时期以后,除了他根据自己的意旨、以他无限的权力进行统治、在过去、现在和将来都成为所有的人和所有的生物的王的上帝国以外,世界上便没有任何按约建立或通过其他方式建立的上帝国。然而他却通过自己的先知许应,当他自行拟定的时期完全到来,而他们又通过忏悔、通过生活上的改邪归正回到他那里的时候,就要为他们恢复他的这一国家。非但如此,他还召外邦人进入这国、根据同样的皈依和忏悔的条件享受他为王的幸福。同时他还许应差遣他的儿子耶稣降临人世,以耶稣的死为所有的人赎罪,并以耶稣的道使他们准备在他第二次降临时迎接耶稣。由于第二次降临人世的事还没有来到,上帝国便也没有来到,我们现在除开自己的世俗主权者以外,便不处于任何按约建立的国王的统治之下;只是基督徒由于已经获得在基督重临时被接纳的许诺,所以便已经处于神恩的王国中了。

根据现存的教会是基督的国这一错误说法,便应当有一个人或一个会议代表现在在天上的救主说话并制定律法,这人或会议对所有基督徒代表他的人格;要不然就应当有不同的人或不同的会议对基督教世界的不同部分代表他的人格。教皇声称他在全世界普遍具有这种基督之下的王权,而在各个国家中则是当地的教士会议声称具有这种王权(其实圣经并没有给予其中的任何一方,而只给予了世俗主权者);围绕这种王权竟至发生了这样激烈的争论,以致熄灭了天性之光、在人类的悟性中造成了极大的黑暗,使他们看不清自己究竟是允诺对谁服从了。

由于教皇像这样声称自己是基督在现存教会(被认为就是我们在福音中被告诉的那个基督的国)中的总代治者,于是就会得出一个理论说:一个基督徒国王必须由主教授予王位,就好像他那"蒙神恩"的王者之衔,便是从这一仪式中得来的一样;他唯有由上帝在地上的总代治者加冕后,才能算是蒙神恩成为国王的;每一个主教不论自己的主权者是谁,在授圣职时都宣誓绝对服从教皇。由于同一错误,便产生了教皇英诺森三世主持下的第四届拉特兰宗教会议的下一说法(见第三章,"论异教徒")"如一国王在教皇谕令下不清除其境内的异端,并因此而被开除教籍,于一年内又未作补赎,则其臣民可解除其服从的义务。"这儿所谓的异端,应理解为罗马教会所禁止的一切见解。教皇与其他基督教君主的政治目的之间是经常有冲突的,而在这种方式下,冲突一经发生,他们的臣

第四十四章 论误解圣经所产生的灵的黑暗

民便会如坠五里雾中,以致无法辨认窃据他们合法王位的外国人和他们自己奉之为王的人;在这种心灵的黑暗下,他们便会受旁人野心的指使、不辨敌友地互相攻打。

根据上面所说的现存教会是上帝国这一说法,就会得出一个结论:教士、辅祭和所有其他教会的辅理人员都自称为圣职人员,而称其他的基督教徒为俗人,也就是单纯的百姓。因为圣职人员所指的人的生活给养是这样一种收入,即上帝在统治以色列人时期留归自己,划拨给利未族人作为遗产的收入;利未人是他的公务仆人,于是便不像他们的兄弟一样分得一分土地以资生活。教皇既声称现存的教会如同以色列的领域一样是上帝的国,所以便把这样的收入作为上帝的遗产,声称是属于他自己以及其从属辅理人员的,圣职人员之称合于这一要求。从这一点便产生了一种情形:什一税和以色列人中作为上帝的权益而付给利未人的其他贡物,长期以来都由圣职人员根据神权索取,并从基督徒身上征收。在这种方式下,各地的百姓便都不得不付双份的税,一份交给国家,另一份交给圣职人员。其中付给圣职人员的由于是他们的收入的十分之一,所以便等于某一雅典国王(当时被认为暴君)向臣民征收来支付全部公务费用的赋税的一倍,因为这国王所征取的不过是二十分之一,而这二十分之一就足以丰盈有余地用来维持他的国家了。在犹太人的王国中,当上帝作祭司进行统治的时期,什一税和贡物则全部是公共收入。

由于把现存教会当成上帝国的这一错误,也产生了世俗法和宗教法之分;世俗法是主权者在他本身的领域内的法令,宗教法则是教皇在同一领域内的法令。这种宗教法典虽然只是宗教法典,也就是建议性的法规；在罗马帝国转移给查理大帝以前，只由基督徒君主自愿地接受，但后来由于教皇的权力增加，就变成命令性的法规了。神圣罗马皇帝本身为避免人民被蒙蔽后所将产生的更大的流弊，于是便被迫而让它们通过成为法律。

由此就产生了一种情况，在教皇的教权全部被接受的一切领域内，犹太人、突厥人和外邦人只要在奉行和明证其宗教信仰时不冒犯其世俗主权当局，他们的宗教在罗马教会中便可以得到宽容；然而一个基督徒，虽然是一个外国人，要是不信奉罗马教会的话，便犯了死罪，因为教皇声称所有的基督徒都是他的臣民。要不然的话，由于明证其本国的宗教信仰而迫害一个外国基督徒时，就像迫害一个不信者一样是违反万民法的；甚至比这还要严重，因为不反对基督的人，便是与基督同在的人。

根据同一错误的说法，每一个基督教体系的国家中都有某些人根据教权免除了世俗国家的赋税和接受其司法审判的义务；因为除修士和辅理修士外，管世俗事务的圣职人员在许多地方与一般平民所成的比例数都非常大，以致遇有必要时，仅仅在他们这种人之中就可以征集一支够大的军队，足以让教会的好战者用来进行任何一种战争，反对本国或外国的国王。

第二种普遍的滥用圣经的情形是将成圣礼变成符咒或法术。在圣经中，成圣是以虔敬而合宜的言辞和动作，将一个人或任何其他东西从一般运用中划出来，奉献、贡奉或献身给上帝。这就是使之成为圣洁，或使之成为上帝的，并且只由上帝所派定的公务仆人使用（详情已于第三十五章中讨论）；这样并没有改变成圣的事物，而只改变了它们的用途，使之从凡俗的和普通的，变成圣洁的和特

第四十四章 论误解圣经所产生的灵的黑暗

用于事奉上帝的。如果有人竟然声称，事物的性质或本质通过这些言辞就变了，那便不是一种成圣礼，而是上帝的异常业迹，要不然就是虚妄和渎神的符咒。但是人们冒称在他们的成圣礼中本质有改变的事物是屡屡出现的，所以这便不能认为是一种异常的业迹，而不过是一种符咒或咒语，利用这种办法他们叫人违反着自己的视觉和其他一切感觉所得到的证明，相信事物的本质发生了其实没有的变化。比方说，在主的晚餐的圣礼中使面包和酒为圣而专用于上帝的祭礼，便是把它们从一般用途中划分出来，意思是使人们纪念自己由于基督的受难而获得的赎罪；他为了我们的犯罪，而使自己的躯体在十字架上分裂，使自己的鲜血流在十字架上；一个祭司不像这样使面包和酒为圣，反而假称当他说了我们的救主所说的话：——"这是我的身体"、"这是我的血"之后，面包的本质就不存在了，而货真价实的成了救主的身体；然而在接受者的视觉或其他感觉上来说，却没有出现任何成圣礼之前所没有出现的东西。埃及的术士据说把他们的杖变成了蛇，使水变成了血，他们被认为是耍了一套花招，摆出一些假东西来骗了旁观者的感觉，他们这种人还被认为是术士；那么如果有人的杖里根本没有出现什么东西看起来像蛇，念了咒子的水里也根本没有什么东西像血或旁的东西而只像水，但又对国王指鹿为马地说：这是看起来像杖的蛇和看起来像水的血，那我们对这种人又会有什么想法呢？以上两种情形都是幻术，也都是谎言。然而祭司在他们日常做的事中，却正是把祭神的祷词变成一种符咒来搞这套把戏；这种符咒对感觉说来并不能产生任何新的东西，然而他们却指鹿为马地对我们说：这符咒使面包变成了人（还不止是变成了人，甚至是变成了神），并叫人们去敬拜它，就好像它是代表着神和人的救主本身一样，这样便使人们犯了最粗鄙的偶像崇拜罪。如果说面包已经不是面包而是上帝，这种说法也足以成为口实使之不被认为是偶像崇拜的话；那么当埃及人有脸说他们所敬拜的葱和蒜，不是葱和蒜本身而是属于它们那一种属或具有它们那种外貌的神时，又为什么不能作为同样的口实呢？"这是我的身体"这句话相当于"这意味着"或"这代表着我的身体"，只不过是一种普通的比喻说法；但如果要严格地照字义解释，那便是一种滥用；纵使要这样解释时，也不能超出基督本身亲手奉为圣的那块面包。因为他从没有说过，不论是什么面包，也不论是哪个祭司，只要说："这是我的身体"或"这是基督的身体"，那块面包就马上会发生实体转换。罗马教会在英诺森三世的时代以前，也没有确立这种实体转换，这不过是五百来年的事，那时教皇势力正处于极盛时代，时代的黑暗也变得极为深沉，以致使人们连给他们吃的面包都分辨不清，当上面印着耶稣钉在十字架上的像时便尤其如此；就好像他们叫这些人相信这面包已经发生了实体转换的过程，不但变成了基督的身体，而且也变成了他那十字架的木头，他们在圣礼中两样都吃着了。

在施洗的圣礼中，也运用类似的咒语，而不运用成圣礼。在这种圣礼中，他们在三位一体的每一位以及整个的三位一体上滥用上帝的名，每呼唤一位的名称就划一个十字架，像这样构成一种符咒：首先，当祭司做圣水时，他们说："我以上帝全能的圣父的名，以天主的独子耶稣基督的名，我凭圣灵祝祷造物中的水，愿你成为受祷祝之水，驱除一切敌人的力量，驱除并根绝敌人……"为加到水里去的盐祝福时也念同样的话："此盐成为受祝祷之盐，撒到之处，

第四十四章　论误解圣经所产生的灵的黑暗

幽灵与魔鬼所作邪祟无不驱散；污鬼都由降临审判有血气的与死去的人的救主的咒语消除。"为油祝福也像这样念："一切敌人的力量、一切魔鬼的军队、撒旦的一切进攻和幽灵，都将被造物中的此油驱除。"至于对受洗礼的婴儿也要用许多咒语。首先在教堂的门口，祭司要在这孩子的脸上吹三口气，口中念道："污鬼出来，让圣灵保惠师进去。"就好像所有的孩子在祭司吹气以前都被鬼缠了似的。接着，在他进入教堂以前，还要像前面那一回一样说："我召唤你……出来，离开这上帝的仆人。"在他受洗以前，同一咒语还要重复一次。举行洗礼和主的晚餐等圣礼时，用的就是这些以及另外一些咒语，而不用祝福礼和成圣礼；在这两种圣礼中，每一种供神用的事物，除了祭司们污秽不洁的吐沫以外，都附有一定款式的咒语。

婚礼、临终涂油式、探病、教堂与墓地的圣礼等等的仪式中，都免不了要用符咒；因为在这些仪式中都要用念过咒子的油和水，用时滥划十字，滥念大卫的圣洁之语，"主阿，用以索博草蘸圣水洒在我身上。"把这一切当成具有魔力、能驱除幽魂与假想的灵的东西来用。

另一个普遍的错误是由于曲解永生、永死和第二次的死而产生的。我们在圣经中明明白白地看到，上帝创造亚当，使之具有永生，但这是有条件的，也就是说，只有当他不违抗上帝的命令时才能这样；永生状况并不是人类本性中必然具有的，乃是由于生命树的性质而产生的；在亚当没有犯罪时，他可以自由地吃这树上的果；在他犯罪以后，就被赶出乐园来，以免他再吃这树上的果、并获得永生；基督的受难是为所有信他的人赎罪的，因之也就为所有的信者恢复了永生，而且只为他们恢复永生。然而现在这教义却大大地走了样，而且长时期以来已经如此，其中说人类由于灵魂是不朽的，所以根据其本性就具有永生。所以，那乐园门口的火焰之剑虽然能阻挡一个人走到生命之树前面去，但却不能阻挡他获得上帝由于他的罪而从他的身上剥夺的永生，也不能使他需要基督的牺牲来恢复这永生，这样一来就不但是信者和义人，而且连恶人和异教徒都将完全不死地享受永生，更不会遭受第二次的永死了。为了掩饰这一点，据说第二次的永死意思是第二次的永生，只是生活在苦罚之中，这种词儿除开在这里以外从来没有用过。

这一切说法的根据，只是《新约》中某些较含糊的地方。然而这些地方要是从圣经的整个见地来考虑时，就会发现十分明显是另一种意思，并且对基督教信仰说来也是不必要的。假定人死后所留下的只有他的尸体，上帝既能说一句话就使无生命的灰尘和泥土变成生物，他难道就不能同样容易地使死尸复活，并使之获得永生；或是用同一句话使他再行死去吗？在圣经中，灵魂始终不是指生命就是指生物，躯体和灵魂合在一起则指活的躯体。在创造世界的第五天，上帝说：水要多多滋生有活魂的爬行物，英文把它译成"有生命的物"。此外，上帝还创造了大鱼和各样有活魂的物。英文中是"各样有生命的物"。人的情形也是这样，上帝用尘土做成人之后，将生气吹在他脸上，他就成了有灵的活人，也就是说：人就成了活动物。当挪亚从方舟里出来之后，上帝说他不会再消灭每一种生物。《申命记》（第 xii 章，第 23 节）中说："不可吃血，因为血是灵魂"，也就是生命。从这些地方就可以看出，如果灵魂指的是无形体的实体，脱离躯体而存在，那么我们对于其他生物便和对

第四十四章　论误解圣经所产生的灵的黑暗

于人一样,也可以作这种推论了。但信者的灵魂却不是由于本身的性质,乃是由于上帝的特别仁慈而从复活时起永远留在躯体之内的。这一点,我想我在第三十八章中已经根据圣经作了充分的证明。至于《新约》中说到任何人将连同肉体和灵魂投到地狱之火中去的经文,意思不过是指肉体和生命,也就是说,他们将被活活地投入歧兴那的永火之中。

正是从这一个后门里,进来了黑暗的说法。首先是关于永罚的说法,后来是关于炼狱的说法,随之也就出现了亡魂在外面游荡,尤其是在奉为圣的、荒僻的或黑暗的地方游荡的说法,于是就引进了运用符咒以及招魔和招魂的借口;同时也进来了关于免罪的说法,这说法说的是一时或永远免除炼狱之火;在这炼狱之火中,那些无形体的实体据称由于煅烧而清除了罪恶,被弄得适于进入天国了。人们在救主的时代以前,由于普遍沾染了希腊人的魔鬼学而被一种看法迷惑了,认为人的灵魂是和躯体不同的实体;因此,当躯体死后,每一个人的灵魂,不论是好人的还是坏人的,都由于本身的本质而必然会在某一个地方存在,根本不承认这一点之中有任何上帝的超自然赐予存在。教会的博士长期以来就怀疑,这些灵魂在复活时和躯体重新结合以前究竟在什么地方居住。曾经有一个时期假定他们躺在丘坛之下,但后来罗马教会发现给他们造出炼狱这个地方更有利;根据现在另一些教会的说法,这炼狱已经被摧毁了。

现在让我们看看有哪些经文看来最足以证实我在这儿所提到的三种普遍的错误。关于贝拉民大主教引证出来证明由教皇治理的今世上帝国的经文(其他文章都没有提出这样坚强的证明)我已经作了答复,并说明摩西所建立的上帝国由于选扫罗而告终。此后祭司从未根据自己的权力废黜过任何国王。大祭司对亚他利亚所行的一切不是根据她自己的权利做出的,而是根据她的孙子幼主约阿施的权利做出的①,但所罗门却根据自己的权利废除了大祭司亚比亚他,并另立一人代替他。所有能引出来证明上帝通过基督治理的上帝国已经存在于今世之中的经文,最难答复的既不是由贝拉民引证出来的,也不是由罗马教会中任何其他人引证出来的,而是由贝查引证出来的,他认为这国将从基督复活时开始。但他当初是打算根据这一点使长老会在日内瓦共和国中有资格具有最高教权,从而使每一个长老会在每一个其他国家中具有这种权力,还是想使国王和其他世俗主权者具有权力,我不得而知。因为长老会在具有这种教权当局形式的地方声称有权将本国的君主开除教籍,并在宗教中成为最高审判者,其情形不下于教皇声称普遍具有这种权力。

他所引的原文是这样:"我实在告诉你们,站在这里的有人在没尝死味以前,必要看见神的国有大能力临到"(见《马可福音》第 ix 章,第1节)。这几句话就字面上讲来肯定了一点:要不是那时站在基督身旁的人还活着,便是上帝的国必然现在就存在于这个世界之中。接着还有另一个地方更加困难。因为使徒们在我们的救主刚复活之后和升天之前曾问救主:"你复兴以色列国就在这时候吗?"耶稣对他们说,父凭着自己的权柄所定的时候日期,不是你们

---

① 据《列王记》第 viii 章与 xi 章记载,亚他利亚是亚哈谢王的母亲,王为耶户所杀,亚他利亚就起来剿灭王室。其女将王的幼子约阿施藏匿于神殿内,得免于难。七年后大祭司耶何耶大发兵将亚他利亚杀死,并拥约阿施复王位。——译注

第四十四章　论误解圣经所产生的灵的黑暗

可以知道的。但圣灵降在你们身上,你们就必得着能力,并要在耶路撒冷、犹太全地和撒玛利亚、直到地极,作我的见证"(见《使徒行传》第 i 章,第 6 节)。这就等于是说,我的国还没有到临,你们也不能知道它将在什么时候降临,因为它将像个夜间的贼似的降临。但我将赐给你们圣灵,借着圣灵你们将有权力向全世界,以你们传道的方式为我作见证,即证明我的复活、我所行的事以及我所教导的教义,使他们能信我,并期待在我重临人世时获得永生,这一点又怎样能和基督的国在复活时降临的说法相符合呢?关于这一点,圣保罗曾说过:"(因为他们已经极明)你们是怎样离弃偶像归向神,要服侍那又真又活的神,等候他的儿子从天国降临"(见《帖撒罗尼亚前书》第 i 章,第 9 节与第 10 节)。在这儿,等候他的儿子从天上降临就是等候他具有权力降临为王。如果他的国现在就存在,等候就没有必要了。此外,如果真像贝查根据那段经文(《马可福音》第 ix 章,第 1 节)所说一样,上帝的国在复活的时候就已经开始了,那么基督徒自从复活以后又为什么始终在自己的祷告中说:"愿你的国降临"呢?因此,很清楚,圣马可的话不能作这样的解释。我们的救主说:站在这里的人中有些人,在他们没有看到上帝的国在权力中降临以前是不会尝到死亡的。如果这个国在耶稣复活时就降临了,那又为什么要说某些人而不说所有的人呢?因为他们全都活到耶稣升天以后去了。

但要求对这段经文作严格解释的人,让他们首先对我们的救主向圣彼得说的有关圣约翰的这样一段话作出解释:"我若要他等到我来的时候,与你何干"(第 xxi 章,第 22 节)。根据这句话还有一个传闻说他不会死①。然而这个传闻的真相既没有因为这话是一个可靠的根据而得到肯定，也没有因为这话是不可靠的根据而被否定，只是被当成没有得到理解的话保留下来了。上段所引的《马可福音》中的那段话中也存在着同样的困难。如果我们可以根据紧接在这儿以及《路加福音》中的一段话（在那儿同一段话作了重复）后面的经文来推测这话的意义，那么我们就并非不可能说这话和改变形象有关，这一点在紧跟在后面的几节中作了描述，其中说："过了六天，耶稣带着彼得、雅各、约翰（不是全部门徒而是其中的某几个）暗暗地上了高山，就在他们面前变了形象。衣服放光，极其洁白，地上漂布的没有一个能漂得那样白。忽然有以利亚和摩西向他们显现，并且和耶稣说话。"因此，他们便见到基督在荣耀和威仪之中，正像他将要降临时那样，以致使他们"甚是惧怕"。因此，我们救主的许应便以异象的方式完成了。关于这是一个异象的问题，可以从《路加福音》中推论出来；他陈述了同一个经历（见第 ix 章，第 28 节等处）并说，彼得以及和他在一起的人都睡得很熟。但最肯定的还是《马太福音》（第 xvii 章，第 9 节），那儿又叙述了同一事实，因为我们的救主嘱咐他们说："人子还没有从死里复活，不要将所见的告诉人们"不论怎样，从这儿并不能得出一个论据，证明上帝国要到审判日才开始。

除了贝拉民所引的经文以外，证明教皇统治世俗主权者的权

---

① 据该处记载，有一次彼得与耶稣对话，三问三答爱耶稣，耶稣三次叫他喂他的羊。彼得转过身来看见所爱的那门徒，于是问道，"这人将来如何"。耶稣以文中的话作答。于是众人中传说这人将不死。但该处经文紧接着说明："其实耶稣不是说他不死。即是说我若要他等到我来的时候，与你何干。"——译注

第四十四章 论误解圣经所产生的灵的黑暗

力的还有一些其他经文，比如，基督和他的使徒所具有的两把剑是世俗和性灵的剑，据说基督将世俗的剑交给圣彼得了；又如，在日月两个天体中大的代表教皇，小的代表国王；此外人们还可以根据圣经第一节推论说，天所代表的是教皇，地所代表的是国王。这些说法并不是根据圣经提出论据，而是随意侮辱国王；这种情形在教皇坐大、以致轻视一切基督徒国王之后就流行起来了，这时他们踹在皇帝的脖子上，并用诗篇（第 xci 章，第 13 节）的话来嘲笑皇帝和圣经："你要踹在狮子和虺蛇的身上，踏踏少壮狮子和大蛇。"

至于成圣礼，虽然大部分要根据教会主事者的决断而不根据圣经，然而这些主事者却有义务要遵循事情本身的性质所要求的准则，使仪式、词句、动作都得体而有意义，至少也要和这事情相适合。当摩西使会幕、丘坛以及其上的器皿为圣时（见《出埃及记》第 xi 章，第 9 节），他用上帝吩咐用于这一目的油涂敷；这一切都成圣了，并没有什么念咒语赶鬼的事。同一个摩西（以色列的世俗主权者）使大祭司亚伦和他的儿子为圣时，的确就是用水（不是念过咒子的水）为他们施洗，让他们穿上衣服，并给他们涂油。这样他们就成圣了，并在祭司的职位上为上帝服役。这是一种简单而得体的方式，让他们先洗净一下、穿好衣服，然后再把他们呈荐给上帝，当上帝的仆人。当以色列的世俗主权者所罗门王将他所建的神殿奉为圣时（见《列王记上》第 viii 章），他站在全体以色列会众之前，为他们祝福之后，便感谢上帝使他的父亲立愿建这神殿，并赐神恩与他，让他完成了这一神殿；接着他便向上帝祷告说，这殿虽然与上帝无限的伟大不相称合，但却请他接受这一神殿；并请他听取在这神殿中对他祷告的仆人的祷词；如果这些仆人不在神殿中时，则请他倾听这些人向着这神殿所作的祷告。最后他奉献上平安祭的牺牲，于是神殿就成圣了。这里面并没有什么游行式，国王仍然站在他的首位上，也没有什么念过咒子的水；没有什么洒水式，也没有不相干地运用其他事情上所念的话；所用的只是得体而合情合理的言辞，用在将他新建的神殿奉献给上帝这一事情上是最合适的。

我们并没有看到有什么地方说圣约翰给约旦河水念咒子，也没有看到有什么地方说腓利给他为太监施洗的水念咒子；使徒时代的任何教士都没有把自己的吐唾放到受洗的人的鼻子里去然后说："愿你得到奉主的异香。"这种做法中，用吐沫的仪式的不洁净，以及轻率的应用圣经等问题，都不能根据任何人类的权威说成是有根据的。

有人说灵魂离开躯体可以永远存在，选民的灵魂由于特殊的神恩恢复亚当因罪而失去的永生后可以如此，信者由于我们的救主牺牲自己而恢复永生后也可以如此；就是那些被神遗弃的人的灵魂，由于人类本质中自然产生的一种性质，只需普遍赐予全人类的神恩，而无需其他神恩，也同样可以离开躯体而永远存在。要证明这种说法，有许多不同的地方初看起来是满可以用得上的，但当我把这些地方和我在前面第三十八章中所引证的《约伯书》第十四章加以比较时，在我看来它们所能引起的不同解释比约伯的话更要多得多。

首先引出的是所罗门的话"尘土仍归于地，尘土仍归于赐灵的神"（见《传道书》第 xii 章，第 7 节）。如果没有其他经文意义与之直接相反时，这段经文就满可以作这样一种解释：当人死去时，

第四十四章　论误解圣经所产生的灵的黑暗

唯有上帝知道人的灵的结局怎样，人是不会知道的。正是这位所罗门在同一传道书中(第 iii 章，第 20 与 21 节)在我所给予的意义下说出了同一种话，他的话是这样说的："(人与兽)都归于一处，都是出于尘土，也都是归于尘土。谁知道人的灵是往上升，兽的魂是下入地呢？"这就是说，除开上帝以外谁也不知道。关于不能理解的事情，我们也常说："上帝知道是什么"、"上帝知道在什么地方"。《创世记》(第 v 章，第 24 节)中说："以诺与神同行，神将他取去，他就不在世了。"《希伯来书》(第 xi 章，第 5 节)中作出解释说："他被接去，不至于见死，人也找不着他！因为神已经把他接去了。只是他被接去以先，已经得到了神喜悦他的明证。"这话非但说明躯体的不朽，而且也说明灵魂的不朽；其中证明他这种肉体的升天唯有获得神宠的人才有，并不及于与恶人同在的人，而且是，取决于神恩，不取决于人类的本性。从另一方面说来，所罗门在《传道书》(第 iii 章，第 19 节)中说："因为世人遭遇的，兽也遭遇。所遭遇的都是一样。这个怎样死，那个也怎样死。气息都是一样。人不能强于兽，都是虚空。"这段话我们除开按照字面本义加以解释以外，又还能作什么解释呢？就字面本义说来，这儿并没有说灵魂具有天生的不朽，也没有和选民根据神恩而享有的永生有任何矛盾之处。《传道书》(第 iv 章，第 3 节)中说："我以为那未曾生的……比这两等人更强。"也就是比现在活着或曾经在世上生活过的人好。如果所有在世上生活过的人的灵魂都是不朽的，那么这句话便很难听了，因为具有一个不朽的灵魂倒还不如根本不具有魂好。在第九章第五节中又说："活着的人知道必死，死了的人毫无所知。"这是说按其本性而言，而且是在躯体复活以前。

　　此外还有一个地方看来也证明灵魂根据本性说来就是不朽的。这便是我们的救主说亚伯拉罕、以撒和雅各都活着。但这说的是上帝的许应和他们复活的肯定性,而不是当时实际的生命;当上帝对亚当说,在他吃禁食之果的那一天,他就肯定会死,这话的意义和上面那句话是一样的;从那时起,他便是一个已判决的死人,一直几乎过了一千年都不是已被处死的死人。所以亚伯拉罕、以撒和雅各在耶稣说话的时候,便是根据应许而活着,但在复活以前并不是实际活着。财主和拉撒路的经历[①]如果就其本来面目当成一个比喻看待,和上述的话没有什么矛盾。

　　但《新约》中还有其他地方似乎直接说明恶人是不朽的。因为他们显然全都将要复活受审。此外在许多地方还说他们将进入永火、永苦、永罚;并且说良心的虫是永远不死的;这一切都包括在永死这一名词之中,一般都把这名词解释成苦难中的永生。但我却找不出任何地方能说明任何人能在苦难中永生。上帝是仁慈的父,在天上和地下可以行他所愿行的一切,所有的人的心都在他的掌握之中,使人产生行为;也使人产生意志;没有他的丰厚赐予,人们便既不会有行善的意向,也不会有悔罪的心意;如果说他会永无止境地用尽人们所能想象的或比这更多的苦刑来惩罚人们的过犯,那便让人认为是一种无情的说法。因此我们便应当考虑一下

[①] 据《新约·路加福音》记载,有一个财主天天美服宴乐,乞丐拉撒路求乞食其残羹剩饭为生。死后拉撒路归于亚伯拉罕怀里,而财主则下到阴间。表面上看来,拉撒路的结局只是因为穷,而财主入阴间则只是因为富,其实是后者在生前不信摩西和先知。——译注

永火和圣经中其他类似的名词究竟是什么意思。

我已经证明，基督治下的上帝国将从审判之日开始。在这一天，所有的信者都将以荣耀和性灵的躯体复活，并将在他永存不灭的国中成为他的臣民。他们不会像自己的肉体之躯那样，那时既没有嫁娶，也没有饮食，而是各人获得永生，没有生育所造成的种族的永生。被神遗弃的人也将复活，为他们的罪接受惩罚。同时以尘凡的躯体在审判之日活着的选民，将突然改变而成为性灵的与不朽的躯体。至于说被神遗弃的、构成撒旦王国的人的躯体也将成为荣耀的或性灵的躯体；或者说，他们将像神的使者一样，既不吃，也不喝，也不生育；或者说，他们将和信者一样，或是和亚当没犯罪时的生命一样，各人获得永生，这些事情圣经上却没有任何地方能加以证明，除非是关于永罚的段落，而那些段落却可以作另外的解释。

根据这一点我们就可以作出一个推论说：正像选民在复活以后将恢复亚当没有犯罪以前那种状态一样，被神遗弃的人则将处于亚当及其后裔在犯罪以后所处的状态，不过有一点不同：上帝许应亚当和他的后裔中相信而且悔罪的人将得到一个赎罪者，但像被神遗弃的人那样在罪中死去的人却不许应他们得到。

考虑到这一切之后，提到永火、永苦或永不死的虫等事的经文和第二次永死的说法，就死字的自然本义说来便不冲突了。歧兴那、妥裴特或不论什么地方为恶人所准备的火或苦可以持续到永远，而且也不会缺少恶人送到里面去受苦，虽然并非每一个或任何一个恶人将永远在里面受苦。因为恶人原来所处的状况是他们在亚当犯罪后所处的状况，于是在复活时将和他们以往一样生活，有嫁娶、有尘凡和可腐朽的躯体，正像全体人类现在的情形一样；所以他们在复活后便将像以往一样生育不息，因为圣经中并没有意义与此相反的地方。因为圣保罗谈到复活时（见《哥林多前书》第 xv 章）认为只是恢复永生，而不是惩罚的恢复。关于前者他说："所种的是必朽坏的，复活的是不朽坏的。所种的是羞辱的，复活的是荣耀的，所种的是软弱的，复活的是强壮的，所种的是血气的身体，复活的是性灵的身体。"复活受惩罚的人的躯体便谈不上这一些了。同样的情形，我们的救主谈到人在复活后的性质时，指的也是永生的恢复，而不是恢复惩罚。经文是《路加福音》（第 xx 章，第 34、35 和 36 节），内容极为丰富："这个世界的人有娶有嫁。唯有算为配得那世界、与从死里复活的人、也不娶也不嫁。因为他们不能再死，和天使一样。既是复活的人，就为神的儿子。"这些生活在亚当留给他们的状况中的今世之人，将有嫁娶，也就是腐朽生育，循环不绝。这是种族的永生而不是个人的永生。他们不值得列入将得到来世生活并绝对地从死亡中复活的人之中；而只能短期地作为那个世界中暂被收留的人，目的只是去接受由于自己的顽梗而当然应当遭受的惩罚。唯有选民才是复活的子民，也就是永生的唯一继承者。唯有他们才不会再死，正是他们才与天使相等，才是上帝的儿女，被神遗弃的人则不是这样。对于被神遗弃的人说来，在复活后还有一个第二次的永死，在复活与第二次的永死之间则只是一段受罚和受苦的时期；这种罚和苦由于罪人连续不断而持续下去，这种人通过生育能延续多久就有多久，那便是永远不断。

正如同我在前面所说的，炼狱的说法是根据这种主张各个个别的灵魂本性永恒不灭的说法而来的。因为假定只有根据神恩的永生,那么除开躯体的生命以外就没有其他的生命了,而且在复活以前也没有永生不朽。贝拉民从正典《旧约圣经》中所引证的有关炼狱的经文,首先是关于大卫为扫罗和约拿单绝食的一段,事情在《撒母耳记下》(第 i 章,第 12 节)中提到,接着在该篇(第 iii 章,第 35 节)中又提到他为押尼珥的死所进行的禁食。他说大卫的这种禁食是为了从上帝那里取得一些东西给他们死后享用,因为在他为自己的孩子的康复而禁食后,当他一听到这孩子死了时,他马上就叫开饭。灵魂既然是离开躯体而存在的,那么已经处在天堂或地狱中的灵魂,禁食也无法为它们取得什么,于是就可以得出一个结论说:有些死人的灵魂既不在天堂也不在地狱,因之便必然在某一第三个地方,而那就必然是炼狱。像这样生拼硬凑了一番之后,他便牵强附会地引出那些地方来证明有一个炼狱存在。然而明显的事实是:守丧和禁食等仪式,当亡者的生命对守丧的人没有利益时,便是为了荣誉的缘故为他们个人而举行的;如果守丧者曾从他的生命中获得利益,这便是出于他们个人的损失。所以大卫便以禁食尊敬扫罗和押尼珥,当他自己的孩子死了以后,他便接受日常的食物恢复舒适。

他从《旧约》中所引证的其他地方,便没有任何证据的样子或味道。凡是包含有愤怒、火、焚烧、涤罪、清罪字样的每一段经文,只要是有任何教父在任何布道文中以比喻的意义引用到已被相信的炼狱之说上去,他便引证出来。比方说,《诗篇》(第 xxxviii 篇,第 1 节)说:"耶和华啊、求你不要在怒中责备我,不要在烈怒中惩罚我。"这一段话要不是奥古斯汀把愤怒一字用于地狱之火,而把不快用于炼狱之火，试问它和炼狱又有什么关系呢？又好比，《诗篇》（第 lxvi 篇，第 12 节）说："我们经过水火，你却使我们到达丰富之地。"以及其他同类的经文。当时的博士们想用这一段和其他类似的经文来装饰和引申他们的布道文或注释，而他们则强拉硬拽地使之适合于自己的目的，试问这和炼狱又有什么关系呢？但他还引证了一些其他《新约》的经文，那些却不像这样容易答复。首先是《马太福音》（第 xii 章，第 32 节）："凡说话干犯人子的、还可赦免。唯独说话干犯圣灵的、今世来世总不得赦免。"他根据这段话认为炼狱存在于来世，其中有些在今世没有获得赦免的罪将获得赦免。然而事情很清楚：世界只有三个，第一个从上帝创世界起到洪水时期被洪水摧毁为止，在圣经中称为旧世界；另一个世界从洪水时期到审判之日止，被称为今世，将来会消灭于火；第三个世界是从审判之日起往后永远存在，称为来世；大家都同意，在这来世之中，不会有炼狱存在，因之来世和炼狱便是互不相容的。那么我们的救主的话又是什么意思呢？我承认这和目前一致接受的说法很难调和。而且一个人坦白地承认圣经太深，无法由浅薄的人类悟性窥知，也不是什么丑事。但我将把经文本身所提示的东西提供给更渊博的神学家们考虑。首先，说话干犯圣灵的，由于圣灵是三位一体中的第三位，所以便是干犯圣灵所停驻的教会。看来这是把下述两情形作了一个对比：一方面是我们的救主自己教导世界时，也就是当他在地上时，宽宏大量地忍受人们对他的冒犯，而另一方面，他之后的教士对于否认他们来自圣灵的权柄的人，却非常严厉。他似乎是说，你们这些否认我的权力的人，甚至是你们这些把我钉十字架的人，只要是悔罪而归向于我，就可以得到我的原

第四十四章　论误解圣经所产生的灵的黑暗

宥；但如果你们否认今后根据圣灵教导你们的人的权力，他们却是无情的，不会原谅你们，而会在今世之中迫害你们；虽然你们归向于我，但除非你们同时也归向他们，他们就会使你们十恶不赦地遭受他们在未来世界中所能使你们遭受的惩罚。因此，这些话便可以当成有关时间的预言，在基督教教会中一直是这样看的。如果意义不是如此的话（在这种疑难地方我是不刚愎自用的），复活后就可能有一个地方让某些犯罪者忏悔。同时也有另一个地方看来和这说法相符合。我们不妨看看圣保罗的一段话："要不然、那些为死人受洗的，将来怎样呢，若死人总不复活，因何为他们受洗呢？"（见《哥林多前书》第 xv 章，第 29 节）人们可能像某些人那样推论说，在圣保罗的时代有一种代亡者受洗的风俗，就像现在信主的人为不能信的婴儿的信仰作担保一样，为亡友的个人作担保，保证他们在救主重临人世时会满心高兴地服从并接受他为王。这样一来，来世中罪的赦免便无需炼狱了。但在这两种解释中都存在着许多自相矛盾的地方，以致让我不能信赖，而要提出来让彻底精通圣经的人探讨一下，是不是有和这些解释相反的更清楚的地方。光就这些来说，我看到圣经上有明显的地方让我相信既没有关于炼狱这个词，也没有炼狱这回事；在这段经文中没有，在其他经文中也没有；同时也没有任何东西能证明必须有一个地方让脱离躯体的灵魂存在；对于拉撒路①死去四天时的灵魂说来没有这种必要，对于罗马教会声称现在在炼狱中受苦的人的灵魂说来也没有

---

①　据《约翰福音》第 xi 章记载，耶稣所爱的人拉撒路死去四天，已入坟墓，因其本人及其姊妹虔诚信奉耶稣，故耶稣命之复活从坟墓里走出来。——译注

这种必要。因为上帝既能将生命赋予一块泥土，就有同样的权力使死人重新获得生命，使他那无生气和朽腐的尸体恢复为荣耀的、性灵的和不朽的躯体。

另一个地方是《哥林多前书》第 iii 章，其中说在正确的基本教义上搞出草木禾秸的工程等等的人所作的一切都会消灭，但"自己却要得救，虽然得救却像从火里经过的一样"，他说这种火就是炼狱的火。正像我在前面所说的，这些话是暗指着《撒加利亚书》第 xiii 章，第 9 节说的，救主那儿说："我要使这三分之一的人经火熬炼他们，如熬炼银子、试炼他们如试炼金子。"这说的是弥赛亚在权力和荣耀中降临，也就是在审判日和今世的火中降临，其中选民不会被消灭，而只会被精炼。也就是清除他们错误的说法和传说，就像是一笔勾销了一样，往后就将归于真神的名。使徒们谈到主张"耶稣是基督"这一基本教义而又在这基础上提出某些其他错误的说法的人时，也同样说他们不会在复兴这个世界的火中被消灭，而会通过这种火得救，但其通过的方式是看清并放弃以前的错误。提出的人是教士，基本教义是"耶稣是基督"，草木禾秸的工程是由于无知和人性的弱点而从这基础上推论出的错误的结论，金、银和宝石是他们正确的说法，他们的精炼或涤罪则是放弃他们的错误。在所有这些说法中，根本就没有焚烧无形体的或不能经试炼的灵魂那种事情的影子。

第三个地方是前面所提到的《哥林多前书》第 xv 章，第 29 节中关于为死者受洗的说法。根据这种说法，他作出的结论是：第一，为亡者作祈祷并非无益；根据这一点他便进一步说有炼狱之火存在。但这两个推论都不正确。因为在洗礼一词的许多解释中，他首先赞成的是在比喻的意义下意味着忏悔的洗礼。当人们禁食、祈祷和施舍之时，便在这种意义下受了洗。所以为死者受洗和为死者祈祷所指的是同一回事。但这是一个比喻，在圣经中和语言的任何其他用法中都没有实例，而且它和圣经的一贯精神与见地也不相符合。洗礼一词还被用来说明，浸在自己的血泊中，像基督钉在十字架上以及大多数使徒为他作证明时那种情形（见《马可福音》第 x 章，第 38 节和《路加福音》第 xii 章，第 50 节）。但我们很难说祈祷、绝食和施舍跟浸在血泊中有任何类似之处。在《马太福音》第 iii 章，第 11 节中洗礼一字也用来说明用火涤罪，那儿看来有点儿像是证明有炼狱存在。但明显的事实是，那儿所提的火和涤罪正跟先知撒迦利亚所说的一样："我要使这三分之一经火、熬炼他们……"（见第 xiii 章，第 9 节）；后来圣彼得也说："叫你们的信心既被试验，就比那经火试验仍能坏的金子更显得宝贵，可以在耶稣基督显现的时候得着称赞、荣耀、尊贵"（见《彼得前书》第 i 章，第 7 节）；还有圣保罗所说的："这火要试验各人的工程怎样"（见《哥林多前书》第 iii 章，第 13 节）。但圣彼得和圣保罗所说的火是基督第二次降临时出现的火，先知撒加利亚所说的则是审判日所出现的火。因此，圣马太这个地方的话便可以作同样的解释，于是便不需要有炼狱之火存在。

为死者受洗的另一种解释是我在前面所提的那个解释，他宁肯采用那种说法而不采用第二个可能的地方，同时他也是根据这一点来推论为亡者祈祷的用处的。因为如果在复活之后没有听到过基督或不信基督的人可以被接纳进入基督的国，那么他的朋友在死去以后和复活以前替他祈祷便不是没有用的。我们即使承认，上帝在听到信者的祈祷时可以使没有听到过基督传道，因而也就不可能否认基督的人皈依于他，即使承认人们在这方面所表现的爱是无可指责的，然而从这里面却得不出炼狱的结论；因为从死亡中复活是一回事，从炼狱中恢复生命又是一回事，后者是从一种生活升到另一种生活，从受苦的生活升到享乐的生活。

第四个地方是《马太福音》第 v 章，第 25 和 26 节："你同告你的对头还在路上就赶紧与他和息，恐怕他把你送给审判官、审判交付衙役，你就下在监里了。我实在告诉你，若还有一文钱没有还清，你断不能从那里出来。"在这个比喻中，犯法的人是罪人，对头和审判官就是上帝，路就是今世的生活，监狱就是坟墓，衙役则是死亡，罪人不会从死亡中恢复永生，而只会在他付出最后一文钱时遭受第二次的死；或是由基督以自己的受难代他付出，这对于大小罪恶说来都是充分的赎价，两者都由于基督的受难而变成同样可宽恕的了。

第五处地方是《马太福音》第 v 章，第 22 节："凡无缘无故地动怒的、难免受审。凡骂兄弟是拉加的、难免公会的审断。凡骂兄弟是魔利的难免地狱的火。"根据这段话他推论出三种罪和三种惩罚，唯有最后一种才会用地狱的火加以惩罚；因此，在今生之后，小罪便将在炼狱中受惩罚。这一推论根本与迄今已作出的任何解释都毫不相干。在今生之后，听审和判决不同种类的罪行的法庭难道会像法官和宗教会议那样分门别类（在救主时代的犹太人中，情形就是这样）吗？审判权难道不会全都归属于救主和他的使徒吗？因此，要了解这段经文，我们就不能把它孤立起来看，而必须和前后文联系起来看。我们的救主在这一章中解释了摩西的律法，犹太人认为他们只要没有违犯其中的字面意义,那就不论他们怎样违反立法者的精神或意旨,都已经充分履行了这种律法。因此,他便认为唯有杀了人才算违反了第六诫,只有跟不是自己妻子的女人睡觉才违反了第七诫;然而我们的救主却告诉他们,一个人没有正当理由而在内心里对他的弟兄发怒,便是杀人。他说,你们听到说过摩西的律法了——"不可杀人"、"凡杀人的都要在审判官前判罪。"或由七十人开庭会审。但我对你们说,无缘无故地向自己的弟兄发怒,或者骂他拉加或摩利,就是杀人,在审判之日将由基督和他的使徒开庭审判,以地狱之火加以惩罚。所以那些话便不是用来区别不同的罪行、不同的法庭和不同的惩罚的,而只是用来评定罪与罪的区别的(犹太人不根据各人服从上帝的意志的差别而根据世俗法庭的区别来区分这一点)。同时,这些话也是向他们说明:有意伤害兄弟的人,虽然结果只是表现为詈骂,甚至完全没有表现,也将由法官或会审者投入地狱之火;在审判之日,这将是相同的而不是不同的法庭。认识到这一点之后,从这一段经文中还能引证出什么东西来支持炼狱之说,我就很难想象了。

第六处地方是《路加福音》第 xvi 章,第 9 节:"要借着那不义的钱财结交朋友,到了钱财无用的时候、他们可以接你们到永存的帐幕里去。"这一段他引证出来是证明招已故圣者的亡魂的问题。但其中的意义很明显,说的是我们应当用自己的财富和穷人交友,让他们在活着的时候为我们祈祷。

第七处地方是《路加福音》第 xxiii 章,第 42 节:"耶稣啊,你的国降临的时候求你纪念我。"他说,所以在今生之后便有赦罪。这个结论却是不妙的。我们的救主到那时会宽恕他,当他在荣耀中重新降临的时候,将记住使他恢复永生。

第八处地方是《使徒行传》第 ii 章,第 24 节,其中圣彼得谈到救主时说:"神却将死的痛苦解脱了,叫他复活,因为他原不能被死拘禁。"他把这话解释成基督降临炼狱,使某些灵魂解脱苦境。然而我们可以显然看出,被解脱的是基督,不能被死亡和坟墓拘禁的是他,而不是炼狱中的灵魂。但如果我们仔细看一看贝查关于这一处地方的笔记中所说的话,那么人人便都会发现,不应当是痛苦而应当是拘禁,因此就没有更多的理由要在这段经文中寻找炼狱了。

第四十五章 论外邦人的魔鬼学及其他宗教残余

明亮的物体在视觉器官上所产生的印象有些由一条直线或多条直线从不透明物体反射回来,有的在途中通过透明物体而被折射后,在上帝设置了这种器官的生物身上产生了客体的构想映象,物体的印象就是由此而来的。这种构想映象称为视觉。看起来这并不只是一个构想映象,而是在我们身外存在的物体本身。同样的情形,当一个人猛烈地压他的眼睛时,在他的身体以外就有一道光线呈现在他面前,除开他自己以外没有旁人能看见。原因是他身体以外实际上并没有这种东西存在,而只是他受到外在压力压迫得内在器官产生了一种运动,使他认为是这样。这种压力所造成的运动,在造成它的物体移去以后继续存留时就是我们所谓的构想映象和记忆。这种情形在睡着了的时候,还有时是在器官由于疾病或猛烈的外力而造成很大的骚扰时，则是梦。关于这些，我已经在第二和第三章中作了简短的讨论。

视觉的这种性质从没有被古代自称具有自然知识的人发现，更没有被那些不考虑这类离他们切身利益很远的事物的人发现。那时人们很难于不把幻象和感觉中所产生的映象当成实际存在于我们身体以外的东西，其中有一些消逝了，而有些人又不知道消逝到哪里去了，也不知道是怎样消逝的，因之这些人便认为是绝对无形体的，也就是非物质的，或没有物质的形式，是没有任何有色和有形物体的颜色和形状，它们可以把气态物体当成衣服一样穿上，在它们愿意时就可以使自己让我们肉体的眼睛看见。另一些人说它们是物体和生物，但却是由空气或是由其他更稀薄的、以太似的物质造成的，当它们被人看见时便是浓缩了。但这两种人却同意用一个通称来称呼它们，那便是魔鬼。就好像他们所梦见的死人不是存在于自己脑海中，而是存在于空气、天上或地狱中。不是幻影，而是鬼魂。其中究竟有多大道理，就好像一个人说他在镜子里看到了自己的魂一样，也像是他说自己在江河里看到了星辰的魂一样，或者是他把一呎左右的太阳的一般幻影称为魔士或把它当作照明整个可见世界的伟大的太阳的魂一样。这样一来，那些人便把它们当成具有不可知的、也就是具有无限力量降灾降福于他们的东西而感到畏惧。因之便使异教徒国家的统治者能建立魔鬼学（在这方面作为异教祭司长的神话编造者特别得到尊敬或宠用）来操纵他们这种畏惧，以便维持公共和平及取得维持公共和平所必须的臣服；他们把其中的一些说成为善魔，另一些则变成为恶魔，前者促使人们服从，后者则约制人们不违犯法律。

他们所谓的魔是什么,一部分可以从希腊最古的神话编造者之一黑霄德所写的神谱中看出来,另一部分则可以从其他的历史中看出来,其中有少数几本在本书的第十二章中已经讨论了。

希腊人由于征服和建立殖民地,使自己的语言和著作传布到亚洲、埃及和意大利等地。其中必然有他们的魔鬼学,圣保罗把这种魔鬼学称为他们的"魔鬼的道理"(见《提摩太前书》第 iv 章,第1节)。通过这种方式,这种邪风也传播到了犹大、亚历山大里亚等等地方的犹太人,以及其他散居犹太人的地方。但他们并不像希腊人一样把魔这一名称兼用于善灵与恶灵,而只用于恶灵。对于善魔,他们称之为神的灵,并认为神的灵所进入的躯体是先知的躯体。总而言之,一切的特殊事情如果是好的,他们就归之于神的灵;如果是恶的就归之于某种魔,但却是恶魔,也就是恶鬼。因此,他们便把我们所谓的疯人、精神病患者和颠倒症患者称为恶鬼缠身的人,说出话来由于他们不能理解而被认为语无伦次的人也是这样。同时他们还常把污秽不堪的人说成是有一个污鬼附在身上,并且说哑巴是有哑魔附在身上。施洗约翰由于他那绝食的新奇举动,也被说成是有一个魔附在身上(见《马太福音》第 xi 章,第18节)。他们还说我们的救主有一个魔附在身上,因为他说过这样的话:"人若遵守他的道就永远不见死……现在我知道你是鬼附着的;亚伯拉罕死了,众先知也死了"(见《约翰福音》第 viii 章,第52节),此外也由于他说:"为什么想要杀我呢?众人回答说,你是被鬼附着了的,谁想要杀你"(见《约翰福音》第 vii 章,第20节)。根据这些话就可以看清楚,犹太人对于幽灵具有同一种见解,认为他们不是幽灵,不是大脑的像,而是不依靠于幻象的真实

第四十五章 论外邦人的魔鬼学及其他宗教残余

东西。

有人也许会问，这种魔说如果不正确，我们救主为什么不加以驳斥并教导相反的说法呢？非仅止此，他为什么在不同的场合还提出了一些说法似乎在实证这种魔鬼说呢？关于这一点我的答复是：第一，当基督说"灵没有肉和骨头"（见《路加福音》第 xxiv 章，第 39 节）时，他虽然说明有灵存在，然而他却不否认它们是物体，圣保罗在《哥林多前书》（第 xv 章，第 44 节）中说："复活的是灵性的身体。"他承认了灵的性质，但却是有形有体的灵，这是不难理解的。因为空气和许多其他东西都是物体，但却不是肉和骨头，也不是肉眼可以辨认出来的其他粗形物体。但当我们的救主对魔鬼说话，并命令它从一个人身上出来时，如果他所说的魔是癫痫、疯狂之类的疾病，或是一种有形体的灵，这样说法是不是就不恰当了呢？疾病能懂话吗？在已经充满生气灵和动物灵的血肉之躯中，难道能有一个有形体的灵存在吗？这样说来，是不是有一种既不具有形体而又非单纯的构想映象的灵存在呢？关于第一个问题我的答复是：我们的救主对他所治愈的疯狂或癫痫症下令时，并不比他斥退热病或海水和风更不恰当，因为后面这些都听不懂话；同时也不比上帝创造光、天、太阳和星辰的命令更不恰当，因为它们在本身存在之前也是不能听懂话的。这些话由于说明了上帝的话的权力而并非不恰当。当时一般又都把疯狂或癫痫病理解为魔鬼，所以用魔鬼这一名称来喝令这种病离开人体便不会是更不恰当了。关于第二个问题，也就是关于它们是无形体的问题，我在圣经中还没有看到任何地方可以推论出有什么人在自己的灵（即自然驱动其躯体的灵）以外，还能被另外一种什么有形体的灵所依附。

圣马太（见《马太福音》第iv章,第1节）说,当圣灵化为鸽形式降临到我们的救主身上后,当时耶稣就被圣灵引到旷野中去了。《路加福音》第iv章,第1节又用这样的话陈述了同一事实:"耶稣被圣灵充满,……圣灵将他引到旷野。"从这话中我们就可以看清楚,这儿所说的灵指的是圣灵。这不能解释为灵附体,因为基督和圣灵就是同一实体,它不是一种实体或形体依附另一种实体或形体。紧接在下面的几节中说基督被"魔鬼领到耶路撒冷去,叫他站在殿上"（见同处第9节）,我们难道能根据这话作出结论说:他被魔附了体,或者是被强力带到那里去的吗?此外又说:"魔鬼又领他上了高山,霎时间把天下万国都指给他看"（见第5节）。在这段话里,我们不能认为他被魔附了体或是受到了魔的强制;同时严格地按字面说来,也没有一座山能高到让他们看见整个半球的程度。这样说来,这儿的意义难道不是说是他自己到旷野里去的吗?难道不是说他被带上带下、从荒野到城市、从城市又到一座山上乃是一个异象吗?与此相符合的还有圣路加的话,他说救主不是被灵引导到荒野中去的,而是在灵之中引导到荒野中去的。关于他被引导到山上和神殿的翼上去的事,他所说的和圣马太所说的一样,与异象的性质相符合。

此外,圣路加谈到加略人犹大时曾说:"撒旦就进入了他的心,（于是）他去和祭司长和守殿官商量,怎么可以把耶稣交给他们"关于这话,可以这样答复:撒旦（也就是敌人）进入他的身中,就意味着出卖他的主和恩师的敌对和背叛的心意。因为在圣经中,圣灵经常被理解为圣灵所赐予的神恩与善良的心意,所以撒旦进入身中就可以理解为基督与其使徒的敌人的邪恶的思想与企图。如同我们很难说恶魔在犹大还没有任何这种敌对企图时就进入了他身中一样,我们也不能说犹大首先在心中已经成了基督的敌人,然后魔鬼才进入的他身上。这样说来,撒旦的进入和他邪恶的意图便是同一回事。

但如果根本没有非实体的灵,同时也没有任何有形体的灵缠附人体的事,人们也许又会问,我们的救主和使徒为什么不把这种道理教导给百姓,以明确的话语说明,使他们在这方面不再发生怀疑呢?但这类问题对于基督徒的得救说来,与其说是有必要问,还不如说是使人好奇想问个明白而已。其实人们也同样可以问:基督既然能够把信仰、虔敬以及各种美德赐予所有的人,那么他又为什么只赐给某些人而不赐给所有的人呢?他为什么让人们运用自己的自然理性和勤恳来探究自然原因和自然学识,而不以超自然的方式启示给所有的人或任何人呢?此外还有许多这类问题。然而对于这些问题我们都可以提出可能成立的和合乎敬神之道的理由来。因为当上帝将以色列人带到迦南福地时,并没有征服所有周围各国,让他们安稳地在那儿生活,而是让其中许多国像荆棘一样存在于他们的旁边,不时地激起他们的虔诚和勤恳。同样的道理,我们的救主指导我们走向他的天国时,并没有消灭一切自然问题的困难,而是让我们运用自己的勤恳和理性。他传道的范围只是向我们说明下述得救的康庄大道,也就是相信下一信条:"他是基督,是永生神的儿子,派到这个世界里来为了我们的罪而牺牲自己。在他重临的时候,在荣耀里统治他的选民,把他们从敌人手里永远拯救出去。"关于灵或幽灵缠身的看法,对于某些人来说虽然是背离正道、标新立异的原因;但对于这一信条来说，却不能成为障碍。如果我们要求圣经对于一切可能在我们实行上帝的命令时使我们发生困难的问题提供说明，我们便也可以抱怨摩西没有为我们把创造这种灵的时间和创造地与海、人与兽的时间一起记载下来。总起来说，我在圣经中看到有天使、有善灵与恶灵，但却没有看到说它们像人们在黑暗中、梦境中或异象中看到的幽灵一样是无形体的；拉丁文把这种幽灵称之为幻影，并把它当成魔鬼。此外，我发现还有有形体的灵，只是很稀薄而无法用眼睛见到；但我却没有看到有任何人的躯体被这种灵缠附或让它们钻进去待在里面；同时，圣者的躯体将和圣保罗所说的一样，是属灵的躯体。

然而相反的说法，也就是有无形体的灵存在的说法，以往在教会中一直十分流行，以致在这个基础上搞出了用符咒的事，也就是用咒语赶鬼的办法；这种办法虽然只是罕见地悄悄实行过，但却一直没有完全抛弃。在原始教会中，魔鬼缠身的人很多，疯人和患其他奇特病症的人很少；然而在目前，我们却听到并看到有许多疯人，而魔鬼缠身的人却很少；这不是由于事物的性质变了，而是由于名称变了。以往的使徒以及其后一个时期中的教会教士都确曾治好那些奇特的疾病，然而人们却没有看到他们现在能这样做。同时，现在每一个真正的信者并不能做出当时的信者所做出的一切，也就是像我们在《马可福音》第 xvi 章，第 17、18 两节中所看到的那样："奉基督的名赶鬼，说新方言，手能拿蛇，若喝了什么毒物，也必不受害；手按病人，病人就必好了。"而且做出这一切时都没有用其他的话，而只说奉基督的名。这情形究竟是怎么来的就是另外一个问题了。很可能这种异常的赐予只是在人们完全相信基

第四十五章 论外邦人的魔鬼学及其他宗教残余

督,并且只在他未来的国中期待至福时才赐予教会;因此,当他们追求权力和财富,并且依赖自己的狡计去夺取今世王国时,上帝的这种超自然的赐予便又从他们身上取走了。

另一个外邦人教义的遗迹是偶像崇拜。这既不是摩西在《旧约》中制定的,也不是基督在《新约》中制定的,也不是从外邦人中传入的,而是它们将自己的名归于基督以后遗留在他们之中的。在我们的救主传道以前,外邦人有一种普遍的宗教,就是把外界物体在他们感官上造成印象后留在他们脑海中的假象当成神敬拜;这种假象作为造成它们本身的外在物体的表象而言,通常都称之为意象、偶像、幽灵、奇象等;其中并不包含任何实质,正如同梦中呈现在我们之前的事物之中没有实质存在一样。这便是为什么圣保罗在《哥林多前书》第 viii 章第 4 节中说:"我们知道偶像在世上算不得什么"的原因。这并不是说他认为金属、石头或木头作成的像算不得什么。而是说,他们在偶像中所尊敬或畏惧并当成神的东西只是一种虚构臆造;它没有处所、没有停驻之处、没有运动,也没有客观存在,而只是存在于脑筋的运动之中。以敬神之道敬拜这些东西在圣经中称之为偶像崇拜和背叛上帝。因为上帝既是犹太人的王,他的代治者首先是摩西,后来是大祭司,如果允许百姓敬拜并祈祷作为自己幻象之代表的偶像,他们就不会依靠真神了(真神不会有类似其貌的像),同时他们也不会依靠他的最高代治者,摩西和大祭司,而只会每一个人都随着自己的欲望管自己的事,完全使国家颠倒错乱,并且也由于缺乏团结而使自己遭到毁灭。因此,上帝的第一戒律便是:"他们不可奉外邦人的神为神,而只可奉唯一的真神,真神降恩与摩西对话,由摩西传与他们律法和神谕,为他们维持和平,并将他们永远从敌人手中拯救出去。"第二条戒律则是,他们不可自己造偶像敬拜。因为服从另外一个国王时,就不论他是由邻国拥立的还是由我们自己拥立的,都同样把原来的王废黜了。

人们声称在圣经中,首先有两个例子说明容许在敬拜上帝的地方设立并敬拜偶像、或是单纯设立偶像:一个是上帝的柜上的天使,另一个是铜制的蛇。其次,还有一些经文命令我们:某些事物由于和上帝所具有的关系,必须加以敬拜,比如敬拜他的垫足物就是这样。最后,还有另一些经文准许以敬神之道崇敬圣物。但在我没有讨论这些引文的说服力,证实人们所声称的事情究竟如何以前,我首先必需解释一下崇拜物像和偶像等应当怎样理解。

我已经在本书第二十章中说明,崇敬就是对任何一个人的权力作高度的评价,这种评价是根据我们对他和其他人们所作的比较来衡量的。但由于在权力方面没有任何事物可以和上帝比,所以对他作出的任何估价小于无限时便不是敬他,而是不敬。因此,根据其本质确切说来,崇敬乃是隐存于内心之中的。但人们形于言表的内在思想便是我们崇敬的表现,这些表现都被称为敬拜。在拉丁文中称为崇拜。因此,向之祈祷、凭之起誓、服从、勤恳端正地侍奉等等——总之,一切表现不敢冒犯或希望取悦的言行,都是敬拜,不论是诚意的还是虚假的都一样。同时又由于它们表现为崇敬的征象,所以一般便称为崇敬。

我们对于自己只认为是凡人的对象所表示的崇拜,比如对国王和在上有权柄的人的崇拜,是世俗崇拜;但对于自己认为是神的对象所表示的崇拜不论用什么样的言语、仪式、姿态或其他行为,便是神灵的崇拜。一个人匍匐在国王之前,而心里认为他只是一个凡人时,那种崇拜便只是世俗的崇拜;然而在教堂里由于认为这是上帝的神殿因而脱帽时,便是以神灵的崇拜来崇拜。有些人不从崇拜者的意向中,而从奴隶和佣仆这两字中去寻求世俗崇拜与神灵崇拜的区别,他们欺骗了自己。其实奴仆倒是有两种:一种是战争中俘获的奴隶及其后裔,绝对处于主人的权力掌握中;其人身不由自己的权力掌握,其生命取决于主人的意志,以致只要有最微小的违犯就可丧命,而且也被当禽兽一样买卖。他们被称为是正式的奴隶,其服役称为奴役。另一种奴仆则是由于受雇或希望获得主人的好处而自愿服役的,被称为佣仆,也就是家庭佣役,主人对他们的劳务的权利只限于双方所立的信约中所包含的权利。这两种奴仆的共同之处是他们的劳动都由别人指定,奴仆是他们的通称,指的是为别人工作的人,不论是奴隶还是自愿的仆人都在内。所以奴仆这字的意义是普遍指一切劳务,而奴役则单纯指奴隶的劳务和奴役状况。在圣经中两者都混而不分地用来指我们对上帝的侍奉。因为我们是上帝的奴隶,所以便称为奴役,而称为奴仆则是因为我们侍奉上帝。在所有各种侍奉中都不但包含着服从,而且也包含着崇拜,也就是表示崇敬的行动、姿态和言辞。

  从最严格的意义上讲来,形象就是可见对象的类似形态。在这种意义下,幻象形式、幻影或视觉中可见物体的影像,都只是形象。如人和其他东西在水中通过反射或折射所形成的影像便是这样,在空气中通过直接的视觉所见到太阳或星辰的影像也是这样。这种形象并不是存在于所见物体中的什么实在的东西,而且也不存在于它们表面上看来所存在的地方,其大小形状和所见物并不相同，它们可随着视觉器官或眼睛的变化而变化；往往当对象不存在时在我们的映象或梦境中呈现在我们面前，或是变成其他的颜色和形状，就像只依赖于幻象的东西一样。这就是就其原有和最恰当的意义说来被称为意象和偶像的形象；字源来自希腊文，其原来的意义就是视见。它们也称为幻象，在同一种语言中称为幻影。正是由于这些形象，人类本性中的一种官能便被称为想象。根据这一点就可以清楚地看出，现在没有而且也不可能有任何形象是由不可见的对象所构成的。

同时还有一点也很明显，无限的对象不可能有形象，因为所有由可见对象的印象所形成的形象和幻象都是有形状的，但形状却是在各方面都已被决定的量。所以上帝、人类的灵魂、灵等都不可能有形象，唯有可见物体才有形象；也就是说，唯有本身发光或被这种发光体照明的物体才有形象。

人们可以幻想他们从来未见过的形状，把不同生物的各部分凑成一个形状，就像诗人幻想家可以造成他们半人半马的怪物、狮头、羊身、龙尾的怪物或其他从未见过的怪物一样，他也可以使这些形状填上实际物质，以木头、陶土或金属制作出来。它们也被称为形象，原因不是因为它们类似于任何有形体的东西，而是因为它们类似于制作者大脑中某些虚幻的存在对象。这些偶像由于原先是存在于头脑中的，而且是用实物描绘、雕刻、塑造或铸造出来的，所以彼此之间便有类似之处；由于这一点，人类技艺所造成的实质物体便可以说是自然界造成的虚幻偶像的形象。

但在形象一词的较广泛用法中，还包括一种对象代表另一种对象的情况。所以一个人间的主权者便可以称为是上帝的形象；

低级长官也可以称为是人间主权者的形象。外邦人的偶像崇拜很多时候不怎么顾及实质偶像和他们幻象偶像之间是否类似,然而却把它称为这种偶像的形象。因为有那么一块根本没有斫削的石头已经被树立起来当成了海神,此外,他们所弄出来的许多其他形状也和他们想象中的神的形状相差极远。目前我们看到童贞圣母马利亚和许多其他圣者的形象彼此不相同,而且和任何人的想象都不相符,然而却完全可以用得上,其用途不过是单单取上一个名,用来代表历史上所提到的人物而已。各个不同的人对这些人物都用上自己的一套想象,或者是连这种想象都根本不用。所以形象在最广泛的意义下说来,便是某种可见物体的类似形状或代表形状,而在大多数情形下则是两者的结合。

但偶像一词在圣经中还进一步被用来指太阳、星辰或被敬为神的任何其他可见和不可见的物件。

说明了什么是崇拜和什么是代表形象之后,我便要把它们结合起来谈一谈什么是第二诫命和圣经中其他地方所禁止的偶像崇拜。

偶像崇拜就是自愿地做出某些外在行为,表示崇拜形象的实物(木头、石头、金属或其他某种可见的事物)或崇拜脑海中的幻象(实物的造型就是用来模拟或代表这种幻象的)。还有的时候则是实物和大脑幻象的结合,比如有生物就是这样,这是把实际物质和幻象作为躯体和灵魂合构而成的。

在有权柄的人前面、在国王的宝座前面,或是当他不在场时在由他规定用于这一目的其他场所前面脱帽致敬,乃是以世俗崇敬之礼崇敬这个人或国王。这不是崇拜这个座位或场所的表示,而是崇敬这个人的表示，所以便不能算为偶像崇拜。但如果敬拜者认为国王的灵魂在宝座上，或是向宝座上呈递请愿书，那便是敬神的敬拜，同时也就是一种偶像崇拜了。

向国王祈求他所能为我们做的事情，虽然是匍匐在他前面，也只是一种世俗的崇拜，因为我们只承认他具有凡人的能力，而不具有其他能力。但如果我们自愿地向他祈求好天气或其他唯有上帝才能为我们做的事情，那便是敬神的敬拜和偶像崇拜了。从另一方面说来，一个国王如果以死刑或其他严重体刑相威胁，强制别人这样做，那便不是偶像崇拜；因为主权者以刑律之成命令别人对他做的事并不表示服从的人在内心中把他当成神崇敬，而只表示自己企图免于一死或免于苦难的生活。不表示内心崇敬的一切都不能成为敬拜，因之也就不是偶像崇拜。同时我们也不能说，做这种事情的人玷污了他的弟兄，或给他设下了绊脚石，因为不论一个人怎样聪明或有学问，以这种方式敬拜时，旁人都不能据此就说他赞同这种做法，而只能说他是出于畏惧，这便不是他自己的行为，而是他的主权者的行为。

在某个特殊地方敬拜上帝，或是将面朝向一个形象或确定的处所，不是崇敬或崇拜这个处所或形象。而只是承认它为圣洁，也就是承认这形象或处所从一般用途中划分出来了，因为这就是圣洁一词的意义；这并不意味着那个处所或形象具有任何新品质，只是由于专用于侍奉上帝而具有一种新的关系，因之这便不是一种偶像崇拜，正像以下各种情形都不是偶像崇拜一样：在铜蛇前面敬拜上帝，犹太人离开自己的国家以后在祈祷时面向着耶路撒冷的神殿，摩西在火焰腾腾的荆棘前（西乃山所属的场地，上帝选定了

第四十五章 论外邦人的魔鬼学及其他宗教残余

这个地方显现,并向以色列人民谕示律法,因而这地方便不是由于传统的圣洁,而是由于划归上帝使用而成了神圣的场地)脱去他的鞋,以及基督徒在根据国王或教会的真正代表的权利一度庄严地奉献给上帝专作礼拜之用的教堂中举行礼拜等。但如果敬拜上帝时认为他停驻在这种形象或场所之中,或使之具有生命,也就是以无限的实体停驻于有限的空间中,则是偶像崇拜。因为这种有限的神不过是大脑中的偶像,不是真实的东西,在圣经中一般称之为虚无、虚构和无物。敬拜上帝时,虽然不把他当成存在于该处所或形象之中,或使之具有生命,但如果是为了使自己记忆起他或他的某些业迹,而那处所或形象又是根据私人权力建立的,不是根据主权者教牧的权力建立的,那便是偶像崇拜了。因为诫命中说"不可为自己雕刻偶像"。上帝命令摩西建造铜蛇,他不是为自己建造的,所以便没有违反这一诫命。但亚伦和百姓造金牛犊,则没有上帝的权力作根据,因之便是偶像崇拜。这不仅是因为他们把金牛犊当成上帝,而且也因为他们没有得到主权者上帝或代治者摩西的许可就把它用于宗教目的。

外邦人还把丘比特和其他人当成活神敬拜,这些人活着的时候,也许都是有丰功伟绩的人。同时他们还把许多男人和女人当成上帝的儿女,认为他们达到了不朽的神和有死的人之间的阶段。这便是一种偶像崇拜,因为他们没有从上帝本身或他的永恒的理智规律中得到根据,也没有在他证实的或启示的意旨中得到根据,而只是自己这样认为罢了。救主虽然是一个人,我们也相信他是不朽的上帝和上帝的儿子,然而这并不是偶像崇拜,因为我们这种信仰并不是以自己的幻想或判断为根据的,而是以上帝在圣经中所启示的话为根据的。关于圣餐物的敬拜,如果基督说"这是我的身体"这句话的意思是指"他本人和他手中外表上看来是面包的东西,不仅如此,甚至后来一切看来是面包的小块和今后任何时候由祭司奉为圣的东西,都是许多基督的身体,但却又是同一个身体",那就不是偶像崇拜,因为这是经我们的救主承认的。但如果这段经文所说的不是这种意思(因为没有其他的经文可以引用于这方面了),那就由于这是人类制度的崇拜,因之便是偶像崇拜。因为光是说上帝能将面包实体转换为基督的身体是不够的,外邦人也认为上帝是万能的,他们也不能根据这一理由而像旁人一样声称他们的木头或石头经过实体转化成了全能的上帝,并为他们的偶像崇拜辩解。

有人声称神注灵气是由圣灵超自然地进入人体而来的,不是通过教义与研究获得神恩而来的,我认为他们陷入了一种非常危险的两难推论中。如果他们不敬拜他们相信得到这种神注灵气的人,他们便犯了不敬神的过错,不尊敬上帝在超自然方式下的亲自降临;然而如果他们崇拜这种人,他们就犯了偶像崇拜的过错,因为使徒是绝不会让人像那样敬拜他们自己的。所以最稳妥的方式是把圣灵以鸽子的形式降临在使徒身上,以及基督赐予他们圣灵时向他们吹气和行按手礼等事,理解为是上帝愿意或规定运用的动作,用来表示他应许帮助这些人在研究中传扬他的国,并在他们的谈话中帮助他们,使之不会玷污旁人而会启迪旁人。

除开对形象的偶像崇拜以外,还有一种邪恶性的崇拜,这也是一种罪,但却不是偶像崇拜。因为偶像崇拜是以表现出内在和真正的崇敬的动作崇拜,但邪恶性崇拜则只是一种表面的崇拜,这种崇拜有时可能和内心中对这形象的强烈憎恨以及对幻象的魔或用来敬拜这魔的偶像的强烈憎恶相联系，它只是由于畏惧死亡或其他严重的惩罚而产生的。但为人表率的人像这样敬拜时却仍然是一种罪，因为人家跟着他们走的时候，是不能不在宗教的道上绊跤跌倒的。但我们所不理会的人的榜样则不会对我们发生任何作用，而只会让我们自己小心注意，因之便不是我们跌倒的原因。

因此，如果一个依法派任来教导并指导他人的教士，或是知识极受人推崇的任何其他人，由于畏惧而崇拜偶像的话，那就除非是他使自己的畏惧与不情愿的心情和自己的敬拜表露得同样明显，否则他们便由于表面上赞成偶像崇拜而玷污了他的弟兄。因为他的弟兄根据自己的教士或自己所推崇的渊博之士的行为作出推论时，就会作出结论说这种行为本身是合法的。这种污损是一种罪，是一种"使人有成例可援的"污损。但如果一个人不是教士，在基督教教义方面的知识也没有杰出的声誉，他做了这种事情而又有另一人跟从了他的榜样，这却不是有成例可援的污损，原因是他没有理由跟从这人的榜样，而是他借口污损好在人前解脱自己。因为一个无知无识的人，自己处在偶像崇拜的国王或国家的权力掌握之中，如果被命令敬拜偶像，否则处以死刑，那么他要是有宁死不敬拜的大勇固然更好，但他如果内心憎恨这偶像而敬拜了也不能算坏。如果是一个教士，作为基督的使者肩负着对列国教导基督的教义的使命，竟然也做了这种事情，那就不仅是对其他基督徒的良心的一种罪恶的污损，而且是背信弃义地放弃了自己的职责。

以上我关于形象崇拜所说的一切的结论是这样：敬拜形象或任何事物，不论是敬拜它的实物还是敬拜自身所有而又自以为存在于该形象或事物之中的幻象，或者是两者兼而有之，抑或是相信既没有耳朵又没有眼睛的这类东西能听取他的祈祷或看见他的诚心敬奉，便是偶像崇拜。如果一个人由于惧怕惩罚而装假地进行了这种敬拜，而他的榜样在他的弟兄中又有影响人的力量，他便犯了罪。如果他在某种形象之前或是在某个处所敬拜造物主，而这个形象或处所又不是自己制造或选定的，乃是根据上帝的神谕而来的，那便不是偶像崇拜。比如犹太人在天使像前敬拜上帝，有一个时期在铜蛇之前敬拜上帝，以及在耶路撒冷的神殿中或是朝着这殿敬拜上帝（也只是一个时期）便不是偶像崇拜。

至于罗马教会目前对圣者、形象、遗迹以及其他东西所进行的敬拜，我断言并没有上帝的话允许他们这样做，也不是由那儿所教导的教义带来的，而是部分地由外邦人最初皈依时留下的，后来又得到罗马主教的鼓励、确认和扩大。

至于从圣经中所引证的那些证明，也就是关于上帝指定建造的形象的那些例子，情形是这样：建造这些东西并不是让百姓或任何人敬拜它们，而是让他们在它们前面敬拜上帝本身，例如在铜蛇或约柜上的天使像之前敬拜上帝就是这样。因为我们在经上没有看到祭司或任何其他人敬天使像，反而倒在《列王记下》第 xviii 章第 4 节中看到以西结把摩西所建造的铜蛇打碎了，原因是百姓对它烧香。此外，提出这些例子，也不是为了让我们模仿、以便借口在它们之前敬拜上帝而照样建立偶像，因为第二诫命中的话——"你们不可为自己雕刻偶像"把上帝命令建立的形象和我们自己建立的形象作了区别。由此看来，根据天使像或铜蛇来推论出人造的形象或是根据上帝谕令的敬拜来推论出人类随意搞出的敬拜,共论据是站不住脚的。同时我们还要认识到,以西结由于犹太人敬拜铜蛇而把它砸碎了,好让他们不再这样做;所以基督教的主权者也应当摧毁他们的臣民素常敬拜的形象,以便使这种偶像崇拜的根由不再存在。因为目前在敬拜形象的地方,无知百姓的确相信形象中有神力存在,教士们也告诉他们说,有些形象曾说过话、出过血、行过奇迹;他们把这种奇迹理解为圣者所行的奇迹,认为圣者要不是形象本身,就是存在于形象之中。当以色列人敬拜金牛犊时,确实认为自己是在敬拜把他们带出埃及的上帝,然而这却是偶像崇拜;因为他们认为金牛犊要不是上帝,便是在肚子里藏着上帝。虽然有些人认为百姓不可能那样愚蠢,以致认为形象就是上帝或圣者,或是在这种观念下进行敬拜,然而圣经中下述地方所说明的情形却显然与此相反:《出埃及记》(第 xxxii 章,第 4 节)中记载,当金牛犊制成时百姓说:"以色列啊,这是……你的神";《创世记》(第 xxxi 章,第 30 节)中记载,拉班的偶像被称为他的神。同时我们根据日常经验也看到,在各种人中有一类人除开自己的衣食安乐以外什么也不研究,他们对任何荒谬的说法都能心满意足地相信,而不自己费心思去考查一下;除了有明确的新法律作根据外,总是把自己的信仰当成是不能放弃的限定承继物加以坚持。

但有人根据其他经文推论,描画天使是合法的;描画上帝本身也是合法的;如根据说明上帝在园中行走、雅各在梯子顶上见到上帝,以及其他异象和梦的经文等。但异象和梦不论是自然的还是超自然的,都只是幻象,为任何幻象画出形象的人都没有画出上帝的形象,而只是画出了自己的幻象,这也就是制造偶像。我不是说根据幻象作画是一种罪，而只是说画出来把它当成上帝的代表形象时便违反第二戒律；它没有旁的用处，而只能用于敬拜。除开作为友人或值得纪念的人的纪念物而外，为天使或亡者所作的形象也可以适用上述的说法。因为形象作为纪念物的用法不是形象敬拜，而是对人（已故的而非在世的人）的世俗崇拜。但敬拜的如果是圣者的偶像，其理由只是我们认为他在死后无知觉时能听取我们的祈祷，并对我们向他表示的崇敬感到喜悦，那我们便是将超乎凡人的神力赋予他，因之便是一种偶像崇拜。

既然对偶像以及对人们自己设立的其他代表上帝的物进行宗教敬拜，或是敬拜天上的、地上的地下的任何物的形象都无法从摩西的律法或福音中找到根据；而基督徒国王（上帝的活人代表）的臣民用来敬拜他的任何行为，对他的权力所表示的尊敬都不能超过凡人的本性所能具有的权力，这样说来我们就很难想象，现在所用的宗教崇拜是由于误解圣经而带进教会的。因此就可断言，这是当敬拜偶像的外邦人皈依时没有把他们的偶像本身摧毁而留存于教会中的。

这种现象的原因是对偶像的制作技艺过于重视，估价过大的缘故。这样便使具有者虽然改变了以往把它们当成魔鬼而进行宗教敬拜的做法，但却仍然留在自己的屋子里，借口是用这种方式来崇敬基督、童贞的圣母马利亚、使徒以及原始教会中的其他教士；因为这事很容易办到，只要把原先也许是称为维纳斯和丘比特的像取上新名称，称之为圣母马利亚或她的儿子——我们的救主的像就行了，同样，也可以把周彼特的像变成巴拿巴、把墨丘里的像变成保罗，如此等等。由于教士逐渐为尘世的野心所沾染，使之力

第四十五章 论外邦人的魔鬼学及其他宗教残余

图取悦于新信教的基督徒,同时也使他们喜爱这类的偶像崇拜,希望在他们死后可能和已经得到的人一样得到这种崇拜,于是人们对基督和使徒的形象的崇拜便一步胜似一步地变成偶像崇拜了;只是在君士坦丁大帝的时代以后不久,许多皇帝和主教以及教会公会才看到这种事情的非法性并加以反对,但是已经为时太晚,或是过于软弱无力。

圣者的列圣是外邦人宗教的另一遗迹。这既不是误解圣经的结果,也不是罗马教会新创造出的,而是和罗马共和国同样古老的一种风俗。罗马第一个列为圣者的是罗慕洛,其根据是尤里乌斯·普罗科斯的叙述。他在元老院前发誓说,罗慕洛死后和他讲了话,并确实告诉他说自己住在天上,被称为奎里努斯,并且会保佑他们的新城邦,于是元老院便公开证实他的神圣。尤里乌斯·恺撒和他以后的罗马皇帝也得到了类似证实。这就是列为圣者,因为现在列圣的定义就是根据这种证明而来的。它和异教人的奉为圣徒相同。

教皇的最高教长的称号和权力也是从异教徒罗马人那里援引来的。这是古罗马共和国中在元老院与人民之下具有最高权力管理一切有关其宗教仪式与教义的人的称号。当奥古斯都·恺撒把共和国变成帝国时,他所取得的只不过是这个职位和人民保民官的职位而已,这便是政教两方面的最高权力,后来继位的皇帝也享有同样的权力。当第一个明证并确认基督教信仰的皇帝君士坦丁大帝在世的时期,让罗马的主教在他的权力下掌管宗教的做法和他的明证信仰的精神是一致的;只是看来那些主教并没有那样快就取得教长的称号,而是后继的主教自己封上的,为的是支持他们对罗马各行省的主教所行使的权力。因为使他们具有这种管理其他主教之权的不是圣彼得的任何特权，而是皇帝们始终支持的罗马城的特权。这一点由下一事实中就可以明显地看出——当罗马皇帝定都于君士坦丁堡时，该城主教就声称和罗马的主教地位平等；不过经过一番争夺终归让教皇获得了胜利，并成为最高教长。但他只是根据皇帝的权力而成为最高教长的，而且在帝国范围以外也不能这样；当皇帝失去其在罗马的权力以后，即使从他手里夺取权力的就是教皇本人，他也不能在任何地方成为最高教长。从这里我们可以顺便看出，教皇除开在以下两种地方以外，对其他主教并不具有优越地位：一个是在他本人就是世俗主权者的领域内，另一个是在皇帝具有世俗主权并明确地选定教皇在他之下作为他的基督徒臣民的教长的地方。

仪仗队中拥载偶像是希腊和罗马宗教的另一遗迹。因为他们也把一种专用的车子载着偶像各处走，拉丁文称之为圣车和神车。偶像放在框子或匣子中，他们称之为神龛。他们所谓的队伍就是我们现在所谓的仪仗队。根据这一点，在元老院尊敬尤利乌斯·恺撒的神灵崇拜中，有一项便是在色西安竞技会的仪仗队中为他设了一辆圣车和一个神龛，这就等于是当成神载着各处走，正像目前教皇的瑞士卫兵打上圣杖载着他各处走一样。

这类仪仗队中还在神像前点燃火炬和蜡烛，希腊人和罗马人都这样做。后来罗马的皇帝也都接受同样的崇敬。我们在书上看到，卡列古拉登基时，由一大群百姓拥簇着从密森奴姆坐车到罗马，道旁摆满了香案和祭祀牺牲，并点燃火炬。卡拉卡拉也是点着香撒着花地被迎入亚历山大里亚，并且还有希腊人在他们载神的

第四十五章 论外邦人的魔鬼学及其他宗教残余

仪仗队中拿着的那种火炬。

经过一段时间以后,虔诚而无知的百姓有很多时候便经常在教堂里用类似的盛况来崇敬他们的主教,其中也有蜡烛,并有救主和圣者的像。蜡烛的使用就是这样来的,有些古老的公会把它确定了下来。

异教徒还有圣水。罗马教会在礼拜日中也模仿他们。他们有酒神节①,我们也有与之相应的通宵礼拜②。他们也有农神节③,我们则有我们的嘉年华会④,以及忏悔日的仆人权利,⑤他们有普莱帕斯⑥的游行队,我们则把五月柱取进场地架起来围着跳舞⑦。他们有所谓恩巴伐农神节⑧的仪仗游行,我们则有祈求礼拜在野地里的仪仗游行⑨。我认为这些并不都是从外邦人最初皈依起留在教会中的全部仪节,而不过是我目前所能记起的一切。有人如果好好看一下有关希腊与罗马人的宗教仪式的历史中所提出的东

---

① 罗马人以狂欢仪式庆祝酒神巴克斯的节日。——译注
② 基督教通宵不寐、举行礼拜的任何日期。——译注
③ 罗马人祭农神的节日,有官方举办的仪式,也有私人举办的狂欢庆祝。在后一种庆祝上,主人设宴并服侍奴隶,为圣诞节互赠礼物之起源。——译注
④ 四旬斋(Lent)前的狂欢乐节期,原先是由主显节(Epiphanie)至灰星期三(即四旬节第一天)这一段节期发展而来的,在意大利等天主教国家特别盛行。——译注
⑤ 忏悔节中的星期二,即灰星期三的前一天,旧俗有吃薄饼的习惯,故也称薄饼节。人们于此日举行狂欢,以备守斋。——译注
⑥ 男性生殖器人格化而成的神,罗马人奉为葡萄园、花园、羊群、鱼群的保护神,祭仪中有游行式。——译注
⑦ 五月一日庆祝五月节时,为五月皇后戴花冠,并在广场上树立高大的五月柱加花圈于其上,人群围着跳舞。——译注
⑧ 罗马人祭地方性农神的节日,人们献祭礼祈求丰收。——译注
⑨ 升天节前的三天,在罗马教会中每天都举行游行式,歌唱圣者连祷词,祈求丰收。——译注

西，我毫不怀疑他还会发现更多的这种外邦人宗教的旧空瓶子，罗马教会的圣师们由于疏忽或野心而灌上了基督教的新酒，这种新酒到时候一定会使这瓶子炸裂。

第四十六章　空虚的哲学和神怪的传说所造成的黑暗

哲学就是根据任何事物的发生方式推论其性质，或是根据其性质推论其某种可能的发生方式而获得的知识，其目的是使人们能够在物质或人力允许的范围内产生人生所需要的效果。因此，几何学家从图形的结构中找出其中的许多性质，然后又根据这些性质通过推理而找出许多构成图形的新方法，目的在于能用来测量土地、水面和无限的其他用途。同样的情形，天文学家根据太阳星辰在天空不同部分升起、下落和运行，找出形成白天、黑夜和一年不同季节的原因，因之而能记录时间，并得到了其他这类的学识。

根据这一定义就可以显然看出，我们不能把包含着慎虑的原始知识（即经验）算成哲学的任何部分。因为这不是由推理得来的，而是在人和猛兽身上同样可以找到的。这不过是过去一连串事态的记忆，其中只要有任何一个小的环节被忽略了，就会改变效果；使慎虑最深的预期遭到失败。然而从正确推理中所得到的一切却不是旁的，而只是普遍、永恒和不变的真理。

因此，哲学之名也不能用于任何错误的结论，因为用他理解的语词作正确推理的人，绝不可能作出错误的结论。

第四十六章 空虚的哲学和神怪的传说所造成的黑暗

任何人通过超自然的启示所知道的东西也不能称为哲学，因为这不是通过推理获得的。

根据书籍的权威进行推理而得到的知识也不是哲学，因为这不是从原因推论结果、也不是从结果推论原因所得到的，因之便不是知识而只是信仰。推理的能力是由于语言的运用而产生的，所以推理就不可能不发现某些几乎和语言一样古老的普遍真理。美洲的野蛮人也不是没有某些优良的道德箴言，同时他们也有一点点算术来加减不大的数目，但他们却不能因此而成为哲学家。原因是这样：谷类和酿酒的植物，在人们知道它们的性质并用来作为营养食品或栽种在田野中与葡萄园中之前，就少量的分布在田野和森林中，在那个时候人们吃的是橡实、喝的是水；正像这样，从一开始就有许多正确、普遍和有益的推理，成为人类推理的自然植物。但最初这种植物数目很少，人们当时根据粗陋的经验生活；没有方法可言，也就是除开野草以及错误与推测等普通植物以外，就没有知识本身的播种或栽培。其原因是人们在获取生活必需品和防范邻人以后就没有闲暇工夫了，这在建立幅员广大的国家以前是不可能有其他情况的。闲暇是哲学之母，而国家则是和平与闲暇之母。首先有繁荣的大城市的地方，就首先有哲学的研究。印度裸体游行的圣者和波斯的马吉，以及埃及与迦勒底的祭司都被列为最古的哲学家，而这些国家则是最古的王国。当希腊人和西方其他民族的国家（也许不比路加或日内瓦大）没有获得和平以前，当他们彼此同样畏惧对方的时候，当他们没有闲暇观察任何事物而只能互相盯住对方的时候，哲学是不会兴起的。最后，当战争使许多较小的希腊城邦结合成较少较大的城邦时，希腊的各不同地区才有七个人获得贤人的声誉。其中有些人以道德和政治的哲言著称,有些则以迦勒底和埃及人的学术著称,这些学识就是天文和几何学。但当时我们却还没有听到说有任何哲学的派别存在。

当雅典人打垮了波斯军队,获得了海上的统治权,因而获得了爱琴海中欧亚两洲的一切岛屿和沿海城市的统治权,并渐次富裕起来以后,在国内和国外没有工作的人便没有旁的事情可做,而"只将新闻说说听听"(见《使徒行传》第 xvii 章,第 21 节圣路加语),或是公开向城邦中的青年讲哲学。每一个老师都找一个地方来讲学。柏拉图所找的是某个称为学园的公共场所,这名称是由一个名叫阿卡姆斯①的人而来的,亚里士多德则在盘神②的庙廊中,称为吕西昂③学派,另一些人则在画廊下④,也就是在商人落地售货的廊下。另一些人则在另一些地方教导或讨论他们的意见来消磨他们的闲暇。还有些人则不拘地点,只要能把城中的青年招在一起来听他讲话就行。加尼兹⑤在罗马当使者时也像这样做,因而使得伽图劝告元老院赶快把他打发走,恐怕青年们喜欢听他的高论(他们认为如此)而使品行败坏。

正是由于这种情况,他们之中任何人进行教导或辩论的地方

---

① 希腊神话中英雄名,曾将底修斯匿藏海伦处所告知卡斯脱与普洛克斯。——译注
② 希腊森林、牲畜、野物保护神名,具有羊角与羊肢体,原先在亚加迪亚敬拜,被认为是造成无端恐惧之神,并曾于马拉松之役中使波斯人发生恐惧。后来在基督教神话中与耶稣钉十字架的故事合为一体,标志异教时代的终结。——译注
③ 即其讲学处所之名称在雅典附近。——译注
④ 为希腊哲学家芝诺讲学处所,号称廊下派,即斯多噶派。——译注
⑤ 希腊怀疑派哲学家,认为真理不可认知,原师事斯多噶派之留琴斯,后改归柏拉图学园,在罗马时曾大受青年欢迎,后为伽图所逐。——译注

第四十六章 空虚的哲学和神怪的传说所造成的黑暗

便称为 schola,这在他们的语言中意思就是闲暇。他们的争论则称为消磨时光。哲学家本身也以学派名为名,其中有些人就是以上述各学派的名称为名的,比如遵从柏拉图学说的人被称为学园派,亚里士多德的弟子缘于他教学的庙廊而称为逍遥学派,芝诺的门徒则根据画廊一字而称为廊下派,其情形就好像人们常常在某一个地方聚会谈天和闲混,就把他们称为摩尔菲尔德客、保罗教堂客或交易所客一样。

然而人们却十分崇尚这种习惯,以致到时候就遍布到整个的欧洲和非洲的大部分,于是这些地方几乎每一个国家都公开设立并维持讲学会进行讲演和辩论。

古时候在我们的救主的时代以前和以后,都有犹太人的学派存在,但却是法学学派。因为他们虽然称为会堂讲经会,也就是百姓的聚会,但由于法律是每个安息日都在他们之中宣读、解释和辩论的,所以性质和公开的学派没有不同,只是名称不一样而已。而且不但是耶路撒冷有,在犹太人所居住的每一个外邦人城市中都有。比如大马色就有这样一个讲经会,圣保罗曾进去进行过迫害。在安提阿、以哥念和帖撒罗尼迦也有他曾去辩论过的讲经会。利百地拿、古利奈、亚历山大、基利家和亚西亚的会堂都是这样。这就是利百地拿和在耶路撒冷的外方犹太人的学派,而在这学派中,他们就是和圣司提反辩论的那些人(见《使徒行传》第 vi 章,第 9 节)。

但这些学派用处在哪里呢?他们那种解释和争辩究竟取得了什么学识呢?几何学是自然科学之母,然而几何学却不是这些学派留给我们的。柏拉图是最高明的希腊哲学家,他的学派就不收那些在几何方面没有一定程度的人。有许多人研究这种学术使人类得到了很大的益处,但却没有听到提起他们的学派,同时也不曾有任何几何学家的派别,他们也不具有哲学家的名称。这些学派的自然哲学与其说是科学还不如说是梦呓,讲的那些话都是毫无意义的。一个人要讲哲学,如果不首先在几何学方面有很深的素养,就不可能避免这种情形。因为自然是通过运动发生作用的,不具有关于线与形的比例和性质方面的知识,就不可能知道这种运动的方式和程度。他们的道德哲学不过是在叙述他们的激情而已。因为在世俗政府范围以外,行为方式的法则就是自然法,在这范围之内则是世俗法。这种法则决定了什么是正直和不正直的、公正和不公正的以及普遍说来什么是善的和恶的。然而他们却按自己的好恶来制定善与恶的法则。在这种方式下,各人的喜好既然是千差万别的,所以便没有普遍同意的事情存在,而只是各人敢怎么做就各行其是地干,使国家归于灭亡。他们的逻辑本应当是推理的方法,但却不过是一堆诡辩之词,以及企图标新立异地难倒那些提出诡辩的人的花样。总起来说,正如同西塞罗(他本人就是这种哲学家之一)所讲的那样:世界上没有任何事情会荒谬到连老哲学家中也没有人支持的。我相信自然哲学中最荒谬的话莫过于现在所谓的亚里士多德的形而上学,他在《政治学》中所讲的那一套正是跟政治最不能相容的东西,而他大部分的《伦理学》则是最愚蠢不过的说法。

犹太人的学派原先只是关于摩西律法的学派,摩西命令(见《申命记》第 xxxi 章,第 10 节)每七年末的一年,在幕的宴会上,都应当向全体百姓宣读,使他们能听到和学到。因此,在被掳以后通

第四十六章 空虚的哲学和神怪的传说所造成的黑暗

行的每个安息日宣读律法的办法就不应当有其他的目的，而只应当是使人民认识他们所应当服从的诫命，并向他们解释先知的著作。但从我们的救主对他们提出的许多谴责可以看出，他们用自己错误的注释和虚妄的传说来误用律法的经文。他们也很少理解先知者，以致既不承认先知所预言的基督，也不承认他所创的业迹。所以他们通过自己在会堂中的讲演和辩论，使他们的律法的原理变成了一套关于上帝和灵的不可思议性的、虚妄的哲学。他们从圣经上较模糊的地方和最容易牵强附会地拿来给自己撑腰的地方，并从有关自己祖先荒唐的传说中，搞出一套不经之谈来，和希腊那种虚妄的哲学与神学混杂在一起凑成了这一套。

现在所谓的大学是同一个城镇中的许多公开的学派结合起来，并在一个管理当局之下并为一体而形成的。其中主要的学派被派定在三种专业方面，即罗马宗教、罗马法律和医学。至于哲学的研究则不过是罗马宗教的婢女而已。由于唯有亚里士多德的权威在这里流行，所以这种研究便不是正式的哲学（其性质不取决于著作家）而是亚里士多德学。至于几何学，则由于它不服从任何东西而只服从严格的真理，所以在最近时期以前没有任何地位。任何人如果凭自己的天资在这方面达到了任何圆满成熟的程度，便会被一般人认为是魔术家，他的学艺则被认为是魔鬼式的学艺。

现在让我讨论一下部分地由于亚里士多德，部分地由于理解的盲目性而传入大学并从大学传入教会的虚妄哲学的具体教义。我首先要讨论一下它们的原理。有一种原始哲学是所有其他哲学都应当以之为依据的哲学，主要包含最普遍的名词的意义的正确界说。这种界说可以避免推理中的含糊和模棱两可之处，一般称之为定义。诸如物体、时间、空间、物质、形式、要素、主体、实体、偶性、权势、行为、有限、无限、量、质、运动、行为、激情等。此外还有许多其他解释人们有关物体的产生和性质的概念时所必须的定义。这些以及类似名词的解释(也就是意义的确定)在经院派中作为亚里士多德哲学中的一部分通称为形而上学,这部分就是以形而上学为名的,但其意义却不同,因为在那儿所指的是写在或置于他的自然哲学以后的各卷书,经院学派则把它们当成超自然哲学的各卷书,因为形而上学是可以具有这两种意义的。的确,这里面所写的东西绝大部分是没法理解,而且和自然理性也十分冲突,以致使任何人要是认为可以根据它来理解任何东西,就必然会认为是超自然的。

这种形而上学和圣经混杂在一起,形成了经院学派的神学。根据这些形而上学,人们告诉我们说,世界上有些要素是和物体脱离的,他们称之为抽象本质和实质形式。要解释这一行话,在这儿要给以超乎寻常的注意。我要请不习惯于这类讨论的人原谅我专为习惯于这类讨论的人进行讨论。世界是有形体的,这就是说,世界是物体(我所谓的世界不光是指尘世,喜爱尘世的人被称为世故的凡人;我所指的是宇宙,也就是一切存在的事物的全部物质),具有量纲,也就是具有长、广、厚;物体的每一部分同样是物体,也具有同样的量纲;所以宇宙的每一部分都是物体,不是物体的东西就不能成为宇宙的构成部分。由于宇宙包括了一切,所以不能成宇宙构成部分的东西就不存在,因之也就不存在于任何地方。根据这一点也不能作出结论说,灵是不存在的,因为灵具有量纲,因之便是实际的物体;虽然物体一词在一般说法中只用于可见

第四十六章 空虚的哲学和神怪的传说所造成的黑暗

和可感知的物体,也就是具有一定程度不透明性的物体。至于灵,他们则称之为无形体的,这一名词更加尊敬,可以更加虔诚地用于上帝本身;对于上帝,我们不考虑哪种性质形容词最能说明他的性质(这是不可思议的),而只考虑什么最能表示我们尊敬他的愿望。

为了弄清楚他们根据什么理由说有抽象的本质和实质的形式存在,我们必须考虑一下这些语词的本义是什么。运用语词的目的是为了给自己记录并向他人说明我们自己心中的思想和概念。这些语词中,有些是被感知事物的名称,如对感官发生作用并在想象中留下一个印象的各种物体的名词便是这样。另一些则是关于想象本身的名词,也就是关于我们所见到或记忆的一切事物的观念或心像的名词。还有一些则是名词的名词,或不同种类的品词。比如普遍、复数、单数便是名词的名词;定义、肯定、否定、真、假、三段论法、询问、许诺、信约则是某些语言形式的名词。还有一些则用来表示一个名词和另一个名词之间的推理关系或矛盾关系。比如当人们说:"人是一种物体"时,他的意思是说物体这一名词只是同一对象——人所具有的若干名词中的一个,必然是继人这一名词之后作为其结论而出现的。这一推理关系用"是"(is)字把它们连结起来加以表示。正像我国人用动词"是"(is)一样,拉丁人用 est、希腊人用 Ἔστι 的各种变化形式来表示。世界上其他各国在其本国的语言中是不是有相应于这个字的字,我不敢说,但我相信他们并不需要这种字。因为把两个名词按顺序放在一起,只要习惯如此,就可以和 is、be 或 are 等字一样表示其推理关系,因为使语词具有效力的就是习惯。

假定有一种语言没有任何相应于 est、is 或 be 的动词,运用这种语言的人在作推论、结论和进行各种推理的能力上比之希腊人与拉丁人却一点也不差。那么,在这种情况下,从这一词中引导出来的实体、本质、不可缺少、不可缺少性等语词以及其他在其最常见的用法中依据这些词而来的更多的语词,它们将怎样办呢?所以这些词便不是事物的名称,而只是我们说明自己设想一个名词或性质形容词对另一个词的推理关系的符号。比如当我们说"人是一个活的物体"时,意思并不是说人是一回事,活的物体是另一回事,"是"又是一回事,而是说人和活的物体就是同一回事;因为"如果他是人、他便是一个活的物体"这一推论乃是由"是"字表达的真正推论关系,因此,成为物体、走路、说话、生活、看见以及其他不定式跟有形体性、行走、言讲、生命、视觉等名词所指的便是同一回事,都是不表示任何事物的名词,我在另外的地方已经作了更充分的说明。

但有人也许会问,在我这种性质的一本书中,声称要说明的不过是有关政府和服从关系的学说所必需的一切而已,谈这些精微奥妙的东西又有什么用呢?我的目的就是为了使人们不受那些人的愚弄,这些人根据亚里士多德那种虚妄的哲学搞出一套独立存在的本质的说法,用一些空洞无物的名词来吓唬人,让他们不服从自己国家的法律;就好像人们用一件空的紧身衣、一顶帽子和一根弯棍子来吓唬鸟,让它们离开谷物一样,我为的就是要使人们不再受这些欺蒙。正是根据这一理由,他们才说人们死去并埋葬以后,他的灵魂(也就是他的生命)还能离开他的躯体行走,而且夜间能在坟墓之间见到。根据同一理由他们还说,面包的形状、颜色和滋味在没有（据他们说）面包存在的地方也存在。此外，也是根据这一理由他们还说，信仰、智慧以及其他的美德和品质有时是从天上灌到人们身体中去的，有时则是吹进去的，就好像有美德的人和他们的美德可以分开一样，此外他们还说了许许多多动摇臣民对自己国家的主权者的服从关系的话。试问当一个人希望"服从"会灌到或吹到他身子里去时，他又怎么会自动去服从法律呢？一个祭司如果能造出上帝来，人们又怎么能不服从祭司，而去服从自己的主权者以至上帝本身呢？怕鬼的人对于能制造圣水把鬼从他身上赶出去的人又怎么能不大为尊敬呢？举出这一切来就足以作为例子，说明亚里士多德的实体和本质给教会带来的错误。可能有人明明知道这是错误的哲学，但由于害怕苏格拉底的命运，于是便把它当成符合而又能确证他们的宗教的东西写出来了。

他们一旦陷入独立本质的错误之后，就必然会因此而牵涉到许多其他由此而生的荒谬说法中去。他们既然认为这些形式是实在的，就必然要赋予它们一些空间；但由于他们认为这些东西是无形体的，根本没有量纲，然而大家又都知道空间就是量纲，只能由有形体的东西充满；这样一来，他们便不得不作出一种区分来维持自己的信誉，说它们实际上在任何地方都不是有界限的，而只是有限定的这些语词都只是一些空字眼，在这儿根本没有意义，只能在可以让它们的空虚性得到掩饰的拉丁文的形式下通过。因为事务的界限只是其空间的决定或划定。所以用来作出区分的这两个名词便是同一回事。特别值得指出的是，他们说人的本质是灵魂，并且肯定地说灵魂全部存在于他的小指头上，而又同时存在于他身体的其他部分（不论怎样小都一样）之中；而整个躯体中的灵魂则不比任何一部分中的灵魂更多。试问谁又能认为上帝会接受这种荒谬的说法呢！然而对于相信有一种与躯体分离的无形体灵魂存在的人，却必须相信这一切。

不过当人们要他们说明无形体实体怎样能遭受痛苦、怎样能在地狱或炼狱的火中受苦时，他们又完全答复不上来，而只好说不知道火怎样能焚烧灵魂。

此外由于运动就是改变空间，而无形体实体是不能占据空间的，于是，他们要把以下两点说得像有可能的事，就不能不大伤其脑筋了：(一)灵魂没有躯体怎样能从这儿到天堂、地狱或炼狱中去；(二)人的鬼魂(我还要加上它们显形时穿的衣服)夜晚怎样能在教堂、教堂墓地或其他墓地中行走。这一切都不知道他们能怎样答复，除非是说：它们有限定地而非有界限地行走，或者说它们以性灵的形式而非以尘世的形式行走。因为这种乌七八糟的区分对任何疑难问题都同样可以应用。

关于永恒的意义，他们认为不是无穷的时间延续。因为这样一来，他们就提不出理由来说明上帝的意旨以及对未来事物的预先规定为什么不出现在他对这未来事物的预知之前，就像有效的原因出现在结果之前或行为者出现在行为之前一样；此外他们对于许多其他有关上帝的不可思议性的狂妄见解也都提不出理由来。他们只是告诉我们说，永恒是现在时的停滞，是现在的停驻(经济学派语)。这一名词他们自己不懂，别人也不懂，正像他们用此处的停驻来表示空间的无限大一样。

人们在心中划分一个物体时，办法是数它的各部分；数这些部分时也就数了它所填充的空间的各部分。因此，在划分这些部分

第四十六章 空虚的哲学和神怪的传说所造成的黑暗

时,我就不得不同时也划分这些部分所占的空间。这样一来,任何人在心中都无法设想比所占空间更多或更少的物体部分。然而他们却要我们相信,由于上帝的全能,一个物体可以在同一个时候存在于许多地方,许多物体也可以在同一个时候存在于同一个地方。仿佛是我们如果说:存在的东西不存在、曾经存在的东西不曾存在,就是承认神的权力一样。这不过是由于他们对神的不可思议性非但不敬仰、不称赞,反而在哲学上怀疑辩驳,因而势必要产生的矛盾中的一小部分而已;对神用的性质形容词不能说明神是什么,但应当说明我们用自己所能想到的最好的名词尊敬他的愿望。但是那些敢于根据这些崇敬的性质形容词去推论他的性质的人,一开始就丢掉了他们的悟性,遇到的困难层出不穷、连绵不断;正像一个不知道朝廷礼节的人,见了一个比他经常交谈的人物更伟大的人物一样;一进门就跌跌碰碰,刚一撑住身子,上衣又滑下来了,拉起上衣帽子又掉了;一阵又一阵地手忙脚乱之后,发现自己是吓糊涂了,而且是粗野无礼。

至于物理学,也就是关于自然事件的从属和次级原因的知识,他们什么东西也没有提出来,而只提出了一些空话。如果你想知道为什么某些种类的物体自然地向地下落,而另一物体则自然地升离地面的话,经院学派就会根据亚里士多德的说法告诉你:下沉的物体是重的,这种重量就是造成它们下沉的原因。但如果你问他们所谓的重量是什么意思,他们就会提出定义说这是走向地心的一种努力。所以物体下沉的原因就是力图处在下面的一种努力。这就等于是说,物体上升或下降是因为它们本身要这样做。要不然他们就会告诉你说,地心是重物止息的地方和保存所,因此它们力图要到那里去。就好像石头和金属可以像人一样具有欲望，或者可以辨别它们所要去到的地方；要不然就是它们和人不一样喜欢歇息，要不然就是一片玻璃安在窗户上，不如掉到街上更为安全。

如果我们要知道为什么同一个物体不增加什么东西，有时看起来比另一个时候大些，他们就会说：当它看起来小的时候就是紧缩了，当它看起来大的时候就是稀疏了。但什么是紧缩、什么是稀疏呢？紧缩就是在同一物质中量比以前为少的情形，稀疏则是多于以前的情形，就好像有一种物质可以不具有确定的量一样。其实量却不是别的，而只是物质的确定；也就是关于物体的确定，根据这种确定，我们说一个物体比另一个物体大多少或小多少。要不然就好像物体形成时就根本没有量，事后再根据人们希望于这物体的疏密程度多加一些或少加一些进去。

至于人类灵魂形成的原因，他们说这是由于注入而产生和由于产生而注入。

至于感觉的原因，则是感象普在，也就是对象的影像或幻象普在。当它们是对眼睛的幻象时便是视觉，如果是对耳朵的幻象则是听觉，如果是对舌颚的幻象则是味觉，如果是对鼻子的幻象则是嗅觉，如果是对身体其余部分的幻象则是感觉。

关于从事任何具体行为的心愿，也就是一般所谓的意愿，他们用官能来解释。官能就是人类所具有的、有时愿意做某事、有时愿意做另一桩事情的一般能力；这种能力人们称为意志，这样就是把能力当成了行为的原因。就好像是把人们行善与作恶的能力当成善恶行为的原因一样。

第四十六章 空虚的哲学和神怪的传说所造成的黑暗

许多时候,他们把自己的无知当成自然事件的原因,只是用其他的字眼掩饰起来;例如他们说运气是偶然事件(也就是他们不知其所以然的事件)的原因时便是这样;同样,他们还把许多结果归之于神秘的性质;所谓神秘的性质——就是他们自己弄不明白、因而认为旁人也弄不明白的性质。此外,他也把许多结果归之于同情、反感、情况相反和特种品质以及其他类似名词;这些名词既不表示产生它们的行为者,也不表示产生它们的作用。

如果这种形而上学和物理学还不是虚幻的哲学,那就没有任何虚幻的哲学存在了,圣保罗也就没有必要警告我们避免这一套了。

他们的道德哲学和世俗哲学,也是同样荒谬或更为荒谬。如果有人做了不义的行为,也就是违反法律的行为,他们便说:上帝是法律的原始原因,而且也是这一行为和所有其他行为的原始原因,但却绝不是不义(即行为不符合法律的情形)的原因。这是虚妄的哲学道理。人们也大可以说,一个人画了一根既直又曲的线,而其不调和性则是由另一个人造成的。这便是所有还不知道前提时就得出结论的人的哲学,他们冒称能理解不可思议的事物,并把关于尊敬的品质形容词解释成关于本性的品质形容词,这一区别只是用来支持自由意志那种说法的;所谓自由意志,就是不服从于神的意志的人的意志。

亚里士多德和其他异教哲学家都根据人的欲望来给善恶下定义,当我们认为善恶是根据各人自己的准则支配每个人的,那么这说法便一点问题也没有;因为在人们处于除开自己的欲望就没有其他法则的状况下,是不可能有善行与恶行的普遍法则存在的。

但在一个国家中这一尺度便是错误的,应成为尺度的不是私人的欲望,而是法律,也就是国家的意志和欲望。然而这种学说却仍然被人们崇奉实行,人们都根据自己的情感来判断自己、他人和国家行为的善恶;人们完全不顾及公共法律,而只根据自己的看法把事物称为善、称为恶;唯有修士和辅理修士们才根据誓言而必须绝对服从自己的上级,每一个臣民也都应当认为自己由于自然法而必须绝对服从世俗主权者。这种善的私人尺度非但是虚妄的说法,而且是对于公众的国家说来也是有害的。

认为婚姻是与贞洁或禁欲相冲突的事,并因之而把它列为一种败德的说法,也是一种虚妄和错误的哲学。把贞洁和禁欲作为理由禁止教士结婚的人就是这样做的。由于他们公开承认,在经常保持贞洁、节欲和纯洁的名义下要求经常侍奉祭坛和管理圣礼的圣职人员经常远离女人,不过是一种教会的制度。因之,他们便把合法地与妻子同居当成不贞洁和不禁欲。于是便把婚姻当成一种罪恶,至少也当成一种十分污秽不洁的以致使人不适于侍奉祭坛的事情。如果这条法规是由于与妻子同居就是不禁欲和违反贞洁而制订的,那么所有的婚姻便都成为恶行了。如果因为这种事情对于献身上帝的人说来太污秽不洁,那就还有许许多多人们全都进行的自然和必要的日常事务都会使人不配当祭司,因为这事情比婚姻更不洁净。

祭司不许结婚这一禁条的幕后基础不会是轻易地奠定的,它不会以道德哲学的错误为根据,也不会以宁愿过独身生活而不愿过婚姻生活的意愿为根据。(后一种看法是从圣保罗的卓见中产生的,他看到在那基督徒遭迫害的时代里,传播福音的人被迫从一个国家跑到另一个国家,他们要是拖上家室之累就十分不方便了。)其实它的根据是教皇们以及后来的教士想当掌管教会的圣职人员(也就是成为上帝国在今世的唯一继承者)的阴谋。对于上帝国说来,必须要使他们不结婚,因为我们的救主说过:他的国降临到耶和华的子民中时,"人也不娶也不嫁,乃像天上的使者一样",也就是成为性灵的。他们既然已经自称为性灵人物了,在没有必要时让自己具有家室,乃是一种矛盾而不调和的事情。

他们模仿着亚里士多德的世俗社会哲学,把平民国家以外的一切国家(如当时的雅典)都称为暴君国家。所有的国王他们都称为暴君,征服他们的拉栖第梦人所建立的三十个贵族统治者,他们称之为三十僭主(暴君)。他们还把处于民主政治下的人民的状况称为自由。暴君原来所指的不过是君主。但到后来当希腊大部分地方都废除了这种政府之后,这一名称便不但指原先所指的意义,而且还加上了平民国家对它所抱的仇恨。正好像罗马在废除君主之后,君主之名也变成了可憎的名称一样;因为人们自然而然地都会想到,要把带有蔑视心情的任何形容词用来表示重大敌人的重大罪恶。当同一批人对掌管民主政府或贵族政府的人感到不满时,他们则用不着寻找不好听的名称来表示他们的愤怒,而会用现成的话把其中的一个称为无政府状态,把另一个称为寡头政体或少数人的暴君政体。冒犯人民的事情不是别的,乃是统治他们的方式不是每一个人自己认为合适的方式,而是公众的代表(不论是一个人还是一个会议)认为合适的方式,也就是受到一个独断政府的统治。由于这一点,他们咒骂他们的上级。也许要到经受内战以后不久,他们才会认识到没有这种独断的政府,这种战争就会永远持续下去;并且认识到,使法律具有力量和权威的不是空谈和允诺,而是人和武力。

因此,亚里士多德的哲学中另外有一个说法便也是错误的,那便是在一个秩序良好的国家中,应当处于统治地位的不是人而是法律。一个具有天生知觉的人,纵使既不能写也不能读,谁又看不到自己是受着自己所畏惧,并相信在自己不服从时就可以杀害或伤害自己的人的统治呢?谁又会相信没有人插手、没有人握着剑作后盾,纸上谈兵的法律能够伤害自己呢?这也是有毒害的错误之一,因为这些错误诱使人们在自己不喜欢自己的统治者时,就归附于把这些统治者称为暴君的人,并认为对他们发起战争是合法的。然而这些错误却时常有圣职人员在讲道坛上加以拥护。

他们的世俗社会哲学中还有一个错误绝不是从亚里士多德那里学来的,也不是从西塞罗那里学来的,也不是从任何其他异教徒那里学来的;那便是在人们的言行都符合宗教的情况下,通过对他们的信仰进行审查和宗教审判,把仅仅是行为法则的法律扩展到人们的思想和良知意识上去。这样一来,人们要不是由于表达真思想而受到惩罚,便是由于害怕惩罚而被迫表达非真实的思想。诚然,当一个世俗君主要聘用一个教士负责传教时,可以询问他是否情愿传某某种教义;如果他拒绝的话,他就可以不聘他担任这一职务。但当一个人的行为并没有受到法律禁止时,强迫他指控自己的见解却是违反自然法的;特别是有一种人教导旁人说:一个人如果在基督教教条的信仰方面抱着错误的见解死去,就会要被判遭受最苦的永罚。试问一个人既然知道犯错误就有这样大的危险,他天生关怀自己的心情又怎么能不迫使他根据自己的判断让

第四十六章 空虚的哲学和神怪的传说所造成的黑暗

自己的灵魂去碰一下运气,而要根据另外一个毫不关心他的刑罚的人的判断行事呢?

一个平民没有国家的权力为根据,也就是不得到国家代表者的允许就按照自己的精神来解释法律,是政治学中的另一错误,但这却不是从亚里士多德或任何其他异教哲学家那里得来的。因为他们没有一个人不承认制定法律的权力就包括着在必要时解释法律的权力。圣经中所有记载律法的地方,都是根据国家的权力成为法律的,因之也就成了世俗法律的一部分,情形难道不是这样吗?

除开主权者以外,任何人要是限制别人享有国家所不限制的权力,便也是同一类的错误。比如有些人把对法律未加限制的人传布福音的事交给某一类俗人掌管的情形便是这样。如果国家让我传道或宣教,也就是说,如果国家不禁止我,那就没有任何人能禁止我。如果我处在美洲的偶像崇拜者中,虽然我没有担任牧师之职但却是一个基督徒,难道我在没有从罗马接到教谕以前传布耶稣是基督的教义便应当认为是一种罪吗?或者说:当我已经传布了这种道之后,难道不能解答他们的疑难,并向他们解释圣经——也就是说,我难道不能宣教吗?关于这一点人们也许会说,正像为他们行圣餐礼一样,事实的必要性就是充分的传道权,这话是正确的。但还有一个说法也是正确的:不论对什么事说来,有必要的地方都应当有豁免,如果没有法律禁止的话,就无需乎豁免了。因此,否定世俗主权者没有否定的职权,便是剥夺合法的自由,而这则是和世俗政治的道理相违背的。

经院神学的博士们带进宗教的虚妄哲学,还可以举出其他的例子来，但旁人要是高兴的话，可以自己去看。我只打算补充这样一点：经院神学者的著作大部分都是一大串毫无意义的奇怪而粗俗的词句，或是以不同于当时通行的拉丁文的用法搞出来的词句，西塞罗、瓦罗和古罗马一切文法家都不会使用这种词句。这一点任何人要是想看看是不是有证明的话，那就让他像我在前面某个地方说过的一样试一下，看看他是不是能把任何经院神学译成英文法文等现代语言，或是任何其他更丰富的语言。因为一种东西要是不能用大部分这些语言说出来让人懂得的话，用拉丁文说出来也不能让人理解。这种无意义的话，我虽不能说是错误的哲学，但它却具有一种性质，不但能掩盖真理，而且还能使人认为自己已经得到了真理而不继续追求了。

最后，关于虚伪或不肯定的历史中传来的错误，诸如：圣者的生平传记中有许多关于虚假奇迹的传说，罗马教会的博士们也引证许多幻影和鬼魂的历史来证明他们关于地狱、炼狱、咒语的效力，以及其他在理性和圣经中都没有根据的说法；此外，他们还把一套因袭相沿的传统称为无记载的上帝之道！这些东西岂不全都是一套老妪闲谈的鬼话吗？它们虽然也散见于古代教父的著作之中，但古代教父也是人，同样极容易听信虚假的传说。他们提出来证明他们所相信的东西是真理的那些见解，对于根据圣约翰的意见查验灵的人（见《约翰一书》第 iv 章，第 1 节）说来，其作用只不过是使他们在有关罗马教会权力（这种权力的滥用要不是他们根本没有怀疑到，便是他们从中得到了好处）的问题上根据他们过于鲁莽地相信传说这一点否定他们的证据而已。纵使是最诚挚的人，如果不具有渊博的自然原理的知识（教父们便是这样的人），也

第四十六章　空虚的哲学和神怪的传说所造成的黑暗

最容易像这样鲁莽地相信。因为从本性说，最善良的人便是最不怀疑旁人欺诈的人。教皇格雷高里和圣伯纳有一些关于鬼魂的幻影的说法，说他们都在炼狱之中；我国的贝达①也说了一些这样的话。但我相信这些东西只是从传闻中听来的。他们或者任何其他人要是根据自己所知道的来叙述任何这类传说的话，他们也不能因此而使这种虚幻的传闻得到更多地证实，而只是暴露出他们自己的弱点或欺诈而已。

除了传入虚伪哲学一事，我们还可以联系着提出那些既没有合法权力的根据，也没有充分研究成为够资格的真理判断者的人压制正确哲学的问题。我们自己的航行说明得很清楚，所有精通人类的科学的人现在都承认有两极；而且我们也可以日益看清楚年岁、日月是由地球的运转决定的。然而人们只要是在著作中假定了这种学说，作为一个基础来提出赞成与反对的理由，便都受到了宗教当局的惩罚。但这又有什么理由呢？难道是这些见解违反真正的宗教吗？如果这些见解是正确的，这便不可能。因此，我们便要让真理首先由够资格的审定者加以查验，或者是让声称自己知道相反说法的人加以驳斥。难道是因为它们和国教相违反吗？那么就让教导这些说法的宣教者们的君主用法律来使它们沉默下去吧，也就是让世俗法律来使它们沉默下去吧。因纵使是教导正确哲学的人有不服从的情形时，也可以合法地加以惩罚。难道是因为它们支持反叛或骚乱，因而使政府发生紊乱吗？那么就让那些负责公安的人（也就是世俗权力当局）运用权力来惩罚这些意见

---

①　英国修士兼历史家（672—735 年）。——译注

的倡导者并使这些意见湮没下去吧。因为教会当局在任何服从于国家的地方根据自己的权利（虽然他们称之为上帝的权利）为自己取得的任何权力都只是一种篡夺。

第四十七章　论这种黑暗所产生的利益以及其归属于谁的问题

西塞罗非常推崇地提到罗马人中一位姓卡西的严厉法官在刑事案件方面所订立的一种习惯法。那便是在证人的证据不充分时询问原告，"对他有什么利益"也就是被告在这一事情上所取得的或打算取得的利益、荣誉或其他满足是什么。因为在所有的推定中，把行为者的情形说明得最清楚的莫过于行为的利益。我在这里打算根据同一法则来考查一下，究竟是哪些人在我们这一部分基督教世界里用一些与人类和平社会相冲突的学说把人民迷惑了这样久。

首先，关于今世在地上的卫道教会就是上帝的国（即荣耀的国或福地，而不是神恩的国，后者只是福地的许应）这种错误的说法便牵连着以下各种世俗的利益。第一，教会的教士和教师因此就有权力成为上帝的公务仆人，并具有管理教会的权利。结果由于教会和国家是同一种人格，他们便成了国家的管理者和统治者。根据这一身份，教皇使所有基督徒国王的臣民相信，违背他的意旨就是违背基督本身；在他和所有其他国王（被灵权一字迷惑住了）之间发生分歧时，就要背弃他们的合法主权者，这实际上就是统治全部基督教世界的太上皇。原因是这样：他们最初虽然是在皈依

第四十七章　论这种黑暗所产生的利益以及……

基督教的罗马皇帝之下并在罗马帝国范围内（这一点他们自己也承认），以从属于世俗国家的教皇职位的名义被授予基督教义最高教士的权利的，然而在帝国分裂和瓦解以后，就不难在已经服从他们的人民头上强加上另一种权利，也就是圣彼得的权利。这不但是打算用来保全他们自称具有的整个权力，而且要把这一权力扩展到皈依基督教的行省中去，虽然这些行省已经不再联合在罗马帝国之中了。考虑到人们的统治欲，这种太上皇的利益就是一种充分的推断，说明声称具有并长期享有这一王位的教皇就是编造"今世在地上的教会是基督的国"这一教义，并以此夺得这一王位的人。因为承认这一点之后，我们就必须认为基督在我们之中有一个代治者存在，他的谕令由这代治者告诉我们。

当许多教会否认了这种教皇的太上权力之后，人们于是就有理由推断：所有这些教会的世俗主权者都应当从这一太上权力中收回自己手中原先拥有而又轻率地放走的那些权力。在英格兰事实上就是这样，只不过国王用来管理教会当局的人由于主张自己的职务是根据神权而来的，看来纵使没有篡夺凌驾于世俗权力之上的最高地位，也篡夺了与世俗权力分庭抗礼的独立地位。同时，看起来他们只不过是在承认国王拥有任意剥夺他们行使职权的权利的情况下，才篡夺了这种地位的。

但在长老会具有这种职权的地方，虽然罗马教会的许多其他教义都禁止传播了；但关于基督的国已经到临，并已从救主复活时开始这一教义则仍然保留着。不过这"对他们有什么利益"呢？他们希图从这里得到什么利益呢？这就是教皇所希图的那一目的——对百姓具有主权。人们把自己合法的君主开除教籍时，除开是为了革除他在自己王国中的一切侍奉神的公务职位,并且在他以暴力来恢复这种职位时能用暴力来抵抗他以外还有什么呢？当人们不得到世俗主权者的批准就将任何一个人开除教籍时,除开是剥夺了他的合法自由、也就是篡夺了一种统治自己弟兄的非法权力以外,又是什么呢？因此,制造出这种宗教中的黑暗的人便是罗马教会和长老会的教士。

在这一项之下,我还要提出他们获得这一宗教主权以后,有助于其保持这种灵权的一切说法。首先要提出的说法是"教皇在他的公务职权方面是不可能犯错的"。因为相信这一点正确的人,谁又会不心甘情愿地服从他的一切命令呢？

其次,有一种说法认为不论是在哪个国家中,所有其他的主教的权利都既不是直接从上帝那里得来的,也不是间接从世俗主权者那里得来的,而是从教皇那里得来的。由于这一说法,基督教国家中便出现了许多有权势的人(主教就是这种人),他们要依靠教皇并且要服从他,虽然他是一个外国君主。通过这种方式,他就能对于不服从他的意愿并按照他的利益进行统治的国家发动内战,他也确实发动了许多次这种内战。

第三种说法是这些主教、所有其他教士以及所有的修士和辅理修士都可以豁免世俗法权的管辖。因为通过这种方式,每一个国家便都有一大部分人得到法律的好处,并且受到世俗国家的权力保护,然而却可以不负担公共开支,而且可以不和其他臣民一样由于自己的罪行而受到惩罚。这样一来,他们便不害怕任何人,而只惧怕教皇。并且会依附于他,支持他的太上皇位。

第四,是把祭司(也就是献祭者)的称号赋予他们的教士(在

《新约》中就是长老)。这职位在上帝是犹太人的王时,在犹太人中是世俗主权者和上帝的代治者的称号。还有,他们也把主的晚餐当成一种祭献,使人民相信教皇对所有的基督徒都具有摩西和亚伦对犹太人的那种权力,那便是大祭司当时所具有的一切世俗和宗教权力。

第五,婚姻是一种圣礼的说法,使圣职者能审定婚姻是否合法,这样他们就可以审定哪些儿童是合法婚姻的子嗣,于是也就能审定世袭王国的继承权。

第六,禁止祭司结婚可以保证教皇对国王的统治权。因为国王如果是一个祭司,他就不能结婚并将王国传与他的后裔;如果他不是一个祭司,那么教皇便自称对他和他的人民具有祭司的教权。

第七,从秘密忏悔中,他们对国王们和世俗国家的大人物们的阴谋便能获得比这些人对教会国家的阴谋所能获得的更好的情报,并用这种办法来保证他们的权力。

第八,通过圣者的列圣和宣告殉道者,来保证自己的权力。因为这样一来,当教皇通过开除教籍宣布世俗主权者为异教徒或教会的敌人(根据他们的解释便是教皇的敌人)时,就可以诱使头脑单纯的人誓死不屈地顽抗世俗主权者的法律或命令。

第九,他们还通过赋予每一个祭司以制造基督、规定忏悔以及赦免与保留罪等权力来保证自己的权力。

第十,圣职人员由于炼狱、外功折罪和赦罪符等说法,而发财致富。

第十一点,由于运用魔鬼学和符咒以及与此有关的东西,他们使(或自以为使)人民更加畏惧他们的权力。

最后，大学（全都是根据教皇的权力设立和管辖的）中所教导的亚里士多德的形而上学、伦理学和政治学，以及毫无准则的区分之说，粗陋的术语和经院学者的含糊用语等等，都帮助他们使这些错误不被察觉，并使人错误地把虚妄哲学的鬼火当成了福音之光。

以上这些如果还嫌不够，我还可以另外再提出他们的其他一些黑暗学说；这些学说的利益显然有助于建立非法权力以辖治基督教臣民的合法主权者。或是对这种权力建立起来后加以维持有好处，还可能对维持这种权力的人的世俗财富、荣誉和权柄有好处。因此，根据前面所说的"对他们有什么利益"的法则，我们便可以完全公道地宣称，教皇、罗马教会的教士以及其他使人们坚信今世现存的教会就是《新约》和《旧约》中所提到的上帝国那种错误言论的集团肇始了这一切性灵的黑暗。

那些皇帝以及其他基督教徒主权者让这些错误学说和教士们对他们职权的同类侵犯在自己的政府下不声不响地发展，为他们所拥有的一切东西和他们的臣民带来了不安；他们虽然是由于对后果缺乏预见、对传道士的计谋缺乏领悟而遭受了这样的侵害，但却可以认为是他们自己和臣民所受损失的帮凶。因为如果没有他们的批准，煽惑乱众之说一开初就不可能公开传布。我说的是他们在开始时是可以阻止这些学说传布的。然而当人民一旦被这些宗教人物迷住了心窍以后，任何人便都想不出办法来补救。至于上帝（他对人们危害真理的一切阴谋诡计从来都是及时地予以摧毁的）赐予的补救办法，我们就要谨候神恩了；他很多时候让他的敌人的野心极度扩张，并高度发展，使得由此而产生的暴乱把他们的前人小心翼翼地封住的眼睛打开，并让他们由于抓得太多反而

第四十七章 论这种黑暗所产生的利益以及……

全都丢了；正像彼得的网由于鱼太多、一阵挣扎而被弄破了一样。然而有些人没有耐心，在他们的臣民的眼睛还没有被打开的时候就力图抵抗这种侵犯，结果只是助长了他们所要抵抗的势力。因此我便不责备腓特烈大帝为我国人教皇安德良执鞭坠镫，因为他的臣民当时的倾向就是那样，他要是没有那样做的话，就不可能继承帝国了。我所要谴责的是另一些人，他们开初时权力是完整的，但由于让这种说法在他们自己领域内的大学中制造出来，于是当以后各届教皇插足到一切基督教主权者的宝座中来、任意践踏凌虐他们和他们臣民时，充当了为他们执鞭坠镫的人。

　　人们臆造的东西是怎样编织成的、还会怎样解开；方法一样，只是次序倒过来了。上述这个蜘蛛网开始于一些权力的因素，诸如智慧、谦卑、诚挚和使徒的其他美德；归依基督教的人们服从使徒都是出于敬仰，而不是由于义务。他们的良知意识是自由的，他们的言行除开世俗权力者以外不服从任何人。后来当教会的教民增加时，长老们便聚会讨论应当宣教什么，于是就在承担义务、不教导违反他们的会议所规定的东西的情况下，他们使人认为百姓因此就有义务要服从他们的教义，如果有人拒绝时，便拒绝和这种人往来（当时称为开除教籍）。这不是把他们当成不信者而不和他们往来，乃是把他们当成不服从的人而拒绝和他们往来，这是对他们的自由所打上的第一个结。以后当长老的数目日益增多，主要城市或省份的长老便取得了管辖地方长老的权力，并给自己封上了主教的称号，这是对基督徒的自由所打上的第二个结。最后，罗马的主教由于帝都的关系，取得了管辖帝国所有主教的权力；这种权力一部分是根据皇帝本身的意旨，一部分是根据最高教长的称号,最后当皇帝过于积弱时,则是根据圣彼得的特权而取得的;这是第三个和最后一个结,也是教皇权力的全部组合和结构。

因此,分析和解决的办法便要按照同一方式进行;但要从最后打的一个结开始;如我们所见到的英格兰凌驾于政治之上的教会当局的解体,情形便是这样。首先,教皇的权力被女王伊丽莎白全部解除;主教原先根据教皇的权力执行其职权,后来则根据女王及其继承人的权力执行同一职权;只是由于他们保留着"蒙神权派任"这一款式,才被认为是根据直接神权而取得其职权的,这样便解开了第一个结。其后,英格兰的长老推翻了教皇权力,于是便解开了第二个结。几乎就在同时,长老的权力也被剥夺了,于是我们便又归于原始基督教徒的独立状态,每一个人都可以随自己的心愿属于保罗、属于矶发或属于亚波罗①。这种情形如果没有竞争、同时又不根据我们对教士的个人感情来衡量基督(保罗曾责备哥林多人有这种毛病),也许便是最好的方式。首先,由于除开道本身以外,应当没有任何权力可以管辖人们的良知意识;而道使信仰在每一个人身上发生作用时,并不永远按照栽种和浇灌的人的目的,而是按照叫它生长的上帝本身的目的。其次,有人教导旁人说,每一个小错里都存在着极大的危险,于是便要求自己具有理性的人服从另一人的意见或服从许多其他人的多数意见,这是不合理性的,其情形差不多等于是把自己的得救用掷骰子看单双的方式进行冒险。这些教士们失去自古传下的权力时也不应当感到不

---

① 根据《圣经·哥林多前书》第一章记载,保罗曾劝其信徒不可说文中的话,分成派别。矶发就是彼得,亚波罗是保罗的门徒。——译注

高兴。他们应当比谁都清楚,保持权力要依靠取得权力的同一类美德,也就是靠智慧、谦卑、对教义的明晰了解、交谈的诚恳等,而不能通过压制自然科学和天赋理性所产生的道德等方式加以保持。同时也不能用含含糊糊的话,或冒称自己满腹经纶、苦于无法表达来加以保持;同时也不能用装神弄鬼的骗术来保持;或是用那种在教会教士身上不但是过失而且是丑闻、当他们的权力被压制下去以后就一定会使人在某个时候摔跤的那些过错来加以保持。

但是自从今世卫道教会就是《新约》和《旧约》中所说的上帝国这一说法流行于世以后,追求这方面的职位的野心和竞争便渐次地显露出来了,尤其是争夺基督的代治者的崇高职位以及争夺取得了这种主要公职的人那种豪华排场的野心和竞争,一步又一步地变得如此明显,以致使他们失去了教士职位所博得的内心敬仰;因为当时世俗国家里面具有任何权力者中最聪明的人,只要有他们的君主的准许便可以拒绝对他们有任何进一步的服从。于是自从罗马的主教由于自称是圣彼得的继承人而擅踞总主教之位以后,他们整个的各阶层教士或黑暗的王国就可以恰当地比之于妖魔的王国;也就是可以比之于英国老妪关于妖魔鬼怪和关于神鬼在夜晚作祟的神话而不为失当。人们如果看一看这庞大的教权原来的情况的话,他就很容易觉察到,教皇之位不过是已死亡的罗马帝国的鬼魂带着皇冠坐在帝国的坟墓上。因为教皇正是像这样骤然间从异教权力的废墟上兴起的。

他们在教会里和公告的教谕中所用的语言也是世界上没有任何国家通用的拉丁文,这不是古罗马语言的鬼魂又是什么呢?

不论是哪一国的妖魔,都只有一个共同的国王,我国有些神话编造者称之为奥伯龙王,但圣经中则称之为比西勃——妖魔的王。教士也是不论在哪一个国家的领域中,都只承认一个共同的王——教皇。

教士是性灵人物和魔鬼的神父。而妖魔鬼怪则是幽灵和鬼魂。妖魔鬼怪待在黑暗的地方、荒僻的地方和墓地里。教士则在阴暗的教义里面、在修道院中、教会和教皇墓地中行走。

教士有他们的主教座堂。这种教堂不论是耸立在哪个市镇中,都由于圣水和某种被称为驱魔符的符咒而具有一种力量,可以使这些市镇成为城市,也就是成为都城。妖魔也有它们具有魔力的城堡,而某些巨妖则统治着这些城堡的周围区域。

妖魔无法抓来责问它们所造成的伤害。教士也是不见于世俗法庭上的。

教士用形而上学、奇迹、传说和篡改了的圣经结合而成的某种咒语使青年人不能运用理智;因之而使他们不论做什么事都不行,只能执行教士命令他们做的事。据说妖魔也是从摇篮里把小孩弄走,把他们搞成天然的傻瓜,一般人因而称之为鬼孩子,并且爱淘气使坏。

妖魔究竟是在什么魔法窟中施妖法,老太太们没有确定的说法,但教士的魔窟则大家都知道是接受教皇权力管辖的大学。

当妖魔不高兴什么人时,据说就打发鬼孩子去"整"他们。当教士们不高兴什么世俗国家时,也让他们的鬼孩子(即迷信和受迷惑的臣民)去蛊惑人心、"整"他们的国王,或是用诺言迷惑一个国王去"整"另外一个国王。

妖魔是无嫁娶的,但其中却有淫魔和血肉之躯的凡人交媾。

第四十七章 论这种黑暗所产生的利益以及……

教士也是不结婚的。

教士通过敬畏他们的愚民的奉献和什一税等刮地皮。鬼故事中也说妖魔跑进牛奶场去刮奶油皮大吃特吃。

妖魔王国中通行的是什么钱币,在鬼故事中没有记录。至于教士则在收受钱财时接受我们大家一样的钱财,而在付钱给别人时给的却是列圣式、赦罪权和弥撒。

在教皇国与妖魔王国之间,除开这一种以及这类的类似之处以外,还可以补充一点:妖魔除开愚民由于听了老太太或老神话家的神鬼故事而在他们的心中存在以外,在其他地方都不存在。同样的情形,教皇的教权在其本身的世俗主权所辖的领域以外,只存在于受骗的百姓听到虚假的奇迹与传说以及错误的圣经解释后,对开除教籍一事所产生畏惧感之中。

因此,亨利八世和伊丽莎白女王便不难用符咒把他们赶出去了。这个罗马幽灵现在跑出去,在中国、日本和印度等瘠薄的"无水之地上来往传道;但谁又能说他们将来不会回来,甚至带回一群比自己更恶的鬼来,进到这打扫干净的屋子里并住在这里,使这儿最后的景况比先前更不好呢?"[①]因为现在声称上帝国在今世、并企图从中取得不同于世俗国家权力的另一种权力的人不只是罗马教会的教士而已,此外还大有人在。关于政治学理论,我打算要谈的就此告终了。在我复审以后,将公诸国人,请予指正。

---

① 参考《马太福音》,第十二章。——译注

综述与结论

  由于某些自然心理官能相互之间的对立以及一种激情与另一种激情相互之间的对立，同时又由于两者与对话之间的关系，有人提出一个论点推论说：任何人都不可能有那么多大的意向来完成一切世俗义务。他们说：严格的判断力使人吹毛求疵，不易于原谅他人的错误与弱点，另一方面，活跃的想象力则使思想不够稳定，无以严格地辨别是非。此外，在一切思考和辩论中，坚实的推理能力都是必要的；因为没有它的话，人们的决定便是鲁莽的，他们的意见也是不正确的。不过，要是没有动人心弦、使人悦服的雄辩口才的话，推理能力的作用就小了。但这些都是对立的官能，前者是根据真理的原则而来的，后者则是根据流行见解（不分对或错），以及人们的激情和利益（两者都是人人各殊和变化不定的）而来的。

  在激情之中，勇敢（我指的是对受伤和暴死的轻视）使人好报私仇，有时还使人力图破坏公共治安。胆怯则常使人逃避公共防务。他们说，以上二者不能并存于一人身上。

  考虑到人们的见解与行为之间普遍存在的对立，他们说：要跟所有在世俗事务上必得有交往的人经常维持世俗社会的和睦关系是不可能的，这种世俗事务除开不断地争夺名利权势以外，几乎就没有别的东西了。

对此,我的答复是:这些诚然是很大的难题,但却不是不可解决的问题。通过教育和训练,它们都可以调和起来,而且实际上有时也调和起来了。判断力和想象力可以存在于同一个人身上,但却是随他打算达到的目标的要求而轮流地存在于他身上。正如以色列人在埃及时,有时是固定下来干做砖的工作,有时则是跑到外面去捡草一样,有时判断力可以固定在某一种思考上,而另一时候则可以让想象力到外面去到处跑。推理能力和口才也可以像这样十分完满地并存。虽然在自然科学中不能这样,但在人文科学中则可以这样。因为哪儿可以让人们偏执错误、矫饰错误,哪儿就更能让人倾心于真理,美化真理,只要有真理可以美化就行。同时,畏惧法律和不畏惧公敌之间也没有任何矛盾存在,不进行侵害和原谅人家的侵害之间亦复如此。因此,人类天性和世俗义务之间便没有某些人所想象的那种矛盾存在。我就知道有过明晰的判断力和广阔的想象力、深入的推理能力和优美的口才、作战的勇气和对法律的畏服等等出色地结合在一个人身上的例子,这人就是我最尊贵的友人——悉尼·哥多尔芬先生。他不恨人而又不遭人恨,但不幸于上次内战开始时,在一次公开纷争里,被一个不明身份和不辨对象的凶手杀害了。

关于第十五章所提出的自然法,我还要加上这样一条:根据自然之理说来,每一个人在战争中对于和平时期内保卫自己的权力当局应当尽力加以保卫。因为一个要求自然权利来保全躯体的人,不能又要求另一种自然权利来摧残以其力量保全自己的人,这在他说来显然是自相矛盾的事。这一自然法,虽然可以根据该章中已提出的某些自然法推论出来，然而时代却要求我们谆谆教导并记住这一条。

我在最近印行的各种英文书籍中看到，内战至今还没有充分地使人们认识到，在什么时候臣民对征服者负有义务，也没有使人认识到征服是什么，或征服怎样使人有义务服从征服者的法律。因此，为了使人们在这方面进一步得到满意的答案，我便提出这样一个说法：当一个人有自由服从征服者时，如以明确的言辞或其他充分的表征，表示承认成为其臣民，这个时候就是他成为征服者的臣民的时候。至于什么时候是一个人有自由服从的时候，我已经在前面第二十一章末尾说明了。也就是说：一个人对自己原来的主权者所负担的义务如果只不过是一个普通臣民的义务的话，那么对于他说来，有自由服从的时候就是他的生命处于敌人看守和防卫范围以内的时候。因为这时他已经不再得到原有主权者的保护，而只凭自己的贡献受到敌人的保护。我们既看到这种贡献作为一种不可避免的事而言在任何地方都被认为是合法的，纵使是对敌人的一种帮助也这样；那么，完全的臣服也不过只是对敌人的一种帮助，于是便也不能认为是非法的了。此外，如果我们考虑到，一个臣服的人只是用自己一部分的财产帮助了敌人，而抗拒的人则用全部财产帮助了敌人，那么我们就没有理由把他的臣服或和解说成是一种帮助，而只能说成是对敌人的一种损害。但一个人如果除开臣民的义务以外还承担了一种新的士兵的义务，那么当原有权力当局还在继续战斗并在其军队或守备队中发给给养时，他就没有臣服于一个新的权力当局的自由，因为在这种情况之下，他不能埋怨说，没有得到保护和没有得到当兵的生计。不过，当这一些也失去了的时候，一个士兵便也可以向他感到最有希望的方面去求得保护，并可以合法地臣服于他的新主人。以上所说的问题是：如果他愿意的话，他在什么时候都可以合法地这样做。因此，他如果这样做了，无疑就有义务做一个真实的臣民；因为破坏依法订立的契约不可能是合法的。

根据这一点，我们也可以理解到，一个人在什么时候可以说是被征服了，以及征服的性质和征服者的权力究竟是什么。因为这种臣服把这一切全都包括在内了。征服并不就是胜利，而是根据胜利对一个人取得一种权利。因此，被杀死的人是被制服了而不是被征服了。被俘入监或以镣铐拘禁的人虽然被制服了，但却没有被征服；因为他还是一个敌人，而且可以在办得到的时候挽救自己。一个人如果在允诺服从后由人家准许他获得了生命和自由，那么他在这时便是被征服而成了一个臣民，在此以前并不是这样。罗马人常说，他们的将军平定了某行省，用英文来说便是征服了某行省。当一个地区的人民允诺唯命是从时，也就是允诺唯罗马民族的命令是从时，这地区便是被战争的胜利平定了，也就是被征服了。但这种允诺可以是明确表示的，也可以是默许的。明确表示的就是以诺言表示的，默许的则是以其他表征表示的。比方说：如果一个人没有旁人叫他作出这种明确表示的允诺（也许是由于他的力量微不足道），如果他公开地在人家的保护下生活，便被认为是服从了这个政府。但他如果隐秘地在这儿生活，他便可能遭受到对间谍和国家的公敌所采取的一切措施。我不是说他做了什么不义的事（因为公开的敌对行为并不能这么说），我只是说他可以正当地被处死。同样的道理，如果一人的祖国被征服时他在外面，他便没有被征服,也不是臣民。但如果他回国时臣服于这个政府,他就必须服从这个政府。因此,用一个定义来说,征服就是根据胜利取得主权的权利。这种权利是由于人民臣服而取得的,他们通过这种臣服和战胜者立约,为获得生命和自由而允诺服从。

在第二十九章中,我曾提出,国家由于缺乏绝对和独断的立法权力而使建国的基础不健全时,便是它解体的原因之一。因为缺乏这种权力之后,世俗主权者就只好若断若续地来掌握司法权柄,就好像是太烫了抓不住似的。这种情形有一个理由(在那儿我没有提)是:他们全都会为自己最初取得权力的战争辩护,他们认为他们的权利是根据战争而来的,不是根据所有权而来的。打个比方说,这就好像是说英格兰国王的权利的确是取决于征服王威廉的事业的善良,并取决于他们的后裔和嫡系王储;这样一来,全世界今天可能根本就没有臣民臣服于主权者的关系了。他们认为这种说法是在为自己辩护,其实大可不必,他们正好是为心怀异志的人在任何时候对他们及其后裔所发动的成功的叛乱辩护。因此我就提出以下一点作为对任何国家的死亡都最起作用的一个因子:征服者不但要求人们将来的行为臣服于他们,而且要求人们赞同他们过去的一切行为。其实世界上根本没有什么国家的开业创基在良心上是说得过去的。

暴君政治这一名词的含义正好等于主权这一名词的含义,不论主权是操在一人手中还是许多人手中都一样,只不过用前一名词的人,被认为是对他们所说的暴君怀着愤懑。既然如此,我便认为,容忍人们对暴君政体公开表示仇恨便是容忍人们对国家普遍怀着仇恨。这便是和上述情形差不多的另一恶因子。因为要为征服者的事业辩护,在绝大多数情形下就必须对被征服者的事业进行指责。但这两者对于被征服者的义务说来都不是必要的。以上就是我认为在综述本书第一、第二两节时所要说的话。

在本书第三十五章中,我已根据圣经充分地说明,在犹太国中,上帝本身由于与百姓立约而成了主权者。这些百姓于是便被称为特属的民,以示区别于世界上其他的民族;对于其余的民族,上帝不是根据他们的同意,而是根据他本身的权力进行统治的。同时,我也说明了在这个王国中,摩西是上帝在地上的代治者;上帝指定用什么法律来治理他们,正是由摩西告诉他们的。但我却没有写出所派的刑吏(尤其是死刑)是什么人,我当时不像后来这样认为这是必须加以讨论的事。我们知道,一般说来,各国执行体刑的人是主权当局的警卫或其他士兵,要不然就是那些缺乏生计、不顾体面、心肠狠毒等几个条件汇聚于一身而使之营谋这种职位的人。但在以色列人中,他们的主权者上帝却有一条明文规定的法律,指定被判死刑的人要由百姓用石头砸死,证人要首先投第一块石头,接着便由其他人投掷。当时是由法律来规定谁执行刑法。在审判者是信徒聚会的地方,未定罪判刑之前并不能随便由一个人来向他投石头。在他们行刑之前,除非事情是当着会众犯下的,或是有合法的法官看见(在这种情形之下,除开法官以外就不需其他证人了),否则就要听取证人的证词。然而由于这种诉讼起诉的方式没有被人彻底了解,于是便产生了一种危险的看法,认为任何一个人在某种情形之下都可以根据热情的权利而杀死另一个人,就好像古时上帝国中对犯罪者行刑不是根据主权者的命令而来的,乃是根据个人热情的权利而来的。我们如果考查一下表面上似乎有利于这种说法的经文,就会发现情形适得其反。

首先,有一个地方讲利未人攻击那些制造并敬拜金牛犊的百姓,杀了他们三千人。这是根据摩西传达上帝亲口发出的神谕而做出的,这一点在《出埃及记》第 xxxii 章,第 27 节中可以看得很清楚。当一个以色列妇人的儿子出言渎神时,听到的人并没有杀他,而是把他送到摩西面前,由摩西把他关押起来,等上帝判处(见《利未记》第 xxv 章,第 11、12 两节)。此外,《民数记》(第 xxv 章,第 6、7 两节)中记载,非尼哈杀死了心利和哥斯比,那并不是根据个人热情的权力杀的。当时他们的罪是在会众之前犯下的,并无需证人,法律也是大家都知道的,而他又是主权者的皇储;但有一个主要点就是:他这一行为的合法性完全要取决于事后摩西的批准,这一点他没有可顾虑的理由①。这种将来批准的假定对于一个国家的治安说来有时是必要的。比如当叛乱骤然爆发时,爆发地区的个人如果能以自己力量予以镇压时,没有明文规定的法律或命令为根据也可以合法地予以镇压,只要在当时或事后得到承认或免罪就行。我们再看一看《民数记》,其中第 xxxv 章,第 30 节明确地说:"无论谁故杀人,要凭几个见证人的口把那故杀人的杀了。"但有见证人就假定有正式的审判,因之也就否定了热情权力的借口。摩西有关引诱他人行偶像崇拜者的法律(也就是引诱他人在上帝国中背弃上帝——见《申命记》第 xiii 章,第 8 节)禁止遮庇这种人,并规定告发人投掷第一块石头,将他治死,但却不能在

---

① 据该章记载,以色列人在什亭时百姓与摩押女子行淫乱,上帝命惩罚诸族长。其时心利当着会众带着米缅女子哥斯比到他兄弟那里去,大祭司的继承人非尼哈将他们两人杀了,上帝因他忌邪而未惩罚以色列人。——译注

未判罪前杀死他。《申命记》(第 xvii 章,第 4、5、6 节)中对偶像崇拜的诉讼程序有明确的记载,因为上帝在这儿作为审判官谕令百姓道:当一个人被控告犯有偶像崇拜罪时,就要细心地查明事实;发现确实后,再用石头将他打死,但仍然要由证人投第一块石头。这并不是个人热情,而是公众的判罪。同样的情形,当一个父亲有一个顽梗悖逆的儿子时,律法规定他要把他的儿子带到本城的审判官那里,然后由本城的众人用石头将他打死(见《申命记》第 xxi 章,第 18 节)。最后,圣司提反被人用石头打死也是根据这些律法,而不是根据个人热情。因为在他被带去行刑以前,他曾向大祭司申诉。以上各处地方以及圣经中任何经文都没有任何话容许根据个人热情执行刑法;个人热情往往只是愚妄无知加上感情冲动而形成的,跟国家的正义与和平都背道而驰。

在第三十六章中我说,上帝以什么样的超自然方式对摩西说话,没有宣布过。这并不是说:上帝不像对其他先知一样,时常以梦、异象和异常的声音对他说话。上帝从施恩座上对他说话的方式,在《民数记》(第 vii 章,第 89 节)中就以下述的话明确地说明了:"摩西进会幕要与耶和华说话的时候、听见法柜施恩座以上、二噁嚓啪中间,有与他说话的声音,就是耶和华与他说话。"但上帝和摩西说话的方式跟他和撒母耳、亚伯拉罕等先知说话的方式(也是以声音对他们说话,即以异象对他们说话)比起来,特异之处究竟在哪里,却没有说明,除非是说其差异存在于异象的清晰这一点上。因为面对面和亲口等说法对于神性的无限性和不可思议性说来是不能根据字面理解的。

关于本书中整个的学说,我还未能看清;然而其中的原理却是正确的和恰当的,推理也是确实可靠的。因为我把主权者的世俗权力,以及臣民的义务与权利,都建筑在众所周知的人类天赋倾向与各条自然法之上,凡是自以为理智足以管理家务的人都不能不知道。至于这种主权者的教权,我就把它建筑在本身明确而又符合全部圣经的见地的经文之上。因之,我就相信,仅仅为了求知而阅读本书的人就会从这里面得到知识。至于那些在著作中、公开讨论中,和明显的行为中已经从事于支持相反意见的人,就不会像这样容易满足了。在这种情形下,人们自然而然地就会一方面读这本书,一方面脑子又跑到其他的地方去搜寻对于所读内容的反对意见。鉴于开国创基之说中必然有许多与亡国丧邦之言大相径庭的地方,于是当人们的利益有变化时,这种反对意见就一定会比比皆是。

  本书讨论基督教体系国家的那一部分中,有一些新学说,在已经确立了相反学说的国家里,一个臣民未得允许予以宣布就可能构成窃据教士职位的过错。但在现在人们不仅呼吁和平,而且呼吁真理之际,我把自己认为正确而又显然有利于和平与忠君爱国之心的学说提出来,让那些尚在考虑的人参考,便只会是拿出新酒来装在新瓶中,两者将具存无缺。我认为当新学说在一个国家中不致造成麻烦与紊乱时,人们一般说来是不至于泥古不化到一个程度,以致宁愿拘泥旧说之误,而不愿接受业经确证的新真理的。

  我最不敢相信的就是我的铺陈表达。然而我相信,除开手民之误以外,我的表述并没有含糊之处。我也一反近来的时尚,没有引用古代诗人、演说家和哲学家的话来润色我的文字;我这种做法不论好坏如何,总是根据许多理由而决定的:首先,学说中的一切真理要不依据理性,就得依据圣经。这两者使许多人获得了声誉,但其本身却从来没有由于任何作家而获得声誉。其次,有关的问题不是事实问题,而是公理的问题,所以与见证人无关。古代著作家中,很少有不时常自相矛盾并与人冲突的,这样就使他们的证据变得不充分了。第四①,仅仅由于信而好古而被接受的意见,就其本质而言,并不是引用者的判断,而只是像打呵欠一样一人传一人地流传之言。第五,人们用他人的机智之言当成丁香插在自己腐朽的学说里,常常具有不可告人的目的。第六,我发现人们援引的古人,并没有像他们那样援引前辈著述家来装饰门面。第七,像他们常有的情形那样,把囫囵吞枣地吃下的拉丁与希腊文句原封不动地反吐出来,这证明他们消化不良。最后,我对于陈述真理明晰或使我们能更好地自己去寻求真理的古人,固然是推崇,但我认为时代久远这一点本身并没有值得敬仰的地方。因为我们如果敬仰年代的话,现代就是最古的时代。关于著作家的古老问题,我不能肯定,被赋予这种光荣称号的人在他们写作的时候一般说来,比我这个正在写作的人是否还要更为古老。但是只要我们好好考虑一下的话就会看到,对古代著作家的称扬并不来自对已亡者的尊敬,而是来自在世者的竞争与相互嫉妒。

总之,就我所能觉察到的说来,在整个这部书和以往我对这一问题所写的拉丁文著作中,并没有任何东西违背上帝的道,也没有任何东西有失大雅,更没有任何东西足以蛊惑人心,扰乱公共安宁。因之,我便认为,印行于世是有裨益的;大学方面可作判断的

---

① 原文如此,其上缺第三。——译注

人如果与鄙见相同，那么在大学中予以讲授就更有裨益了。因为大学是世俗学理与道德学说的泉源，传道士与士君子都从这里汲取自己所能找到的泉水，并把它在讲坛上和谈话中洒在百姓身上；既然如此，我们就应当特别小心使之洁净，不让它为异教政治家的毒素和装神弄鬼的符咒所污染。通过这种方式使大多数人知道他们的责任之后，就不至于那样被少数别有用心的人用作扩张野心的工具，危害国家了。同时也可以使他们对于那些和平与防务所需的捐税，不至于那样牢骚不满。统治者本身也就没有理由要靡费国币维持过大的军队，而只需足以保卫公众自由，使之不受外敌侵犯与侵略就行了。

写到这里，现时的骚乱局势促使我对世俗政府与教权当局所作的讨论就告终了。这讨论不偏不倚、不忮不求，除开向人们阐明保护与服从之间的相互关系以外别无其他用心，人类的天性以及神律（包括明文规定的神律和自然法）要求我们神圣不可侵犯地遵守这一关系。在发生革命的国家里，由于有那些推翻旧政府的人而显得民怨沸腾，而建立新政府的人则老是被赶下台，这种性质的新学说就星宿不利，无以托庇诞生。然而在目前这种时候，我却认为它不会遭到公众学说的审订者或任何希望治安得以维持的人的谴责。在这种希望之下，我又将回到业经中断的自然躯体的假说上去。如果上帝赐予我以健康的话，我希望其中所作出的新颖之论使人感到喜悦的程度能不下于这部有关人造躯体的学说经常冒犯人的程度。因为这种真理既不违反人们的利益，又不违反人们的兴趣，人人都会欢迎。

图书在版编目(CIP)数据

利维坦/(英)霍布斯著;黎思复,黎廷弼译.—北京:商务印书馆,2020
ISBN 978-7-100-18949-1

Ⅰ.①利… Ⅱ.①霍… ②黎… ③黎… Ⅲ.①国家理论 Ⅳ.①D03

中国版本图书馆 CIP 数据核字(2020)第 154679 号

权利保留,侵权必究。

利维坦

〔英〕霍布斯　著
黎思复　黎廷弼　译
杨昌裕　校

商　务　印　书　馆　出　版
(北京王府井大街36号　邮政编码100710)
商　务　印　书　馆　发　行
北京通州皇家印刷厂印刷
ISBN 978-7-100-18949-1

2020 年 10 月第 1 版　　开本 880×1230　1/32
2020 年 10 月北京第 1 次印刷　印张 18¾　插页 2
定价:98.00 元